근대 국어 입문

- 이론과 강독 -

근대 국어 입문

-이론과 강독-

나찬연

머리말

『근대 국어 입문—이론과 강독』은 근대 국어를 처음 배우는 학습자를 대상으로 근대 국어에 대한 기본적인 학습 내용을 기술한 교재이다. 곧, 이 책은 근대 국어의 언어 현상에 대한 기본적인 이론과 근대 국어의 대표적인 텍스트를 소개함으로써, 근대 국어의 입문자들에게 근대 국어에 대한 이해를 높일 수 있는 입문서이다.

이 책은 '이론편'과 '강독편'으로 구성되어 있다. 제1부의 이론편에서는 근대 국어의 '문자론·음운론·형태론·통사론·어휘와 의미론' 등의 이론을 다루었다. 그리고 제2부에서는 17세기 초에 간행된『동국신속삼강행실도』(1617)와 18세기 말에 간행된『한중만록』(1795)과 19세기 말에 발간된『독립신문』(1896)에 실린 텍스트를 빌췌하여, 이들 텍스트를 현대어로 번역하고 이들 텍스트에 있는 문장을 형태소 단위로 분석하였다.

이 책은 '제7차 교육과정'에 따른『고등학교 문법』(2010)과 '2015 개정 교육과정'에 따른『언어와 매체』(2019) 등의 학교 문법 교과서에 기술된 문법 교육의 내용과 체제에 기반하여 집필되었다. 그리고 이 책은 저자가 이전에 발간한『제2판 학교 문법의 이해 1·2』,『중세 국어의 이해』,『중세 국어 입문』,『중세 국어 강독』,『근대 국어 강독』에 기술된 문법 내용과 텍스트가 이 책에 반영되어 있음을 밝힌다.

국어사를 학습하는 독자들은『중세 국어 입문』,『중세 국어의 이해』,『중세 국어 강독』,『근대 국어 입문』,『근대 국어 강독』을 순차적으로 학습함으로써, 중세 국어로부터 현대 국어까지 국어의 변화 양상에 대한 이해를 넓힐 수 있을 것으로 기대한다.

이 책이 나오기까지 여러 사람의 도움이 있었다. 먼저 '학교문법 연구회' 소속의 권영환·김문기·박성호 선생과, 현재 부산대학교 대학원의 국어국문학과에서 박사과정을 이수하고 있는 나벼리 군은 이 책에 기술된 문법 이론을 검토하고 오류를 수정하는 데에 큰 도움을 주었다. 그리고 20여 년 동안 저자의 책을 읽은 수많은 독자들이 '학교 문법 교실(http://scammar.com)' 홈페이지의 문답방에 문법에 관련한 질문을 올려서, 이 책의 내용을 수정하여 더 나은 내용으로 발전시키는 데에 큰 도움이 되었다. 끝으로 이 책을 발간해 주신 경진출판의 양정섭 대표님께 고마운 뜻을 전한다.

2020. 5.
지은이 씀

차 례

제2부 강독편

이 론 편 **1**부

[이 책에서 인용한 17·18·19세기의 국어 문헌]

약어	문헌 이름	간행 연대
가언	가례언해(家禮諺解)	1632
가원	가곡원류(歌曲源流)	1876
경언-중	경민편언해(警民編諺解) 중간본	1658
경신	경신록언석(敬信錄諺釋)	1796
경윤음	유경기대소민인등륜음(諭京畿大小民人等綸音)	1782
계녀서	송시열 계녀서(宋時烈 誡女書)	17세기
계윤	어제계주윤음(御製戒酒綸音)	1757
계일	계축일기(癸丑日記)	1612년~
과존	과화존신(過化存神)	1880
관언	관성제군명성경언해(關聖帝君明聖經諺解)	1883
구보	구황보유방(救荒補遺方)	1660
국소	국민소학독본(國民小學讀本)	1895
권요	권념요록(勸念要錄)	1637
귀의성	귀의성(鬼의聲)	1906
규총	규합총서(閨閤叢書) 판각본	1869
규총-필	규합총서(閨閤叢書) 필사본	1809
내훈-초	내훈(內訓) 초간본	1475
노언	노걸대언해(老乞大諺解)	1670
독신	독립신문(獨立新聞)	1869~1899
동삼	동국신속삼강행실도(東國新續三綱行實圖)	1617
동유	동문유해(同文類解)	1748
두언-중	두시언해(杜詩諺解) 중간본	1632
두집	언해두창집요(諺解痘瘡集要)	1608
마언	마경초집언해(馬經抄集諺解)	1682년 경
매신	매일신문(每日新聞)	1898
명언	명의록언해(明義錄諺解)	1777
몽노	몽어노걸대(蒙語老乞大)	1741~1790
물보	물보(物譜)	1802
박언	박통사언해(朴通事諺解)	1677
벽신	벽온신방(辟瘟新方)	1653

약어	문헌 이름	간행 연대
사필	사민필지(士民必知)	1886
산일	산성일기(山城日記)	1630년 경
삼총	삼역총해(三譯總解)	1774
순김	순천김씨묘출토간찰(順川金氏墓出土簡札)	16세기 말
시언	시경언해(詩經諺解)	1613
신심	신정심상소학(新訂尋常小學)	1896
신자	신전자초방(新傳煮硝方)	1698
십사	십구사략언해(十九史略諺解)	1772
어내	어제내훈(御製內訓)	1736
어훈	어제훈서언해(御製訓書諺解)	1756
여언	여사서언해(女四書諺解)	1736
역유	역어유해(譯語類解)	1690
연지	연병지남(練兵指南)	1612
오전	오륜전비언해(五倫全備諺解)	1721
오행	오륜행실도(五倫行實圖)	1797
왜유	왜어유해(倭語類解)	18세기 말
은세계	은세계(銀世界)	1908
이행	이륜행실도(二倫行實圖)	1727
인대	인어대방(隣語大方)	1790
조영	조군영적지(竈君靈蹟誌)	1881
주천-중	주해천자문(註解千字文) 중간본	1804
지본	지장보살본원경(地藏菩薩本願經)	1752
척윤	척사윤음(斥邪綸音)	1839
첩신-초	첩해신어(捷解新語) 초간본	1676
청노	청어노걸대(清語老乞大)	1703
청영	청구영언(靑丘永言)	1728
태감	태상감응편도설언해(太上感應篇圖說諺解)	1852
태집	언해태산집요(諺解胎産集要)	1608
한만	한듕만록	1795~
한자	한불자전(韓佛字典)	1880
현곽	현풍곽씨언간(玄風郭氏諺簡)	17세기 초
화언	화포식언해(火砲式諺解)	1635

제1장 문자와 음운

1.1. 문자와 표기법

세종대왕은 훈민정음 글자를 창제한 직후에 『훈민정음 해례본』(1446)을 반포함으로써 훈민정음을 표기하는 규범을 마련하였다. 그러나 150여 년이 지난 17세기 이후의 근대 국어에 들어서자 『훈민정음 해례본』에서 정한 표기 규범은 당시의 국어를 표기하는 데에 맞지 않게 되었다. 그러나 임진왜란(1592) 이후에는 조선의 국력이 급격하게 쇠퇴한 까닭에 언어 현실에 맞는 새로운 표기 방법을 마련할 여력이 없었다. 그리고 이 시기부터는 평민이나 사대부의 부녀자, 혹은 기녀들이 문학 활동에 적극적으로 참여하게 되어서, 사설시조나 내방가사 등의 작품이 쏟아져 나오기 시작하였다. 이렇게 서민들이 문학 활동에 참여하게 됨으로써, 문학 작품을 창작할 때에 기존에 사용하던 표기법에 얽매이지 않고 다양한 표기 방법을 적용하였다.

근대 국어에서는 이와 같은 언어 내외적인 변화 요인에 따라서 중세 국어의 시기와는 꽤 다른 표기 양상이 나타났는데, 결과적으로 현실 언어를 표기하는 데에 일관성을 갖추지 못하여서 매우 혼란스러운 표기 양상이 나타났다.

먼저 16세기 초기부터 성조의 체계에 변화가 일어났는데 16세기 말이 되면 성조 체계가 완전히 허물어졌다. 이처럼 성조 체계가 무너지자 16세기 후반의 일부 문헌에는 방점이 찍히지 않았으며, 17세기부터는 모든 문헌에서 방점이 쓰이지 않았다. 16세기 중엽부터 잘 쓰이지 않았던 'ㅿ'과 'ㆁ'의 글자가 17세기 초부터는 거의 쓰이지 않게 되었고, 합용 병서와 각자 병서의 글자의 쓰임에도 큰 변화가 있었다. 15세기의 중세 국어에서는

/ㅅ/이 종성으로 발음될 수 있었는데, 16세기 중엽부터는 /ㅅ/이 종성으로 발음되지 않아서 이른바 '7종성'의 음운 체계가 완성되었다. 그런데 17세기 중엽부터는 종성의 /ㄷ/을 'ㅅ' 글자로만 표기하려는 경향이 생겨서, 18세기 무렵에서는 종성의 자리에서는 'ㄷ, ㅌ, ㅅ, ㅈ, ㅊ'의 글자를 'ㅅ' 글자로 통일하여 표기하였다. 체언과 조사, 그리고 어간과 어미를 적는 방식도 기존의 '이어적기(연철)' 위주의 표기 방식에서 벗어나서, '끊어적기(분철)'와 '거듭적기(중철)'의 표기 방식도 혼용되었다.

결국 근대 국어의 시기에는 표기 방법이 혼란스러운 모습을 보였는데, 이는 일정한 규범에 얽매이지 않고 언어를 자유스럽게 표기하려는 경향으로 볼 수 있다.

1.1.1. 글자 체계

근대 국어에서는 17세기 초기부터 'ㆁ'과 'ㅿ'의 글자가 쓰이지 않아서 중세 국어의 28글자 체계에서 25글자 체계로 바뀌었다. 그리고 '합용 병서자'와 '각자 병서자'의 체계에도 일부 변화가 생겼다.

1.1.1.1. 자음 글자의 체계

가. 기본 글자의 체계

근대 국어에 쓰였던 자음의 기본 글자 체계는 'ㄱ, ㅋ, ㄷ, ㅌ, ㄴ, ㅂ, ㅍ, ㅁ, ㅈ, ㅊ, ㅅ, ㅇ, ㅎ, ㄹ'의 14글자의 체계였다.

〈 'ㅿ' 글자의 소멸 〉 /ㅿ/의 소리는 16세기 초부터 사라지기 시작하였는데, 이에 따라서 'ㅿ' 글자도 16세기 초부터 사용법에 혼란을 보이기 시작하였다. 16세기 말까지는 표기상으로 몇몇 어휘에서만 쓰이다가, 17세기에 들어서는 'ㅿ' 글자는 문헌에서 거의 쓰이지 않았다.

(1) ㄱ. 그 아ᄋᆞᄅᆞᆯ ᄃᆞ리고 [동삼 효7:52]
ㄴ. 싀어버이ᄅᆞᆯ 치매 ᄆᆞᄋᆞᆷ을 다ᄒᆞ고 [동삼 열1:83]

(1)의 '아ᄋᆞ, ᄆᆞᄋᆞᆷ'은 각각 중세 국어에 쓰였던 '아ᅀᆞ, ᄆᆞᅀᆞᆷ'이 변한 것인데, 이들 단어를 통해서 17세기에는 'ㅿ'의 글자가 이미 사라졌음을 알 수 있다.

그런데 17세기에 간행된 『동국신속삼강행실도』(1617)와 『노걸대언해』(1670) 등의 문헌에서 'ㅿ'이 간혹 나타났다.

(2) ㄱ. 그 아ᅀ 문형으로 더브러 [동삼 효6:8]

ㄴ. 첩이 이믜 ᄆᅀᆞᆷ으로써 허ᄒᆞ여시니 [동삼 열1:2]

그러나 이들 문헌에 사용된 'ᅀ' 글자는 『삼강행실도』(1481)와 『번역노걸대』(1510년대) 등의 옛 문헌에 나타난 표기 형태에 영향을 받아서 관습적으로 쓰인 표기 형태로 보인다. 이러한 사실을 감안하면 'ᅀ' 글자는 17세기에 들어서는 전부 사라진 것으로 보아도 될 것이다.

〈'ㆁ' 글자의 소멸〉 'ㆁ'의 글자는 /ŋ/의 음가를 나타내는 글자로서, 15세기 말까지는 초성과 종성으로 두루 쓰였다. 그러나 16세기 초부터 /ŋ/의 소리가 초성으로 쓰이지 않게 되자, 'ㆁ'의 글자도 따라서 초성으로 쓰이지 않고 종성으로만 쓰였다. 그러다가 16세기 말과 17세기 초의 시기에는 종성의 /ŋ/을 표기하는 글자의 모양도 'ㅇ'으로 바뀌었는데, 결과적으로 근대 국어에서는 초성의 'ㅇ'은 무음가를 나타내고 종성의 'ㅇ'은 /ŋ/의 음가를 나타내었다.

(3) 능히 [충 1:7], 무덤이넝이다 [충 1:7], 산힝ᄒᆞᄂᆞ 길 [충 1:7], 군왕은 [충 1:7]

예를 들어서 15세기 국어의 문헌에서는 '능히, 무덤이이다, 산힝, 군왕'처럼 'ㆁ'으로 표기될 글자가, 『동국신속삼강행실도』(1617)에는 (3)처럼 'ㅇ'으로 표기되었다.[1]

나. 병서 글자의 체계

근대 국어에 쓰인 '병서 글자'도 '합용 병서자'와 '각자 병서자'가 쓰였는데, 특히 합용 병서 글자의 체계에 아주 심한 변화가 나타났다. 곧, 먼저 'ᄡ'계 합용 병서자가 17세기 초까지만 쓰이다가 그 이후에는 사라졌고, 'ㅂ계'와 'ㅅ계'의 합용 병서자가 혼기되는 경향이 심해졌다. 그리고 15세기 말부터는 쓰이지 않았던 'ㄲ, ㄸ, ㅃ, ㅉ, ㅆ' 등의 각자 병서자가 근대 국어 시기에 다시 쓰이기 시작하였다.

(나-1) 합용 병서 글자

합용 병서의 글자는 초성과 종성으로 두루 쓰였는데, 여기서는 초성으로 쓰인 합용 병서자와 종성으로 쓰인 합용 병서자로 나누어서 살펴본다.

---

1) 17세기 초에 간행된 『동국신속삼강행실도』의 문헌에 '쏭, 양셩현, 덩유왜난, 셩이, 며래덩울'처럼 'ㆁ'이 간혹 나타나기는 했다. 그러나 이는 중세 국어 때부터 내려오던 표기 관습에 따른 것이었고, 일반적으로는 (3)처럼 종성의 /ŋ/ 소리도 'ㅇ' 글자로만 적었다.

① 초성의 합용 병서자

근대 국어 시기의 초성의 합용 병서자는 'ㅄ'계의 합용 병서자가 사라지고, 이에 따라서 'ㅂ'계와 'ㅅ'계의 합용 병서자에도 변화가 생겼다.

〈 **합용 병서자의 체계** 〉 근대 국어 시기에는 초성에서 'ㅄ'계 합용 병서자가 사라짐에 따라서, 'ㅂ'계 합용 병서와 'ㅅ'계 합용 병서만 쓰였다.

  (4) 'ㅂ'계 합용 병서 : ㅲ(/ㄲ/), ㅳ(/ㄸ/), ㅄ(/ㅆ/), ㅶ(/ㅉ/), ㅷ(/ㅌ/)

  　'ㅅ'계 합용 병서 : ㅺ(/ㄲ/), ㅼ(/ㄸ/), ㅽ(/ㅃ/), (ㅉ, ㅅㅋ, ㅅㅌ, ㅅㅍ, ㅅㅁ, ㅅㅊ), ㅆㅎ (/ㆅ/)

곧, 중세 국어 시기에는 'ㅄ'계, 'ㅂ'계, 'ㅅ'계의 합용 병서자가 있었으나 근대 국어 시기인 17세기에 들어서면서 'ㅄ'계인 'ㅴ'과 'ㅵ'이 사라졌다. 이에 따라서 근대 국어의 합용 병서의 체계는 (4)처럼 'ㅂ'계와 'ㅅ'계의 합용 병서 체계로 바뀌었다.

〈 **'ㅄ'계 합용 병서 글자의 소멸** 〉 15세기에는 'ㅂ'게, 'ㅅ'계, 'ㅄ'계 합용 병서자가 쓰였다. 그런데 근대 국어에서는 합용 병서자의 체계에도 변화가 생기기 시작했다.

  (5) ㄱ. 중세 국어 : ㅳ, ㅄ, ㅶ, ㅷ; ㅺ, (ㅄ), ㅼ, ㅽ; ㅴ, ㅵ

  　ㄴ. 근대 국어 : ㅲ, ㅳ, ㅄ, ㅶ, ㅷ; ㅺ, ㅼ, ㅽ, <u>ㅉ, ㅅㅌ, ㅆㅎ</u>

중세 국어 시기에는 (ㄱ)처럼 세 가지 계열의 합용 병서자가 있었다. 그러나 근대 국어 시기인 17세기에 들어서면서 'ㅄ'계 합용 병서자인 'ㅴ'과 'ㅵ'의 글자가 사라지고, (ㄴ)처럼 'ㅂ'계와 'ㅅ'계의 합용 병서자만 남게 되었다. 곧, 'ㅴ'은 기존에 쓰이던 'ㅺ'이나 새로 생긴 'ㅲ'으로 대체되었으며, 'ㅵ'은 기존에 쓰이던 'ㅳ'으로 대체되었다.

첫째, 'ㅴ' 글자가 사라지면서 합용 병서의 첫 글자인 'ㅂ'이 탈락하여 기존의 'ㅺ'으로 바뀌거나,[2] 가운데 글자인 'ㅅ'이 탈락하여 'ㅲ'의 새 글자로 대체되었다.

  (6) ㄱ. ㅴㅁ 〉 ㅺㅁ(隙)

  　ㄴ. ㅴ혀다 〉 ㅺ혀다, ㅴ믈다 〉 ㅺ믈다, ㅴ이다 〉 ㅺ이다, ㅴ디다 〉 ㅺ디다, ㅴ다 〉 ㅺ다, ㅴ다 〉 ㅺ다, ㅴ다 〉 ㅺ다

---

2) 'ㅴ'이 'ㅺ'으로 바뀐 예는 이미 15세기와 16세기 문헌에서부터 조금씩 나타났다.
　(보기) ㅺ디다(〈ㅴ디다)[용가 37장], ㅺㄹ(〈ㅴㄹ)[월석 21:45], ㅺㄹ(〈ㅴㄹ)[훈자 중21], ㅺㅁ(〈ㅴㅁ)[훈자 하18]

(6)의 예들은 모두 중세 국어에 쓰이던 'ᄡᅠ'이 사라지고 나서 동일한 단어에 'ㅅ'계 합용 병서인 'ᄶ'이나 'ㅂ'계 합용 병서인 'ᄲ'이 쓰인 것이다. 곧 (ㄱ)의 '쁨'에서는 'ㅂ'이 탈락하여 '씀'으로 바뀌었고, (ㄴ)의 'ᄲᅡ혀다'에서는 'ㅅ'이 탈락하여 'ᄲᅡ혀다'로 바뀌었다.

이와 같은 결과로 『동국신속삼강행실도』(1617)에서는 동일한 단어에서 'ᄡᅠ'과 함께 'ᄶ'과 'ᄲ'의 글자가 혼기되기도 했다.

(7) ㄱ. 어름이 ᄶᅥ뎌 싸뎌 죽게 ᄒᆞ고　　　　　　　　[동삼 효3:43]

　　ㄴ. 블이 믄득 절로 ᄶᅳ디니라　　　　　　　　　[동삼 효4:29]

　　ㄷ. 블이 스스로 ᄲᅥ디니라　　　　　　　　　　　[동삼 효2:84]

(7)에서는 동일한 단어를 'ᄶᅥ다, ᄶᅳ다, ᄲᅥ다'의 세 가지의 방식으로 적었는데, 이를 통해서 'ᄡᅠ'이 'ᄶ'이나 'ᄲ'과 혼기되었음을 확인할 수 있다.

둘째, 'ᄡᅠ' 글자가 없어짐에 따라서, 그 이전에 'ᄡᅠ'으로 적었던 단어는 기존에 쓰이고 있었던 'ㄸ'으로 대체하여서 적기도 했다.

(8) 쁴 〉 ᄠᅢ(時), ᄡᅳ리다 〉 ᄯᅳ리다(碎), ᄡᅵ르다 〉 ᄯᅵ르다(刺), ᄡᅵᆯ리다 〉 ᄯᅵᆯ리다(刺)

17세기 초기에 된소리 표기가 이와 같이 변하게 됨으로써, 『동국신속삼강행실도』에는 동일한 단어를 'ᄡᅠ'으로 적기도 하고 'ㄸ'으로 적기도 했다.

(9) ㄱ. 혼인 ᄀᆞ솜 쟝만ᄒᆞ야 ᄡᅢ예 미처 셔방마치고　　[동삼 충1:78]

　　ㄴ. 모믈 ᄇᆞ려 나라홀 갑ᄑᆞ미 이 그 ᄠᅢ로다　　　　[동삼 충1:88]

곧, 같은 문헌인 『동국신속삼강행실도』에서는 (9)처럼 'ᄡᅢ'와 'ᄠᅢ'가 혼기되기도 하였다.

〈 합용 병서자의 예 〉 근대 국어의 문헌에서 초성으로 쓰인 합용 병서자의 예를 보이면 다음과 같다.

첫째로, 근대 국어의 문헌에 'ㅂ'계 합용 병서자가 쓰인 예를 보이면 다음과 같다.

(10) ㄱ. ᄲ : ᄢᅵ(頓, 끼니); ᄲᅡ혀다(破), ᄲᅢ믈다(嚼), ᄲᅢ이다(折), ᄲᅥ디다(崩), ᄲᅦ다(貫)

　　 ㄴ. ㄸ : ᄯᅡᆯ기(覆盆子), ᄠᅢ(時), ᄯᅳ리(疹), ᄠᅳᆯ(油); ᄯᅡ다(摘), ᄯᅳ다(浮), ᄠᅥ나다(出發)

　　 ㄷ. ᄡᅠ : ᄡᅮᆨ(艾), ᄡᅳᆯ개(膽), ᄡᅵ(核), ᄡᆯ(米); ᄡᅥ(以); ᄡᅳ다(用, 書, 苦), ᄡᅩ다(射), ᄡᅩ이다

ㄹ. ㅳ : 뜸(間), 뽁(瓣); 뾰이다(炙), 뽗다(追), 뽗치이다(被追), 뽀이다(劃)

ㅁ. ㅵ : 뜬다(彈)/뜬다(調和), 뻐디다(破裂)

'ㅂ'계 합용 병서자로는 'ㅲ, ㅳ, ㅄ, ㅴ, ㅵ' 등이 있었다. 이 중에서 /ㅌ/의 음가를 나타내는 'ㅵ'을 제외하면, 모두 된소리인 /ㄲ/, /ㄸ/, /ㅃ/, /ㅆ/, /ㅉ/를 표기하였다. 물론 근대 국어에서는 '껏(← 것), 또(又), 뼈(骨), 쪽(便)' 등과 같이 된소리를 표기하는 데에 각자 병서자인 'ㄲ, ㄸ, ㅃ, ㅉ'도 쓰이기는 했지만, 일반적으로는 'ㅺ, ㅼ, ㅽ, ㅾ' 등이 더 많이 쓰였다(단, 'ㅆ'은 된소리 표기에 제법 많이 쓰였다).

둘째, 근대 국어의 문헌에 'ㅅ'계 합용 병서자가 쓰인 예를 보이면 다음과 같다.

(11) ㄱ. ㅺ : 셀(榜), 쇠아리(酸漿), 쏯(花), 쇠키리(象); 쌀다(席), 쌁다(削), 쩠다(折)

ㄴ. ㅼ : 싸/쌓(地), 쩍(餠), 쏘(又), 쏘흔(亦是); 싸다(摘), 쩐쩐ᄒ다(常), 쓰다(灌)

ㄷ. ㅽ : 쌤(頰), 쌔(骨), 쎔(把), 썅(桑), 썅나모; 쏘롯ᄒ다(尖), 쏯둑ᄒ나(尖), 쓰리다(麗)

ㄹ. ㅿ : 화룰 혀(彎弓) [동삼 열4:70], 法을 혀(引法) [경신 서:3]

'ㅅ'계의 합용 병서자로는 'ㅺ, ㅼ, ㅽ'이 쓰였는데, 이들도 근대 국어에서는 각각 된소리인 /ㄲ/, /ㄸ/, /ㅃ/의 음가를 나타내는 것으로 보인다. 특히 17세기 초·중반에 발간된 문헌에서는 '혀다(引)'처럼 'ㅅㅎ'이 'ㅎ'의 된소리인 /ㆅ/을 표기하는 데에 쓰인 예가 드물게 나타났는데, 이는 매우 특이한 예이다.

이러한 현상을 종합해 보면, 'ㅄ'계 합용 병서는 17세기 초기에 'ㅅ'계나 'ㅂ'계의 합용 병서자로 바뀐 것을 확인할 수 있다.

〈 합용 병서자의 혼용 〉 근대 국어에는 'ㅳ'과 'ㅼ'이 서로 혼기되거나, 'ㅄ'과 'ㅆ'을 혼기되는 경우가 많았다. 이러한 현상은 'ㅂ'계나 'ㅅ'계의 합용 병서 글자가 모두 된소리를 표기하였기 때문에 일어났다.

(12) ㄱ. 뜬[두언-중 1:7], 쓴[두언-중 3:49]

ㄴ. 뻐나셔[첩신-초 5:3], 써나셔[첩신-초 5:11]

(13) ㄱ. 뽁[박언 상35], 쑥[박언 상35]

ㄴ. 쁘고[박언 하37], 힘쓤[박언 중2]

(12)처럼 'ㅳ'이 'ㅼ'으로 혼기된 예가 『두시언해 중간본』(1632)와 『첩해신어』(1676)에 나

타나며, (13)처럼 'ㅄ'이 각자 병서자인 'ㅆ'으로 혼기된 예도 『박통사언해』(1677)에 보인다. 이러한 혼기 현상은 'ㅳ'과 'ㅼ'이 된소리인 /ㄸ/를 표기하고, 'ㅄ'과 'ㅆ'이 된소리인 /ㅆ/를 표기했기 때문에 일어난 것이다. 이처럼 'ㅳ'과 'ㅼ'을 혼기하거나, 'ㅄ'과 'ㅆ'을 혼기하는 예는 17세기 초반에 일어나기 시작하여서 17세기 후반에는 일반화된 것으로 보인다.

18세기가 되면 이러한 혼기 현상이 더욱 심해져서 동일한 된소리에 대하여 개인에 따라서 'ㅳ'과 'ㅼ', 그리고 'ㅳ'과 'ㅆ'으로 자의적으로 혼기하였다.

② 종성의 합용 병서자

중세 국어와 근대 국어에서 종성으로 쓰인 합용 병서자의 예를 각각 제시하면 다음과 같다.

(14) ㄱ. 중세 국어의 종성 글자 : ㄳ, ㄵ, ㄺ, ㄻ, ㄼ, ㅀ
ㄴ. 근대 국어의 종성 글자 : ㄺ, ㄻ, ㄼ, (ㄽ)

중세 국어의 종성에 쓰인 합용 병서자로는 (ㄱ)처럼 'ㄳ, ㄵ, ㄺ, ㄻ, ㄼ, ㅀ'이 있었다. 그러나 근대 국어 시기에는 'ㄳ, ㄵ, ㅀ'이 쓰이지 않게 되어서 종성의 자리에서 쓰일 수 있는 합용 병서자는 'ㄺ, ㄻ, ㄼ'에 국한되었다.3)

(15) ㄱ. ᄇᆞᆰ고[두집 하69], ᄒᆞᆰ[가언 7:22], 늙고[두언-중 1:14], ᄇᆞᆰ거든[노언 하28]
ㄴ. 앏픠[가언 8:8], 엷게[두집 하55], ᄉᆞᆲ디[첩신-초 9:12], 여ᄃᆲ[태집 38]
ㄷ. 곪길[두집 하44], 옮기고[동삼 효3:30], 갊기[태집 65], ᄉᆞᆱ기ᄅᆞᆯ[노언 상18]

(ㄱ)의 'ᄇᆞᆰ고, ᄒᆞᆰ, 늙고, ᄇᆞᆰ거든'에는 'ㄺ'이 종성으로 쓰였으며, (ㄴ)의 '앏픠, 엷게, ᄉᆞᆲ디, 여ᄃᆲ'에는 'ㄼ'이 종성으로 쓰였다. 그리고 (ㄷ)의 '곪길, 옮기고, 갊기, ᄉᆞᆱ기ᄅᆞᆯ'에는 'ㄻ'이 쓰였는데, 이처럼 'ㄻ'이 종성으로 쓰인 예는 아주 드물었다.

---

3) 'ㄺ, ㄻ, ㄼ'의 종성 글자 이외에도 'ㄽ'이 쓰였는데, 'ㄽ'은 'ㄹ' 종성으로 끝난 체언 뒤에 관형격 조사나 사잇소리 표기의 글자로 쓰인 'ㅅ'이 붙은 것이다.
(보기) ㄱ. 皇帝 卽位ᄒᆞ신 이듬힛 ᄀᆞᄋᆳ 閏八月ㅅ 初吉에 [두언-중간 1:1]
ㄴ. 믌집의 잡은 것 믈드리라 가쟈 [박언 중3]
ㄷ. 煎魚 믌고기 젼ᄒᆞ다 [역유 상51]

(나-2) 각자 병서 글자

각자 병서자 중에서 'ㅆ'을 제외한 나머지 'ㄲ, ㄸ, ㅃ, ㅉ, ㆅ'은 이미 중세 국어 시기에 발간된 『원각경언해』(1465)부터 폐지되어서 일상에서 쓰이지 않았다. 그런데 17세기 초기의 문헌에서는 이러한 각자 병서자가 다시 사용된 예가 나타난다.

(16) ㄱ. 몯홀 꺼시니라[시언 4:21], 끌려[동삼 효1:30], 끄으니[산일 9], 重홀까[첩신-초 2:5]

ㄴ. 贖홀 떤댄[시언 6:23], 또[동삼 효4:72], 됴화따[첩신-초 2:17], 띠토록[신자 18]

ㄷ. 뿌리며[신자 19], 빠여[동삼 효8:5], 쁠을[가언 5:11], 빨리[두언-중 4:15]

ㄹ. 싸ᄒ라[두집 상13], 싸코[동삼 효4:87], 쑤어[벽신 12], 싸호고[경언-중 6]

ㅁ. 쯤[첩신-초 7:19], 쪽[계일 하27], 둘째[오전 2:33], 蒸 찔 증[주천-중 37]

(ㄱ)의 '꺼시니라, 끌려, 끄으니, 重홀까'는 'ㄲ'이 쓰인 예이며, (ㄴ)의 '떤댄, 또, 됴화따, 띠토록'은 'ㄸ'이 쓰인 예이다. 그리고 (ㄴ)의 '뿌리며, 빠여, 쁠을, 빨리'는 'ㅃ'이 쓰인 예이며, (ㄹ)의 '싸ᄒ라, 싸코, 쑤어, 싸호고'는 'ㅆ'이 쓰이 예이며, (ㅁ)의 '쯤, 쪽, 둘째, 찔'은 'ㅉ'이 쓰인 예이다. 그러나 18세기 말까지는 된소리를 표기할 때에 이러한 각자 병서자보다는 합용 병서자, 특히 'ㅅ'계 합용 병서자를 더 많이 사용하였다.

그런데 19세기 말에 이르면, 각자 병서자가 된소리를 표기하는 데에 본격적으로 쓰이기 시작했다. 특히 『사민필지』(1889)와 『독립신문』(1896)에는 기존에 사용해 왔던 'ㅅ'계 합용 병서자와 더불어 'ㄲ, ㅃ, ㄸ, ㅆ, ㅉ' 등의 각자 병서자가 쓰인 예가 늘어났다.

(17) ㄱ. 꼴렌벨드ㅣ란; 똑똑이, 뚤코, 별똥; 쎌니, 쁘르고, 드리쓴는, 쁠나, 쁘레스로, 뽕나무; 언문으로써, 힘써, 길쑴, 쏠; 쫏고, 쫏기여 [사필]

ㄴ. 끄닭이라, 경무쳥에, 셱끼고; 쩍국(德國), 학쌍을, 쩟으어; 뻬기도, 혜 뿔; 싸홈, 쓰기는, 써야; 쌍뎡이, 언짠흔 [독신]

이처럼 'ㅅ'계 합용 병서자가 각자 병서자로 대체되는 현상은 20세기의 국어에서 더욱 심화되었다. 이에 따라서 1933년에 제정된 『한글 맞춤법 통일안』에서는 'ㅅ계' 합용 병서를 폐지하여서, 된소리는 현대 국어에서처럼 'ㄲ, ㄸ, ㅃ, ㅆ, ㅉ' 등과 같이 각자 병서자만으로 적게 되었다.

근대 국어에 쓰였던 자음 글자의 체계를 정리하면 다음의 〈표 1〉과 같다.4)

---

4) 괄호로 표시한 글자는 당시에 잘 쓰이지 않았거나, 그 음가를 추정하기 어려운 글자들이다.

위치	구분															
초성 위치	단일 글자	ㄱ	ㅋ	ㄷ	ㅌ	ㄴ	ㅂ	ㅍ	ㅁ	ㅈ	ㅊ	ㅅ	ㅇ	ㅎ	ㄹ	(ㅿ)
	각자 병서자	ㄲ		ㄸ			ㅃ			ㅉ		ㅆ				
	'ㅅ'계 합용 병서자	ㅺ	(ㅅㅋ)	ㅼ	(ㅅㅌ)		ᄲ	(ㅅㅍ)	(ㅅㅁ)	(ㅅㅈ)	(ㅅㅊ)			(ㅅㅎ)		
	'ㅂ'계 합용 병서자	ㅲ		ㅳ	ᄩ					ㅶ	ᄨ					
	'ㅄ'계 합용 병서자	(ㅴ)		(ㅵ)												
종성 위치	단일 글자	ㄱ	(ㆁ)	ㄷ		ㄴ	ㅂ		ㅁ			ㅅ	ㅇ		ㄹ	
	합용 병서자	ㄺ					ㄼ		ㄻ			(ㄽ)				

〈표 1〉 근대 국어의 자음 글자 체계

〈표 1〉에서 알 수 있듯이 근대 국어의 시기에는 된소리를 표기하는 방식이 다양해졌다. 특히 18세기 이후에는 된소리를 표기하는 데에, 'ㅂ'계와 'ㅅ'계의 합용 병서자와 함께 각자 병서자까지 쓰였다. 그러나 19세기에 들어서면서 'ㅂ'계 합용 병서가 점차로 잘 쓰이지 않게 되었는데, /ㄲ, ㄸ, ㅃ, ㅉ, ㅆ/의 된소리는 'ㅺ, ㅼ, �, �, ㅆ'처럼 모두 'ㅅ'계의 합용 병서(된시옷)나 'ㄲ, ㄸ, ㅃ, ㅉ, ㅆ'과 같은 각자 병서자로 적히게 되었다. 현대 국어의 시기인 1933년에 『한글 맞춤법 통일안』이 제정됨으로써, 된소리는 각자 병서자로만 쓰게 되었다.

1.1.1.2. 모음 글자의 체계

중세 국어에서 쓰였던 중성 글자 가운데서, 근대 국어에도 쓰인 글자는 다음과 같다.

(18) ·, ㅡ, ㅣ, ㅗ, ㅏ, ㅜ, ㅓ, ㅛ, ㅑ, ㅠ, ㅕ; ㅘ, ㅝ; ㆎ, ㅢ, ㅚ, ㅐ, ㅟ, ㅔ, ㆉ, ㅒ, ㆌ, ㅖ

『훈민정음 해례본』에서 제시된 중성 글자 중에서 'ㆇ, ㆊ'와 'ㅙ, ㅞ' 등은 이미 훈민정음 창제 당시에도 국어를 적는 데에는 쓰이지 않았다. 근대 국어에서도 'ㆇ, ㆊ'와 'ㅙ, ㅞ'의 글자가 쓰이지 않았으므로, 근대 국어에서 사용된 중성 글자의 종류는 중세 국어의 그것 과 차이가 나지 않는다.

다만, /·/의 소리는 18세기 말에 완전히 사라졌으나 '·'의 글자만은 20세기 초까지 그대로 쓰였다. 이렇게 고유의 음가를 상실한 '·' 글자는 1933년에 '조선어학회'에서 제정한 『한글 맞춤법 통일안』에 따라서 폐지되었다.

1.1.2. 표기법

근대 국어의 표기법은 그전의 중세 국어의 표기법에 비해서 몇 가지 점에서 차이가 있다. 첫째로 된소리 표기를 표기하는 방법이 극도로 혼란스럽게 되어서, 단어의 첫머리의 된소리를 표기하는 데에 여러 가지의 병서자가 혼기되었다. 둘째로 종성의 /ㄷ/을 'ㄷ'과 'ㅅ'으로 혼기하거나, 모음 사이에서 실현되는 'ㄹㄹ'을 'ㄹㄴ'으로 표기하기도 하였다. 셋째로 16세기 초부터 나타났던 '끊어적기(分綴)'와 '거듭적기(重綴)'의 경향이 더욱 심해졌다. 특히 하나의 거센소리 음소를 예사소리와 /ㅎ/으로 재음소화하여 두 글자로 거듭적는 특이한 표기 방법도 나타났다. 넷째로 한자어의 어두에 실현된 'ㄹ'을 'ㄴ'으로 표기하기도 했다.

근대 국어에서 일어난 이러한 현상을 종합하여 표현하면 '표기 방법의 다양화'이다. 이는 첫째와 둘째의 방식처럼 하나의 소리를 여러 가지 문자로 표기하거나, 셋째의 방식처럼 음절의 경계를 다양한 방식으로 자유롭게 표기하는 경향이라고 할 수 있다.

가. 종성의 자리에서 'ㅅ'과 'ㄷ'의 혼기

15세기에는 종성 자리에서 /ㄷ/과 /ㅅ/의 두 소리가 각각 실현되었기 때문에, 'ㄷ'과 'ㅅ'의 글자도 구분되어서 쓰였다. 그러나 16세기 후반부터는 종성의 /ㅅ/이 /ㄷ/에 합류됨에 따라서 'ㅅ' 글자가 종성에 쓰이지 않았다(7종성 체계).

근대 국어 시기인 17세기에 들어서면 종성의 /ㄷ/을 적을 때에 'ㅅ'과 'ㄷ'을 혼기하는 경향이 나타났다.

> (19) 굳거든[두집 하17]—굿거든[두집 하17], 묻고져[동삼 효1:1]—뭇고[동삼 열8:1], 맏보아
> [동삼 효2:2]—맛보더니[동삼 효1:45], 몯 가온ᄃᆡ[권요 30]—못 안해[권요 24]; 몯ᄒᆞ거늘
> [동삼 효2:12]—못홈으로[동삼 효5:1]

(19)에서는 '굳다/굿다(堅), 묻다/뭇다(埋), 맏/맛(味), 몯/못(淵), 몯/못(不)'과 같이 종성의 /ㄷ/을 'ㄷ'과 'ㅅ'의 글자로 혼기하였다.

그런데 18세기부터는 종성의 /ㄷ/을 표기하는 데에 점차로 'ㄷ'을 쓰지 않고 발음과 관계없이 'ㅅ'으로만 적는 경향이 나타났다. 이처럼 종성의 /ㄷ/을 'ㅅ'으로 적는 경향이 지나치게 확대되어서, '믿다(信)'의 어간인 '믿-'이 어미 '-어'와 결합하여 활용할 때에도, /ㄷ/을 'ㅅ' 종성으로 잘못 표기한 예도 종종 발견된다.

(20) ㄱ. 그러면 쇼인을 못 <u>밋어</u> 아니 써 주오시는 소이다　　　　　[계일 하4]

　　 ㄴ. 이제 周瑜ㅣ 나히 졈고 지조의 <u>밋어</u> 여러흘 업슈이 너겨　　[삼총 7:12]

　　 ㄷ. 내 그 말을 <u>밋어</u> 절ᄒᆞ야 가르치믈 밧고　　　　　　　　[경신 30]

(ㄱ)은『계축일기』(16세기 초), (ㄴ)은『삼역총해』(1703), (ㄷ)은『경신록언석』(1796)에서 '믿다'의 어간이 '밋-'으로 표기되어 있는 예이다. '믿다'의 어간에 연결 어미인 '-어'가 결합하면 /미더/로 발음되기 때문에, 끊어적기로는 '믿어'로 적거나 이어적기로는 '미더'로 적어야 한다. 그럼에도 불구하고 (20)에서는 '밋어'로 적었는데, 이는 종성을 'ㅅ'으로만 적는 습관에서 비롯한 표기이다.

나. 모음 사이에서 'ㄹㄹ'과 'ㄹㄴ'의 혼기

중세 국어에서는 '올라, 블러, 별로'처럼 모음 사이에서 /ㄹㄹ/로 발음되는 음소를 'ㄹ ㄹ'로만 표기하였다. 그런데 17세기 초기부터는 이들을 'ㄹㄹ'과 'ㄹㄴ'의 형태로 수의적으로 표기한 예가 흔히 나타났다.

(21) ㄱ. 올라/올나[열 2:85], 믈라/믈나[열 4:73], 흘러/흘너[열 4:8], 블러/블너[열 4:52]

　　 ㄴ. 블러/블너[2:8], 말라/말나[3:66], 멀리/멀니[3:78] , 일로써/일노써[원 4]

　　 ㄷ. 별로/별노, 살림/살님, 멀리/멀니, 뿔로/뿔노, 발라/발나, 말리여/말닉여

(ㄱ)은『동국신속삼강행실도』(1617)에 나타난 'ㄹㄴ' 표기의 예이며, (ㄴ)은『여사서언해』(1736), (ㄷ)은『규합총서 필사본』(1809)에 나타난 'ㄹㄴ'의 표기 예이다. 이들 예에서는 모음과 모음 사이에서 'ㄹㄹ'로 표기되어야 할 형태가 'ㄹㄴ'으로 수의적으로 표기되었다. 이처럼 'ㄹㄹ'과 'ㄹㄴ'을 혼용하는 현상은 근대 국어의 후기로 갈수록 점점 확대되었다.

다. 끊어적기, 거듭적기, 재음소화

훈민정음이 창제된 15세기 중엽 이래로 15세기 말까지는 '이어적기(연철, 連綴)'가 주류를 이루었다. 그런데 16세기 초부터는 표기 방법이 다양화되어서 일부 문헌에서 '거듭적기(중철, 重綴)'와 '끊어적기(분철, 分綴)'가 나타났다.[5] 이러한 표기 양상은 그 뒤에 점차

---

5) '끊어적기'와 '거듭적기'의 표기 방법은 1510년대에 간행된『번역소학』,〈여씨향약언해〉,『정속언해』,『이륜행실도』등의 문헌에서부터 나타나기 시작하여, 후대로 내려올수록 이러한 현상이 확대되었다.

로 확대되어서, 17세기부터는 기존의 '이어적기, 거듭적기, 끊어적기'의 표기뿐만 아니라, '재음소화'에 따른 표기도 나타났다.

(다-1) 끊어적기

〈끊어적기의 실현 향상〉 '끊어적기'는 16세기 초기부터 시작되어서 근대 국어에서 더욱 확산되었다. 끊어적기는 체언에 조사가 결합될 때에 먼저 시작되었는데, 나중에는 용언의 어간과 어미를 적는 데에도 적용되었다.

첫째, 체언과 조사가 결합된 형태를 끊어적기로 표기한 예가 있다.

(22) ㄱ. 모칙이[충1:35], ᄆᆞᅀᆞᆷ애[효7:44], 도적으로[효8:70], 부즈의[속충3], 사름이니[속효3]

　　ㄴ. 벗이[상1], 하늘이[상2], 마ᄋᆞᆷ을[상4], 은(銀)애[상8], 일홈을[상9]

　　ㄷ. 칙을[권수 상25], 밤의[권수 상1], 아ᄎᆞᆷ의[권수 상1], 근심이[권수 상2]

　　ㄹ. 닐이[1:5], 부모의[1:1], 뒤신을[1:1], 곡식으로[1:3], 몸으로[1:7]

(ㄱ)은 『동국신속삼강행실도』(1617), (ㄴ)은 『노걸대언해』(1670), (ㄷ)은 〈명의록언해〉(1777), (ㄹ)은 『태상감응편도설언해』(1852)에 실현된 끊어적기의 예이다. 곧, '모칙이, 벗이, 칙을, 날이'에서는 체언인 '모칙, 벗, 칙, 날'과 조사인 '-이, -이, -을, -이'의 형태를 구분하여서 적었다.

둘째, 용언의 어간과 어미가 결합된 형태를 끊어적기로 표기한 예가 있다.

(23) ㄱ. 왜적의 자핀 배 되여 굴티 아니코 죽은대　　　　　　　[동삼 열7:48]

　　ㄴ. 형들희 덕분을 닙어 ᄡᅩ 져기 니쳔을 어드라　　　　　[노언 상59]

　　ㄷ. 외종들이 늬가 가면 업고 안아 친후히 구더니　　　　　[한만 1:28]

　　ㄹ. 누른 뫼초리 슈십 쉬 잇ᄂᆞᆫ지라 드ᄃᆡ여 플어 노핫더니　[태감 5:33]

(ㄱ)은 『동국신속삼강행실도』, (ㄴ)은 『노걸대언해』, (ㄷ)은 『한듕만록』(1795), (ㄹ)은 『태상감응편도설언해』(1852)에 나타난 끊어적기의 예이다. 곧, '죽은대, 닙어, 안아, 플어'는 각각 용언의 어간인 '죽-, 닙-, 안-, 플-'과 어미인 '-은대, -어, -아, -어'의 형태를 구분하여 끊어서 적었다.

〈끊어적기의 확대〉 끊어적기의 표기법은 체언과 조사가 결합된 형태에 먼저 적용되었고, 이러한 현상이 점차로 확대되어서 용언의 활용형에도 적용되었다. 이처럼 체언과 조사의 결합에서는 끊어적기가 먼저 활성화된 반면에, 용언의 활용에서는 끊어적기 표기가 늦게 일어난 데에는 이유가 있었다.

첫째, 체언은 자립성이 강해서 체언과 조사는 쉽게 분리하여 인식할 수 있었기 때문에 체언과 조사의 결합 형태에는 끊어적기가 비교적 빨리 적용되었다. 반면에 용언의 어간과 어미는 서로 의존적이기 때문에, 어간의 형태를 어미에서 따로 분리하여 인식하기가 어려웠다. 이러한 이유로 어간과 어미를 적을 때에는 끊어적기가 잘 일어나지 않는 것으로 보인다.

둘째, 체언을 한자로 적는 경우에는 한자로 적힌 체언과 조사가 분명하게 구분되어서 저절로 끊어적기가 이루어진다. 이 과정에서 언중들이 체언과 조사의 형태 경계를 구분하여서 끊어적는 방법을 빨리 인식하게 된 것으로 보인다.

(24) 海東 六龍이 나ᄅ샤 일마다 天福이시니 古聖이 同符ᄒ시니　　[용가 1장]

예를 들어서 (24)에서 '六龍이, 古聖이, 天福이시니'와 같은 한자 표기를 통해서 체언 뒤에 붙은 '-이'나 '-이다'의 조사 형태를 비교적 쉽게 인식할 수 있었다. 이처럼 한자 표기를 통해서 조사의 형태를 인식하게 된 결과로써, 한글 표기에서도 체언과 조사의 형태를 구분해 내는 능력이 생겼을 것으로 추정된다. 반면에 용언의 어간은 한자로 표기할 수 없었기 때문에, 체언과 조사의 경우와는 달리 끊어적기의 표기 방법이 활성화되지 못한 것으로 보인다.

(다-2) 거듭적기

16세기 이후의 국어에서는 체언에 조사가 결합할 때나 어간에 어미가 결합할 때에, 체언이나 어간의 끝음절의 종성을 두 음절에 나누어서 적는 표기 방법도 쓰였다. 이러한 표기 관습은 17세기 이후의 근대 국어에도 그대로 이어졌다.

첫째, 체언에 조사가 결합할 때에 체언의 끝 종성을 거듭적기로 표기할 수 있었다.

(25) ㄱ. 도적기 : 도적ㄱ(← 도적, 盜)+-이　　　　　　　[동삼 열1:11]
　　 ㄴ. 깁블　: 깁ㅂ(← 깁, 錦)+-을　　　　　　　　　　[이행 종족26]
　　 ㄷ. 갓시라 : 갓ㅅ(← 갓, 笠)+-이라　　　　　　　　[규총 7]
　　 ㄹ. 례졀리 : 례졀ㄹ(← 례졀, 禮節)+-이　　　　　　[이행 종족:27]

(26) ㄱ. 녁크로 : 녁ㅋ(← 녁, 偏)+-으로　　　　　　　　[연지 28]
　　 ㄴ. 겯틔서 : 겯ㅌ(← 겯, 傍)+-의셔　　　　　　　　[동삼 효2:39]

ㄷ. 앏픠 : 앏프(←앒, 前)+-의   [가언 8:2]
ㄹ. 수둙긔 볃최 : 볃ㅊ(←볏, 鷄冠)+-의   [두집 하24]

(27) ㄱ. 볏틱 : 볏ㅌ(←볕 : 陽)+-이   [박언 하1]
    ㄴ. 빗치 : 빗ㅊ(←빛 : 色)+-이   [규총 26]

(25)는 끝음절의 종성에 실현되는 음소의 형태를 그대로 거듭적기로 적은 예이다. 곧, (ㄱ)의 '도젹기'에서는 체언의 종성 /ㄱ/을 'ㄱㄱ'으로, (ㄴ)의 '집블'에서는 종성 /ㅂ/을 'ㅂㅂ'으로 적었다. 그리고 (ㄷ)의 '갓시라'에서는 종성 /ㅅ/을 'ㅅㅅ'으로, (ㄹ)의 '례졀리'에서는 종성 /ㄹ/을 'ㄹㄹ'로 적었다. (26)의 예는 체언의 종성에 실현된 /ㅋ/, /ㅌ/, /ㅍ/, /ㅊ/과 같은 거센소리의 음소를 두 글자로 나누어서 적은 예이다. 여기서 앞 음절의 글자는 평파열음화을 적용하여 'ㄱ, ㄷ, ㅂ'과 같이 변동된 형태로 적고, 뒤 음절의 글자는 'ㅋ, ㅌ, ㅍ, ㅊ'처럼 원래의 거센소리를 그대로 표기하였다. 결과적으로 /ㅋ, ㅌ, ㅍ, ㅊ/을 각각 'ㄱㅋ', 'ㄷㅌ', 'ㅂㅍ', 'ㄷㅊ'으로 거듭해서 적은 것이다. (27)은 거센소리인 /ㅌ/, /ㅊ/의 음소를 두 글자로 나누어서 적되, 앞 음절의 종성 글자를 'ㄷ'으로 적지 않고 'ㅅ'으로 적은 형태이다. 곧 (ㄱ)의 '볏틱'에서는 /ㅌ/을 'ㅅㅌ'으로 적었고, (ㄴ)의 '빗치'에서는 /ㅊ/을 'ㅅㅊ'으로 거듭해서 적었다.

둘째, 근대 국어에서는 체언과 조사의 결합에서뿐만 아니라, 용언의 활용 형태에서도 어간의 끝 종성을 거듭적기로 표기하기도 했다.

(28) ㄱ. 먹글   : 먹ㄱ(←먹-, 食)-+-을   [노언 하35]
    ㄴ. 굳트시고 : 굳ㅌ(←굴-, 同)-+-으시-+-고   [경신 중1]
    ㄷ. 깁퍼   : 깁ㅍ(←깊-, 深)+-어   [가언 7:22]
    ㄹ. 사뭇츨   : 사뭇ㅊ(←사뭇-, 通)-+-을   [경신 45]
    ㅁ. 긋치고   : 긋ㅊ(←그치-, 止)+-고   [규총 16]

(28)은 어간의 끝 종성을 거듭적기로 표기한 예이다. 곧, (ㄱ)의 '먹글'은 '먹다'의 /ㄱ/을 'ㄱㄱ'으로 적었다. (ㄴ)의 '굳트시고'는 '굴다'의 /ㅌ/을 'ㄷㅌ'으로 적었는데, 여기서는 앞 음절의 'ㄷ'은 /ㅌ/이 평파열음화에 따라서 변동된 형태인 'ㄷ'으로 적은 것이다. (ㄷ)의 '깁퍼'는 (ㄴ)의 예와 마찬가지로 어간의 /ㅍ/을 'ㅂㅍ'으로 적었다. 이때에도 앞 음절의 'ㅂ'은 /ㅍ/이 평파열음화에 따라서 변동된 형태인 'ㅂ'으로 적었다. (ㄹ)의 '사뭇츨'은 '사뭇다'의 어간의 /ㅊ/을 'ㅅㅊ'으로 적었는데, 이 경우에는 앞 음절의 'ㅊ'을 'ㅅ'으

로 적었다.[6] (ㅁ)의 '긋치고'도 (ㄹ)의 '사뭇출'과 마찬가지로 어간의 /ㅊ/을 'ㅅㅊ'으로
적었다.

(다-3) 재음소화

'재음소화(再音素化)'는 /ㅋ, ㅌ, ㅍ, ㅊ/과 같은 거센소리를 예사소리인 /ㄱ, ㄷ, ㅂ, ㅈ/
과 /ㅎ/으로 분석하여서, 하나의 음소를 두 글자로 적는 표기 방식이다. 재음소화에 따른
이중 표기의 예는 17세기 초의 『동국신속삼강행실도』(1617)에서 부분적으로 보이기 시
작하여, 18세기 중엽에 활발하게 나타났다.

    (29) ㄱ. 녁호로(녁+-으로), 닙호로(닢+-으로), 겻희(곁+-의), 빗헤(빛+-에)

         ㄴ. 딕희여(딕킈-+-어), 맛흐라(맡-+-으라), 놉흐니(높-+-으니)

(29)의 단어들은 거센소리(유기음)의 자음인 /ㅋ, ㅍ, ㅌ, ㅊ/의 음소를 예사소리와 /ㅎ/
의 두 음소로 분석하여, 각각 'ㄱ+ㅎ', 'ㅂ+ㅎ', 'ㅅ+ㅎ', 'ㅅ+ㅎ'으로 적었다. 곧, (ㄱ)
에서는 체언에 조사가 결합하는 과정에서, (ㄴ)에서는 어간에 어미가 결합하여 활용하
는 과정에서 재음소화에 따른 이중 표기가 적용되었다.
    위의 예문 (29)에 적용된, 재음소화에 따른 이중 표기의 과정을 표로 보이면 다음과
같다.

	어절	형태	음소	재음소화	이중 표기	비고
체언+조사	녁호로	녁+-으로	/ㅋ/	/ㄱ/+/ㅎ/	ㄱ+ㅎ	
	닙호로	닢+-으로	/ㅍ/	/ㅂ/+/ㅎ/	ㅂ+ㅎ	
	겻희	곁+-의	/ㅌ/	/ㄷ/+/ㅎ/	ㅅ+ㅎ	종성을 'ㅅ'으로 표기
	빗헤	빛+-에	/ㅊ/	/ㅈ/+/ㅎ/	ㅅ+ㅎ	
어간+어미	딕희여	딕킈-+-어	/ㅋ/	/ㄱ/+/ㅎ/	ㄱ+ㅎ	
	맛흐라	맡-+-으라	/ㅌ/	/ㄷ/+/ㅎ/	ㅅ+ㅎ	종성을 'ㅅ'으로 표기
	놉흐니	높-+-으니	/ㅍ/	/ㅂ/+/ㅎ/	ㅂ+ㅎ	

〈표 2〉 재음소화에 따른 이중 표기의 과정

---

6) 'ㅅㅊ'에서 앞 음절의 'ㅅ'은 어간의 /ㅊ/이 종성의 자리에서 평파열음화에 따라서 /ㄷ/으로 변동한
   다는 것을 전제로 하여, 종성의 /ㄷ/을 'ㅅ'으로 적었던 표기 관습에 따른 것이다.

라. 한자어에서 어두의 'ㄹ'을 'ㄴ'으로 표기

15세기의 중세 국어에서는 원래 발음이 /ㄹ/인 한자가 어두에 실현될 때에는 원래대로 'ㄹ'로 표기하였다. 그런데 16세기 초에 간행된 『번역소학』(1518)에서는 원 발음이 /ㄹ/인 한자를 어두에서 'ㄴ'으로 표기한 예가 부분적으로 나타났는데, 이는 16세기 국어의 일반적인 현상은 아니었다.[7]

(30) ㄱ. 례(禮)답디 〉 녜답디   [번소 9:3]
     ㄴ. 류(流)엣 〉 뉴엣   [번소 9:7]

『번역소학』에서는 (30)처럼 '례(禮)'가 어두에서 '녜'로, '류(流)'가 어두에서 '뉴'로 표기된 예가 나타났다. 15세기에서는 어두에서 'ㄹ'로 표기되었던 한자음이 비록 드물기는 하지만 16세기 초에 'ㄴ'으로 표기된 것이다.

그런데 17세기의 초기 근대 국어에 이르면 어두에서 나타나는 'ㄹ'을 'ㄴ'으로 표기하는 예가 많이 늘어났다.

(31) ㄱ. 리셰민(李世民) 〉 니셰민[효8:70], 례법(禮法) 〉 녜법[열3:58], 료동(遼東) 〉 뇨동[충1:3]
     ㄴ. 련구(聯句)ᄒ기 〉 년구ᄒ기[상3], 릿일(來日) 〉 닛일[상9], 리쳔(利錢) 〉 니쳔[상11]
     ㄷ. 령(令) 〉 녕[일 16], 룡듕(隆中) 〉 늉듕[일 16], 례모(禮貌) 〉 녜모[일 16], 량위(兩位) 〉 냥위[일 20]

(ㄱ)의 『동국신속삼강행실도』(1617), (ㄴ)의 『노걸대언해』(1670), (ㄷ)의 『한듕만록』(1795)의 예인데, 모두 한자어의 어두에 실현되는 'ㄹ'을 'ㄴ'으로 표기하였다. 이들 예는 대부분 한자음의 초성 /ㄹ/이 /ㅣ/나 반모음 /j/에 앞에서 'ㄴ'으로 표기되었다.

이러한 현상은 근대 국어의 후기로 갈수록 더욱 심해져서, 19세기에 간행된 〈필사본 규합총서〉(1809)나 〈태상감음편도설언해〉(1852)의 문헌에서는 어두에서 한자음 'ㄹ'이 대부분 'ㄴ'으로 바뀌어서 표기되었다.[8]

---

7) 15세기의 순우리말 단어에서는 어두에 'ㄹ'이 실현된 예가 없고, 오직 한자어에서만 어두에 'ㄹ'이 실현되었다.

8) 이처럼 한자어에서 어두에 실현된 /ㄹ/이 /ㄴ/으로 바뀌는 현상을 'ㄹ' 두음 법칙이라고 한다. 현대 국어의 〈한글 맞춤법〉에서는 이른바 'ㄹ' 두음 법칙에 따라서 한자어 'ㄹ'을 어두에서 'ㄴ'으로 적는 현상이 일반화되었다.

1.2. 음운

임진왜란 이후 17, 18, 19세기에 걸친 근대 국어의 시기에는 음운 체계와 음운의 변동에 많은 변화가 있었다.

1.2.1. 음운 체계

1.2.1.1. 자음 체계

근대 국어의 자음은 장애음과 공명음으로 나누어진다. 장애음에는 파열음, 파찰음, 마찰음의 세 계열이 있었으며, 공명음에는 비음과 유음의 두 계열이 있었다.

조음 방법		조음 위치	입술소리 (양순음)	잇몸소리 (치조음)	센입천장소리 (경구재음)	여린입천장소리 (연구개음)	목청소리 (후두음)
장애음	파열음 (폐쇄음)	예사소리	/ㅂ/	/ㄷ/		/ㄱ/	
		거센소리	/ㅍ/	/ㅌ/		/ㅋ/	
		된 소 리	/ㅃ/	/ㄸ/		/ㄲ/	
	파찰음	예사소리			/ㅈ/		
		거센소리			/ㅊ/		
		된 소 리			/ㅉ/		
	마찰음	예사소리		/ㅅ/			/ㅎ/
		된 소 리		/ㅆ/			
공명음	비음		/ㅁ/	/ㄴ/		/ㅇ/	
	유음			/ㄹ/			

〈표 3〉 근대 국어의 자음 체계

근대 국어의 자음 체계는 15세기 때의 후기 중세 국어의 자음 체계와 비교할 때에 몇 가지 점에서 차이가 있었다.

〈파열음〉 근대 국어의 파열음(폐쇄음)에는 양순음(입술소리)으로는 /ㅂ, ㅍ, ㅃ/이 있었으며, 잇몸소리(치조음)으로는 /ㄷ, ㅌ, ㄸ/이 있었으며, 여린입천장소리(연구개음)로는 /ㄱ, ㅋ, ㄲ/이 있었다. 이들 파열음 중에서 /ㅃ, ㄸ, ㄲ/은 현대어와 마찬가지로 된소리였는데, 근대 국어에서는 대부분 'ㅼ, ㅺ, ㅼ'처럼 'ㅅ'계 합용 병서자로 표기되었다.

〈파찰음〉 근대 국어 시기에 파찰음은 예사소리의 /ㅈ/, 거센소리의 /ㅊ/, 된소리의 /ㅉ/이 있었다. 근대 국어의 파찰음은 중세 국어에 비하여 큰 변화를 겪게 되었다.

첫째, 근대 국어에서는 /ㅈ/의 된소리인 /ㅉ/이 단어의 첫머리에 나타나서, 독립된 음소로 쓰이게 되었다.

(1) ㄱ. 一切 大衆이 寶階 미틔 모다 가 부텨를 마쪕더니　　　　　[석상 11:13]

　　ㄴ. 迷人도 感動ᄒᆞ야 여희 쩌긔　　　　　　　　　　　　　[월석 21:119]

(2) ㄱ. 자네 그 쯥을 드저오려 싱각 됴홀 양으로 긔걸ᄒᆞ시소　　[첩신-초 7:19]

　　ㄴ. 쫄 함(鹹), 쫙9) 척(隻)　　　　　　　　　　　　　　　[왜유 상48, 하33]

15세기의 국어에서 치음의 파찰음이었던 /ㅉ/은 단어의 첫머리인 어두(語頭)의 자리에서는 나타나지 않았고, (1)처럼 어중의 자리에서만 /ㅈ/의 변이음으로 나타났다.10) 반면에 근대 국어에서는 된소리인 /ㅉ/이 (2)처럼 어두에서도 실현되었다. /ㅉ/은 (2ㄱ)처럼 'ㅉ'으로 적힌 예가 일부 있었지만, 대부분 (2ㄴ)처럼 'ㅅ'계 합용 병서자인 'ㅺ'으로 적혔다. 'ㅉ'의 용례가 나타난 『첩해신어』(1676)와 『왜어유해』(18세기 초) 등의 문헌을 볼 때에, 17세기 후반에 /ㅉ/이 독자적인 된소리의 음소로 확립된 것으로 보인다.

둘째, 15세기의 국어에서 잇몸소리(치조음, 齒槽音)이었던 /ㅈ/, /ㅊ/, /ㅉ/이 근대 국어에서는 그 조음 위치가 뒤로 이동하여 센입천장소리로 발음되었다.11)

근대 국어 시기에 /ㅈ, ㅊ, ㅉ/이 센입천장소리였던 것은, 이 시기에 'ㅈ, ㅊ'의 아래에서 단모음과 'ㅣ'계 상향적 이중 모음이 혼기되었다는 사실에서 알 수 있다.

(3) 잡다/잡다(執), ᄀᆞ쟝/ᄀᆞ장(最), 챵/창(戈), 쳐음/처음(始), 대쵸/대초(大棗)

곧, 자음과 모음이 연결될 때에 생기는 음운론적인 제약 때문에, 'ㅈ, ㅊ, ㅉ'은 잇몸소리로 발음될 때에만 'ㅣ'계 상향적 이중 모음인 /ㅑ, ㅕ, ㅛ, ㅠ/와 결합할 수 있다. 다시 말해서

---

9) 15세기 국어에서 '싹'에 실현된 'ㅴ'은 겹자음인 /ㅴ/의 음가를 가졌다. 그런데 이러한 'ㅴ'이 근대 국어에서는 된소리를 적는 글자인 'ㅅ'계 합용 병서자로 적혔으므로, 'ㅺ'이 된소리인 /ㅉ/의 소리로 바뀌었음을 알 수 있다.

10) 곧, (ㄱ)의 '마쪕더니'에서는 '-쥽-'이 '맞다(← 맞다)'의 어간 뒤에서 된소리로 변동했으며, (ㄴ)의 '쩍'은 의존 명사인 '적(時)'이 관형사형 전성 어미인 '-ㄹ'의 뒤에서 된소리로 변동하였다.

11) 중세 국어에서 치음으로 발음되는 'ㅈ', 'ㅊ'은 /ts/, /tsʰ/의 음가를 가졌으며, 근대 국어에서 센입천장소리로 발음되는 'ㅈ', 'ㅊ'은 현대 국어와 마찬가지로 /tɕ/, /tɕʰ/의 음가를 가진다.

'ㅈ, ㅊ'이 현대어처럼 센입천장소리로 발음되면 /ㅑ, ㅕ, ㅛ, ㅠ/와는 결합할 수 없다.[12] 따라서 근대 국어의 시기에 (3)처럼 '쟈, 챠, 쳐, 쵸'가 '자, 차, 처, 초'와 혼기되었다는 사실은, 이 시기에 'ㅈ, ㅊ, ㅉ'이 잇몸소리가 아닌 센입천장소리로 발음되었음을 시사한다.[13]

이처럼 'ㅈ, ㅊ, ㅉ'이 잇몸소리에서 센입천장소리 바뀐 현상은 16세기 중엽부터 남부 방언인 전라 방언과 경상 방언에서 시작되었다. 그리고 서울을 비롯한 중앙 방언에서는 'ㅈ, ㅊ, ㅉ'의 센입천장소리되기가 17세기 후반에 시작하여 18세기 말까지 진행된 것으로 보인다. 그리고 센입천장소리로 되는 과정을 살펴보면 처음에는 'ㅈ, ㅊ, ㅉ'이 /i/나 반모음인 /j/의 앞에서만 센입천장소리로 발음되었다가, 나중에는 모든 모음 앞에서 센입천장소리로 발음된 것으로 보인다. 그 결과로 19세기 초기에 이르면 문헌에서 (3)처럼 '자, 저, 조, 주'와 '쟈, 져, 죠, 쥬'가 혼기되는 현상이 빈번하게 일어난다.

〈**마찰음**〉15세기 국어에 쓰였던 마찰음 계열의 /ㅸ/, /ㅿ/, /ㆅ/의 음소가 근대 국어에는 나타나지 않았다.

(4) 셔블 〉서울, 더버 〉더워, 쉬볼 〉쉬운

(5) ᄆᆞᅀᆞᆷ 〉마음, 처섬 〉처음, 아ᅀᆞ 〉아우

(6) ㄱ. 대형이 화를 <u>쎠</u> 도적을 ᄡᅩ다가 마치디 몯ᄒᆞ니　　　　　[동삼 열4:70]

　　 ㄴ. 나를 <u>쎠</u> 거즛 패흔 톄로 ᄒᆞ고 가거든　　　　　　　　[연지 9]

　　 ㄷ. 법을 <u>쎠</u> 참증ᄒᆞ야 의논호ᄆᆞᆫ　　　　　　　　　　　[경언-중 서:3]

(7) 뎜 쥬인아 여러 모시븨 살 나그내 <u>켜</u> 오라　　　　　　　[노언 하53]

15세기 국어의 /ㅸ/는 1450년 무렵까지만 쓰였다가 그 이후에는 (4)처럼 반모음인 /w/로 바뀌었고, /ㅿ/은 16세기 중엽 이후에는 (5)처럼 소멸되었다. 그리고 /ㅎ/의 된소리인 /ㆅ/는 15세기 중엽의 중세 국어에서는 'ㆅ'으로 표기되었다가, 『원각경언해』(1464)부터 각자 병서자가 폐지되면서 16세기 말까지는 된소리의 표기가 사용되지 않았다. 그러다

---

12) 현대 국어에서는 '쟈, 져, 죠, 쥬'는 '자, 저, 조, 주'와 음운론적으로 변별되지 않고, '챠, 쳐, 쵸, 츄'는 '차, 처, 초, 추'와 음운론적으로 변별되지 않는다.

13) 15세기 국어의 시기에는 '자, 저, 조, 주'와 '쟈, 져, 죠, 쥬', 그리고 '차, 처, 초, 추'와 '챠, 쳐, 쵸, 츄' 등이 변별되었다. (보기: 장(欌)－쟝(醬), 저(自)－져(筋), 초(醋)－쵸(燭)) 이러한 사실을 보면 15세기 국어에서 'ㅈ, ㅊ'은 치조음인 /ts, tsʰ/으로 발음되었음을 알 수 있다.

가 17세기 초·중반의 근대 국어에서는 /ㆅ/이 (6)처럼 'ㅅㅎ'으로 표기되었는데, 'ㅅㅎ'은 '셔다(引)'에만 쓰였고 다른 단어에는 쓰이지 않았다. 그리고 17세기 후반에 이르면 /ㆅ/은 (7)처럼 /ㅋ/의 음소에 합류되어서 사라져 버렸다.[14]

그리고 15세기에 쓰였던 '유성 후두 마찰음'인 [ɦ]은 근대 국어에서는 쓰이지 않게 되었다.

(8) ㄱ. 놀애 > 노래, 몰애 > 모래
    ㄴ. 달아 > 달라, 아니오 > 아니고, 뷔오 > 뷔고

15세기 국어에서는 [ɦ]이 /ㄹ/이나 반모음 /j/, '-이다'나 '아니다', 그리고 선어말 어미인 '-리-'와 같은 극히 제한된 환경에서만 실현되었다. (8)에서 '놀애, 몰애, 달아, 아니오, 뷔오' 등은 15세기 국어에서 'ㅇ'으로 표기된 [ɦ]의 예이다. 그러나 16세기 중엽 이후에는 이들 단어가 '노래, 모래, 달라, 아니고, 뷔고'처럼 표기된 것을 감안하면, [ɦ]은 17세기 이후 근대 국이에서는 독립된 음소의 기치를 상실했음을 알 수 있다.

〈비음과 유음〉 근대 국어에는 중세 국어와 마찬가지로 비음으로 /ㅁ, ㄴ, ㅇ/이 있었으며, 유음으로는 /ㄹ/이 있었다.

첫째, 중세 국어에서는 비음인 /ㄴ/은 어두의 위치에서 아무런 제약 없이 실현되었다. 그러나 18세기 후반에 이르러서는 어두의 위치에 실현되는 /ㄴ/은 /i/나 /j/의 앞에서 /ㄴ/이 탈락하였다.

(9) ㄱ. 님금(王) > 임금, 닉키다(熟) > 익키다, 닙(葉) > 입
    ㄴ. 녀느(他) > 여느, 녀름(夏) > 여름

(9)의 단어는 어두의 위치에서 /ㄴ/이 /i/나 /j/의 앞에서 탈락된 예인데, 이러한 'ㄴ' 탈락도 구개음화와 관련이 있다.

둘째, 유음인 /ㄹ/은 중세 국어 때부터 순우리말에서는 어두의 자리에 쓰일 수가 없었는데, 이러한 현상은 근대 국어와 현대 국어에서도 마찬가지였다. 다만 15세기의 국어에서 한자어의 어두(語頭)에서 'ㄹ'로 적히던 한자어가 16세기 초부터 'ㄴ'으로 바뀌어서 적히기 시작하였는데, 근대 국어의 후기로 갈수록 이러한 경향은 심해졌다.

셋째, /ŋ/의 음가를 나타내는 /ㅇ/은 15세기 국어에서는 초성에도 사용되는 예가 있었다. 그러나 16세기 이후부터 근대와 현대 국어에서는 /ŋ/의 음가를 가지는 /ㅇ/이

---

14) 이러한 점을 감안하면 근대 국어의 자음 체계에서 /ㆅ/를 독립된 음소로 설정할 수 없다.

초성의 자리에는 쓰이지 않고 오직 종성의 자리에만 쓰였다. 이와 같이 /ㆁ/의 음소가 종성에서만 쓰이게 되는 변화와 함께, 그것을 적는 글자도 'ㆁ'의 글자에서 'ㅇ'의 글자로 바뀌었다. 결과적으로 근대 국어와 현대 국어에 쓰이는 'ㅇ' 글자는 초성의 자리에서는 무음가를 나타내고, 종성의 자리에서는 /ŋ/의 음가를 나타내게 되었다.

〈어두 자음군의 소멸〉 15세기의 국어에서는 어두의 초성 자리에서 두 개 혹은 세 개의 자음이 발음될 수 있었다. 그런데 16세기가 되면 어두의 'ㅂ'계 합용 병서인 'ㅲ, ㅷ, ㅄ, ㅶ'은 그대로 겹자음인 /pt, pt^h, ps, pts/로 발음되었으나, 'ㅅ'계 합용 병서인 'ㅺ, ㅼ, ㅽ, ᄻ'은 모두 된소리로 발음되었다.

근대 국어 시기인 17세기 후반에 이르면 15·16세기에 쓰였던 'ㅂ'계의 어두 자음군까지 대부분 된소리로 바뀌었다. 결과적으로 18세기부터는 현대 국어와 마찬가지로 어두의 초성에서 하나의 자음만 발음될 수 있었다. 곧, 'ㅅ'계나 'ㅂ'계의 합용 병서자가 초성의 자리에 쓰이기는 하였으나, 이들 글자는 모두 된소리를 표기하였으므로 실제의 발음으로는 어두 겹자음이 모두 사라진 것이다.

(10) ㄱ. ᄠᅳᆮ〉ᄯᅳᆮ, ᄠᅥ나다〉ᄯᅥ나다, ᄡᅮᆨ〉쑥, ᄡᅳ다〉쓰다, ᄧᅡᆨ〉ᄶᅡᆨ
ㄴ. ᄩᆞ다〉ᄐᆞ다

(ㄱ)에 제시된바 'ㅲ〉ㅼ, ㅄ〉ㅆ, ㅶ〉ㅉ'의 변화 과정에서 볼 수 있듯이, 17세기의 근대 국어에서는 어두 자음군이 /ㄸ, ㅆ, ㅉ/의 된소리로 바뀌었다. 이에 따라서 표기도 앞 자음 글자인 'ㅂ'이 'ㅅ'으로 교체되었다. 그리고 (ㄴ)에서 뒤의 자음이 거센소리인 /ㅷ/의 어두 자음군은 'ᄩᆞ다〉ᄐᆞ다'처럼 /ㅌ/으로 바뀌었는데, 그에 대한 표기도 'ㅌ' 글자로 바뀌었다. 이와 같이 'ㅂ'계의 어두 자음군이 된소리나 거센소리로 바뀐 결과로 어두 자음군은 17세기 말에 모두 사라지게 되었다.

〈종성의 자음〉 15세기 국어에서는 종성의 자리에 겹자음이 올 수 있었으나, 근대 국어에서는 종성의 자리에 하나의 자음만 발음될 수 있었다. 이때에 종성의 자리에 올 수 있는 자음은 /ㄱ, ㄴ, ㄷ, ㄹ, ㅁ, ㅂ, ㅇ/의 7자음뿐이었다. 이른바 '평파열음화(일곱 끝소리 되기)'에 따라서 종성의 자리에서 /ㅍ/이 /ㅂ/으로, /ㅌ, ㅅ, ㅈ, ㅊ, ㅎ/이 /ㄷ/으로, /ㄲ, ㅋ/이 /ㄱ/으로 불파화(不破化)하여 변동했기 때문이다.

그런데 종성의 /ㅅ/이 /ㄷ/으로 바뀐 것은 근대 국어의 종성 체계의 큰 특징이다. 곧 15세기에는 /ㅅ/ 종성이 쓰였으나 근대 국어에서는 /ㅅ/ 종성이 /ㄷ/ 종성으로 합류되고 말았다. 이처럼 /ㅅ/ 종성이 사라지고 /ㄷ/에 합류된 시기는 16세기 중기 이후에 완성된 것으로 보인다. 이로써 근대 국어와 현대 국어에서 7종성 체제가 완성되었다.[15]

1.2.1.2. 모음 체계

근대 국어의 모음 체계를 단모음과 이중 모음의 체계로 나누어서 살펴본다.

가. 단모음 체계

근대 국어의 초기인 17세기 무렵에는 중세 국어와 마찬가지로 /ㅣ, ㅡ, ㅓ, ㅏ, ㅜ, ㅗ, ·/의 7개의 단모음 체계를 유지하고 있었다. 그러나 18세기 말에 이르면 /·/가 사라지고, 대신에 단모음인 /ㅔ, e/와 /ㅐ, ɛ/가 새로 생겨나면서 /ㅣ, ㅔ, ㅐ, ㅡ, ㅓ, ㅏ, ㅜ, ㅗ/의 8개의 단모음 체계를 갖추게 되었다.

	전설 모음		후설 모음	
	평순	원순	평순	원순
고모음	/ㅣ, i/		/ㅡ, i/	/ㅜ, u/
중모음	/ㅔ, e/		/ㅓ, ə/	/ㅗ, o/
저모음	/ㅐ, ɛ/		/ㅏ, a/	

〈표 4〉 18세기 말의 단모음 체계

〈/·/의 소실〉 /·/는 16세기 초기부터 단어의 둘째 음절 이하에서 /ㅡ/, /ㅗ/, /ㅜ/ 등의 다른 모음으로 교체되기 시작하였는데, 16세기 말이 되면 대체로 /ㅡ/로 교체되었다(/·/의 1단계 소실).

> (11) 나ᄀᆞ내 〉 나그네(客) [번노 상55], 다ᄆᆞᆫ 〉 다른(但) [번노 상5], 다ᄃᆞ거든 〉 다들거든 (至)
> [번노 상56]

반면에 단어의 첫음절(어두)에서는 18세기 전반까지 /·/가 /ʌ/의 음가를 나타내면서 그대로 유지되고 있었다.[16] 그러나 18세기 중반부터 첫째 음절의 /·/의 음가가 /ㅏ/로 바뀌기 시작하였으며, 18세기 후반에는 /·/가 모음 체계에서 완전히 사라졌다.

---

15) 17세기부터는 종성의 /ㄷ/을 'ㄷ'과 'ㅅ'의 글자로 혼기하였고, 18세기부터는 종성의 /ㄷ/을 'ㅅ'으로 통일해서 표기하는 경향이 뚜렷하였다.

16) 어두에서 일어나는 /·/의 2단계 소실은 17세기 초부터 간헐적으로 나타난다.
(보기) ᄒᆞᆰ 〉 흙 [동삼 열2:67], ᄉᆞ매 〉 소매 [동삼 열4:14], ᄒᆞ야ᄇᆞ리다 〉 하야ᄇᆞ리다 [박언 하54]

/·/가 사라진 시기는 17세기와 18세기의 시기에 살았던 신경준(申景濬)과 유희(柳僖)가 남긴 글을 통하여 짐작할 수 있다.

(12) 우리나라의 한자음에는 '·'로 중성으로 삼은 것이 매우 많다(我東字音 以·作中聲字頗多)

(13) 우리나라의 일반 발음에는 '·'가 똑똑하지 않아서 'ㅏ'와 많이 뒤섞이고('兒', '事' 따위 글자는 '·'를 좇아야 하는데, 지금의 일반 발음에서는 잘못 읽어서 '阿, 쓰'와 같이 낸다.) 혹은 'ㅡ'와 뒤섞인다(흙토(土)를 지금 '흙토'로 읽는다).

곧 신경준의 『훈민정음 운해』(1750)에서는 '·'의 음가를 설명하면서 (12)와 같이 지적하고 있다. 이를 보면 신경준이 살았던 18세기 중엽까지는 /·/가 쓰인 것으로 볼 수 있다. 반면에 유희의 『언문지』(1824)에서는 '·'의 발음과 관련하여 (13)과 같이 기술하고 있는데, 이를 보면 1824년 당시에는 아마도 /·/ 소리가 완전히 사라진 것으로 보인다(허웅, 1986: 481 참조).

『훈민정음 운해』나 『언문지』에 제시된 설명뿐만 아니라 그 당시의 문헌에 쓰인 어휘를 통해서도 /·/가 사라진 사실을 확인할 수 있다. 곧, 그 이전에 첫음절에서 '·'가 쓰인 단어가 'ㅏ'로 표기되거나 '·'와 'ㅏ'가 혼기된 예가 나타나는데, 이러한 문헌을 통해서 /·/가 사라진 것으로 판단할 수 있다.

18세기 말과 19세기 초기의 문헌에서는 '·'와 'ㅏ'가 혼기된 예가 많이 나타난다.

(14) ㄱ. 남의(〈 ᄂᆞᆷ의, 他) [8]
ㄴ. ᄇᆞ람(風) [오행 효66], 바람(〈 ᄇᆞ람, 風) [오행 효44]
ㄷ. 나리오시ᄆᆡ(〈 ᄂᆞ리오시매, 降), ᄯᆞ름(〈 ᄯᆞ름, 唯); ᄂᆡ시ᄆᆞᆫ〈 내시매, 出)

(ㄱ)은 『유함경도남관북관대소사민윤음』(1783)에 나타난 예인데, 그 이전에는 'ᄂᆞᆷ(他)'으로 적던 단어를 '남'으로 적었다. (ㄴ)은 『오륜행실도』(1797)에 나타난 예인데, '風'의 뜻을 나타내는 동일한 단어를 'ᄇᆞ람'과 '바람'으로 뒤섞어 적었다. (ㄷ)은 『유중외대소민인등척사윤음』(1839)에 나타난 예이다. 먼저 '나리오시ᄆᆡ'와 'ᄯᆞ름'에서는 그 전에 '·'로 적혔던 것이 'ㅏ'로 적혔으며, 반면에 'ᄂᆡ시ᄆᆞᆫ'에서는 그 전에 'ㅏ'로 적혔던 것이 '·'로 적혔다.

동일한 문헌에서 '·'와 'ㅏ'가 뒤섞여서 적힌 예는 '빙허각 이씨'가 지은 『규합총서 필사본』(1809)에 가장 잘 나타난다.

(15) ㄱ. ᄂᆞ(《나, 我), 딕초(《대초, 棗), 빈요(《배요, 所), ᄉᆞ룸(《사름, 人), ᄂᆡ측(《내측, 內則), 기(《개, 犬); ᄂᆡ여(《내여, 出), ᄉᆞᄂᆞᆫ(《사ᄂᆞᆫ, 生), ᄂᆞᆫ(《난, 出); 싀로(《새로, 新)

ㄴ. 하며(《ᄒᆞ며, 爲), 발나(《ᄇᆞᆯ라, 塗)

(ㄱ)은 그 이전에 'ㅏ'로 적혔던 단어들이 'ㆍ'로 적힌 예이며, (ㄴ)은 그 이전에 'ㆍ'로 적혔던 단어들이 'ㅏ'로 적힌 예이다.

이처럼 'ㆍ'와 'ㅏ'가 혼기된 예들은 모두 18세기 후반과 19세기 초의 문헌이다. 이러한 예를 보면 /ㆍ/가 18세기 중기에 그 동요가 꽤 심하게 일어나서, 18세기 말기에 이르면 거의 사라진 것으로 추정할 수 있다.

〈 'ㅔ'와 'ㅐ'의 단모음화 〉 전기 근대 국어의 이중 모음 체계는 중세 국어의 이중 모음 체계와 차이가 없었다. 곧, 상향적 이중 모음으로 /ㅛ/, /ㅑ/, /ㅠ/, /ㅕ/, /ㅘ/, /ㅝ/가 있었고, 하향적 이중 모음으로 /ㅢ/, /ㅔ/, /ㅐ/, /ㅟ/, /ㅚ/, /ㆎ/가 있었다.[17]

그런데 18세기 후반에 제1음절에서 /ㆍ/가 사라짐에 따라서, 제1음절에 쓰인 'ㆎ'의 글자 대신에 'ㅐ'의 글자가 쓰였다. 이러한 변화가 일어난 이후에는, 이중 모음으로 발음 되었던 'ㅔ(/əj/)'와 'ㅐ(/aj/)'의 음가가 각각 단모음인 /e/와 /ɛ/로 바뀌었다.

이처럼 'ㅔ'와 'ㅐ'가 단모음화한 것은 다음과 같은 사실로써 확인할 수 있다.

첫째, 이중 모음이던 'ㅔ'와 'ㅐ'가 단모음으로 바뀐 것은, 18세기 후반에 간행된 문헌 에 나타나는 'ㅔ, ㅐ, ㆎ' 글자의 혼기 현상을 통해서도 확인할 수 있다.

(16) 쓸게/쓸개/쓸긔, 번개/번게, 어제/어쥐, 오래/오릐

(16)에서는 동일한 단어에 대하여 'ㅔ, ㅐ, ㆎ' 등의 글자가 섞여서 표기되었다. 이러한 혼기 현상은 'ㅔ, ㅐ, ㆎ'의 글자가 이전처럼 이중 모음으로 발음될 경우에는 일어날 수 없다. 곧, /ㆍ/의 음소가 사라지고 'ㅔ'와 'ㅐ'가 이중 모음에서 단모음으로 음가가 바뀌었 기 때문에, 이들 단어를 표기하는 데에 혼란이 빚어진 것이다.

둘째, 'ㅔ'와 'ㅐ'의 음가가 단모음으로 바뀐 사실은 'ㅣ' 모음 역행 동화(모음 동화) 현상 에서 확인할 수 있다. 곧, 19세기 중반에 진행된 'ㅣ' 모음 역행 동화 현상이 적용된 어휘가 문헌에 나타나기 위해서는, 그 전에 'ㅔ'와 'ㅐ'가 각각 단모음인 /e/와 /ɛ/로 발음되고 있어 야 하기 때문이다.

---

17) 상향적 이중 모음인 /ㅛ, ㅑ, ㅠ, ㅕ, ㅘ, ㅝ/는 각각 /jo, ja, ju, jə, wa, wə/로 발음되었고, 하향적 이중 모음인 /ㅢ, ㅔ, ㅐ, ㅟ, ㅚ, ㆎ/는 각각 /ij, əj, aj, ui, oj, ʌj/로 발음되었다.

근대 국어의 후기에 간행된 일부 문헌에서는 'ㅣ' 모음 역행 동화(움라우트)가 일어난
예가 나타난다. 곧, 앞 음절에 실현된 후설 모음 /ㅓ/와 /ㅏ/가 그 뒤의 음절에 실현된
전설 모음인 /ㅣ/의 영향으로, 각각 전설의 단모음인 /ㅔ, e/와 /ㅐ, ɛ/로 바뀌었다.

(17) ㄱ. 군수를 읶기는 거슨 　　　　　　　　　　　　　　　 [관언 26]

　　 ㄴ. 의원의 약을 반다시 스스로 디리고 　　　　　　　　　 [관언 27]

　　 ㄷ. 쥬린 사름을 기딕려 메기더니 　　　　　　　　　　　 [관언 30]

　　 ㄹ. 곳 소무에 지핑이 갓타야 　　　　　　　　　　　　　 [관언 33]

　　 ㅁ. 슈양을 기르라 ᄒ고 슈양이 싈기를 나아야 도라가리라 　 [관언 33]

『관성제군명성경언해』(1883)에 수록된 '읶기는(〈앗기는, 惜), 디리고(〈ᄃ리고, 煎), 기딕려
(〈기ᄃ려, 待), 메기더니(〈머기더니, 食), 지핑이(〈지팡이, 杖), 싈기(〈삿기, 羔)' 등에서 'ㅣ'
모음 역행 동화 현상이 나타난다. 곧, 이들 단어는 뒤 음절의 전설 모음인 /i/에 동화되어
서 앞 음절의 /ə/, /a/가 각각 단모음인 /e/와 /ɛ/로 바뀌는 현상이다. 이처럼 19세기
중엽의 시기에 쓰인 단어에서 'ㅣ' 모음 역행 동화가 활발하게 일어나는 것을 보면, 'ㅔ'
와 'ㅐ'는 그보다 앞선 시기인 18세기 중엽 무렵에 이미 단모음으로 바뀌었음을 짐작할
수 있다.

이처럼 /·/가 사라지고 대신에 이중 모음이던 'ㅔ'와 'ㅐ'가 단모음으로 바뀜에 따라서,
근대 국어의 단모음 체계는 /ㅣ, ㅔ, ㅐ, ㅡ, ㅓ, ㅏ, ㅜ, ㅗ/의 8개의 모음 체계로 바뀌었다.[18]

나. 이중 모음의 체계

17세기의 근대 국어에서는 중세 국어와 마찬가지로 '상향적 이중 모음'과 '하향적 이
중 모음'이 쓰였다.

(18) ㄱ. ㅛ [jo], ㅑ [ja], ㅕ [jə], ㅠ [ju], ㅝ [wə], ㅘ [wa]

　　 ㄴ. ㅔ [əj], ㅐ [aj], ㅟ [uj], ㅚ [oj], ㅢ [ij], ㅣ [ʌj]

곧, 전기의 근대 국어에서는 상향적 이중 모음으로서 (ㄱ)처럼 'ㅣ'계의 상향적 이중 모
음인 /ㅛ, ㅑ, ㅕ, ㅠ/와 'ㅜ'계의 상향적 이중 모음인 /ㅝ/와 /ㅘ/가 쓰였다. 그리고 하향

---

18) 이중 모음이었던 'ㅟ[uj]'와 'ㅚ[oj]'가 각각 단모음인 /y/와 /Ø/로 바뀐 시기는 19세기 말이나 20세
기 초인 것으로 추정한다.

적 이중 모음으로서 (ㄴ)처럼 /ㅖ, ㅒ, ㅟ, ㅚ, ㅢ, ·ㅣ/의 6개가 쓰였다.

그런데 18세기 후반에 이르면 단모음인 /·/가 사라지고 'ㅔ'와 'ㅐ'가 단모음으로 바뀜에 따라서 이중 모음 체계에도 변화가 생겼다.

(19) ㄱ. ㅛ [jo], ㅑ [ja], ㅠ [ju], ㅕ [jə], ㅖ [je], ㅒ [jɛ]; ㅝ [wə], ㅘ [wa], ㅞ [we], ㅙ [wɛ]

ㄴ. ㅟ [uj], ㅚ [oj], ㅢ [ij]

첫째, 단모음인 /·/가 사라짐에 따라서, 이중 모음 중에서 /·ㅣ/가 이중 모음인 /ㅢ/나 /ㅐ/에 합류되어서 사라졌다. 둘째 18세기 후반에는 그 이전에 하향적 이중 모음이었던 'ㅔ'와 'ㅐ'가 각각 /e/와 /ɛ/의 단모음으로 바뀌면서, 새로운 상향적 이중 모음인 ㅖ /je/, ㅒ /jɛ/, ㅞ /we/, ㅙ /wɛ/가 생겼다.

(20) ㅖ (/jəj/ 〉 /je/), ㅒ (/jaj/ 〉 /jɛ/), ㅞ(/wəj/ 〉 /we/), ㅙ(/waj/ 〉 /wɛ/)

곧, 중세 국어에서 'ㅖ, ㅒ, ㅞ, ㅙ'는 /jəj/, /jaj/, /wəj/, /waj/로 발음되는 삼중 모음이었는데, 근대 국어의 시기에는 각각 이중 모음인 /je/, /jɛ/, /we/, /wɛ/로 바뀌었다.

근대 국어에서 개별 이중 모음의 음가가 이와 같이 변함에 따라서 18세기 말에는 (19)와 같은 이중 모음 체계가 성립되었다. 곧, 상향적 이중 모음은 (ㄱ)처럼 'ㅣ'계인 /ㅛ, ㅑ, ㅠ, ㅕ, ㅖ, ㅒ/가 있었으며, 'ㅜ'계인 /ㅝ, ㅘ, ㅞ, ㅙ/가 있었다. 그리고 하향적 이중 모음으로는 (ㄴ)처럼 /ㅟ, ㅚ, ㅢ/가 있었다. 다만 이중 모음인 /ㅟ, ㅚ/는 19세기 말이나 20세기 초의 시기에 단모음인 /y/와 /ø/으로 바뀐 것으로 추정된다.

1.2.1.3. 운소 체계

15세기 국어에서는 사성법(四聲法)을 정하여 국어에 나타나는 성조(聲調) 현상을 방점(傍點)을 찍어서 정연하게 표기하였다. 그런데 16세기의 말이 되면, 당시의 성조 체계가 15세기나 16세기 초의 성조 체계와 상당히 달랐다. 따라서 16세기 말의 『소학언해』(1588)에 표기된 방점과 그 음가는 15세기에 간행된 문헌이나 16세기 초에 간행된 『훈몽자회』(1527)에 표기된 방점과 차이가 많았다.

성조 체계가 바뀐 양상은 다음과 같다. 곧, 16세기 말에는 15세기에 비해서 평성(平聲)과 거성(去聲)의 사이에 나타나는 높낮이의 차이가 많이 줄어들었다. 이에 따라서 16세기 말 이후의 근대 국어에서는 평성과 거성의 차이가 없어졌고, 낮다가 높아 가는 상성(上

聲)은 평탄하게 되었다.

결국 임진왜란 이후 17세기 초기부터는 성조는 사실상 사라지고, 근대 국어의 운소(韻素) 체계는 장단(長短)으로 대치되었다. 상성은 낮다가 높아 가는 굴곡의 성조였기 때문에, 평성이나 거성보다 좀 더 길게 발음되었을 것으로 추정된다. 이에 따라서 17세기 이후의 근대 국어의 시기에는 중세 국어의 평성과 거성은 짧은 소리에 합류되었고, 상성은 긴 소리로 바뀌게 되었다.

(21) 둟 : (二), 냏 : (川), 말 : (言), 눈 : (目), 돓 : (石), 일 : (事)

(21)의 예들은 모두 15세기 국어에서 상성의 성조를 유지하다가 근대 국어와 현대 국어의 시기에 긴 소리로 바뀐 예들이다. 다만, 17세기 초반부터는 방점도 사라졌고 음절의 길이를 표시하는 별도의 표기법이 쓰이지 않았기 때문에, 근대 국어의 운소 체계를 정확하게 파악할 방법이 없다.

1.2.2. 음운의 공시적인 변동

근대 국어의 시기에 일어난 공시적인 음운 변동 현상은 중세 국어에 비해서 몇 가지 점에서 차이가 있다. 먼저 '모음 조화'는 중세 국어에 비하여 그 적용 범위가 매우 한정되었다. 반면에 '된소리되기, 조음 위치의 동화, 반모음화, 자음군 단순화' 등의 변동 현상은 중세 국어의 시기에서보다 폭넓게 일어났다. 그리고 '평파열음화, 비음화, 유음화, 'ㄹ' 탈락, 'ㅎ' 탈락, 모음 탈락, 반모음 첨가, 모음 축약, 자음 축약' 등은 중세 국어와는 변동 양상이 달라졌다. 여기서는 근대 국어의 시기에 일어난 음운의 변동 현상을 '교체, 탈락, 첨가, 축약, 탈락과 축약'으로 나누어서 살펴본다.

1.2.2.1. 교체

근대 국어에 일어나는 '교체(대치)' 현상으로는, '동화 교체 현상'과 '비동화 교체 현상'이 있다.

가. 동화 교체

'동화 교체'는 하나의 형태소가 다른 형태소의 조음 방법이나 조음 위치를 닮아서 일어나는 교체이다. 근대 국어에서 나타나는 동화 교체로는 '모음 조화, 비음화, 유음화, 조음 위치 동화' 등이 있다.

(가 -1) 모음 조화

중세 국어 시기에는 모음 조화(母音 調和)가 비교적 엄격하게 지켜졌다. 그러나 16세기 초기부터 단어의 둘째 음절 이하에서 양성 모음인 /·/가 사라지고 /·/는 대체로 음성 모음인 /ㅡ/로 바뀌었다. 그리고 화자 표현이나 대상 표현의 선어말 어미인 '-오-'가 소멸되는 등 일부 문법 형태소의 형태가 바뀌거나 사라졌다.

중세 국어 시기의 말에 일어난 이러한 음운론적 변화와 형태론적 변화에 따라서, 모음 조화가 적용되는 범위가 훨씬 줄어들었다. 여기서는 용언의 어간에 연결 어미인 '-아(셔)/-어(셔)'가 결합되는 양상을 통해서 근대 국어 시기의 모음 조화 현상이 실현되는 모습을 살펴보기로 한다.

(22) ㄱ. 자바 [연지 21], 나셔 [가언 7:17], 몰가 [마언 상26], 차 [박언 중29], 노파셔 [첩신 초 1:12], 보아 [동삼 효7:32]

ㄴ. 머거 [마언 하11], 셔셔 [가언 7:19], 늘거 [가언 10:14], 써 [박언 상3], 구버 [가언 7:7], 두어 [가언 6:3]

(23) ㄱ. 비러 [동삼 효3:43], 텨 [화언 9]

ㄴ. 내여 [가언 7:18], 메여 [가언 8:8], 키여 [두집 상6], 긔여 [동삼 열5:73], 되여어 [동삼 열2:86], 뛰여 [동삼 열8:48]

(24) ㄱ. 안져도 [관언 31], 츳져[조영 26]

ㄴ. 내야 [마언 하116], 키야 [벽신 8], 되야 [연지 4]

(22)의 예를 보면 근대 국어의 시기에도 연결 어미인 '-아/-어'는 어간의 끝 음절에 실현된 모음의 음상에 따라서 교체되었다는 것을 알 수 있다. 곧, (22ㄱ)처럼 양성 모음인 /·/, /ㅏ/, /ㅗ/의 뒤에서는 양성 모음의 연결 어미인 '-아'가 실현되었다. 반면에 (22ㄴ)처럼 음성 모음인 /ㅓ/, /ㅕ/, /ㅡ/, /ㅜ/의 뒤에서는 음성 모음의 연결 어미인 '-어'가 실현되었다. 그런데 중세 국어에서는 /ㅣ/ 모음의 뒤나, (ㄴ)처럼 반모음 /j/의 뒤에서는 양성 모음의 '-아'나 음성 모음의 '-어'가 임의적으로 실현되었다. 이에 반해서 근대 국어에서는 (23)처럼 /ㅣ/ 모음의 뒤나, 반모음 /j/의 뒤에서 음성 모음의 연결 어미인 '-어'만

실현되었다. 이러한 예를 보면 근대 국어에서는 활용할 때에 어미의 형태가 양성 모음보다는 음성 모음으로 실현되는 경우가 늘어난 것을 알 수 있다. 그리고 (24)에서는 모음 조화의 일반적인 실현 방식에서 벗어나는 예가 쓰였다. 곧 (24ㄱ)은 양성 모음으로 끝난 어간 뒤에서 음성 모음으로 시작하는 어미가 결합된 예이고, (24ㄴ)은 반모음 /j/로 끝나는 어간 뒤에서 양성 모음으로 시작하는 어미가 결합된 예이다.

위와 같은 현상을 종합해 보면 모음 조화 현상은 15세기의 중세 국어까지 비교적 잘 지켜졌다가, 16세기 초부터 시작하여 근대 국어와 현대 국어 시기까지 지속적으로 허물어져 가고 있었음을 알 수 있다.

(가 -2) 비음화

근대 국어의 시기에는 '비음화(鼻音化)' 현상이 일어나는 범위와 발생 빈도가 중세 국어에 비하여 크게 늘어났다.

(25) ㄱ. 언ᄂ니라 [경언 30], 든ᄂ [여훈언해 하47]

  ㄴ. 굼ᄂ [역유 하13], 밤먹디 [가언 9:5], 놈ᄂᄌ며 [가언 1:44]

  ㄷ. 넝냥 [두언 하:3], 퉁명 [동삼 효6:21]

(ㄱ)의 '언ᄂ니라, 든ᄂ'에서는 어간의 끝소리인 /ㄷ/이 비음으로 시작하는 어미 앞에서 비음인 /ㄴ/으로 교체되었다. (ㄴ)의 '굼ᄂ, 밤먹디, 놈ᄂᄌ며'에서는 어간의 끝소리인 /ㅂ/이 비음으로 시작하는 어미 앞에서 비음인 /ㅁ/으로 교체되었다. (ㄷ)의 '넝냥, 퉁명'에서는 어간의 끝소리인 /ㄱ/이 비음으로 시작하는 어미 앞에서 비음인 /ㅇ/으로 교체되었다.[19] 이러한 예를 통해서 근대 국어에서 비음화의 적용 범위가 점차로 확대된 사실을을 알 수 있다.

(가 -3) 유음화

중세 국어의 시기에는 '유음화(流音化)' 현상이 적용된 예가 거의 발견되지 않았는데, 근대 국어의 시기에는 유음화가 일어난 예를 흔히 발견할 수 있다.

---

19) 중세 국어에서는 /ㄷ/이 /ㄴ/으로 교체되는 비음화 현상만 나타나고, /ㅂ/이 /ㅁ/으로 교체되거나 /ㄱ/이 /ㅇ/으로 교체되는 현상은 거의 발견되지 않았다. 이에 반해서, 근대 국어에서는 (25)의 (ㄴ)과 (ㄷ)처럼 /ㅂ/이 /ㅁ/으로 교체되거나 /ㄱ/이 /ㅇ/으로 교체되는 비음화 현상이 나타났다.

(26) ㄱ. 솔립 [벽신 14], 칼롤 [동삼 효7:29]

　　　ㄴ. 알ᄅ니라 [두집 상10], ᄭᅳᆯ른 [박언 하20], 슬로라 [두언-중3:23]

　　　ㄷ. 블 로코 [동삼 열3:63]

(27) 쳘리 [마언 상5], 굴령 [삼총 7:2]

(26)의 예는 뒤의 형태소의 /ㄴ/이 앞 형태소의 /ㄹ/에 동화되어서 /ㄹ/로 교체된 '순행 동화'의 유음화 현상이다. 그리고 (27)의 예는 앞 형태소의 /ㄴ/이 뒤 형태소의 /ㄹ/에 동화되어서 /ㄹ/로 교체된 '역행 동화'의 유음화 현상이다.

(가 -4) 자음의 위치 동화

17세기 중엽이 되면 잇몸소리인 /ㄷ/이나 순음인 /ㅁ/이 각각 그 뒤에 실현되는 여린 입천장소리인 /ㄱ/에 동회되어서, /ㄷ/이 /ㄱ/으로 교체되거나 /ㅁ/이 /ㅇ/으로 교체되는 현상이 나타난다. 이러한 변동 현상을 '자음의 (조음) 위치 동화'라고 하는데, 이 변동은 임의적(수의적) 변동 현상이다.

첫째, 형태소 내부에 실현되는 음소 사이에서 자음의 위치 동화가 일어난 예가 있다.

(28) ㄱ. 억게 [가언 6:6], 묵거 [마언 하11], 박그로 [가언 6:14]

　　　ㄴ. 궁글 [두언-중 21:20], 코숭긔 [박언 상40]

(ㄱ)에서 '엇게, 뭇거, 밧그로'는 각각 '억게, 묵거, 박그로'로 실현되기도 하는데, 이는 앞 음절의 종성인 /ㄷ/이 그 뒤에 실현된 초성인 /ㄱ/의 조음 자리에 동화되어서 /ㄱ/으로 교체된 예이다. (ㄴ)에서 '궁글, 코숭긔'는 각각 '굼글, 코숨긔'로 실현되기도 했는데, 이는 앞 음절의 종성인 /ㅁ/이 그 뒤에 실현된 초성인 /ㄱ/의 조음 자리에 동화되어서 /ㅇ/으로 교체된 예이다.

둘째, 서남, 서북, 동북 방언 지역에서 발간된 일부 문헌에서는 잇몸소리인 /ㄷ/이나 순음인 /ㄴ/에 한하여, 형태소와 형태소 사이에서 자음의 위치 동화가 일어나기도 했다.

(29) ㄱ. 박고(받- + -고) [박타령 340], 쪽기(쫓- + -기) [박타령 324]

　　　ㄴ. 더움밥(덥- + -은 + 밥) [박타령 348], 심발(신 + 발) [철자 교과서 73]

(ㄱ)의 '박고, 쪽기'는 어간의 끝소리인 /ㄷ/이 어미의 첫소리인 /ㄱ/ 앞에서 그 조음

자리에 동화되어서 /ㄱ/로 교체된 예이다. 그리고 (ㄴ)의 '더움밥, 심발'은 어간의 끝소리인 /ㄴ/이 양순음인 /ㅂ/의 앞에서 그 조음 자리에 동화되어서 /ㅁ/으로 교체된 예이다.

자음의 위치 동화는 근대 국어 이후로 점차로 전 지역으로 확대되었는데, 현대 국어에서는 모든 방언권에서 형태소와 형태소 사이에서 더욱 다양한 양상으로 일어난다.

나. 비동화 교체

교체 현상 중에는 동화 현상과 관계없이 교체가 일어나는 것이 있는데, 이를 '비동화 교체'라고 한다. 근대 국어의 시기에 적용되었던 비동화 교체 현상으로는 '평파열음화'와 '된소리되기'가 있다.

(나-1) 평파열음화

근대 국어에서는 음절의 종성에서 실현되는 자음으로는 /ㄱ, ㄴ, ㄷ, ㄹ, ㅁ, ㅂ, ㅇ/의 일곱 개로 한정되었다. 따라서 이들 7개 자음을 제외한 나머지의 소리가 종성의 자리에 오면 /ㅂ/, ㄷ/, /ㄱ/ 중의 하나로 교체었다.

(30) ㄱ. 갑고 [박언 상31], 덥고 [동삼 효6:9]

ㄴ. 솓 [동의보감 1:20], 싣디 [동삼 열2:43], 젇 [두집 상4], 믿게 [동삼 효5:15], 놋ᄂ니 [화언 6]

ㄷ. 복고 [노언 상55], 동녁 [태집 36]

(ㄱ)의 '갑고(갚- + -고), 덥고(덮- + -고)'는 어간의 종성인 /ㅍ/이 종성의 자리에서 평파열음인 /ㅂ/으로 교체되었다. (ㄴ)의 '솓(← 솥)'에서는 /ㅌ/이, '싣디(싯- + -디)'에서는 /ㅅ/이, '젇(← 젖)'에서는 /ㅈ/이, '믿게(및- + -게)'에서는 /ㅊ/이, '놋ᄂ니(놓- + -ᄂ- + -니)'에서는 /ㅎ/이 종성의 자리에서 평파열음인 /ㄷ/으로 교체되었다.[20] (ㄷ)의 '복고(← 봇- + -고)'에서는 /ㄲ/이 /ㄱ/으로 교체되었으며, '동녁(← 동녘)'에서는 /ㅋ/이 평파열음인 /ㄱ/으로 교체되었다.[21]

---

20) '놓- + -ᄂ- + -니'는 '놋ᄂ니'로 표기되었지만 실제 발음은 /논ᄂ니/로 실현되었다. 곧, 종성 /ㄷ/을 'ㅅ'으로 표기한 것이다. 결과적으로 평파열음화에 따라서 /녿ᄂ니/로 변동한 뒤에 다시 비음화에 따라서 /논ᄂ니/로 변동한 것으로 해석할 수 있다.

21) 근대 국어의 시기에는 '볶다'의 연결형인 '봇가'에서 어간인 '볶-'의 종성은 'ㅅ'으로 표기되었지만, 실제로는 /ㄲ/의 된소리로 발음되었다. 따라서 '볶고'에서 종성 /ㄲ/이 /ㄱ/으로 교체된 것을 알 수 있다. 그리고 〈태산집요〉(1608)의 제36장에 '동녁크로(동녁 + -으로)'와 '동녁'이 함께 표기되어 있는데, 이 두 예를 보면 이 시기에는 '동녘'의 /ㅋ/이 음절의 종성에서 /ㄱ/으로 교체된 것을 짐작할 수 있다.

이러한 예를 종합하면 정리하면 종성의 자리에서 /ㅍ/은 /ㅂ/으로, /ㅌ, ㅅ, ㅈ, ㅊ, ㅎ/은 /ㄷ/으로, /ㄲ, ㅋ/은 /ㄱ/으로 평파열음화하여 교체되었다. 이러한 교체 양상은 현대 국어에서 일어나는 평파열음화의 교체 양상과 일치한다.

(나 -2) 된소리되기

근대 국어 시기에도 '된소리되기(경음화)'가 일어나는데, 근대 국어 시기에 된소리되기에 따라서 교체된 형태는 주로 'ㅅ'계 합용 병서나 '각자 병서'로 표기하였다.

첫째, 용언의 관형사형 어미인 '-을'의 뒤에 실현되는 체언의 초성에서 된소리되기가 일어난다. 이러한 현상은 중세 국어뿐만 아니라 근대 국어와 현대 국어에서도 일어나는 일반적인 현상으로 볼 수 있다.

> (31) ㄱ. 므어시 유益홀 **쌔**고 [가언 1:13]; 止居홀 **빠** [시언 11:1]
>
> ㄴ. 아니홀 **씨**니라 [시언 18:4]
>
> ㄷ. 홀 **씨**니 [가언 1:29], 홀 **씨**라도 [첩신 4:13], 섭섭홀 **뜻** 호오니 [첩신 7:11]; 마를 **띠어**다 [시언 11:4], 병드르실 **띠**라도 [첩신 1:29]
>
> ㄹ. 말 **쩌**시라 [가언 6:23], 흐터딜 **쩌**시니 [박언 상7], 머글 **쩟** [노언 상50], 홀 **쩌**시니 [노언 상50, 59]; 너길 **쩌**시니 [첩신 7:6], 못홀 **쩌**시오 [오전 3:27]

(ㄱ)의 '쌔; 빠'에서는 /ㅂ/이 /ㅃ/으로 교체되었으며, (ㄴ)의 '씨'에서는 /ㅅ/이 /ㅆ/으로 교체되었다. (ㄷ)의 '씨니, 씨라도, 뜻; 띠어다, 띠라도'에서는 /ㄷ/이 /ㄸ/으로 교체되었으며, (ㄹ)의 '쩌시라, 쩌시니, 쩟; 쩌시오, 쩌시니'에서는 /ㄱ/이 /ㄲ/으로 교체되었다.

그리고 의문형의 종결 어미에서 /ㄹ/ 다음에 실현된 '-가, -고, -다'의 초성이 된소리로 교체되는 현상도 중세 국어와 마찬가지로 일어난다.

> (32) ㄱ. 굴훨**싸** [첩신 4:14], 엇더홀**꼬** [첩신 7:20]
>
> ㄴ. 보올**까** [첩신 2:5], 됴홀**까** [첩신 7:11], 편홀**까** [첩신 6:14]

(32)의 예에서는 선어말 어미인 '-ㄹ-' 뒤에 실현되는 의문형 종결 어미인 '-가, -고'의 초성 /ㄱ/이 /ㄲ/으로 교체되었다.

둘째, 체언과 체언이 이어질 때에 뒤 체언의 초성에서 된소리되기가 일어날 수 있었다.

(33) ㄱ. 손빠닥(손 + 바닥) [가언 5:12], 등잔쑬(등잔 + 블) [노언 상51], 안빠다히(안 + 바다ㅎ + -익) [첩신 1:9]

　　　ㄴ. 옷씌 싸이예(스이 + -에) [동삼 열7:14]

　　　ㄷ. 섯똘(설 + 둘) [두집 상28], 밤뚱(밤 + 둥) [노언 상51]

　　　ㄷ. 믈끠(물 + 긔) [두집 상3], 쥬사ᄭ̇라(쥬사 + ᄀ·라) [두집 상4], 스스ᄭᆺ이(스스 + 것 + -이) [첩신 8:21]

(ㄱ)의 '손빠닥, 등잔쑬, 안빠다히'에서는 원래의 /ㅂ/이 /ㅃ/으로 교체되었으며, (ㄴ)의 '싸이예'는 /ㅅ/이 /ㅆ/으로 교체되었다. (ㄷ)의 '섯똘, 밤뚱'에서는 /ㄷ/이 /ㄸ/으로 교체되었으며, (ㄹ)의 '믈끠, 쥬사ᄭ̇라, 스스ᄭᆺ이'에서는 /ㄱ/이 /ㄲ/으로 교체되었다.

　셋째, 체언에 조사가 결합하거나 용언이 활용할 때에 된소리되기가 일어날 수 있었다.

(34) 드럿싸가(들엇다가) [두집 상5], 노ᄂᆞ쏘다(노ᄂᆞᆫ도다) [박언 상18], 슬왓습써니(슬왓습더니) [첩신 3:9], 니졋따소이다(니졋다소이다) [첩신 3:3], 잇쏘다(잇도다) [오전 7:27]

(35) 안ᄭᅩ(안고) [가언 2:10], 어렵습써니와(어렵습거니와) [첩신 8:5], 쉽써니와(쉽거니와) [첩신 8:11], 스셜ㅎ옵씨ᄂᆞᆫ(ㅎ옵기ᄂᆞᆫ) [첩신 8:5], 죽쌔(죽게) [구보 14], 먹쌔나(먹거나) [구보 17], 눕씨(눕기) [마언 상77]

(34)의 '드럿싸가, 노ᄂᆞ쏘다, 슬왓습써니, 니졋따소이다, 잇쏘다'에서는 어미인 '-다가, -도-, -더니, -다-, -도'의 초성 /ㄷ/이 /ㄸ/으로 교체되었다. 그리고 (35)의 '안ᄭᅩ, 어렵습거니와, 쉽써니와, 스셜ㅎ옵씨ᄂᆞᆫ' 등에서는 어미인 '-고, -거니와, -기, -게, -거나' 등에 있는 자음 /ㄱ/이 /ㄲ/으로 교체되었다.

　그런데 용언이 활용할 때에 일어나는 된소리되기 현상은 중세 국어에서는 종성 /ㅅ/이나 /ㄷ/의 뒤에 실현되는 어미에서만 일어났다.[22) 그러나 근대 국어에서는 종성 /ㄷ/뿐만 아니라 /ㅂ/이나 /ㄱ/의 뒤에서도 된소리되기 현상이 일어났으며, 아주 드물지만 /ㄴ/이나 /ㅁ/의 뒤에서도 된소리되기 현상이 일어났다.

---

22) 15세기에는 /ㅅ/이나 /ㄷ/의 뒤에서 된소리되기가 일어났으며, 16세기 때에는 7종성 체계가 확립됨에 따라서 /ㄷ/의 뒤에서 된소리되기가 일어났다. '무쯘퉁대, 연쭙고, 마쯔비, 조쭙고; 녀쏩고, 노쏩고, 비쏩고' 등에서 /ㅈ/과 /ㅅ/이 앞의 /ㄷ/이나 /ㅅ/ 뒤에서 된소리로 된 예를 들 수 있다.

(36) ㄱ. 드럿싸가 [두집 상5], 니젓따소이다 [첩신 3:3], 잇또다 [오전 7:27]

ㄴ. 술왓습써니 [첩신 3:9], 어렵습써니와 [첩신 8:5], 쉽써니와 [첩신 8:11], 수셜ᄒ옵씨
는 [첩신 8:5], 눕씨 [마언 상77]

ㄷ. 죽쌔 [구보 14], 먹쩌나 [구보 17]

(37) ㄱ. 노ᄂᆫ쪼다 [박언 상18], 안쏘 [가언 2:10]

ㄴ. 검쏘 [조영 45], 숨쩌늘 [조영 23]

(36)에서 (ㄱ)의 '드럿싸가, 니젓따소이다, 잇또다'에서는 /ㄷ/의 뒤에서, (ㄴ)의 '술왓습써
니, 어렵습써니와, 쉽써니와, 수셜ᄒ옵씨는, 눕씨'에서는 /ㅂ/의 뒤에서, (ㄷ)의 '죽쌔'와
'먹쩌나'에서는 /ㄱ/의 뒤에서 예사소리가 된소리로 교체되었다. (37)에서 (ㄱ)의 '노ᄂᆫ쪼
다'와 '안쏘'에서는 /ㄴ/의 뒤에서 예사소리로 시작하는 어미가 된소리로 교체되었으며,
(ㄴ)의 '검쏘'와 '숨쩌늘'에서는 /ㅁ/의 뒤에서 예사소리로 시작하는 어미가 된소리로 교
체되었다.

1.2.2.2. 탈락

탈락 현상은 형태소와 형태소가 결합하는 과정에서 특정한 음소가 없어지는 음운의
변동 현상인데, 이에는 '자음의 탈락'과 '모음의 탈락'으로 나누어진다.

가. 자음의 탈락

근대 국어 시기에 특정한 형태소에 실현된 자음이 탈락한 변동 현상의 예로는 '자음군
단순화', 'ㅎ' 탈락, 'ㄹ' 탈락 등이 있다.

(가 -1) 자음군 단순화

근대 국어에서는 15세기 국어와는 달리 각 음절의 종성의 자리에서 자음이 하나만
실현될 수 있는 제약이 있었다. 따라서 종성이 자음군(겹받침)으로 된 체언이나 용언의
어간에 자음이나 시작하는 조사 또는 어미가 결합할 때에는, 체언이나 어간의 자음군이
단순화되어 하나의 자음만 실현되었다.

첫째, /ㄳ, ㄵ, ㅀ, ㄾ, ㅀ, ㅄ/은 겹받침 중에서 뒤의 자음이 탈락했고, /ㄺ/은 겹받침
중의 앞의 자음이 탈락했다.

(38) ㄱ. 넉 [천자문-칠장사 31]

　　ㄴ. 언싸 [역유 상49], 싣는 [춘향전 52]

　　ㄷ. 할쏘 [여언 4:19], 싈론 [박언 하20]

　　ㄹ. 업다 [박언 중17], 갑도 [노언 하59]

(39) 굼는 [역유], 굼고 [박타령 330], 옴ᄂ니 [벽신 11]

(38)에서 (ㄱ)의 '넉',[23] (ㄴ)의 '언다', (ㄷ)의 '할쏘', (ㄹ)의 '업다' 등은 자음군 중에서 뒤의 자음이 탈락하였고, (39)에서 '굼는' 등은 자음군 중에서 앞의 자음이 탈락하였다.

　둘째, /ㄹㄱ/과 /ㄹㅂ/의 자음군은 그 뒤에 실현되는 어미나 조사의 음운·형태론적 조건에 따라서 앞이나 뒤의 자음이 수의적으로 탈락하였다.

(40) ㄱ. 말쎄 [규총 3], 즌흘 [유합-칠장사 4]

　　ㄴ. 극지 [조영 7]

(41) ㄱ. 발쏘 [조영 39], 여덜 [관명 15]

　　ㄴ. 밥지 [조영 7], 여덥ᄌ [관명 35]

(40)에서 (ㄱ)의 '말쎄, 즌흘' 등은 자음군 중에서 뒤의 자음인 /ㄱ/이 탈락하였으며, (ㄴ)의 '극지' 등은 자음군 중에서 앞의 자음인 /ㄹ/이 탈락하였다. (41)에서 (ㄱ)의 '발쏘, 여덜' 등은 뒤의 자음인 /ㅂ/이 탈락하였으며, (ㄴ)의 '밥지, 여덥ᄌ'는 앞의 자음인 /ㄹ/이 탈락하였다.

　그런데 /ㄹㄱ/과 /ㄹㅂ/에서 일어나는 자음군 단순화 현상은 근대 국어 시기까지는 활발하게 일어나지는 않았다. 따라서 19세기 말까지 /ㄹㄱ/과 /ㄹㅂ/의 자음군이 종성에서 실현되는 경우가 많았다.[24]

(가-2) /ㅎ/의 탈락
　중세 국어와 마찬가지로 근대 국어에서도 /ㅎ/으로 끝나는 체언에 /ㄱ/이나 /ㄷ/을 제외한 자음으로 시작하는 조사나 휴지가 실현될 때에는, 체언의 종성 /ㅎ/이 탈락했다.

---

23) '넉'은 자음군을 가진 체언인 '넜'이 휴지 앞에서 자음군 중의 /ㅅ/이 탈락하였다.

24) 흙덩이[동신 효6:29], 머리 긁고[동신 열1:92], 밟는[청노 6:16], 여듧[유합-칠장사], 여덟[동신 제20호] 등의 예를 보면 근대 국어의 말까지도 /ㄹㄱ/과 /ㄹㅂ/의 겹받침이 쓰인 것을 알 수 있다.

(42) ㄱ. 하늘히 [동삼 열1:92], 하늘홀 [동삼 열7:1], 하늘콰 싸쾌 [두언-중 20:14]

ㄴ. 하늘 블러 울며[동삼 효:3], 하늘 삼긴[동삼 열2:36]

(43) ㄱ. 길희 [동삼 열2:9], 길히 [오행 효18], 길흘 [두언-중 2:65], 길콰 [두언-중 15:15]

ㄴ. 길 가온대 [동삼 열8:58], 길 녜는 [노언 상38], 길 왼 겨틱 [오행 효5:15]

(42)에서 (ㄱ)의 '하늘히, 하늘홀, 하늘콰 싸쾌'에서는 체언의 형태가 '하늘ㅎ'로 실현되었는데, (ㄴ)의 '하늘'에서는 휴지 앞에서 체언의 끝소리인 /ㅎ/이 탈락했다. (43)에서 (ㄱ)의 '길희, 길히, 길흘, 길콰'에서는 체언의 형태가 '길ㅎ'으로 실현되었는데, (ㄴ)의 '길'에서는 끝소리인 /ㅎ/이 탈락하였다.

(가-3) /ㄹ/의 탈락

종성의 'ㄹ' 탈락은 용언이 활용할 때에 어간의 끝소리 /ㄹ/이 탈락하는 경우와, 합성 명사의 내부에서 앞 어근의 끝소리 /ㄹ/이 탈락하는 현상으로 나누어진다.

첫째, 용언이 활용할 때에 어간의 끝 음절에 실현된 종성 /ㄹ/은, 같은 잇몸소리인 /ㄷ, ㄴ, ㅅ, ㅈ/으로 시작하는 어미가 붙어서 활용할 때에 탈락했다.

(44) ㄱ. 기되 [마초 상3], 우듯 [태집 48], 아디 [노언 상5]

ㄴ. 사ᄂᆄ[박언 하39], 아ᄂ니 [노언 상8], 머니 [두언-중 1:16]

ㄷ. 머므시면 [첩신 3:20], 마소 [첩신 9:21], 아시디 [권념요록 21]

ㄹ. 더쟈 [노언 상21], 사져 [두언-중 23:49]

(ㄱ)의 '기되, 우듯, 아디'에서는 /ㄷ/으로 시작하는 어미의 앞에서, (ㄴ)의 '사ᄂᆄ, 아ᄂ니, 머니'는 /ㄴ/으로 시작하는 어미의 앞에서 어간의 끝소리인 /ㄹ/이 탈락했다. 그리고 (ㄷ)의 '머므시면, 마소, 아시디'에서는 /ㅅ/의 앞에서,[25] (ㄹ)의 '더쟈, 사져'에서는 /ㅈ/의 앞에서 어간의 끝소리 /ㄹ/이 탈락했다.[26]

둘째, 명사구나 합성 명사의 내부에서 앞 명사의 끝소리인 /ㄹ/이 탈락되는 수가 있었다.

---

25) 중세 국어와 근대 국어의 초기에는 어간의 끝소리인 /ㄹ/ 뒤에 주체 높임의 선어말 어미 '-으시-'가 실현되면, 매개 모음이 실현되어서 '머므르시면, 아르시디'처럼 /ㄹ/이 탈락하지 않았다. 그러나 근대 국어의 후기가 되면, /ㄹ/ 뒤에서 매개 모음이 실현되지 않고 '머무시면(머물 + -시- + -면), 아시지(알- + -시- + -지)'처럼 /ㄹ/이 탈락하는 현상이 보편화되었다.

26) 중세 국어와 근대 국어에서 /ㅈ/ 앞에서 /ㄹ/이 탈락되는 현상은 매우 드물게 나타났는데, 현대 국어에서는 /ㅈ/이 탈락되지 않는다.

(45) 버드나모 [두언-중 15:10], 소나모 [한청문감 13:18], 바룻 믈 [두언-중 4:2], 바룻 셤 [두언-중 19:33], 섯돌 [두언-중 10:45], 므지게 [두언-중 25:15]

(45)의 합성 명사나 명사구는 모두 앞의 명사의 끝소리가 /ㄹ/이었는데, 뒤의 명사와 이어지는 과정에서 /ㄹ/이 탈락한 예이다. 이처럼 합성 명사나 명사구의 앞 명사에서 일어나는 /ㄹ/ 탈락 현상은 음운론적인 환경과 관계없이 개별적으로 일어나는 한정적 변동 현상이다.

나. 모음의 탈락

근대 국어에서 일어난 '모음의 탈락' 현상으로는, 어간의 끝 모음이 탈락하는 현상과 어미의 매개 모음이 탈락하는 현상이 있다.

(나-1) 어간의 끝 모음 탈락

용언이 활용할 때에 어간의 끝 모음인 /ㅡ/나 /ㅏ/, /ㅓ/가 모음으로 시작하는 어미 앞에서 탈락할 수 있다.

(46) 써 [박언 하:55], 커 [역유 상3], 슬퍼 [동삼 효7:65], 匹라 [노언 상27]

(47) ㄱ. 가셔 [동삼 열8:12], 써나셔 [첩신 5:11]
ㄴ. 건너 [동삼 열4:4], 셔셔 [가언 7:19]

(46)에서 '써(用), 커(大), 슬퍼(悲), 匹라(從)' 등은 어간의 끝 모음인 /ㅡ/가 모음으로 시작하는 어미인 '-어' 앞에서 탈락하였다.[27] 그리고 (47)에서 '가셔, 써나셔, 건너, 셔셔' 등은 어간의 끝 모음인 /ㅏ, /ㅓ/가 어미의 첫 모음인 /ㅏ, ㅓ/의 앞에서 탈락하였다.

(나-2) 조사나 어미의 매개 모음 탈락

체언이나 어간이 모음이나 /ㄹ/로 끝날 때에는, 그 뒤에 실현되는 조사나 어미의 매개 모음인 /ㅡ/가 탈락했다.

---

27) 15세기의 중세 국어에서는 어간의 끝 모음 중에서 /ㅡ/뿐만 아니라 /ㆍ/도 탈락되었다. 그러나 16세기 이후에는 단어의 둘째 음절 이하에서 /ㆍ/가 /ㅡ/로 바뀌고 18세기 중엽 이후에는 단어의 둘째 음절 이하에서도 /ㆍ/가 /ㅏ/로 바뀌어서 /ㆍ/가 완전히 사라졌다. 이에 따라서 18세기 후반에는에는 어간의 끝 모음인 /ㅡ/ 탈락만 일어나게 되었다.

(48) ㄱ. 연고로 [박언 상48], 길로 [역유 상24]

ㄴ. 나면 [두집 하:35], 울며 [동삼 효6:84]

(ㄱ)의 '연고로'와 '길로'에서는 부사격 조사인 '-으로'의 매개 모음인 /ㅡ/가 탈락하였다. 그러나 (ㄴ)의 '나면'과 '울며'에서는 어미인 '-으면'과 '-으며'의 매개 모음인 /ㅡ/가 탈락하였다.

그런데 '알다'나 '어딜다'처럼 어간이 /ㄹ/로 끝날 때에는, 그 활용 방식이 특이하였다.

(49) ㄱ. 아르시게 [첩신 5:24], 어디르심 [어내 상9]

ㄴ. 아시디 [권요 21], 어지신 [조영 34]

(ㄱ)의 '아르시게'와 '어디르심'은 중세 국어와 마찬가지로 어간의 /ㄹ/과 어미의 매개 모음인 /ㅡ/가 탈락하지 않았다. 그러나 (ㄴ)의 '아시디'와 '어지신'에서는 어간의 종성인 /ㄹ/이 먼저 탈락하여서 그 결과로 어미의 매개 모음인 /ㅡ/가 탈락하였는데, 이러한 방식의 활용 형태는 현대 국어에 그대로 이어진다.28)

1.2.2.3. 첨가

근대 국어의 시기에 일어난 첨가 현상에는 반모음인 /j/가 첨가되는 현상과 반모음인 /w/가 첨가되는 현상이 있었다.

가. 반모음 /j/의 첨가

근대 국어에서는 /ㅣ/나 반모음 /j/로 끝나는 체언이나 어간의 뒤에 '-에', '-아/-어', '-오-/-우-' 등의 형태소(어미, 조사)가 결합하면, 이들 형태소는 각각 '-예', '-야/-여', '-요-/-유-'로 변동했다. 이러한 변동은 두 형태소가 이어질 때에 형태소의 사이에 반모음인 /j/가 첨가된 것이다.

첫째, 체언 뒤에 실현된 부사격 조사인 '-에'에 반모음인 /j/가 첨가되었다.

---

28) 대략적으로 볼 때 (ㄱ)의 활용 방식은 중세 국어와 근대 국어의 초기까지 보이는 활용 방식이다. 18세기에는 (ㄱ)과 (ㄴ)의 활용 방식이 혼용되다가, 근대 국어의 후기부터 (ㄴ)의 활용 방식이 쓰여서 현대 국어까지 이어지고 있다.

(50) ㄱ. 스이예 [노언 상27], 머리예 [노언 상33]

　　　ㄴ. 술의예 [삼총 1:13], 됴회예 [삼총 1:14], 후세예 [삼총 1:17]

(ㄱ)의 '스이예'와 '머리예'에서는 앞 체언의 끝소리인 /ㅣ/ 뒤에 실현된 부사격 조사 '-에(/əj/)'에 반모음 /j/가 첨가되어서 '-예(/jəj/)'로 실현되었다. (ㄴ)의 '술의예, 됴회예, 후세예'는 앞 체언의 끝소리인 반모음 /j/ 뒤에 실현된 부사격 조사 '-에(/əj/)'에 반모음 /j/가 첨가되어서 '-예(/jəj/)'로 실현되었다.

　　둘째, 어간 뒤에 실현된 연결 어미인 '-어'에 반모음인 /j/가 첨가되었다.[29]

(51) ㄱ. 허여디여 [두집 상18], 후리여 [동삼 열5:16], 씨여 [노언 상48]

　　　ㄴ. 메여 [가언 8:8], 내여 [가언 7:18], 되여 [동삼 열2:86], 뛰여 [동삼 열8:48], 긔여 [동삼 열 5:73], 키여 [두집 상6]

(ㄱ)의 '허여디여, 후리여, 씨여'는 어간의 끝 모음인 /ㅣ/의 뒤에서 어미인 '-어'에 /j/가 첨가되어서 '-여(/jə/)'로 변동하였다. 그리고 (ㄴ)의 '메여, 내여, 되여, 뛰여, 긔여, 키여'는 어간의 끝 모음인 /j/의 뒤에 실현된 '-어'에 /j/가 첨가되어 '-여'로 변동하였다.

　　반면에 (51ㄴ)과는 달리 반모음 /j/로 끝나는 어간의 뒤에 연결 어미인 '-어'가 실현되더라도, 어미에 반모음 /j/가 첨가되지 않은 예도 발견된다.

(52) 내어 [연지 5], 되어 [가언 1:38], 키어 [구보 3]

(52)에서 '내어, 되어, 키어'는 어간이 반모음인 /j/로 끝났는데도, (51ㄴ)과 달리 연결 어미 '-어'에 반모음 /j/가 첨가되지 않았다. 따라서 앞의 (51ㄴ)에서 반모음 /j/가 첨가되는 현상은 수의적인 변동으로 처리한다.

나. 반모음 /w/의 첨가

　/ㅗ/나 /ㅜ/로 끝나는 어간에 모음으로 시작하는 어미가 결합할 때에, 반모음 /w/가 수의적으로 첨가되는 수가 있다.

---

[29] 여기서는 편의상 연결 어미인 '-어'에 반모음인 /j/가 첨가된 예만 제시한다.

(53) ㄱ. 보와 [첩신 4:9], 두토와 [가언 7:15]

　　 ㄴ. 두워 [구보 11], 거두워 [가언 5:34]

(54) ㄱ. 보아 [동삼 효7:32], 두토아 [박언 중43]

　　 ㄴ. 두어 [가언 6:3], 거두어 [박언 하:55]

(53)의 '보와, 두토와; 두워, 거두워'에서는 '-아/-어'가 붙어서 활용할 때에, 반모음인 /w/가 첨가되어서 각각 '와(/wa/)'나 '워(/wə/)'로 실현되었다. 반면에 (54)의 '보아, 두토아; 두어, 거두어'에서는 '-아/-어'가 붙어서 활용할 때에 반모음 /w/가 첨가되지 않았다. 따라서 (53)에서 어미에 반모음 /w/가 첨가되는 현상은 수의적인 변동 현상이다.

1.2.2.4. 축약

근대 국어 시기의 축약 현상에는 '자음의 축약' 현상과 '모음의 축약' 현상이 있다.

가. 자음의 축약

중세 국어와 마찬가지로 근대 국어에서도 /ㅎ/으로 끝나는 체언이나 어간의 뒤에 예사소리의 자음으로 시작하는 조사나 어미가 결합하면, /ㅎ/과 예사소리의 자음이 하나의 거센소리로 축약되었다.

첫째, 체언에 조사가 붙는 과정에서 체언의 끝소리인 /ㅎ/과 조사의 첫소리인 예사소리가 결합하여 거센소리로 축약될 수 있었다.

(55) ㄱ. 하늘콰 짜쾌 [두언-중 20:14], 길콰 [두언-중 15:15]

　　 ㄴ. 흐나토 [노언 하:50], 둘토 [노언 상60]

(ㄱ)의 '하늘콰 짜쾌'와 '길콰'에서는 /ㅎ/과 /ㄱ/이 /ㅋ/으로 축약되었으며, (ㄴ)의 '흐나토'와 '둘토'에서는 /ㅎ/과 /ㄷ/이 /ㅌ/으로 축약되었다.[30]

둘째, 용언이 활용할 때에 어간의 끝소리인 /ㅎ/과 어미의 첫소리인 예사소리가 거센소리로 축약될 수 있었다.

---

30) 근대 국어의 시기에는 체언의 종성 /ㅎ/이 탈락한 형태가 점차로 많이 쓰이게 됨에 따라서, (55)처럼 체언과 조사 사이에 일어나는 자음 축약의 예가 점차 줄어들었다.

(56) ㄱ. 노코 [가언 4:22], 안코 [관존 3], 일코 [관언 32]

ㄴ. 됴타 [동삼 열4:77], 노타 [동삼 열5:8]

(ㄱ)의 '노코, 안코, 일코'에서는 /ㅎ/과 /ㄱ/이 /ㅋ/으로 축약되었으며, (ㄴ)의 '됴타, 노타'에서는 /ㅎ/과 /ㄷ/이 /ㅌ/으로 축약되었다.

셋째, 파생어에서 용언인 어근에 파생 접미사인 '-히-'가 붙는 과정에서, 어근의 끝소리인 예사소리와 파생 접미사의 첫소리인 /ㅎ/이 거센소리로 축약될 수 있다.

(57) 머키더니 [동삼 열3:33], 다티옛도다 [두언-중 5:10], 자피여 [동삼 열3:71], 미치다 [방언 유석 술부방언 23, (1778년)]

(57)에서 '머키더니, 다티옛도다, 자피여, 미치다'에서는 어근의 끝소리인 /ㄱ/, /ㄷ/, /ㄷ/, /ㅈ/과 파생 접미사인 '-히-'의 /ㅎ/이 결합하여, 각각 거센소리인 /ㅋ/, /ㅌ/, /ㅌ/, /ㅊ/으로 축약되었다.

나. 모음의 축약

모음으로 끝난 어간에 모음으로 시작하는 어미가 붙어서 활용할 때에, 어간의 끝 모음과 어미의 첫 모음이 하나의 이중 모음으로 축약되는 경우가 있었다.

(58) 텨 [화언 9], 쳐 [여훈 상33], 쎠 [역어 상66], 앗겨 [가언 9:18], 블펴 [박언 하:2], 고텨 [가언 6:29], ᄂ려 [가언 4:22], 가져 [박언 상38]

(59) ㄱ. 와 [박언 상3], 도라와 [마초 상41], ᄂ화 [가언 6:8], 뫼화 [동삼 충1:71]

ㄴ. 셰워 [박언 중9], 일워 [마초 상68]

(57)에서 '텨, 쳐, 쎠, 앗겨, 블펴, 고텨, ᄂ려, 가져'에서는 어간의 끝 모음인 /ㅣ/와 어미의 첫 모음인 /ㅓ/가 이중 모음인 /ㅕ/로 축약되었다. 그리고 (58)에서 (ㄱ)의 '와, 도라와, ᄂ화, 뫼화'에서는 어간의 끝 모음인 /ㅗ/와 어미의 끝 모음인 /ㅏ/가 이중 모음인 /ㅘ/로 축약되었으며, (ㄴ)의 '셰워'와 '일워'에서는 /ㅜ/와 /ㅓ/가 이중 모음인 /ㅝ/로 축약되었다.[31]

---

31) 현행의 학교 문법인 『독서와 문법』에서는 이러한 현상을 '모음의 축약'으로 다루고 있으나, 일부 개론서에서는 이러한 현상을 '반모음화'로 다루기도 한다.

1.2.3. 음운의 통시적 변화

앞에서 근대 국어 시기에 일어나는 '공시적인 음운 변동'의 현상을 살펴보았다. 그런데 중세 국어와 근대 국어의 음운 체계를 비교해 보면, 근대 국어의 시기에는 음소 자체나 음소와 음소가 결합하는 방식이 중세 국어와 달라진 경우가 있었다. 이러한 변화를 음운의 '공시적 변동(公時的 變動)'과 구분하여 음운의 '통시적 변화(通時的 變化)'라고 한다. 여기서는 국어 음운의 통시적 변화를 '자음의 변화'와 '모음의 변화'로 나누어서 살펴본다.

1.2.3.1. 자음의 변화

근대 국어를 중세 국어와 비교할 때에, 자음에 일어나는 통시적 변화 양상으로 다음과 같은 현상이 있다. 곧, 근대 국어에서는 중세 국어의 자음과 비교할 때에 '구개음화', '된소리되기', '거센소리되기', '양순음 아래에서 일어나는 'ㄹ'의 탈락' 등의 통시적인 변화가 있었다.

근대 국어의 시기에 일어난 자음의 통시적 변화 중에서 '구개음화'는 일정한 음운론적 조건에서 일반적으로 일어나는 변화였다. 반면에 개별 단어에서 한정적으로 일어나는 통시적 변화도 있었는데, 이에는 예사소리가 된소리나 거센소리로 변하거나, /ㄹ/이 양순음인 /ㅍ/ 앞에서 탈락하는 현상이 있다.

가. 구개음화

구개음화는 / ㅣ /와 /j/의 앞에 실현된 /ㄷ/, /ㄴ/, /ㄱ/의 음운에서 일반적으로 적용되는 변화이다. 곧, 구개음화는 특정한 어휘만 변하는 것이 아니라, 위와 같은 음운적인 환경에 놓여 있는 여러 단어에 공통적으로 적용되는 변화였다.

〈 'ㄷ' 구개음화 〉 중세 국어에서 잇몸소리(치조음)로 발음되던 /ㅈ, ㅊ, ㅉ/이 18세기 중엽에 이르면 중앙어에서도 센입천장소리(경구개음)로 발음되었다. 이러한 자음 체계의 변화가 완성된 다음에는 잇몸소리인 /ㄷ, ㅌ, ㄸ/이 그 뒤에 실현되는 모음 / ㅣ /, /j/ 앞에서 센입천장소리인 /ㅈ, ㅊ, ㅉ/으로 바뀌는 현상이 일어났는데, 이를 'ㄷ 구개음화(口蓋音化)'라고 한다.

'ㄷ' 구개음화 현상은 16세기 중엽 무렵에 남부 지방의 방언에서부터 시작되었으며, 중앙어에서는 18세기 중엽쯤에 'ㄷ' 구개음화 현상이 완성된 것으로 보인다.

(60) ㄱ. 져(← 뎌, 彼) [두언-중 6:44], 죠흔(← 됴흔, 好) [두언-중 3:57], 지나가는(← 디나가는,
　　　過) [두언-중 12:38]
　　ㄴ. 치다(← 티다, 打) [역유 하49]

(60)에서 (ㄱ)의 『두시언해 중간본』(1632)은 대구에서 간행되었다. 따라서 이 문헌에는
동남 방언의 구개음화 현상이 적용된 예가 나타나는데, '져, 죠흔, 지나가는'에서도 구개
음화 현상이 나타났다. 그리고 (ㄴ)의 『역어유해』(1690)에는 '치다'처럼 구개음화가 반영
된 어휘가 나타난다.
　　그러다가 18세기에 간행된 『여사서언해』(1736), 『동문유해』(1748), 『왜어유해』(1781~
1789)의 문헌에는 'ㄷ' 구개음화 현상이 반영된 어휘가 많이 나타난다.

(61) ㄱ. 큰지라(← 디라) [여언 4], 다스지 몯흠이(← 다스디) [여언 4], 엇지(← 엇디) [여언 6];
　　　重치 아니흐냐(← 重티) [여언 4], 下치 못흐거든(← 下티) [여언 5]
　　ㄴ. 직히다(← 딕희다, 守) [동유 상45], 고지식(← 고디식) [동유 상21], 좀쳐로(← 좀뎌로)
　　　[동유 하57]; 씨다(← 삐다, 蒸) [동유 상59]
　　ㄷ. 瓦 지새 와(← 디새) [왜유 상32], 刺 지를 주(← 디를) [왜유 상54], 直 고들 직(← 딕)
　　　[왜유 하34]; 打 칠 타(← 틸) [왜유 상30], 黜 내칠 출(← 내틸) [왜유 상54]

(61)의 예를 보면 18세기에는 중앙 방언에도 'ㄷ' 구개음화가 확립된 것으로 보인다. 그
결과로 18세기 이후의 국어에서는 'ㄷ' 구개음화로 인해서 /디, 댜, 뎌, 됴, 듀/와 /티,
탸, 텨, 툐, 튜/처럼 /ㄷ, ㅌ/이 /ㅣ/나 /j/와 결합된 음절은 국어에서 쓰이지 않게 되었다.
　　그런데 'ㄷ' 구개음화가 일어나기 전에 /듸, 틔, 씌/이었던 음절은 18세기 초기까지
진행된 구개음화를 입지 않았다.

(62) ㄱ. 견디다(← 견듸다, 忍), 무디다(← 무듸다, 鈍), 부디(← 부듸/부딘), 마디(← 마듸,
　　　寸)
　　ㄴ. 버티다(← 버틔오다, 支), 티끌(← 틧글, 塵)
　　ㄷ. 띠(← 씌, 帶)

(62)의 '견듸다, 버틔다, 씌' 등에서 '듸, 틔, 씌'는 /ㄷ, ㅌ, ㄸ/과 /ㅣ/ 사이에 반모음인
/ㅡ/가 개입되어 있어서 'ㄷ' 구개음화를 입지 않았다. 그리고 19세기 초에 이르면 이들
단어에 실현된 모음 /ㅢ/가 /ㅣ/로 단모음화하여, /듸, 틔, 씌/가 /디, 티, 띠/로 바뀌게

되었다. 이들 단어의 음절이 /디, 티, 띠/로 변하기는 하였지만 구개음화가 적용될 수 있는 시기가 이미 지나 버렸다. 따라서 (62)에 제시된 단어들은 'ㄷ' 구개음화를 겪지 않고 /디, 티, 띠/의 음절이 유지되어서 현대 국어까지 이르고 있다.

〈'ㄴ' 구개음화〉근대 국어의 시기에서는 어두의 위치에 실현된 잇몸소리 /ㄴ/이 / ㅣ /나 /j/의 앞에서 탈락하기도 하는데, 이러한 변화 현상을 'ㄴ' 구개음화라고 한다.[32]

잇몸소리인 /n/은 어두의 위치에서 그 뒤에 실현되는 / ㅣ /나 /j/의 조음 위치에 이끌려서 구개음화된 [ɲ]로 발음된다. 이때 구개음화된 [ɲ]은 어두의 위치에서 / ㅣ /나 /j/와 결합하지 못하여 탈락한다('ㄴ' 두음 법칙). 그 결과로 어두에 실현된 /냐, 녀, 뇨, 뉴, 니/는 초성인 /ㄴ/이 탈락하여 /야, 여, 요, 유, 이/로 바뀌게 된다.

(63) ㄱ. 임금(← 님금, 王) [1:17]   [십사]

    ㄴ. 입어(← 넙어, 被)   [경윤음]

    ㄷ. 일니(← 닐니, 至), 이로미라(← 니로미라, 謂)   [규총]

    ㄹ. 이르히(← 니르히, 至), 일으되(← 니르되, 謂), 일으지(← 니르지, 云)   [척윤]

    ㅁ. 이마(← 니마, 額) [1:34], 일녀(← 닐러, 說) [1:5], 익이(← 닉히) [1:36]   [태감]

    ㅂ. 일그니(← 닐그니, 讀), 이르도록(← 니르도록, 至), 익지(← 닉지, 熟)   [독신]

(ㄱ)은 『십구사략언해』(1772), (ㄴ)은 『유경기인민윤음』(1783), (ㄷ)은 『규합총서 필사본』(1809), (ㄹ)은 『척사윤음』(1839), (ㅁ)은 『태상감응편도설언해』(1852), (ㅂ)은 『독립신문』(1896)에 나타난 'ㄴ' 구개음화의 예이다.

이와 같은 'ㄴ' 구개음화 현상은 대체로 18세기 후반에 간행된 문헌에서 나타나기 시작하다가, 19세기 후기의 문헌에서 본격적으로 많이 나타난다.

〈'ㄱ' 구개음화〉근대 국어 말기에는 남부 방언에서 여린입천장소리인 /ㄱ/이 그 뒤에 실현되는 모음 / ㅣ /, /j/ 앞에서 센입천장소리인 /ㅈ/으로 바뀌는 경우가 있었는데, 이를 'ㄱ' 구개음화라고 한다.

(64) 지름(← 기름, 油) [물보], 질다(← 길다, 長) [물보], 젼주다(← 견주다, 比) [물보], 져울(← 겨울, 冬) [물보]

---

32) 현대 국어의 공시태 체계에서도 어두의 /ㄴ/이 / ㅣ /나 /j/ 앞에서 탈락할 수 있는데, 이를 'ㄴ' 두음 법칙이라고 한다.

(64)의 '기름, 길다, 견주다, 겨을'에서 여린입천장소리인 /ㄱ/이 뒤에 실현된 모음 / ㅣ/와 /j/ 앞에서 센입천장소리인 /ㅈ/으로 바뀌어서, '지름, 질다, 전주다, 져을'로 바뀌었다.

'ㄱ' 구개음화 현상은 남부 방언에서만 일어나고 중앙 방언에서는 일어나지 않았다. 오히려 중앙 방언에서는 'ㄱ' 구개음화 현상을 막기 위해서, 원래부터 /ㅈ/ 소리를 갖고 있던 단어를 /ㄱ/으로 잘못 바꾸는 '과잉 교정'이나 '오교정'의 현상까지 일어나게 된다.

> (65) 키(치, 舵) [청영], 맛기다(맛지다 ← 맛디다, 任) [지본 하15],[33] 깃(짗, 羽) [삼총], 기와(지와 ← 디새, 瓦) [물보], 김츽/김치(짐츽/짐치 ← 딤치, 沈菜) [물보], 길드리다(질드리다, 馴) [십사 1:10], 길쌈(질쌈, 紡績) [한자]

예를 들어서 18세기와 19세기에 간행된 문헌 『청구영언』(1728), 『지장보살본원경』(1752), 『삼역총해』(1774), 『물보』(1802), 『십구사략언해』(1832), 『한불자전』(1880) 등에서 나타나는 '키, 맛기다, 깃, 기와, 김츽/김치, 길드리다, 길쌈' 등에는 원래 /ㅈ/이던 소리가 /ㄱ/으로 잘못 교정되었다. 이러한 과잉 교정의 현상은 중앙 방언을 쓰는 언중들이 단어 속에 들어 있는 원래의 /ㅈ/의 발음을, 지역 방언에서 'ㄱ' 구개음화에 따라서 /ㅈ/으로 변동된 것으로 잘못 인식하여서 생긴 것이다. 곧, 중앙 방언에서 원래부터 /ㅈ/으로 발음하는 단어를 방언으로 인식하여, 원래의 /ㅈ/을 /ㄱ/으로 잘못 돌이킨 현상이다.

나. 체언에서 종성 /ㅎ/의 탈락

15세기 국어에서는 끝소리가 /ㅎ/으로 끝나는 체언이 80여 개가 있었는데, 이러한 체언은 15세기 말부터 종성의 /ㅎ/이 사라지기 시작하였다. 이렇게 체언의 끝소리 /ㅎ/이 사라지는 현상은 근대 국어 시기에 들어서도 지속적으로 확대되었는데, 근대 국어의 끝 시기인 18세기 말이나 19세기 초에는 체언의 끝소리에 쓰였던 /ㅎ/은 거의 사라졌다.

여기서는 '하늘ㅎ/하늘'을 예로 들어서 통시적인 관점에서 /ㅎ/ 탈락 과정을 살펴본다.

> (66) ㄱ. 하늘히 [석상 13:24], 하늘과 따콰롤 [석상 19:13]
> ㄴ. 하느리 [석상 6:35], 하늘과 벼 [두언-초 9:27]

---

33) '맛디다(任)'에서 'ㄷ' 구개음화가 적용되어서 '맛지다'〈명의록언해 상3〉로 변했고, 중앙어에서 다시 /ㅈ/를 /ㄱ/으로 과잉 교정하여 '맛기다'로 변했다.

(67) ㄱ. 하늘히 [동삼 열1:92], 하늘흘 [동삼 열1], 하늘희[동삼 효1:73], 하늘해 [동삼 열4:54],
　　　하늘히니 [동삼 충1:24]

　　ㄴ. 하늘이 [동삼 효3:41], 하늘을 [동삼 열2:88], 하늘의 [동삼 열5:4], 하늘애 [동삼 효
　　　3:41]

　　ㄷ. 하늘콰 싸쾌 [두언-중 20:14]

(68) ㄱ. 하늘이 [오행 효19], 하늘을 [오행 효26], 하늘에 [오행 충13]

　　ㄴ. 하늘긔 [오행 효54]

(69) ㄱ. 하늘이 /하날이, 하늘을, 하늘에, 하늘에서, 하늘의 [태상감응편도설언해]

　　ㄴ. 하늘ᄀᆺ치 [독립신문], 하늘도 [관성제군오륜경언해]

첫째, 15세기에는 (66)의 (ㄱ)에 쓰인 '하늘ㅎ'의 형태가 압도적으로 많이 쓰인 반면에, (ㄴ)에 쓰인 '하늘'의 형태는 아주 드물게 쓰였다. 둘째, 17세기에 간행된『동국신속삼강행실도』(1617)에는 (67)의 (ㄱ)에 쓰인 '하늘ㅎ'의 형태와 (ㄴ)에 쓰인 '하늘'의 형태가 함께 쓰였는데, 대체로 /ㅎ/이 붙은 형태가 더 많이 쓰였다. (ㄷ)의 '하늘콰'처럼 체언의 끝소리인 /ㅎ/과 조사의 첫소리인 /ㄱ/이 축약되어서 /ㅋ/으로 실현되는 예는 극히 드물게 쓰였다. 셋째, 18세기 말에 간행된 (68)의『오륜행실도』(1797)와 19세기 중반이나 후반에 간행된 (69)의『태상감응편도설언해』(1852),『관성제군오륜경해』(1884),『독립신문』(1896) 등에서는 '하늘/하날'의 형태만 쓰였고 '하늘ㅎ'의 형태는 쓰이지 않았다.

　위와 같은 현상을 종합하면 /ㅎ/을 끝소리로 취하는 체언은 15세기의 중엽에는 매우 많이 쓰였으나, 근대 국어 시기를 거치는 동안에 점차적으로 /ㅎ/ 끝소리가 사라졌다.

다. 된소리되기

　근대 국어에서는 일부 단어의 첫머리(語頭)에서 예사소리가 된소리로 바뀌는 예가 일부 단어에서 나타난다.

(70) ㄱ. 슷다(拭) : 쓷다 [동삼 열5] /쏫다 [가언 5:5] / 씃다 [가언 10:14]

　　ㄴ. 듧다(鑽) : 뚤다 [박언 상14] / 뿔다 [화언 9] / 뚫다 [역유 하2] / 뚯다 [박언 하52]

　　ㄷ. 곳다(揷) : 꼿다 [역유 상43]

(71) ㄱ. 굣고리(黃鸝): 쇠소리 [동문 하35] / 쇠ㅅ고리 [역유 47]

ㄴ. ᄀᆞᆺᄀᆞᆺ하다(淨): 깨ᄀᆞ지 [마언 하86] / 씨ᄀᆞ지 [마언 하86] / 씨ᄀᆞ지 [마언 하63]

ㄷ. 덛덛하다(庸): 떳떳하다 [가언 1:7] / 떧떧하다 [인대 4:26] / 떳떳이 [첩신-초 2:1]

ㄹ. 둣둣하다(溫): 뜻뜻하다 [동유 상61], 溫啊 뜻뜻하다 [몽유 상47]

중세 국어에서 '슷다, 딇다, 곶다'는 어두의 초성이 /ㅅ/, /ㄷ/, /ㄱ/의 예사소리였는데, 근대 국어의 시기에는 (70)처럼 어두의 초성이 /ㅆ/, /ㄸ/, /ㄲ/의 된소리로 변했다. 그리고 중세 국어의 '곳고리, ᄀᆞᆺᄀᆞᆺ하다, 덛덛하다, 둣둣하다' 등도 (71)처럼 어두의 초성이 /ㄱ/, /ㄷ/의 예사소리에서 /ㄲ/, /ㄸ/의 된소리로 바뀌었다.

라. 거센소리되기

근대 국어에서 몇몇 단어의 첫머리에서 예사소리가 거센소리(유기음)로 바뀌었다.

(72) ㄱ. 탓(← 닷, 由) [첩신-초 6:9], [두집 상37], 풀무(← 불무, 冶) [박언 하29] [역유 상19], 코키리(← 고키리, 象) [왜유 하22] [역유 하33], 폴ㅎ[← 불ㅎ, 手) [동삼 효8:15]

ㄴ. ᄆᆞ치다(← ᄆᆞ지다, 撫) [동삼 열2:18], 혼차(← 혼자, 獨) [현곽 56]

(ㄱ)의 '탓, 풀무, 코키리'는 단어의 첫머리에서 예사소리인 /ㄷ/, /ㅂ/, /ㄱ/이 각각 /ㅌ/, /ㅍ/, /ㅋ/의 거센소리로 변하였다. 그리고 (ㄴ)에서 'ᄆᆞ치다'와 '혼차'는 원래의 예사소리가 16세기말과 17세기초에 거센소리화로 바뀐 어휘가 일부 문헌에 쓰인 예인데, 이들 어휘는 현대 국어에서는 다시 원래의 예사소리로 환원되어서 '만지다'와 '혼자'의 형태로 쓰이고 있다.

마. /ㅍ/ 앞에서 /ㄹ/의 탈락

근대 국어에서는 단어에서 양순음인 /ㅍ/ 앞에 실현된 /ㄹ/이 탈락한 예가 보인다.

(73) ㄱ. 앞(← 앒, 前)   [동삼 열4:64] [마언 하74]

ㄴ. 아프다/아ᄑᆞ다(← 알ᄑᆞ다, 痛)   [태집 19] [두집 상60]

ㄷ. 고프다(← 골ᄑᆞ다, 饑)   [동유 하28]

중세 국어에 쓰였던 '앒, 알ᄑᆞ다, 골ᄑᆞ다' 등에서 /ㄹ/의 뒤에 실현된 /ㅍ/은 무성의 거센 소리이다. 이러한 환경에서 /ㅍ/은 그 앞에 실현된 /ㄹ/의 특징인 '유성성(有聲性)'을 빨리

끊어서 차단하였는데, 그 결과로 /ㄹ/의 소리가 약화되어서 탈락하였다.34)

1.2.3.2. 모음의 변화

모음의 변화로는 '원순 모음화', '모음 동화', '반모음 /j/의 탈락', '전설 모음화'가 있다.

가. 원순 모음화

근대 국어에서는 순음(脣音)인 /ㅁ, ㅂ, ㅍ, ㅃ/ 아래에서 평순 모음인 /ㅡ/가 원순 모음 인 /ㅜ/로 변하였다. 이러한 현상을 '원순 모음화(圓脣母音化)'라고 하는데, 이 현상은 17 세기 중엽에서부터 나타나서 18세기 중엽에 일반화되었다.

> (74) ㄱ. 흘른 슬픈 말슴을 지어 머무러 두어(← 머므러, 留)　　　　　[동삼 열4:24]
>
> ㄴ. 잇졔 머믈리오(← 머믈리오, 留)　　　　　　　　　　　　[두언-중 11:18]
>
> ㄷ. 물렛가락(← 믈렛가락, 釘竿子) [하18], 무즈미(← 므즈미, 汆) [역유]
> [하22], 불(← 블, 火) [하18], 술 붓다(← 븟다, 醱酒) [상59]
> 榜 부티다(← 브티다, 告示) [상18]
>
> ㄹ. 녜로부터(← 브터) [3:38], 믈뿌려(← 믈) [2:18], 문득(← 믄득) [여언]
> [2:25], 무거옴(← 므거옴) [3:48], 붙티며(← 븥티며) [3:75]
>
> ㅁ. 무서슬(← 므서슬) [1:4], 正月로부터(← 브터) [1:20]　　　　　[몽노]
> 불(← 블) [1:25] 물(← 믈) [1:25], 비고푸고(← 비고프고) [3:20]
> 풀(← 플) [4:1]
>
> ㅂ. 불(← 블, 火) [상63], 쓀(← 쓀, 角) [하38], 풀(← 플, 草) [하45] [동유]
> ᄂ물(← ᄂ믈, 菜) [상59], 붉다(← 븕다, 紅) [하25]

17세기 초에 발간된 문헌인 『동국신속삼강행실도』(1617)와 『두시언해 중간본』(1632)에 는 양순음인 /ㅁ/ 아래에서 /ㅡ/가 /ㅜ/로 바뀐 예가 아주 드물게 나타난다. 그리고 17세 기 후반에서 18세기 후반까지 발간된 『역어유해』(1690), 『여사서언해』(1736), 『몽어노걸

---

34) 이와는 반대로 '넙다(廣), 졈다(幼), 베프다(宣), 잎다(吟), 잇그다(牽), 머리(遠)' 등은 현대 국어에서 각각 '넓다, 젊다 베풀다, 읊다, 이끌다, 멀리'로 변하였는데, 이는 /ㄹ/의 첨가에 해당한다. 다만, /ㄹ/의 탈락이 양순음인 /ㅍ/ 앞에 일어나는 것과는 달리, /ㄹ/이 첨가 현상은 일정한 음운론적인 환경에서 이루어지는 것이 아니다. 따라서 /ㄹ/의 첨가는 완전히 개별적인 단어에서 일어나는 특 수한 변화 현상이다.

대』(1741~1790), 『동문유해』(1748) 등에서는 이러한 예가 제법 많이 나타난다. 이들 문헌에 나타난 예를 통해서 근대 국어의 시기에 /ㅁ, ㅂ, ㅍ, ㅃ/의 아래에 실현된 평순 모음인 /ㅡ/가 원순 모음인 /ㅜ/로 바뀐 것을 확인할 수 있다. 이처럼 근대 국어에서 원순 모음화가 일어나자, 그 후로는 양순음 아래에서는 /ㅡ/와 /ㅜ/는 변별되지 않는다.[35]

나. 모음 동화

'모음 동화('ㅣ' 모음 역행 동화, 움라우트)'는 앞 음절에 실현된 후설 모음인 /ㅓ/, /ㅏ/가 그 뒤의 음절에 실현된 전설 모음인 /ㅣ/의 영향으로, 각각 전설의 단모음인 /ㅔ, e/와 /ㅐ, ɛ/, /·ㅣ, ɛ/로 바뀌는 현상이다. 모음 동화(움라우트) 현상은 17세기 초기부터 남부 지방을 중심으로 용례가 조금씩 나타나기 시작하여, 19세기 중엽에는 중앙어까지 보편화되어서 나타났다.[36]

(75) ㄱ. 익기는(← 앗기는, 惜) [26], 디리고(← ᄃ리고, 煎) [27], 기디려(← 기ᄃ려, 待) [30],
　　　 메기더니(← 머기더니, 食) [30], 지펑이(← 지팡이, 杖) [33], 싀기(← 삿기, 羔) [33]
　　 ㄴ. 실오리기(← 실오라기, 絲) [12], 이ᄢᅵ지(← ᄋᄢᅵ지, 惜) [13]

중세 국어와 근대 국어의 초기에는 이중 모음의 음가를 나타내었던 'ㅔ, ㅐ, ·ㅣ'가 18세기 중엽 무렵에는 'ㅔ'는 /e/로, 'ㅐ'와 '·ㅣ'는 /ɛ/로 이미 바뀌었다. 이처럼 'ㅔ, ㅐ, ·ㅣ'가 단모음으로 바뀐 뒤에 모음 동화가 일어나기 시작하였다. 예를 들어서 (ㄱ)의 『관성제군명성경언해』(1855)와 (ㄴ)의 『과화존신』(1880)에 나타난 단어들은 뒤 음절의 전설 모음인 /i/에 동화되어서 앞 음절의 /ə/, /a/가 각각 단모음인 /e/와 /ɛ/로 바뀌었다. 이처럼 모음 동화는 19세기 중엽의 이후에 쓰인 단어에서 폭넓게 적용되었는데, 현대 국어에서도 활발하게 일어나고 있다.[37]

---

35) 원순 모음화의 반대 현상으로서 이중 모음인 /ㅟ/가 /ㅢ/로 바뀌기도 했다. 16세기의 중세 국어 문헌인 『소학언해』(1587)에는 그 이전에 '불휘'로 표기했던 단어를 '쓸희(소언 6: 133)'로 표기하고 있다. 그리고 17세기 이후에 이 현상이 좀 더 나타나는데, '븨다(〈뷔다, 空, 박언 상55), 븨틀다(〈뷔틀다, 攐, 역유 상47), 븨다(〈뷔다, 割, 역유 하8)' 등에서 /ㅟ/가 /ㅢ/로 변한 것을 확인할 수 있다.

36) 서남 방언과 동남 방언에서는 모음 동화의 현상이 더 일찍 나타났다. 예를 들어서 전라남도 구례에서 발간된 『권념요록』(1637)에는 이미 모음 동화가 적용된 '에미(〈어미, 母) [28]'가 나타났다.

37) 다만, 『표준어 규정』에 따르면 모음 동화가 적용된 대부분의 단어를 표준어로 인정하지 않고 있다. 그러나 '달팽이(〈달팡이), 댕기다(引火)(〈둥긔다), 데리다(同伴)(〈ᄃ리다), 새기다(刻)(〈사기다), 새끼(子)(〈삿기)' 등의 일부 단어는 모음 동화가 적용된 형태가 표준어로 인정고 있다.

다. /ㅅ/ 아래에서 반모음 /j/의 탈락

근대 국어의 단어에서는 /ㅅ/에 이어나는 반모음 /j/가 탈락하는 현상이 17세기 말에 나타나기 시작하여 18세기 말에 완성되었다.

> (76) ㄱ. 사공(← 샤공, 舡夫) [하21], 상화(← 샹화, 饅頭) [상51], 소경(← 쇼경, 盲人) [상29]
>
> ㄴ. 섬기는(← 셤기는, 事) [2], 되 이서(← 이셔, 有) [2]

(ㄱ)의 『역어유해』(1690)에서는 '샤공, 샹화, 쇼경'이 각각 '사공, 상화, 소경'으로 변했고, (ㄴ)의 『양로무농윤음』(1795)에서는 '셤기는, 이셔'가 각각 '섬기는, 이서'로 변했다. 이처럼 /ㅅ/의 뒤에 실현되는 /ㅑ/, /ㅛ/에서 반모음인 /j/가 탈락하여 /ㅏ/, /ㅗ/로 바뀌었다. 이렇게 /ㅅ/ 아래에서 반모음 /j/가 탈락되는 변화로 말미암아서, /샤, 셔, 쇼, 슈, 섀, 셰/의 음절이 /사, 서, 소, 수, 새, 세/로 바뀌게 되었다.

라. 전설 모음화

19세기의 근대 국어에서는 치음인 /ㅅ, ㅈ, ㅊ/의 아래에 실현되는 후설 모음인 /ㅡ/가 전설 모음인 /ㅣ/로 바뀌는 현상도 나타났다. 이러한 전설 모음화의 현상은 대부분 19세기 후반에 이루어진 것으로 보인다.

> (77) ㄱ. 싫다(← 슳다, 嫌), 시골(← 스굴 ← 스ᄀᆞᆯ, 鄕), 시리다(← 스리다, 寒), 씻다(← 쏫다, 洗), 싱겁다(← 승겁다 ← 슴겁다, 澈); 금실(← 금슬, 琴瑟)
>
> ㄴ. 지럼길(← 즈름길, 俓), 짐승(← 즘승 ← 즘싱, 獸), 짓(← 즛, 樣), 질다(← 즐다, 泥), 짖다(← 즞다, 吠)
>
> ㄷ. 칡(← 츩, 葛), 침(← 츰 ← 춤, 唾), 아침(← 아츰 ← 아ᄎᆞᆷ, 朝), 치다(← 츠다, 篩, 掃); 법칙(← 법측, 法則), 친의(← 츤의, 襯衣)

(ㄱ)은 /ㅅ/의 아래에서, (ㄴ)은 /ㅈ/의 아래에서, (ㄷ)은 /ㅊ/의 아래에서 /ㅡ/가 /ㅣ/로 바뀐 예이다. 이러한 예들은 『과하존신』(1880), 『관성제군명성경언해』(1883), 『관성제군오륜경』(1884), 『이언언해』(1884) 등과 같이 대부분 1880년대 이후의 문헌에 나타났다.

제2장 문법

근대 국어의 문법 현상은 중세 국어와 비교할 때에, 통사론의 영역에서는 큰 차이가 없었다. 그러나 형태론의 영역에서는 중세 국어에 비해서 의미 있는 변화가 많이 나타났다. 근대 국어에 나타나는 문법 현상을 형태론의 영역을 중심으로 하여 개관하면 다음과 같은 변화가 눈에 띈다.

근대 국어의 문법 체계는 17세기 초부터 19세기 말까지의 국어 문법 체계를 이른다. 먼저 이 시기에는 조사의 체계에서 '-가'가 출현하여 기존의 '-이'와 더불어서 주격이나 보격 조사의 음운론적 변이 형태로 쓰였다. 둘째로 16세기 초기부터 단어의 제2 음절 이하에서, 그리고 18세기 말에는 단어의 첫음절에서 /·/의 소리가 사라졌다. 이에 따라서 중세 국어에서 /·/의 음소를 가졌던 조사나 어미의 형태가 근대 국어의 말에는 /—/나 /ㅏ/로 바뀌었다. 셋째로 근대 국어에서는 높임법의 체계에 변화가 일어나서 객체 높임법이 소멸하였고, 중세 국어에서 선어말 어미로 실현되었던 상대 높임법도 종결 어미로 실현되었다. 넷째로 인칭법과 대상법의 선어말 어미인 '-오-/-우-'가 사라짐에 따라서 명사형 전성 어미도 '-음/-ㅁ'의 형태로 실현되었으며, 명사형 어미인 '-기'의 쓰임이 확대되었다. 다섯째로 시제 체계도 미래 시제의 선어말 어미인 '-겟-'이 나타났으며, 과거나 완료를 나타내는 선어말 어미인 '-엇-'이 확립되었다. 끝으로 중세 국어에서 쓰였던 현재 시제의 선어말 어미인 '-ᄂᆞ-'도 점차로 '-ㄴ-/-ᄂᆞᆫ-/-는-'의 형태로 바뀌었다.

근대 국어에서는 중세 국어에서 형성되었던 문법 범주 중에서 일부가 사라졌고, 격조사와 어미의 형태소 또한 그 변이 형태의 수가 많이 줄었다. 근대 국어에서 일어나는 이러한 문법 현상의 특징을 종합해 보면, 근대 국어에 나타나는 문법 현상은 중세 국어에 비해서 단순화한 경향을 보여 준다.

2.1. 품사

근대 국어는 중세 국어에 비하여 체언이나 용언의 품사에서 몇 가지 특징이 나타난다. 체언이나 용언을 제외한 나머지 관형사, 부사, 감탄사에서 일어난 변화는 개별 어휘의 형태만 바뀌는 데에 그쳤다. 그러므로 품사론에서는 체언과 조사의 쓰임과 용언의 어간과 어미의 쓰임에 국한하여 근대 국어의 특징을 살펴보기로 한다.

2.1.1. 체언과 조사

근대 국어에서 체언은 일부 명사와 대명사의 형태가 중세 국어와 달리 실현되었다.

2.1.1.1. 체언

근대 국어에서는 'ㅎ'을 종성으로 취한 체언에서 /ㅎ/이 탈락하는 경향이 나타났다. 그리고 중세 국어에서 일부 체언이 조사와 결합하는 과정에서 둘 이상의 형태로 실현되던 것이 근대 국어의 시기에서는 단일한 형태로 실현되었다.

〈 종성 /ㅎ/의 탈락 〉 15세기의 국어에서 명사나 수사의 종성의 자리에 /ㅎ/이 실현되었는데, 이를 흔히 'ㅎ' 종성 체언이라고 한다.[1]

> (1) ㄱ. 두서 번 <u>쌓해</u> 떠러디매 도적이 머리를 버히고 가니라   [동삼 열5:49]
>
>   ㄴ. 아히 업고 도라가 <u>짱을</u> 프고 묻고져 ᄒ더니   [동삼 효1:1]
>
> (2) ㄱ. <u>ᄂᄆᆯ홀</u> 먹디 아니터라   [동삼 속효7:10]
>
>   ㄴ. <u>ᄂᆞᄆᆯ과</u> 과실을 먹디 아니ᄒ야   [동삼 효6:55]

---

1) 근대 국어의 시기에 쓰인 'ㅎ' 종성 체언의 예를 보이면 다음과 같다. (보기) 겨을ㅎ(冬), 긴ㅎ(繯), 길ㅎ(路), ᄀᆞㅎ(邊), 나라ㅎ(國), 나조ㅎ(夕), 내ㅎ(川), 녁ㅎ(方), 노ㅎ(繩), ᄂᆞ믈ㅎ(菜), 늘ㅎ(刃), 뎌ㅎ(笛), 돌ㅎ(石), 드르ㅎ(野), 뫼ㅎ(山), 발ㅎ(臂), 수ㅎ(雄), 시내ㅎ(川), 술ㅎ(肌), 짱ㅎ(地), 뜰ㅎ(庭), 안ㅎ(內), 알ㅎ(卵), 암ㅎ(雌), 여러ㅎ(多), 우ㅎ(上), 칼ㅎ(刀), 코ㅎ(鼻), 하늘ㅎ(天), ᄒ나ㅎ(一)

16세기 초기부터 이러한 명사에서 /ㅎ/이 점차로 탈락하기 시작하였는데, 근대 국어의 후기로 갈수록 /ㅎ/의 탈락 빈도가 높아진다. 예를 들어서 15세기의 국어에 쓰인 '짱ㅎ (地)'은 17세기 초기의 문헌에서는 (1)처럼 '짱ㅎ'이나 '짱'으로 쓰였다. 그리고 (2)에서도 15세기에 쓰였던 'ᄂᆞ믈ㅎ'이 17세기 초기에는 (ㄱ)의 'ᄂᆞ믈ㅎ'이나 (ㄴ)의 'ᄂᆞ믈'로 쓰였다. 이처럼 『동국신속삼강행실도』(1617)에 '짱ㅎ'과 '짱'이 함께 나타난 것을 보면, 이 시기에 명사의 종성 /ㅎ/이 탈락되는 현상이 일어나고 있음을 알 수 있다. 결국 18세기 말에는 종성의 /ㅎ/이 거의 탈락되었고, 현대 국어에는 파생 접두사로 쓰이는 '암ㅎ-'과 '수ㅎ-'에만 /ㅎ/의 흔적이 남아 있다.

〈 의존 명사 〉 의존 명사 중에는 중세 국어에는 쓰이지 않다가 근대 국어 이후에 새로이 쓰인 것들이 있다.

(3) ㄱ. 醉혼 <u>김</u>에 믄득 淫心 내여 노래 부르는 사름의 집의 가셔　　　[청노 7:22]
　　ㄴ. 환도 촌 <u>재</u> 황뎨던에 오르니　　　　　　　　　　　　　[삼총 1:13]
　　ㄷ. 만이 작만ㅎ면 자연 불결ㅎ니 쓸 <u>만치</u> 작만ㅎ고　　　　[계녀서 288-289]
　　ㄹ. 位예 잇는 <u>쟈</u>로 더브러 다 再拜ㅎ야　　　　　　　　　　[가언 1:26]

곧, '김', '재', '만치', '쟈(者)' 등은 근대 국어 시대에 나타나서 현대 국어까지 쓰이고 있는 의존 명사이다. 여기서 (ㄱ)의 '김'은 근대 국어에서 처음 나타나서 '어떤 일의 기회나 계기'의 뜻을 나타나면서 현대 국어에 이르고 있다. (ㄴ)의 '재'는 중세 국어의 '자히'가 바뀐 형태인데, '이미 있는 상태 그대로 있다는 뜻'을 나타내면서 현대 국어에서는 '채'로 실현된다. (ㄷ)의 '만치'는 비교의 뜻을 나타내면서 현대 국어에서 '만큼'으로 이어진다. (ㄹ)의 '쟈(者)'는 중세 국어의 '놈'을 대신하여 '사람'의 뜻을 나타내면서 현대 국어의 '자(者)'에 이어진다.[2]

〈 대명사 〉 근대 국어에 쓰인 인칭 대명사의 특징은 다음과 같다.

첫째, 근대 국어에서는 2인칭 대명사인 '너(汝)'에 대한 예사 높임말로서 '자네'가 새로 생겼고, 1인칭 대명사인 '나(我)'에 대한 낮춤말(겸양말)로서 '저'도 새로 생겼다.

(4) ㄱ. <u>자네</u> 그르다는 아니 ᄒᆞ실 듯 ᄒᆞ오리　　　　　　　　　[첩신-초 1:32]
　　ㄴ. 쥬쯰셔 <u>제</u> 집에 오심을 감당치 못ᄒᆞ겟ᄉᆞ오니　　　　[신약전서 마 8:8]

---

2) 근대 국어에 쓰였던 의존 명사의 목록을 제시하면 다음과 같다.
　(보기) 것, 김, 듯(〉닷), 듸(〉데), 대로, 딛(〉닷), 둥, 등(等), 디(〉지), 만, 만치, 바, 번, 분, 성, ᄯᆞ름(〉따름), 쌴(〉뿐), 양, 이, 작, 쟈(〉자, 者), 적, 쪽쪽(〉족족), 줄, 즉(則), 직, ᄎᆞ(〉차), 채, 쳬(〉체), 터ㅎ(〉터)

17세기 후반에 간행된 『첩해신어』(1676)에는 '자너'가 2인칭 대명사인 '너'의 예사 높임 말로 쓰였다.[3] 현대 국어에 쓰이는, 1인칭 대명사 '나'에 대한 겸양말인 '저'는 근대 국어의 늦은 시기에 나타난다. 그리고 『신약전서』(1900)에는 (ㄴ)처럼 1인칭 대명사인 '나'에 대한 낮춤말(겸양말)로 쓰인 용례가 나타난다.

둘째, 중세 국어에서는 미지칭의 인칭 대명사로서 '누(誰)'만 쓰였으나, 근대 국어에서는 '누고'와 '누구'가 미지칭의 인칭 대명사로 생겼다.

(5) ㄱ. <u>누구</u>는 아븨 누의게 난 자식고   [노언 상14]

　　ㄴ. 내 그저 어제 오롸 이 벗은 <u>누고</u>고   [노언 하5]

(5)에서는 미지칭의 인칭 대명사로서 '누구/누고'가 쓰였는데, 이들은 인칭 대명사인 '누'에 의문 보조사인 '-고'나 '-구'가 결합된 형태이다. 특히 (ㄴ)에서는 인칭 대명사인 '누고/누구'에 의문 보조사인 '-고'가 다시 붙어서 의문문의 서술어로 쓰였다.[4]

셋째, 근대 국어 시대에는 '이, 그, 뎌'뿐만 아니라, 합성어인 '이것, 그것, 뎌것'이 지시 대명사로 쓰였다.

(6) ㄱ. <u>이거시</u> 큰 원쉬 아니가   [박언 하20]

　　ㄴ. <u>그거시</u> 도로 입에 드러 소릭 궂ᄂ니라   [태집 48]

　　ㄷ. 여러 가지 珍味 <u>이걷</u> <u>뎌걷</u> 慇懃히 ᄒ신 양이 御禮   [첩신-초 7:3]
　　　　너믄 양이로소이다

중세 국어에는 사물을 가리키는 '이, 그, 뎌'가 지시 대명사로 쓰였다. 그런데 근대 국어에서는 지시 관형사인 '이, 그, 뎌'에 의존 명사인 '것'이 결합하여서 형성된 '이것, 그것, 뎌것'도 지시 대명사로 쓰였다.

〈수사〉 근대 국어의 수사는 중세 국어의 수사와 약간의 차이가 있다.

첫째, 17세기부터는 중세 국어에 쓰였던 '온(百)'이 잘 쓰이지 않았으며, '즈믄(千)'은 문헌에 나타나지 않았다. '온'과 '즈믄'을 대신하여 한자어인 '빅(百)'과 '천(千)'이 쓰였다.

둘째, 'ㅎ' 종성 체언에서 /ㅎ/이 탈락되는 현상이 일반화되자, 중세 국어 시대에 'ㅎ'

---

3) '자너'는 16세기의 언간에도 흔히 나타나는데, 이때에도 예사 높임말로 쓰였다. 다만, 현대 국어에서는 '자네'가 예사 낮춤말로 쓰인다.

4) 현대 국어의 경상 방언에서도 (5ㄴ)과 같은 의문문이 쓰인다. (보기) 철수가 <u>누구고</u>?

의 종성을 가진 수사에도 종성 /ㅎ/이 탈락하는 일이 생겼다.

(7) ㄱ. 나히 열둘헤 어미 죽거늘   [동삼 속효17]
    ㄴ. 나히 열둘에 아븨 상ᄉᆞ를 만나   [동삼 효7:74]

『동국신속삼강행실도』(1617)에는 '二'를 나타내는 양수사가 (ㄱ)에서는 '둘ㅎ'으로 표현된 반면에, (ㄴ)에서는 '둘'로 표현되었다. 이처럼 근대 국어의 시기에는 명사와 마찬가지로 양수사도 'ᄒᆞ나ㅎ/ᄒᆞ나, 둘ㅎ/둘, 세ㅎ/세, 네ㅎ/네' 등의 형태로 쓰였다.
  넷째, '제일(第一)'의 뜻을 나타내는 서수사로서 'ᄒᆞ나재' 대신에 '첫재'가 쓰였다.

(8) 第一 첫재   [한문 4:27]

중세 국어에서는 일부 문헌에서 '제일(第一)'의 뜻을 나타내는 서수사로서 'ᄒᆞ나재'의 형태가 쓰였다.[5] 근대 국어에서도 'ᄒᆞ나재'가 쓰이기는 했는데, 『한청문감』(1779)에서는 새로운 서수사로서 관형사인 '첫'에 접미사 '-재'가 붙어서 '첫재'의 형태가 나타났다.
  〈체언 형태의 단일화〉 체언과 조사가 결합하는 과정에서 체언의 형태가 바뀔 수가 있었는데, 근대 국어에서는 결합 양상이 중세 국어와는 다른 특징을 보인다.
  첫째, 15세기 국어에서 '나모/낡(木)'과 '구무/굶(孔)'의 형태가 음운론적인 조건에 따라서 엄격히 구분되었다.[6] 그러나 근대 국어의 시기에는 이들 단어가 각각 '나모'와 '구무'의 형태로 단일화하는 경향이 나타났다.

(9) ㄱ. 김시 손으로써 남글 븓드니 남기 것거디니라   [동삼 열4:15]
    ㄴ. 븕나모를 구슬갓긴 ᄀᆞ티 밍ᄀᆞ라 돌고   [벽신 14]

(10) ㄱ. 아모 ᄒᆞᆫ 人家에 가 혓긋으로 불워 창 굼글 뚤고   [박언 중35]
     ㄴ. 넉신을 알커든 요샹 닐곱 구무를 블침 ᄒᆞᄂᆞ니라   [마언 하46]

---

5) 15세기 문헌인 『월인석보』(1459)에서는 '열 ᄒᆞ나차히(第十一)'나 '스믈 ᄒᆞ나차히(第二十一)'의 형태가 쓰였으며, 16세기의 『소학언해』(1588)에서는 'ᄒᆞ낟재/ᄒᆞ낫재'가 쓰였다.
6) 예를 들어서 15세기 국어에서는 이들 단어에 모음으로 시작하는 목적격 조사가 결합하면 '남글(낡+-을), 굼글(굶+-을)'로만 실현되었으며, 자음으로 시작하는 보조사 '-ᄂᆞᆫ/-는'이 결합하면 '나모는(나모+-ᄂᆞᆫ), 구무는(구무+-는)'으로만 실현되었다.

근대 국어의 초기에는 (9~10)의 (ㄱ)처럼 '남글(낡+-을)'과 '굼글(굵+-을)'처럼 실현되기도 하고, (ㄴ)처럼 '나모를(나모+-를)'과 '구무를(구무+-를)'의 형태로도 실현되었다. 곧 '나모를'과 '구무를'의 형태가 새로 나타난 것이다. 그리고 근대 국어의 후기에는 두 가지 형태가 완전히 단일화되어서, 각각 '나모를'과 '구무를'의 형태로만 쓰였다.

둘째, 근대 국어에서는 모음으로 끝나는 체언 뒤에 실현되는 주격 조사 '-가'가 나타났다. 이에 따라서 인칭 대명사인 '나(我), 너(汝), 누(誰)'에 주격 조사인 '-가'가 결합하면 대명사의 형태가 바뀌어서 실현되었다. 곧, 18세기 후반 이후의 문헌에는 '나, 너, 누'의 주격 형태가 '내, 네, 뉘'에서 각각 '내가, 네가, 뉘가'로 바뀌어서 쓰였다.

(11) ㄱ. <u>내가</u> 大敗홀 지경의 가오매   [인대 3:22]

ㄴ. 이제 <u>네가</u> 또 착혼 일노 법을 스무미랴   [조영 11]

ㄷ. <u>뉘가</u> 세상 스룸이 마니 아른 체 아니 혈 쥴 혜아려쓰랴   [조영 37]

(11)에서 '내가, 네가, 뉘가'는 각각 '나, 너, 누'에 기존의 주격 조사인 '-ㅣ'와 새로운 형태의 주격 조사인 '-가'가 겹쳐진 것이다. 이는 기존의 주격 조사의 한 형태인 '-ㅣ'가 '-가'로 굳어지는 과정에서 '내, 네, 뉘'를 체언의 형태로 잘못 인식한 것이다. 결과적으로 주격 조사 '-가' 앞에서 '나, 너, 누'가 '내, 네, 뉘'로 변동한 것으로 처리된다.

셋째, 중세 국어에서 인칭 대명사인 '나, 너, 누'에 부사격 조사인 '-로, -와'가 결합할 때에는, 인칭 대명사에 /ㄹ/이 첨가되어서 '날, 널, 눌'의 형태로 바뀌었다. 따라서 중세 국어에서는 인칭 대명사가 '나/날, 너/널, 누/눌'의 두 가지 형태로 쓰였다.

그러나 근대 국어에서는 '날, 널, 눌'에서 /ㄹ/이 첨가되지 않고 '나, 너, 누구'의 형태로 단일화하는 경향이 나타났다.

(12) ㄱ. 샹졔계셔 죠셔ㅎ샤 <u>나</u>로 ㅎ야곰 젼당 일을 맛트라 ㅎ샤   [명언 15]

ㄴ. 그딋와 <u>나</u>와로 믹샹애 비방ㅎ더니   [권요 3]

(13) ㄱ. 도로혀 네 矣母ㅣ <u>너</u>로 ㅎ여 가 빅호라 혼 것가   [노언 상5]

ㄴ. 외방의 나가면 또 <u>너</u>와 흔가지어니ᄯ녀   [노언 상37]

(14) ㄱ. 그 체 <u>누구</u>로 더부러 통간홈이 잇다 ㅎ니   [태감 3:31]

ㄴ. 시방 죠선은 <u>누구</u>와 싸홈은 아니 ㅎ나   [독신 창간호]

(12)에서는 '나로'와 '나와'가 쓰였으며, (13)에서는 '너로'와 '너와'가 쓰였으며, (14)에서는 '누구로'와 '누구와'가 쓰였다. 이렇게 근대 국어의 후기로 갈수록 부사격에서 '날, 널, 눌'이 사라지고 '나, 너, 누구'의 형태로 단일화되어서 현대 국어까지 이르고 있다.

〈체언의 복수 표현〉 중세 국어에서는 '-들ㅎ, -희, -내'의 접미사로써 복수의 뜻을 표현하였는데, 근대 국어에서는 '-들'과 '-희'는 그대로 쓰였다. 다만, '-네'는 중세 국어의 '-내'와는 달리 높임이나 복수의 뜻으로는 쓰이지 않았으며, 현대 국어처럼 '측(側)'의 뜻이 강했다.

(15) ㄱ. 너희들이 싯구디 말고 열흘만 그음ᄒ야   [노언 하52]

      ㄴ. 내 아히들 ᄒ야 죽 쑤어 가져다가 너희를 주어 먹이마   [노언 상50]

(16) ㄱ. 한시는 셔울 사ᄅᆞᆷ이니 … 얼굴이며 ᄌᆞ식기 사ᄅᆞᆷ의게 디나고   [동삼 열3:15]

        또 녀편네 덕기 잇더니

      ㄴ. 쇼인네는 본딕 못 먹습건마는 감격ᄒ오매 먹기를 과히   [첩신-초 2:6]

        ᄒ엿ᄉᆞ오니

(15)에서는 복수의 뜻을 나타내는 접미사로 '-희'와 '-들/돌'이 쓰였다. 여기서 '-희'는 인칭 대명사에만 실현되는 반면에, '-들/-돌'은 명사와 대명사에 두루 실현된다. 그리고 (16)에서 (ㄱ)의 '녀편네'와 (ㄴ)의 '쇼인네'에 쓰인 '-네'는 문맥상 높임이나 복수의 뜻이 없이 '측(側)'의 뜻으로만 쓰였다.

2.1.1.2. 조사

근대 국어의 조사도 중세 국어와 마찬가지로 '격조사, 접속 조사, 보조사'로 나뉜다. 여기서는 근대 국어의 조사에서 나타나는 몇 가지 특징을 살펴본다.

가. 격조사

〈주격 조사〉 근대 국어에 쓰인 주격 조사의 변이 형태는 중세 국어에서 사용되었던 '-이/-ㅣ/-∅'뿐만 아니라, '-가'가 새로 등장하였다. 그리고 높임의 대상인 체언에 붙는 주격 조사의 형태도 여러 가지가 등장하였다.

첫째, 주격 조사인 '-가'가 17세기의 문헌에서 나타나기 시작하였는데,[7] '-가'는 근대 국어 시기 내내 중세 국어 때부터 쓰였던 '-∅'나 '-ㅣ'와 경쟁하였다.

(17) ㄱ. 오좀이 뫼홀 쑤러 깁희 믈채<u>가</u> 드러가니 [산일 5]

　　 ㄴ. 多分 비<u>가</u> 올 거시니 遠見의 무러 보옵소 [첩신-초 1:8]

　　 ㄷ. 東萊<u>가</u> 요亽이 편티 아냐 ᄒ시더니 [첩신-초 1:26]

(18) ㄱ. 흰 믈이 네 발이 검고 눌은 믈이 부리<u>가</u> 희면 다 흉ᄒ고 [마언 상9]

　　 ㄴ. 疏蚝ᄂᆞᆫ 니<u>가</u> 성긔고 버레 먹단 말이라 [여언 2:17]

(19) ㄱ. 경고<u>가</u> 거의 이경이 넘엇더라 [계윤 10]

　　 ㄴ. 얻디 다 才 읻ᄂᆞᆫ 者<u>가</u> 어미 보디 아니ᄒᄂᆞ뇨 [여언 4:72]

　　 ㄷ. 셰 되ᄂᆞᆫ 창녀 되고 칠 되를 소<u>가</u> 되고 [태감 47]

　　 ㄹ. 부뫼 ᄒ로<u>가</u> 외롭고 슬허ᄒ시ᄂᆞ니 [남계 4]

　　 ㅁ. 가을 국화와 봄 난초<u>가</u> 절을 응ᄒ여 푸이민 [조영 39]

주격 조사의 변이 형태인 '-가'는 17세기 초·중반에는 반모음인 /j/로 끝나는 체언 뒤에서만 실현되었다. 곧, '-가'는 (17)의 '믈채, 비, 東萊'처럼 /j/로 끝나는 체언 뒤에서 실현되었던 주격 조사 '-Ø'를 대신하여 쓰인 것이다. '-가'는 그 이후에 (18)의 '부리'와 '니'처럼 모음 /ㅣ/로 끝나는 체언 뒤에도 '-Ø'를 대신하여 실현되었다. 그러다가 18세기 초에 들어시면 '-가'의 쓰임이 더욱 확대되어서, (19)처럼 /ㅗ/나 /ㅏ/로 끝나는 체언 뒤에도 '-가'가 실현되어서 기존에 쓰였던 '-ㅣ'를 대신하게 되었다. 결국 현대 국어처럼 주격 조사의 형태가 자음 뒤에서는 '-이'로 실현되고 모음 뒤에서는 '-가'로 실현되었다. 이처럼 구어체에서는 18세기 말에 '-이'와 '-가'의 쓰임이 확립된 것으로 보이지만, 문어체로 작성된 일반적인 문헌에는 '-가'가 잘 쓰이지 않았다. 그러나 19세기 초부터는 문어체로 쓰인 문헌에서도 '-가'의 쓰임이 늘어났는데, 19세기 후반에는 모음으로 끝난 체언 뒤에서 주격 조사인 '-가'가 각종 문헌에서 널리 쓰였다.[8]

　둘째, 중세 국어에는 존칭(높임)의 뜻을 나타내는 주격 조사가 쓰이지 않았다. 그러나 근대 국어에는 '-끠셔'와 '-겨셔/-겨오셔/-겨옵셔/-겨ᄋ오샤/-계셔/-계옵셔, -씌옵셔/-께옵셔' 등이 높임의 뜻을 나타내는 주격 조사의 변이 형태로 쓰였다.

---

7) 송강 정철의 어머니인 안씨가 1572년 무렵에 송강에게 쓴 것으로 보이는 편지에 "츤 구드릭 자니 비<u>가</u> 세이러셔 ᄌ로 ᄃ니니"라는 구절이 있다. 여기서 주격 조사 변이 형태인 '-가'의 처음 쓰인 것으로 보는 학자도 있다(이기문, 1998: 166).

8) 특히 19세기 말에 간행된 『사민필지』(1886)와 『독립신문』(1896)에는 모음으로 끝난 체언 뒤에서 주격 조사의 형태로 '-ㅣ'가 쓰이지 않고 모두 '-가'로만 쓰였다.

(20) ㄱ. 이도 일뎡 大君씌셔 信使씌 뵈고 노르실 양으로　　　　[첩신-초 8:11]

　　ㄴ. 曾祖쎄셔 나시면 믄득 從兄弟과 믿 再從兄弟 이실 거시니　[가언 1:17]

(21) ㄱ. 東萊겨셔도…언머 슈고로이 건너시도다 넘녀ᄒᆞ시고　　　[첩신-초 1:22]

　　ㄴ. 입궐 후 션인겨오셔 경계ᄒᆞ오시ᄃᆡ　　　　　　　　　[한만 1:2]

　　ㄷ. 닉 졈졈 ᄌᆞ라믹 됴부계오셔 이상이 ᄉᆞ랑ᄒᆞ오ᄉᆞ　　　[한만 1:4]

　　ㄹ. 今上 大君主 陛下계옵셔 誕生ᄒᆞ옵신 날이니　　　　　[신심 3:1]

　　ㅁ. 샹뎻게옵셔 궁측히 역이ᄉᆞ　　　　　　　　　　　　[조영 20]

　　ㅂ. 서울을 漢陽이라 稱ᄒᆞ며 大君主 陛下께옵셔 계시ᄂᆞᆫ 데니　[심소 3:1]

(20)에서 '-씌셔'와 '-쎄셔'는 관형격 조사인 '-ㅅ'에 의존 명사인 '긔/게'가 붙고 그 뒤에 보조사인 '-셔'가 결합하여서 형성된 주격 조사이다. 그리고 (21)에서 '-겨셔, -겨오셔, -계오셔, -계옵셔, -쎄옵셔, -께옵셔'는 '겨시다(在, 有)'의 활용형에서 파생된 주격 조사의 형태이다. (20)과 (21)에 쓰인 주격 조사의 변이 형태들은 모두 17세기 후반과 18세기 사이에 등장하였고, 19세기 말에는 모두 '-씌셔'나 '-께옵셔'로 통일되었다. 현대 국어에서는 '-께서'나 '-께옵서'로 바뀌어서 존칭의 주격 조사로 쓰이고 있다.

〈 목적격 조사 〉 근대 국어의 목적격 조사는 중세 국어와 마찬가지로 '-를/-를/-ᄋᆞᆯ/-을, -ㄹ'이 쓰였다. 그러나 16세기 이후에 모음 조화 현상이 잘 지켜지지 않아서 근대 국어에서는 '-를'과 '-를'을 혼용하거나 '-ᄋᆞᆯ'과 '-을'을 혼용하는 경향이 있었다. 그리고 '-ㄹ'은 사용 빈도가 점점 줄어서 인칭 대명사인 '나'와 '누'의 뒤에서만 쓰였다.

(22) ㄱ. 부뫼 주검을 ᄆᆞᆫ지며 울고 굴오ᄃᆡ　　　　　　　　[동삼 효6:44]

　　ㄴ. 므슴 말을 니르ᄂᆞᆫ다　　　　　　　　　　　　　　[박언 상14]

(23) ㄱ. 이바 내 너를 ᄀᆞᄅᆞ치마 언머에 ᄒᆞᆫ 판고　　　　　　[박언 상10]

　　ㄴ. 너 主人아 이믜셔 나를 위ᄒᆞ여 사라 가라　　　　　　[노언 상19]

(24) ㄱ. 여슷 낫 돈을 거스려 날 주고려　　　　　　　　　　[노언 상59]

　　ㄴ. 눌 向ᄒᆞᆫ 깁푼 시름을 푸러 볼가 ᄒᆞ노라　　　　　　[가원 691]

(22)에서는 '-ᄋᆞᆯ'과 '-을'이 모음 조화 규칙에 상관없이 혼용되었으며, (23)에서는 '-를'과 '-를'이 혼용되었다. 그러나 단어의 제2 음절 이하에서 /ㆍ/가 /ㅡ/로 바뀌는 경향에

따라서, 목적격 조사는 '-를/-을/-ㄹ'로 통일되어 갔다. 그리고 중세 국어에서는 '-ㄹ'이 모음으로 끝난 체언 아래에서 '-를'을 대신하여 널리 쓰였는데, 16세기 이후의 근대 국어에서는 (24)처럼 '-ㄹ'이 주로 인칭 대명사인 '나, 누'에 실현되었다. 현대 국어에서는 '-ㄹ'은 '나, 너'뿐만 아니라 모음으로 끝나는 체언 뒤에도 보편적으로 쓰이고 있다.

〈보격 조사〉 근대 국어의 보격 조사는 중세 국어의 보격 조사와 마찬가지로 그 앞에 실현된 체언의 음운적 환경에 따라서 '-이, -ㅣ, -∅'로 쓰였다. 그러나 17세기 이후에는 주격 조사로 '-가'가 생겨남에 따라서, 주격 조사의 '-가'가 보격 조사로도 쓰인 것으로 추정된다.

(25) ㄱ. ㅎ다가 죽어도 後世의 일홈난 사름이 되니 [인대 3:13]

ㄴ. 사름이란 거슨 아모리 富者가 되어도 [인대 6:6]

ㄷ. 구름이 큰 산을 지나면 믈이 되고 [사필 6]

ㄹ. 여러 셤이 합ㅎ야 흔 나라가 되엿시니 [사필 21]

『인어대방』(1790)과 『사민필지』(1889)에서는 서술어로 쓰인 동사 '되다' 앞에서 보격 조사로서 자음 뒤에서는 '-이'가, 모음 뒤에서는 '-가'가 쓰였다. 이에 따라서 현대 국어에서도 보격 조사로서 '-이'와 '-가'가 구분되어 쓰이고 있다.

〈관형격 조사〉 중세 국어에는 관형격 조사의 변이 형태로 '-ㅣ/-의/-ㅣ', '-ㅅ'이 각각 구분되어서 쓰였는데, 근대 국어의 초기에는 이러한 관형격 조사가 모두 쓰였다.

(26) ㄱ. 사름의 빠딘 니나 아히 ㄱ니 뎌 됴ㅎ니 [두집 하29]

ㄴ. 김시는 금귀현 사름이니 진사 뎡명의 안해라 [동삼 열8:20]

ㄷ. 老身이 미양 人家ㅣ 師儒를 마자 되졉ㅎ야 [오전 1:18]

ㄹ. 이 두 가짓 거슬 믿들려 ㅎ면 여슷 獨皮를 쓰리로다 [박언 상29]

그러나 근대 국어의 시기가 진행될수록 '-ㅣ/-의/-ㅣ, -ㅅ' 중에서 '-ㅣ'와 '-ㅅ'이 점차로 사라졌는데, 근대 국어의 말기가 되면 관형격 조사의 형태가 '-의'로 통일되었다.

첫째, 중세 국어에서 '-ㅅ'은 합성 명사에서 사잇소리를 적는 글자로도 쓰였고, 명사와 명사 사이에서 관형격 조사로도 쓰였다. 그러나 근대 국어에서 '-ㅅ'은 대부분 합성 명사 안에서 사잇소리를 표기하는 글자로만 쓰였고, 관형격 조사로 쓰였던 '-ㅅ'은 점차로 '-ㅣ/-의'로 바뀌거나 탈락하였다.

(27) ㄱ. <u>江東 짜히</u> 관원 빅셩이 다 흙과 직 되리라　　　　　[삼총 3:12]

　　 ㄴ. 아모 일이라도 <u>父母의</u> 마음에 合ᄒᆞ시게 ᄒᆞ야　　　　[신심 1:14]

중세 국어에서는 앞의 체언이 존칭의 유정 명사이거나 비존칭의 무정 명사일 때에는
관형격 조사로서 '-ㅅ'이 쓰였다. 이처럼 중세 국어의 시기에는 '짜ㅅ, 父母ㅅ'과 같이 '-ㅅ'
으로 실현되었을 관형격 조사가, 근대 국어에서는 (27)의 '짜히'와 '父母의'처럼 '-의/-
의'로 실현되었다.

　둘째, 관형격 조사인 '- ㅣ'는 근대 국어 시기에도 모음으로 끝나는 체언 뒤에서 쓰이
기는 하였으나, 그 쓰임이 점차로 줄었다.

(28) ㄱ. 네 닐오미 맛치 <u>내</u> ᄠᅳᆺ과 ᄀᆞᆺ다　　　　　　　　　[노언 상10]

　　 ㄴ. <u>네</u> 스승이 엇던 사ᄅᆞᆷ고　　　　　　　　　　　　[노언 상6]

　　 ㄷ. <u>뉘</u> 집 세 어린 아히 이 거리에 와 입을 병웃병웃 ᄒᆞᄂᆞ뇨 [오전 1:10]

　　 ㄹ. 내 오늘 ᄒᆞᆫ 아히를 사되 <u>제</u> 어버이 文書를 셰워 주어시니 [박언 중9]

(29) ㄱ. 여러분 즁에도 <u>自家의</u> 악ᄒᆞᆫ 일은 곳치지 안코　　　　[신심 1:11]

　　 ㄴ. 그윽히 돌봄으로 모든 <u>졍ᄉᆞ의</u> 쥬쟝을 삼ᄂᆞᆫ 고로　　　[사필 13]

　　 ㄷ. ᄒᆞ든 직업을 여구이 ᄒᆞᄂᆞ 거시 <u>신ᄌᆞ의</u> 도리요　　　[독신 1권 2호]

관형격 조사인 '- ㅣ'는 근대 국어에서 그 쓰임이 줄어들었는데, 19세기 말이 되면 (28)의
예처럼 인칭 대명사인 '나, 너, 누, 저'의 뒤에만 붙어서 '내, 네, 뉘, 제'의 형태로 아주
제한적으로 쓰였다. 이처럼 근대 국어에서 관형격 조사인 '- ㅣ'가 점차로 쓰이지 않게
되자, 인칭 대명사 이외의 체언에서는 (29)의 '自家의, 졍ᄉᆞ의, 신ᄌᆞ의'처럼 모음으로 끝
난 체언 뒤에서도 '- ㅣ'를 대신하여 '-의'가 쓰였다.[9)]

　〈 부사격 조사 〉 부사격 조사는 종류가 매우 다양하고 각각의 부사격 조사가 나타내는
의미도 다의적이다. 근대 국어에 쓰인 부사격 조사의 특징은 다음과 같다.

　첫째, 17세기의 근대 국어에서는 위치를 나타내는 부사격 조사로서 '-애/-에/-예'와
'-의/-의' 등이 중세 국어와 마찬가지로 구분되어서 쓰였다. 그러나 18세기부터는 '-애
/-에/-예'와 '-의/-의'가 점차로 '-에'로 바뀌는 경향이 나타나는데, 19세기에는 '-에'로

---

9) 다만, 합성 명사의 내부에서 '쇼(牛)'의 뒤에 붙은 관형격 조사는 '쇠머리, 쇠고기'처럼 '- ㅣ'를 그대
　로 유지하였다.
　(보기) <u>쇠졋쩍</u>과 <u>쇠졋기름</u> [사필 28]

통일되었다.10)

(30) ㄱ. 쪼 父親이 겨시든 날에 同郡 安府判으로 더브러 交好ᄒ더니 [오전 1:1]

ㄴ. 후에 이런 사름이 해 長進티 못ᄒ며 [오전 1:18]

ㄷ. 뉘 집 세 어린 아히 이 거리에 와 입을 병웃병웃 ᄒᄂ뇨 [오전 1:10]

(30)의 『오륜전비』(1721)에는 앞 체언의 음운론적 환경에 관계없이 '-에'로만 실현되었다. 이러한 현상은 갈수록 심화되어서 19세기에는 '-애/-에/-예'와 '-익/-의'의 부사격 조사가 모두 '-에'로 통일되었다.

둘째, 근대 국어에서는 유정 명사의 뒤에서 상대를 나타내는 부사격 조사의 형태가 '-쎄/-께', '-의게/-게/-에게' 등으로 단순화되었다.

(31) ㄱ. 御馳走ᄒᄂᆫ 분내께 御禮를 슬와 주쇼셔 [첩신 중 6:22]

ㄴ. 老夫ㅣ… 老夫人쎄 拜賀禮를 行홀 거시니이다 [오전 3:24]

(32) ㄱ. 이ᄂᆫ 小人의 어믜 동싱의게 난 아이오 [노언 3:14]

ㄴ. ᄆᆞᆯ게 먹인 여믈과 콩을 대되 혜니 언머뇨 [청노 2:7]

ㄷ. 월ᄉ식은 짜히 희와 돌 두 ᄉ이에서 돌에게 희ᄉ빗흘 [사필 5]
ᄀ리움이니

근대 국어에서는 중세 국어와 마찬가지로 높임의 대상인 체언 뒤에는 (31)처럼 '-께/-쎄'가 쓰였다. 그러나 낮춤의 체언 뒤에 쓰이는 부사격 조사로는 (32ㄱ)의 '-의게'나 (32ㄴ)의 '-게'의 형태로 쓰였다. 그리고 19세기 후반에는 (32ㄷ)처럼 '-의게'가 '-에게'로 바뀌어서 현대 국어에 이르고 있다.

상대를 나타내는 부사격 조사인 '-ᄃᆞ려'도 중세 국어와 마찬가지로 근대 국어에서도 그대로 쓰였는데, 19세기가 되면 '-더러'로 바뀌었다.

(33) ㄱ. 네 날ᄃᆞ려 뎌긔 景致를 니ᄅᆞ라 [박언 상29]

ㄴ. 혼 도적이 와셔 모든 도적ᄃᆞ려 닐오ᄃᆡ [오전 5:32]

ㄷ. 일야는 한 여직 … 쥬씨더러 일너 ᄀᆞᆯ오ᄃᆡ [조영 22]

---

10) '-애셔/-에셔/-예셔', '-익셔/-의셔'도 19세기 말에는 그 형태가 '-에셔'로 통일되었다.

예를 들어서 17세기와 18세기에는 (ㄱ)의 '날ᄃ려'와 (ㄴ)의 '도적ᄃ려'처럼 '-ᄃ려'의 형태로 쓰였다. 그러나 19세기의 문헌인 (ㄷ)의 『조군영적지』(1881)에는 '쥬씨더러'처럼 '-더러'의 형태로 바뀌어서 현대 국어까지 이르고 있다.

셋째, 중세 국어에서는 접속 조사나 '공동'의 부사격 조사로 '-와/-과'가 실현되었다. 곧, 모음이나 /ㄹ/로 끝나는 체언 뒤에는 '-와'가 쓰였고, /ㄹ/을 제외한 자음으로 끝나는 체언 뒤에는 '-과'가 쓰였다. 그러나 17세기부터는 /ㄹ/로 끝나는 체언 뒤에서 '-와'와 '-과'가 혼용되다가, 점차로 /ㄹ/로 끝나는 체언 뒤에서 '-과'의 형태로만 실현되었다.

(34) ㄱ. 프른 플과 녹두를 믈의 듐가 먹기고　　　　　　　　[마언 상85]
　　　ㄴ. 每日에 漢ㅅ 션븨들과 흔듸셔 글 빈호니　　　　　　[노언 상5]

(34)의 『마경초집언해』(17세기)와 『노걸대언해』(1670)에서는 /ㄹ/로 끝나는 체언인 '플'과 '션븨들'의 뒤에 접속 조사나 부사격 조사의 형태로 기존의 '-와' 대신에 '-과'가 쓰였다. 이처럼 /ㄹ/ 뒤에서 '-과'가 쓰임에 따라서, 자음의 체언 뒤에는 '-과'가 쓰이고 모음의 체언 뒤에는 '-와'가 쓰이는 교체 방식이 확립되었다.

넷째, 중세 국어에서는 '도구(수단), 방향, 원인, 자격, 변성'을 나타내는 부사격 조사로서 '-ᄋᆞ로/-으로'가 구분되어서 쓰였다.[11] 그런데 16세기 중엽부터 모음 조화 현상이 허물어지자, 근대 국어에서는 '-ᄋᆞ로/-으로'가 임의적으로 혼용되었다. 그리고 18세기 후반이 되면 /ᆞ/가 소멸함에 따라서 '-ᄋᆞ로'가 사라지고 '-으로'의 형태만 쓰였다.

(35) ㄱ. 칼ᄒᆞ로 죽디 몯ᄒᆞ면 노ᄒᆞ로 목미야 주구리라 ᄒᆞ고　[동삼 속열13]
　　　ㄴ. 므ᄂᆞᆺ 좌로 가며 우로 가며 앏프로 가며 뒤ᄒᆞ로 가며　[연지 18]
　　　ㄷ. 또 병으로 머믈어 가디 못ᄒᆞ엿더니　　　　　　　　[노언 하50]
　　　ㄹ. 每戰에 每勝ᄒᆞ야 將官으로 昇進ᄒᆞ니라　　　　　　[국소 40]
　　　ㅁ. 스름이 世上에 나와서 萬若 善良흔 스룸으로 되얏스면　[신심 9]

(35)에서 부사격 조사인 '-ᄋᆞ로/-으로'는 (ㄱ)에서는 '도구(방법)', (ㄴ)에서는 '방향', (ㄷ)에서는 '원인', (ㄹ)에서는 '자격', (ㅁ)에서는 '변성'의 뜻을 나타낸다. 특히 19세기 문헌에서는 (ㄹ)과 (ㅁ)처럼 모음 조화 현상과 관계없이 '-으로'로만 실현되었다.

근대 국어에는 '방편'의 뜻을 나타내는 부사격 조사로 '-ᄋᆞ로뻐/-으로뻐'도 쓰였다.[12]

---

11) '도구(수단), 방향, 원인, 자격, 변성'의 세부 의미는 '방편'이라는 상위 의미로 묶을 수가 있다.

(36) ㄱ. 산에 ᄀᆞ득ᄒᆞᆫ 과실<u>로써</u> 食을 삼고　　　　　　　[박언 중43]

　　ㄴ. 이 아히 죽기<u>로써</u> 아비를 구ᄒᆞ니　　　　　　　[오행 효32]

　　ㄷ. 님금의 시톄를 썩지 아니ᄒᆞᄂᆞᆫ 약<u>으로써</u> 바ᄅᆞ고　　[사필 144]

'-ᄋᆞ로써/-으로써'는 18세기 말까지는 중세 국어에 쓰였던 형태가 그대로 유지되다가, 19세기 말에는 (ㄷ)의 『사민필지』(1889)에서처럼 그 형태가 '-으로써'로 바뀌어서 현대 국어에 이르고 있다.

　다섯째, '비교'의 뜻을 나타내는 부사격 조사로는 중세 국어 때부터 쓰인 '-이/-ㅣ/-Ø', '-와/과'가 근대 국어에서도 그대로 쓰였고, '-도곤, -보다가/-보다'가 근대 국어에서 새로이 쓰였다.

　먼저, '-이/-Ø'와 '-와/-과'가 중세 국어에 이어서 근대 국어에도 그대로 쓰였다.

(37) ㄱ. 이운 남기 엇뿌시 어믜 얼굴<u>이</u> ᄀᆞᆮ서ᄂᆞᆯ　　　　[동삼 효1:6]

　　ㄴ. 물 갑과 뵛 갑슨 그저 녜 <u>ᄀᆞᆮ</u>거니와　　　　　[노언 하4]

(38) ㄱ. 이 엇디 양을 모라 범을 팀<u>과</u> 다ᄅᆞ리오　　　　[오행 충57]

　　ㄴ. 슉영과 다시 부뷔 되여 녜<u>와</u> ᄀᆞᆮ티 사ᄂᆞ니라　　[오행 열30]

17세기의 국어에는 (37)처럼 중세 국어처럼 '-이/-Ø'의 부사격 조사가 활발하게 쓰였다. 그러나 18세기 초부터는 (38)처럼 점차로 '-와/-과'의 쓰임이 늘어나서 18세 말 이후에는 '-과/-와'의 형태로 바뀌어서 현대 국어에 이르고 있다.

　그리고 '-도곤'과 '-보다가'도 '비교'의 뜻을 나타내는 부사격 조사로 쓰였다.

(39) ㄱ. 골픈 제 ᄒᆞᆫ 입 어더 먹으미 브른 제 ᄒᆞᆫ 말 어듬<u>도곤</u>　　[노언 상64]
　　　나으니라

　　ㄴ. 부귀지인은 지력이 죡ᄒᆞ매 범인<u>보다가</u> 더 쉬오니라　　[경신 84]

　　ㄷ. 이 곳에 사는 사름들이 약ᄃᆡ를 마쇼<u>보다</u> 더 만히 쓰ᄂᆞ니라　[사필 145]

17세기까지는 비교를 나타내는 부사격 조사로서 (ㄱ)처럼 '-도곤'이 쓰였는데, '-도곤'은 중세 국어에 쓰인 '-두고, -두곤'의 형태가 바뀐 것이다. 그런데 18세기가 되면 (ㄴ)처

---

12) '-ᄋᆞ로써/-으로써'는 '-ᄋᆞ로(부조)+쓰(쓰다, 用)-+-어(연어)'가 결합하여 형성된 부사격 조사다.

럼 '-보다가'가 새로 생겨서 점차로 '-도곤'을 대신하게 되었다. '-보다가'는 19세기 후반에 이르면 그 형태가 (ㄷ)처럼 '-보다'로 바뀌어서 현대 국어에 이르고 있다.

여섯째, 중세 국어나 근대 국어의 초기에는 인용을 나타내는 부사격 조사가 쓰이지 않았다. 그러나 19세기 중반부터는 인용을 나타내는 부사격 조사인 '-고'가 나타났다.

(40) ㄱ. 네 主人의게 닐러 "삿과 집자리를 가져오라" ᄒ고   [청노 5:1]
     ㄴ. 악쇼년이 글오듸 "세 놈이 엇디 이런 어딘 형을 두엇ᄂᆫ고" [오행 효48]
        ᄒ고

(41) ㄱ. 사름이 이셔 "쥬흥이 모반ᄒ다"고 ᄒ거ᄂᆞᆯ   [태감 2:12]
     ㄴ. 졍동 신문샤에 왓단 말을 ᄌᆞ세히 안 후에야 "드러오라"고 [독신 1권 5호]
        ᄒᄆᆡ

18세기 후기까지 간행된 문헌에서는 인용을 나타내는 부사격 조사가 쓰이지 않았다. 예를 들어서 『청어노걸대』(1765)와 『오륜행실도』(1797)에서는 (40)처럼 인용절에 격조사 없이 동사인 'ᄒ다'만을 실현하여 인용절을 안은 문장을 형성하였다. 그런데 19세기 중후반에 간행된 『태상감응편도설언해』(1852)와 『독립신문』(1896)에서는 (41)처럼 인용을 나타내는 부사격 조사인 '-고'를 실현하여 인용절을 형성하였다.[13]

⟨ 서술격 조사 ⟩ 근대 국어의 서술격 조사는 중세 국어에 쓰인 '-이라/-ㅣ라/-∅라'의 형태가 그대로 쓰였다.

(42) ㄱ. 이ᄂᆫ 쥬인의 시긴 <u>빅라</u>   [태감 1:8]
     ㄴ. 여조 ᄯ 왕화ᄂᆫ 양명션싱의 <u>부친이라</u>   [태감 1:8]
     ㄷ. 누에ᄂᆫ 뽕닙을 먹ᄂᆫ <u>버러지라</u>   [신심 2:5]

(43) ㄱ. 이 집에 아니 잇난 줄은 왼 동닉가 다 알 <u>터이다</u>   [귀의성 138]
     ㄴ. 죄인이 도망홀 지경이면 우리들은 죽ᄂᆫ <u>놈이다</u>   [은세계 10]

(42)의 (ㄱ)처럼 모음의 체언 뒤에서 실현되는 서술격 조사인 '-ㅣ라'는 19세기 말까지 쓰였다. 그리고 (ㄴ)처럼 자음의 뒤에 붙어 쓰이는 '-이라'와 (ㄷ)처럼 /ㅣ/로 끝나는

---

13) 특히 『독립신문』에 인용의 부사격 조사인 '-고'의 쓰임이 자주 나타나는 점을 보면, 19세기 후반의 입말에서는 '-고'의 쓰임이 일반적으로 쓰였음을 짐작할 수가 있다.

체언의 뒤에 붙어 쓰이는 '-∅라'는 20세기 초까지 그대로 쓰였다.[14] 그러나 '-이다'의 형태도 (43)처럼 20세기 초부터 『귀의성』(1906)과 『은세계』(1908)의 신소설에서부터 쓰이기 시작하여, 현대 국어에서 일반화되었다.

〈호격 조사〉 중세 국어에서 호격 조사는 상대 높임의 등분에 따라서, 낮춤의 '-아/-야'와 예사 높임의 '-이여'와 아주 높임의 '-하'가 구별되어서 쓰였다. 이러한 호격 조사의 체계도 근대 국어에서는 변화를 겪게 된다.

첫째, 중세 국어에서 쓰이던 아주 높임의 '-하'가 17세기 이후에는 쓰이지 않았다.

(44) ㄱ. 하늘아 하늘아 우리 지아비 네 셜리 사름의 텨 죽임을   [오전 1:45]
　　　 닙어다
　　ㄴ. 先生아 老身이 退歸ᄒᄂ니 오늘 세 아히의 賢愚善惡이   [오전 1:20]
　　　 다 先生ᄭᅴ 잇ᄂ니이다

(44)에서 '하늘'과 '先生'은 높임의 대상인데 중세 국어에 쓰였던 호격 조사 '-하'가 실현되지 않고 '-아'가 실현되었다.[15] 특히 (ㄴ)에서 부사어에는 '先生ᄭᅴ'로 표현되고 서술어에는 '잇ᄂ니이다'로 높여서 표현했지만, 부름말인 '先生'에는 호격 조사로서 '-아'가 표현되었다. 그런데 20세기 이후의 현대 국어에서는 '-이여'에 주체 높임의 선어말 어미인 '-시-'를 실현해서 형성한 '-이시여'가 새로 생겨 나서, 중세 국어의 '-하'를 대신하여 아주 높임의 호격 조사로 쓰이고 있다.

둘째, 중세 국어에서는 예사 높임의 호격 조사로 '-이여/-ㅣ여/-여'의 세 가지 형태가 쓰였다. 그런데 근대 국어에서는 주격 조사나 서술격 조사와 마찬가지로 '-ㅣ여'의 형태가 사라지고 '-이여/-여'만 쓰였으며, 예사 높임보다는 영탄이나 정감을 표현한다.

(45) ㄱ. 善타 믈음이여 善타 믈음이여   [오전 1:22]
　　ㄴ. 슬프다 奉孝여 어엿브다 奉孝여 앗갑다 奉孝여   [삼총 9:16]

---

14) 그리고 중세 국어에서는 서술격 조사의 어간인 '-이-'의 뒤에 인칭이나 대상 표현의 선어말 어미가 붙으면, '-오-'가 '-로-'로 바뀌었다. (보기: '-이로-', '-이롬', '-이론', '-이룔' 등) 그러나 16세기부터 화자 표현과 대상 표현이 점차로 사라짐에 따라서, 근대 국어의 시기에는 국어에서는 '-로-'가 탈락되고 '-임, -인, -일' 등으로 쓰였다.

15) 체언에 호격 조사를 실현하지 않고 'ᄯᅡ님, 아바님, 안해님, 어마님, 할마님'과 같은 높임의 어휘를 단독으로 부름말(독립어)로 실현시켜서 높임의 뜻을 표현하였다.

(ㄱ)처럼 자음으로 끝나는 체언인 '물읆'의 뒤에는 '-이여'가 붙고 (ㄴ)처럼 모음으로 끝나는 체언인 '奉孝'의 뒤에는 '-여'가 쓰였다.16)

셋째, '-아'는 18세기까지는 중세 국어에서처럼 모음으로 끝난 체언의 뒤에 쓰이기도 했다. 그러나 19세기 이후에는 '-아'와 '-야'는 각자가 실현되는 음운론적 환경이 명확하게 구분되었는데, 자음 아래에서는 '-아'로 모음 아래에서는 '-야'로 실현되었다.

(46) 어딘 아히아 너희 弟兄 둘히 뎌 아히들을 두려 뒷 내혜   [박언 중56]
　　　목욕ᄒ라 가라

(47) ㄱ. 큰 형아 네 어듸로셔 온다   [청노 1:1]
　　　ㄴ. 아희야 닉은 ᄂᆡᆯ 잇거든 가져와 나그ᄂᆡ들의게 드리라   [청노 3:7]

(46)의 『박통사언해』(1677)에서 '아히아'는 모음으로 끝난 체언에 '-아'가 쓰였는데, 이는 중세 국어의 쓰임과 같다. 그러나 (47)의 『청어노걸대』(1765)에서는 '-아'는 (ㄱ)의 '형'처럼 자음으로 끝난 체언 뒤에만 쓰였고, '-야'는 (ㄴ)의 '아희'처럼 모음으로 끝난 체언 뒤에만 쓰여서 현대 국어까지 이르게 되었다.

나. 접속 조사

중세 국어에 쓰인 접속 조사로는 '-와/-과', '-이며/-ㅣ며/-며', '-이여/-ㅣ여/-여' 등이 있었는데, 근대 국어에서는 이들 중에서 '-이여/-ㅣ여/-여'가 쓰이지 않았다.

(48) ㄱ. 셋재 줄 열여슷 뎝시에ᄂᆞᆫ 柑子와 石榴와 香水梨와 櫻桃와   [박언 상4]
　　　　　슬고와 굴근 님금과 유황슬고와 굴근 외얏이오
　　　ㄴ. 내 집의 댱 ᄒᆞᆫ 독과 쓸 ᄒᆞᆫ 말 닷 되를 싸 속에 무더시니   [오행 열58]

(49) ㄱ. 김시ᄂᆞᆫ 남원부 사ᄅᆞᆷ이니… 셩이며 힝실이 곧고 몱더니   [동삼 열8]
　　　ㄴ. 稱은…處士ㅣ며 秀才ㅣ며 현재 郞이며 현재 公이라 홈 ᄀᆞ튼   [가례 7:34]
　　　　　類ㅣ라
　　　ㄷ. 여호ᄂᆞᆫ 닭이며 기구리며 쥐를 잘 먹으며 또 집오리며   [신심 6]
　　　　　木實을 먹슙ᄂᆡ다

---

16) 여기서 (45ㄴ)의 '奉孝여'는 중세 국어에서는 '奉孝ㅣ여'로 실현되었다.

(48)에는 '-과/-와'가 접속 조사로 쓰였는데, '柑子'처럼 모음으로 끝나는 체언의 뒤에서는 '-와'가 쓰였고 '독'처럼 자음으로 끝나는 체언의 뒤에서는 '-과'가 쓰였다. 그리고 (49)에는 '-이며/-ㅣ며/-며'가 접속 조사로 쓰였다. 다만 '-ㅣ며'의 형태는 (ㄴ)처럼 근대 국어의 초기에만 쓰였고 근대 국어의 후기에는 쓰이지 않았다. 그리고 15세기 국어에서는 접속 조사는 명사구에서 마지막 체언에도 접속 조사가 실현되는 예가 있었는데, 16세기 이후의 국어에서는 (48~49)에서처럼 접속 조사가 선행 체언에만 붙고 마지막 체언에는 실현되지 않았다.

다. 보조사

보조사는 체언 뒤에 붙어서 화용론적인 의미를 더해 주는 조사인데 그 종류가 매우 다양하다. 여기서는 근대 국어에 쓰인 대표적인 보조사의 형태와, 그것이 쓰인 예문, 그리고 각각의 보조사가 나타내는 핵심적인 의미를 간략하게 제시한다.[17)

① 이 세 벗이 이 네 권당<u>가</u>		[노언 상13]
네 스승이 엇던 사름<u>고</u>		[노언 상6]
② 이도 술이 슓<u>는</u> 일이오니 그리<u>곰</u> 너기디 마르쇼셔		[첩신-초 3:10]
③ 나<u>곳</u> 술을 탐ᄒᆞ면 醉ᄒᆞᆫ 사름을 앗기ᄂᆞ니라		[노언 상37]
④ 아무 제<u>나</u> 일뎡 죽글 거시니		[동삼 열7:47]
너희 둘이 예 오<u>는</u> 디 언머<u>나</u> ᄒᆞ뇨		[노언 상61]
⑤ 이러틋 ᄒᆞᆫ 갑세<u>는</u> 진실로 ᄑᆞ디 못ᄒᆞ리로다		[노언 하10]
⑥ 처음 머길 제란 그저 콩믈을<u>다가</u> 버므려 주고		[노언 상22]
손까락 굴긔예 긴 쇠가락으로<u>다가</u> 빈목에 곳고		[박언 중36]
⑦ 어미 죽거늘 송장이며 졔ᄉᆞᆯ 례<u>다이</u> ᄒᆞ며		[동삼 속효30]
법<u>대로</u> 술을 민ᄃᆞ라 드리니 병이 나으니라		[오행 효37]
⑧ 나흘 닷쇄<u>도록</u> 대변 몯 보거든		[두집 하20]

---

17) ①의 '-가/-고'는 '의문', ②의 '-곰'은 '강조'나 '여운', ③의 '-곳/-옷'은 '한정 강조', ④의 '-이나/-ㅣ나/-나'는 '선택'이나 '강조(정도)', ⑤의 '-ᄂᆞᆫ/-는/-ㄴ'은 '주제'나 '대조', ⑥의 '-다가'는 '유지(維持, -을 가지고서)'나 '강조', ⑦의 '-다이'와 '-대로'는 '그것과 달라짐이 없음'이나 '구분(區分)', ⑧의 '-이도록/-도록'은 '도달(到達)', ⑨의 '-도'는 '역시'나 '또한', ⑩의 '-란/-랑'은 '주제'나 '대조', ⑪의 '-마다'는 '낱낱이 모두', ⑫의 '-만'은 '단독'이나 '한정', ⑬의 '-브터'는 '시작', ⑭의 '-셔'는 '위치 강조', ⑮의 '-ᄭᆞ지'는 '도달'이나 '도착', ⑯의 '-섇'은 '한정', ⑰의 '-식'은 '각자(개별)', ⑱의 '-이야/-ㅣ야/-야'는 '한정 강조', ⑲의 '-조차'는 '이미 어떤 것이 포함되고 그 위에 더함', ⑳의 '-인들'은 '양보', ㉑의 '-마ᄂᆞᆫ'은 '반전 종결(反轉終結)'의 뜻을 나타낸다.

⑨ 열 손가락도 기니 뎌르니 잇느니　　　　　　　　　　[박언 상29]

⑩ 딥흐란 건디고 붉나모 겁질을 녀허 두어 소솜 쓸혀　　[구촬 9]

⑪ 날마다 뿔 흔 홉과 차 빗던 됴희와 나무거플을 섯거 먹는디라　[오행 충32]

⑫ 이 밥에셔 흔 사발만 다마 내어 더 버들 주쟈　　　　[노언 상38]

⑬ 내 高麗 王京으로셔브터 오라　　　　　　　　　　　[노언 상1]

⑭ 네 갓을 어듸셔 민드란느뇨　　　　　　　　　　　　[박언 중25]

　　네 高麗 싸히셔 므슴 貨物 가져온다　　　　　　　　[노언 하2]

⑮ 처음브터 긋ᄭ지 힘써 行ᄒ여 게을리 아니ᄒ면　　　[청노 7:12]

⑯ 더옥 셜워 흔 들 나마 밥 아니 먹고 믈ᄲᅮᆫ 먹거늘　[동삼 열6]

⑰ 지아비 죽거늘 날로 세 번식 울고 졔ᄒ더니　　　　　[동삼 열1:73]

⑱ ᄒ믈며 사름이야 닐러 무엇ᄒ리오　　　　　　　　　[오행 종45]

⑲ 다른 믈조차 다 년염ᄒ여 해야디로다　　　　　　　　[노언 상17]

⑳ 미나리를 됴히 너교믄 녜로 오매 野人인들 알리로다　[두언-중 7:18]

㉑ 죄인이 비록 어리나 엇디 죽기 두려오믈 모르리오마ᄂᆞᆫ　[오행 효40]

여기서 ①의 '-가/-고'는 체언 뒤에 붙어서 의문문을 형성하는데, 판정 의문문에는 '-가'가 실현되었고 설명 의문문에는 '-고'가 실현되었다. ⑥의 '-다가'는 반드시 목적격 조사나 부사격 조사인 '-(으)로'의 뒤에서만 실현되었다. ⑦의 '-다이'는 중세 국어의 의존 명사로 쓰인 '다비'에서 바뀐 형태이며, '-대로'는 중세 국어의 의존 명사인 '대로'가 근대 국어에서 보조사로 바뀐 것이다. ⑧의 '-이도록'은 서술격 조사인 '-이라'에 연결 어미인 '-도록'이 붙어서 된 파생 보조사이다. ⑮의 '-ᄭ지'와 ⑯의 '-ᄲᅮᆫ'은 중세 국어에서는 각각 의존 명사인 'ᄭ장'과 'ᄲᅮᆫ'으로 쓰였는데, 근대 국어에서는 체언 뒤에 쓰여서 보조사로 바뀌었다. 15세기에는 각자의 뜻을 나타내는 보조사로서 '-곰'이 쓰였는데, 16세기부터는 ⑰의 '-식'이 '-곰'을 대신하였다. ⑱의 '-이야'는 중세 국어의 '-이사'가 바뀐 형태이다. 15세기에는 주격 조사인 '-이'에 보조사인 '-사'가 결합되어서 형성된 것인데, 16세기 이후에는 '-이사/-이야'가 하나의 보조사로 굳어졌다. 끝으로 ㉑의 '-마ᄂᆞᆫ'은 15세기의 '-마른'이 16세기부터 바뀐 형태인데, '-마ᄂᆞᆫ'은 문장의 끝에 실현되는 종결 보조사이다.

2.1.2. 용언

근대 국어의 용언은 중세 국어와 마찬가지로 문법적인 특징에 따라서 동사와 형용사로 구분된다. 그리고 단어의 자립성과 실질적인 의미의 유무에 따라서는 본용언과 보조 용언으로 구분되기도 한다.

2.1.2.1. 보조 용언

근대 국어의 보조 용언은 중세 국어의 시대와 큰 차이는 없으나, 몇 가지 점에서 중세 국어와 차이를 보인다. 근대 국어에 쓰인 대표적인 보조 용언의 종류와 그것이 문장에 실현된 예를 보이면 다음과 같다.

첫째, '-아 잇다/겨시다/계시다'와 '-아 브리다', '-아 두다', '-아 내다', '-아 놓다' 등은 '완료(完了)'의 동작상을 나타낸다.

(1) ㄱ. 부모 상스 만나 무덤의 집 지어 <u>잇기</u>를 삼 년을 ᄒ고   [동삼 효3:81]

   ㄴ. 혜장대왕이 온양 힝힝ᄒ여 <u>겨시거늘</u>   [동삼 열1:32]

   ㄷ. 公께셔ᄂ 婚姻ᄒ시고 即時 離別ᄒ여 <u>계시니</u>   [인대 6:19]

(2) ㄱ. 심심홈을 푸러 <u>브리ᄂ</u> 거슨 다만 쇼쥬과 술이라   [삼총 8:17]

   ㄴ. 글란 이제 東萊 술와 보내야 드릴 양으로 ᄒ오려니와   [첩신-초 1:25]
     ᄌ셰히 뎌거 <u>두옵소</u>

   ㄷ. 이 어려온 글을 슈유지간의 지어 <u>내니</u> 이런 敏捷혼 少年이   [인대 6]
     어이 읻ᄉ올고

   ㄹ. 됴셕의 샹식ᄒ고 미졀의 의복 지어 <u>노터라</u>   [동삼 열2:60]

(1)에서 '-아 잇다/이시다'와 '-아 겨시다/계시다'는 본용언이 나타내는 동작이 끝난 뒤에 그 상태가 지속됨을 나타내며(=완료 지속), '-아 겨시다/계시다'는 주체가 높임의 대상일 때에 완료 지속의 의미를 나타낸다. (2)에서 (ㄱ)의 '-아 브리다'는 본용언이 나타내는 동작이 이미 끝났음(=완료)을 나타내며, (ㄴ)의 '-아 두다'는 동작을 끝내고 그 결과를 그대로 유지(=완료 유지)함을 나타낸다. (ㄷ)의 '-아 내다'는 본용언이 나타내는 동작이 스스로의 힘으로 끝내 이루어짐(=성취)을 나타내며, (ㄹ)의 '-아 놓다'는 동작을 끝내고 그 결과를 유지함(완료 유지)을 나타낸다. 근대 국어에서는 '-어 잇다/이시다/겨시다'가 쓰이는 빈도가 점차로 줄어들었다. 이러한 현상은 이들 표현이 축약되어서 '과거 시제'나 '완료상'을 나타내는 선어말 어미로 바뀌었기 때문에 나타난 것이다.[18]

---

18) '-어 잇다'는 15세기 말부터 그 형태가 축약되어서 '-엣-, -앳-, -얫-, -옛-'으로 바뀌었는데, 17세기 무렵에는 다시 '-엇-, -앗-, -엿-'으로 바뀌어서 '과거 시제'나 '완료상'을 나타내었다.

둘째, '-고 잇다', '-아 가다', '-아 오다'는 '진행(進行)'의 동작상을 나타낸다.

(3) ㄱ. 진ᄉ 뉴영의 폴히 오히려 어믜 주검을 <u>안고 잇더라</u>   [동삼 효8:15]

    ㄴ. 나불ᄭᆺ치 언덕의 <u>버더 가고</u>   [명언 2:65]

    ㄷ. 桃花는 혼날리고 綠陰은 <u>퍼져 온다</u>   [가원 45]

(ㄱ)의 '-고 잇다'는 본용언이 나타내는 동작이 계속 진행되고 있거나 그 동작의 결과가 지속됨을 나타낸다. (ㄴ)의 '-아 가다'는 본용언이 나타내는 동작이 화자를 기준으로 멀어지거나 약화되면서 진행됨을 나타낸다. 반면에 (ㄷ)의 '-어 오다'는 본용언의 동작이 화자를 기준으로 가까워지거나 강화되면서 진행됨을 나타낸다. 근대 국어에서는 완료상을 나타내는 '-아 잇다/이시다/겨시다'의 쓰임이 줄어든 반면에, 진행상을 나타내는 '-고 잇다/이시다/겨시다'의 쓰임이 지속적으로 늘어났다.

셋째, '-아/-어 지라'는 '바람'이나 '희망'의 뜻을 나타내고, '식브다'는 그것이 쓰이는 통사론적인 환경에 따라서 '희망'이나 '추측'의 뜻을 나타낸다.

(4) ㄱ. ᄂᆞᄎᆞᆯ 사겨셔 붓그러우믈 <u>시서 지이다</u>   [두언-중 8:3]

    ㄴ. 원컨디 이 ᄯᆞᆯ을 드려 첩을 <u>삼아 지라</u> ᄒᆞ거늘   [태감 3:6]

(5) ㄱ. 슬퍼 아니 먹논디 아니라 <u>먹고져 십브디</u> 아니ᄒᆞ니   [동삼 열6]

    ㄴ. ᄢᅴᄅᆞᆯ ᄢᅴ요니 미츄미 나 ᄀᆞ장 <u>우르고져 시브니</u>   [두언-중 10:28]

(6) ㄱ. 軒楹에셔 양ᄌᆞᄅᆞᆯ 어루 브를가 <u>식브도다</u>   [두언-중 16:46]

    ㄴ. 다만 冠帶 ᄒᆞ시미 됴홀가 <u>시프외</u>   [첩신-초 7:12]

(4)의 '-아 지라'는 15세기의 중세 국어에서는 일반적으로 쓰이다가, 16세기 이후부터는 '식브다'로 점차로 대체되었다.[19] (5)의 '식브다/십브다/시브다/시프다' 등은 의도를 나타내는 연결 어미인 '-고져'의 뒤에 실현되어서, '바람'이나 '희망'의 뜻을 나타낸다. '-고져 식브다'는 15세기 중반부터 쓰이기 시작해서 16세기부터 점차로 '-아 지라'를 대신하게 되었다.[20] 그리고 (6)의 '식브다'는 '-은가'나 '-을가'로 끝나는 의문문의 뒤에 실현되

---

19) '-아 지라'의 쓰임이 16세기 이후로 줄어들기는 했으나 근대 국어의 초기에도 그 쓰임이 이어지다가 점차로 졌다.

20) 『번역소학』(1518)에서는 "안즉 놀애며 춤과ᄅᆞᆯ ᄀᆞᄅᆞ<u>치고져 식브니라</u>"[6: 10]로 표현되었다. 대략적

어서 '추측'의 뜻을 나타낸다. (5)와 (6)의 '식브다/십브다/시브다/시프다'는 현대 국어에서는 '-고 싶다'나 '-을까 싶다'의 형태로 바뀌어서 쓰이고 있다.

넷째, '-디/-지 아니ᄒ다'와 '-디/-지 못ᄒ다'는 '부정'의 뜻을 나타낸다.

    (7) ㄱ. 녈녀ᄂᆞ 두 지아비를 셤기디 아니ᄒ고   [오행 충45]

        ㄴ. 술이 됴토 아니ᄒ오니 권키 어렵ᄉᆞᆸ것마ᄂᆞ   [첩신-초 3:6]

        ㄷ. 싸ㅅ속에 굴이 잇서 삼십 리를 드러가도 ᄉᆞᆽᄒᆞᆯ 보지 못ᄒ고 [사필 109]

        ㄹ. 군슈ᄂᆞ 별노 만치 못ᄒ며   [사필 127]

(ㄱ)과 (ㄴ)에서 '-디/-지 아니ᄒ다'는 '단순 부정'이나 '의지 부정'의 뜻을 나타내며, (ㄷ)과 (ㄹ)의 '-디/-지 못ᄒ다'는 '능력 부정'의 뜻을 나타낸다. 다만, 18세기 이후에는 중앙 방언에서 구개음화 현상이 진행됨에 따라서, 18세기 말부터는 (ㄷ)과 (ㄹ)처럼 보조적 연결 어미의 형대가 '-디'에서 '-지'로 바뀌었다.

다섯째, '-아 보다', '-아 주다/드리다', '-아 지다', '-게 ᄒ다' 등도 본용언에 붙어서 문법적인 뜻을 더해 준다.

    (8) ㄱ. 됴ᄒᆞᆫ 술이니 네 먹어 보라   [노언 상57]

        ㄴ. 이런 젼ᄎᆞ로 날을 虎君의 職으로 ᄡᅥ 주시니   [오전 8:43]

        ㄷ. 님군의 의복 음식과 거쳐와 범빅을 편ᄒᆞ시도록 ᄒ여   [독신 2권 4호]

             드리ᄂᆞ 거시 빅셩의게 유죠ᄒᆞᆫ지라

        ㄹ. 졈졈 깁히 굿어 둑거워 지니 이에 싸뎡이가 되엿ᄂᆞᆫ지라 [사필 9]

        ㅁ. 내 형뎨로 ᄒ여곰 죵용히 고ᄒᆞ게 ᄒ라   [오행 충43]

(ㄱ)의 '-아 보다'는 '시도'나 '경험'의 뜻을 나타내고, (ㄴ)과 (ㄷ)의 '-아 주다/드리다'는 '봉사'의 뜻을 나타낸다. 그리고 (ㄹ)의 '-아 지다'는 '피동'의 뜻을 나타내며, (ㅁ)의 '-게 ᄒ다'는 '사동'의 뜻을 나타낸다.

으로 볼 때에, 이 단어는 '식브다 〉 십브다 〉 시브다 〉 싶다'와 같이 형태가 변화했다.

2.1.2.2. 어미의 유형

근대 국어의 어미의 종류는 중세 국어에 비해서 많이 줄어들었다. 여기서는 중세 국어의 경우와 마찬가지로, 근대 국어에 나타나는 어미의 종류와 특징을 '어말 어미'와 '선어말 어미'로 나누어서 기술한다.

가. 어말 어미

어말 어미로는 문장을 끝맺는 기능을 하는 '종결 어미'와 이어진 문장을 형성하는 '연결 어미', 그리고 안은 문장 속의 성분절을 형성하는 '전성 어미'로 나누어진다.

(가-1) 종결 어미

종결 어미는 문장을 끝맺는 어말 어미인데, 이에는 '평서형, 의문형, 명령형, 청유형, 감탄형'의 종결 어미가 있다. 근대 국어의 종결 어미는 중세 국어나 현대 국어와 마찬가지로 문장의 종결 기능과 함께 상대 높임의 기능이 함께 나타난다. 근대 국어의 상대 높임의 등분은 중세 국어와 마찬가지로 '낮춤, 예사 높임, 아주 높임'의 세 가지 등분으로 구분되었다.

〈 평서형의 종결 어미 〉 15세기의 중세 국어에서는 평서형의 어미로서 '-다/-라, -마, -ㄹ셰라'가 쓰였다. 근대 국어에서는 이들 어미와 함께 '-롸'와 '-데, -늬, -뇌, -노쇠, -도쇠/-로쇠'도 쓰였다.

첫째, 15세기의 중세 국어에서부터 '낮춤'의 등분인 '-다/-라, -마, -ㄹ셰라'가 17세기 이후의 근대 국어에도 그대로 쓰였다.

(9) ㄱ. 뉘 닐오듸 회 시종이 업다 ᄒ리오 　　　　　　　　　[오행 효60]

　　ㄴ. 내 너를 위ᄒ여 님자 어더다 폴게 ᄒ마 　　　　　　[노언 상23]

　　ㄷ. 呂布ㅣ 니로되 … 노적이 의심ᄒᆞᆯ셰라 급히 가 보쟈 ᄒ고 　[삼총 1:18]

(ㄱ)에는 평서형 어미로서 가장 일반적으로 쓰이는 '-다'가, (ㄴ)에는 '약속'의 뜻을 나타내는 '-마'가, (ㄷ)에는 '경계'의 뜻을 나타내는 '-ㄹ셰라'가 쓰였다.

둘째, '낮춤'의 등분인 '-롸'가 17세기의 근대 국어에서 새로 나타났다.

(10) ㄱ. 閑散ᄒ 싸해 더옥 벼개를 노피 벼요니 사라쇼매 조요ᄅ윈 [두언-중 11:2]

　　　　늘을 버서나롸

ㄴ. 네 믈 깃기 니근 듯 ᄒᆞ괴야 내 믈 깃기 닉디 못호<u>롸</u>　　　[노언 상31]

ㄷ. 믜이 닐오ᄃᆡ 내 죽이<u>롸</u> 아이 닐오ᄃᆡ 믜이 아니라 내
죽이<u>롸</u>　　　[어내 3:16]

ㄷ. 關公이 니로ᄃᆡ 밧비 발흠으로 어더 가져오지 못ᄒᆞ<u>롸</u>　　　[삼총 2:25]

(10)에서는 평서형의 어미로서 '-롸'가 쓰였는데, '-롸'는 대체로 화자가 주어로 쓰이는 문장에서 서술어로 쓰였다. 이러한 점을 보면 '-롸'는 화자 표현의 선어말 어미인 '-오-'와 평서형 어미인 '-라(←-다)'가 축약된 형태와 관련이 있음을 알 수 있다.[21] 이러한 '-롸'는 17세기 초기부터 18세기 후반까지 쓰인 것으로 보인다.

셋째, '예사 높임'의 등분인 '-데, -ᄂᆡ, -뇌, -외, -리, -쇠, -도쇠/-로쇠' 등이 17세기의 근대 국어에 새로 나타났다.

(11) ㄱ. 우리 듯기도 더옥 깃브ᄋᆞᆸ<u>데</u>　　　[첩신-초 3:37]

ㄴ. 처음으로 御對面ᄒᆞ오니 아름다와 ᄒᆞᆸ<u>ᄂᆡ</u>　　　[첩신-초 4:1]

ㄷ. 날 보려 코 잇다 ᄒᆞ니 더옥 고마와 ᄒᆞ<u>뇌</u>　　　[현곽 104:17]

ㄹ. 병 드러 몯 난다 ᄒᆞ니 ᄀᆞ장 섭섭ᄒᆞ<u>외</u>　　　[첩신-초 2:2]

ㅁ. 하 니르시니 ᄒᆞ나 먹ᄉᆞ오<u>리</u>　　　[첩신-초 1:18]

ㅂ. 그러면 게셔도 日吉利 이실 듯 ᄒᆞ다 니르ᄋᆞᆸ<u>쇠</u>　　　[첩신-초 5:14]

『현풍곽씨언간』(16세기 초)과 『첩해신어』(1676)에는 평서형 어미로서 '-데, -ᄂᆡ, -뇌, -외, -리, -쇠' 등이 쓰였다. 이는 중세 국어의 '-더이다, -ᄂᆞ이다, -ᄂᆞ오이다, -오이다, -리이다, -소이다' 등의 복합 형태에서 평서형 어미인 '-다'가 탈락하고, 상대 높임의 선어말 어미인 '-이-'가 앞의 선어말 어미와 축약된 결과이다.[22] 따라서 '-데-'에는 회상의 뜻이, '-ᄂᆡ'에는 현재 시제의 뜻이, '-뇌'에는 현재 시제와 화자 표현의 뜻이, '-외-'에는 공손의 뜻이, '-리'에는 미래 시제의 뜻이, -쇠-'에는 느낌(감동)의 뜻이 함께 나타난다. 그리고 이들 평서형 어미는 상대 높임의 선어말 어미의 '-이-'가 축약되어 있는데, 이 과정에서 상대 높임의 선어말 어미 '-ㅣ(←-이-)'는 원래의 아주 높임의 등분보다

---

21) 『번역노걸대』(16세기 초)에 표현된 "네 므슴 그를 빈호다 (내) 論語 孟子 小學을 닐고라 [번노 상2]"가 『노걸대언해』(1677)에는 "論語 孟子 小學을 닐<u>그롸</u> [노언 상2]"로 표현되었다는 점에서 '-롸'가 화자 표현의 '-오-'와 관련이 있음을 짐작할 수 있다.

22) 예를 들어서 '-데'는 원래는 '-더이다(-더-+-이-+-다)'가 축약된 복합 형태인데, '-더이다'에서 평서형 종결 어미인 '-다'가 탈락하고 남은 '-더이-'가 '-데'로 축약된 것이다.

낮아져서 예사 높임으로 기능한다.

넷째, 16세기 후반부터 약속의 뜻을 나타내는 '-음새'가 예사 높임의 평서형 어미로 쓰였다.

(12) ㄱ. 오늘 굿 보라 가니 와셔 사름 보냄새   [순김 27:4]
　　 ㄴ. 나죄 즈음 가 보고 옴새   [순김 160:5]

(13) ㄱ. 그러면 이러나 뎌러나 니르시는 대로 ᄒᆞ옴새   [첩신-초 7:21]
　　 ㄴ. 이제야 비예 ᄐᆞ오니 션창 ᄀᆞ의 가 하딕 슬옴새 [첩신-초 8:29]

(12)는 『순천김씨묘출토간찰』(16세기 말)에 쓰인 문장인데 '-음새'가 종결형 어미로 쓰였는데, 편지글의 문맥으로 보면 '-음새'는 예사 높임의 평서형 어미인 것으로 추정된다. 근대 국어에서는 17세기 후반의 『첩해신어』(1676)에서는 (13)처럼 '-음새'가 다시 나타난다. 곧, (13ㄱ)에서는 공손 표현의 선어말 어미인 '-오-'가 실현되어서 '-옴새'의 형태로 나타났다. '-음새'는 근대 국어에서는 『첩해신어』에서만 나타나며, 18세기와 19세기의 문헌에서는 나타나지 않는다. 현대 국어에서는 '-음새'가 '-음세'의 형태로 바뀌어서 예사 낮춤의 등분으로 쓰이고 있다.

다섯째, 예사 높임의 평서형 어미로서 '-소'와 '-오'가 19세기 말에 새로이 쓰였다.

(14) ㄱ. 如舊히 ᄯᅩ 미워홈을 免치 못ᄒᆞ리라 ᄒᆞ얏소   [신심 11]
　　 ㄴ. 그 죄에 격당ᄒᆞᆫ 형률을 당ᄒᆞᄂᆞᆫ 거시 올흘 듯 ᄒᆞ오 [독신 1권 7호]

'-소/-오'는 앞 말의 음운론적 환경에 따라서 교체되었는데, (ㄱ)처럼 자음 뒤에서는 '-소'가 (ㄴ)처럼 모음 뒤에서는 '-오'가 쓰였다. 이 형태소는 현대 국어에서도 쓰이고 있는데, 대체로 격식체의 문장에서 예사 높임의 등분으로 쓰이고 있다.

여섯째, 아주 높임의 평서형 어미로서 '-읍ᄂᆡ다'가 19세기 말부터 쓰였는데, 이는 현대 국어에서 '-습니다/-ㅂ니다'로 바뀌어서 쓰이고 있다.

(15) ㄱ. 녜부터 有名ᄒᆞᆫ 學者와 高明ᄒᆞᆫ 賢人이 만히 잇습ᄂᆡ다   [신심 3]
　　 ㄴ. 형률 명예를 의지ᄒᆞ야 알외옵ᄂᆡ다   [독신 2권 33호]

'-습ᄂᆡ다/-읍ᄂᆡ다/-옵ᄂᆡ다'도 (ㄱ)처럼 자음 뒤에서는 '-습ᄂᆡ다'로, (ㄴ)처럼 모음 뒤에서는 '-읍닉다/-옵닉다'로 교체되었다. 이는 그 이전에 쓰였던 '-습-/-옵-+-ᄂ-+-이-+-다'의 어미가 통합되어서 '-습ᄂ이다/-옵ᄂ이다 → -습닉다/-옵닉다 → -ㅂ니다/-습니다'의 변화 과정을 거쳐서 형성된 평서형 어미이다. 현대 국어에서는 '-습닉다/-옵닉다'의 형태가 '-ㅂ니다/-습니다'의 형태로 바뀌어서, 아주 높임의 등분인 평서형 어미로 쓰이고 있다.

〈 **의문형의 종결 어미** 〉 중세 국어에서는 인칭 의문문에서 '-은'과 '-읈'에 '-다, -고, -가'가 결합하여서 된 의문형 어미와, 비인칭 의문문에서 '-으니-'와 '-으리-'에 '-가'와 '-고'가 붙어서 된 의문형 어미가 구분되어서 쓰였다. 그리고 설명 의문문에는 '-고' 계열의 의문형 어미가 쓰였고, 판정 의문문에는 '-가' 계열의 의문형 어미가 쓰였다.

근대 국어에는 중세 국어에 쓰였던 의문형 어미가 거의 다 쓰였기 때문에, 근대 국어에 쓰인 의문형 어미를 일일이 제시하여 설명하는 것은 쉽지 않다. 따라서 여기서는 근대 국어의 의문형 어미에 나타나는 특징적인 사항만 선택하여 기술하기로 한다.

첫째, 설명 의문과 판정 의문에 따라서 의문형 어미가 '-고' 계열과 '-가' 계열로 구분되던 현상이 18세기까지는 비교적 잘 유지되었다.[23] 그러나 19세기 이후부터는 점차로 '-고' 계열의 의문형 어미가 사라졌다.

(16) ㄱ. 네 젼의 은긔 도젹ᄒ던 닐을 네 엇지 이젓ᄂ냐   [태감 1:36]

ㄴ. 누가 나의 사랑ᄒ난 櫻木을 버혓ᄂ냐   [신심 8]

ㄷ. 빅셩들을 살게 구완ᄒᄂ 뜻시 **어딕 잇ᄂ냐**   [독신 1권 57호]

(17) ㄱ. 저 젹은 문셔의 쓴 말은 **무슨 닐이니잇가**   [태감 2:23]

ㄴ. 또 後悔만 흔들 무슴 效驗이 잇ᄉ오리잇**가**   [신심 31]

(16)과 (17)은 모두 19세기 후반에 간행된 문헌에 쓰인 문장이다. 이들 문장에서는 의문사인 '엇지, 누, 어딕'와 '무슨, 무슴' 등이 문맥에 쓰였지만, 서술어에 의문형 어미로서 '-냐'와 '-니잇가, -리잇가' 등이 실현되었다. 이처럼 중세 국어에서 설명 의문문에 쓰였던 '-고' 계열의 의문형 어미는 19세기 말의 근대 국어에서는 점차로 잘 쓰이지 않게 되었다. 이에 따라서 현대 국어에서는 설명 의문문과 판정 의문문에 구애되지 않고 모두 '-가' 계열의 의문형 어미로 통일되었다.[24]

---

23) 일부 회화체의 문헌에서는 17세기의 근대 국어에서도 이미 '-가' 계열의 의문형 어미가 설명 의문문에 쓰인 예가 보인다.

24) '이젓ᄂ냐, 버혓ᄂ냐, 잇ᄂ냐'에서처럼 의문형 어미인 '-냐'는 그 앞의 선어말 어미인 '-ᄂ-'와 결합

둘째, 중세 국어에서 문장의 주어가 청자(2인칭 주어)일 때에 실현되었던 '-ㄴ다'와 '-ㄹ다'는 점차로 쓰임이 줄어서 19세기 이후에는 거의 쓰이지 않았다.

> (18) ㄱ. (네) 엇디 날늘 섈리 주기디 아니ㅎ는다   [동삼 열4:76]
>
> ㄴ. 너는 이 엇던 사름인다   [오전 1:11]
>
> ㄷ. 네 엇지 싱심이 나 내 스랑ㅎ는 계집 향ㅎ여 희롱ㅎ는다   [삼총 1:9]

> (19) ㄱ. 네 뎌를 츠자 므슴 홀따   [노언 하1]
>
> ㄴ. 네 어듸 날을 이길다   [박언 상22]

(18~19)처럼 17세기와 18세기에 발간된 문헌에서는 2인칭 주어가 쓰인 문장에서 의문형 어미로서 '-ㄴ다'와 '-ㄹ다'가 실현되었다. 이처럼 근대 국어의 중기까지는 '-ㄴ다'와 '-ㄹ다'가 쓰였으나, 근대 국어의 말기인 19세기의 문헌에서는 '-ㄴ다'와 '-ㄹ다'가 쓰인 예를 찾기가 어렵다.[25]

셋째, 중세 국어에 많이 쓰였던 '-녀, -려'의 형태는 근대 국어의 시기에는 점차로 '-냐, -랴'로 바뀌었다.

> (20) ㄱ. 네 바ᄅ 알리로소녀 내 바ᄅ 알리로다   [번박 14]
>
> ㄴ. 내 블디디 몯ㅎ고 브름 마시려   [번노 상20]

> (21) ㄱ. 네 알리로소냐 내 알리로다   [박언 상14]
>
> ㄴ. 내 블찟기 못ㅎ고 브름 마시랴   [노언 상18]

15세기 국어에서는 의문형 어미로서 '-녀'와 '-려'의 형태가 많이 쓰였는데, 근대 국어에서는 이들 의문형 어미가 대체로 '-냐'와 '-랴'의 형태로 바뀌어 갔다. 예를 들어서 16세

하게 되어서 점차로 하나의 의문형 어미인 '-ᄂ냐'로 굳어진다. 그 결과 '-ᄂ냐'가 현대 국어에서는 '-느냐'의 형태로 바뀌어서 동사에만 실현되는 의문형 어미로 굳어졌다. 그리고 '-느냐'의 앞에 실현되었던 '-엇-/-엿-' 등은 완료의 동작상이나 과거 시제를 나타내는 선어말 어미가 된다.

25) 이처럼 '-ㄴ다'와 '-ㄹ다'가 2인칭 주어의 문장에서 '-냐'와 '-료'로 실현되는 현상은 실제로는 15세기 후반의 문헌에서도 제법 많이 나타난다. 그리고 16세기에는 이러한 경향이 점점 늘어나다가 19세기 초에는 '-ㄴ다'와 '-ㄹ다'가 '-냐', '-리오/-랴' 등으로 교체되었다. 의문형 어미의 형태가 이와 같이 교체된 것은 15세기 말부터 시작하여 16, 17, 18세기까지 300여 년에 걸쳐서 일어난 현상이다.

기 초기에 간행된 『번역박통사』와 『번역노걸대』에서는 (20)처럼 '-녀'와 '-려'의 형태로 표현되었는데, 17세기 후기에 간행된 『박통사언해』와 『노걸대언해』에서는 각각 (21)처럼 '-냐'와 '-랴'로 바뀌어서 표현되었다. 이처럼 '-녀'와 '-려'가 각각 '-냐'와 '-랴'로 교체된 현상은 16세기에 시작되어서 17세기에 완성된 것으로 보인다.

넷째, 중세 국어에서는 서술격 조사의 어간에 '-쑨녀'가 실현되어서 '수사 의문문'을 형성하였다. 그런데 근대 국어에서는 이러한 '-쑨녀'가 18세기 초까지 쓰이다가 점차로 사라졌다.26)

(22) ㄱ. 어셔 졍토애 남만 굳디 몯호미쑨녀   [권요 21]
　　 ㄴ. ᄒᆞᄆᆞᆯ며 반ᄃᆞ시 올티 아닌 거시쑨녀   [가언 2:8]
　　 ㄷ. ᄒᆞᄆᆞᆯ며 今世 風俗이 薄惡ᄒᆞᆫ 後ㅣ쑨녀   [오전 2:5]

수사 의문문을 형성하는 어미인 '-쑨녀'는 '영탄(詠嘆)'의 뜻과 '반어(反語)'의 뜻을 상하게 나타내는데, 대체로 부사인 'ᄒᆞᄆᆞᆯ며/ᄒᆞᄆᆞᆯ며'와 호응하는 것이 일반적이다. '-쑨녀'는 중세 국어에서는 널리 쓰이다가, 17세기부터 점차 그 쓰임이 줄어들어서 18세기 중기 이후에는 문헌에서 거의 쓰이지 않았다.

다섯째, 아주 높임의 의문형 어미인 '-잇가/-잇고'는 근대 국어 시기에 내내 쓰였다. 그러나 20세기 초기의 신소설(新小說)에서는 의문형 어미인 '-ㅂ닛가/습닛가'의 형태가 새로 나타나서 '-잇가'를 대신하였다.

(23) ㄱ. 므릇 일을 엇디 얼현히 ᄒᆞ리잇가   [첩신-초 3:15]
　　 ㄴ. 맛당히 ᄒᆞᆫ 곧의셔 주글 거시니 엇디 ᄎᆞ마 ᄇᆞ리고 가리잇고 [동삼 충1:46]

(24) ㄱ. 뎌를 要ᄒᆞ야 므슴 ᄒᆞ리잇고   [오전 3:27]
　　 ㄴ. 엇디 죠곰도 곳치디 아니ᄒᆞᄂᆞ니잇가   [오행 충2]

(25) ㄱ. 폐해 신을 아ᄅᆞ심이 아니면 엇지 이에 미츠리잇고   [태감 1:40]
　　 ㄴ. 그 공을 엇지 졀반도 난호지 못ᄒᆞ리잇가   [태감 2:35]

(26) ㄱ. ᄯᅡ님이 싱곗으니 얼마나 죠흐심닛가   [혈의누 26]
　　 ㄴ. 드러안지신 순사도게셔 무어슬 아르시깃습닛가   [은세계 12]

---

26) '-쑨녀'의 문법적 성격을 이기문(1998: 224)에 따라서 의문형 어미로 처리해 둔다.

(23)은 17세기 국어, (24)는 18세기 국어, (25)는 19세기에 쓰인 '-니잇가, 니잇고, -리잇가, -리잇고'의 의문형 어미이다. 그런데 20세기 초기에 간행된 『혈의누』(1906)와 『은세계』(1908)에는 (26)처럼 현대 국어에 쓰이는 '-습니까/-ㅂ니까'에 대응되는 '-옵닛가/습닛가'의 형태가 나타난다.[27] '-옵닛가/-습닛가'는 일정 기간 동안 기존의 '-니잇가/-리잇가'와 함께 쓰인 것으로 보이는데, 현대 국어에서는 아주 높임의 의문형 어미로서 '-ㅂ니까/-습니까'의 형태가 쓰이고 있다.

〈 명령형의 종결 어미 〉15세기의 중세 국어에서는 명령형의 종결 어미로서 '-으라, -아쎠, -으쇼셔, -고라'가 쓰였다. 근대 국어에서는 이들 중에서 '-아쎠'가 없어지고 대신에 '-소'가 등장하였다.

첫째, 15세기의 국어에 쓰였던 낮춤의 '-ㅇ라/-으라'는 근대 국어에도 그대로 쓰였다.

(27) ㄱ. 도적이 또 ᄒᆞ여곰 믈롤 투라 ᄒᆞ니　　　　　　　　　　　[동삼 열8:69]

　　 ㄴ. 좌우편뉴들이 누이고 빅쟝을 쳐서 그 죄를 갑흐라　　　　[삼총 5:17]

　　 ㄷ. 일죽이 착흔 힝실을 닷그라　　　　　　　　　　　　　[태감 1:10]

(28) ㄱ. 그러나 네 또 보아라　　　　　　　　　　　　　　　　[신심 2:24]

　　 ㄴ. 나가거라 나가거라 죽을망뎡 퇴치 마라　　　　　　　　[독신 2권 11호]

　　 ㄷ. 그 외에 다른 일이 더 만히 잇스니 대답ᄒᆞ여라　　　　　[독신 2권 13호]

'-ㅇ라/-으라' 등은 (27)처럼 (ㄱ)의 17세기, (ㄴ)의 18세기, (ㄷ)의 19세기에 간행된 문헌에 두루 쓰였으며, 개화기를 거쳐서 현대 국어에까지 지속적으로 쓰이고 있다. 그리고 근대 국어의 후기로 갈수록 확인 표현의 선어말 어미인 '-아-/-어-, -거-, -야-'의 기능이 소멸되었다. 이에 따라서 19세기 말이 되면 (28)처럼 '-아라/-거라/-여라'에서 '-아, -거-, -여-'를 따로 분석하지 않고, 그 전체를 하나의 명령형 종결 어미로 처리하게 된다.

둘째, 15세기의 국어에 쓰였던 '반말'의 '-고라'는 16세기부터는 '-고려'나 '-고'로 바뀌어서 근대 국어에 쓰였다.[28]

---

27) 이 형태는 어원적으로 볼 때에 '-옵ᄂᆞ잇가〉-옵닛가〉-옵닛가/-옵닛가'의 변화 과정을 거쳐서 형성된 것으로 보인다.

28) 16세기 초에 간행된 『번역노걸대』에는 (29ㄷ)의 문장이 다음과 같은 표현되어 있다. (보기: 사발 잇거든 ᄒᆞ나 다고라 [번노 상42]) 이 두 예문을 비교함으로써, '-고라'에서 /라/가 절단되어서 명령형 어미인 '-고'가 형성된 것으로 추정할 수가 있다.

(29) ㄱ. 이 五分 은이니 여슷 낫 돈을 거스려 날 주<u>고려</u>　　　　[노언 상59]

　　ㄴ. 네 츠자 보아 잡아다가 날을 주<u>고려</u>　　　　　　　[박언 상30]

　　ㄷ. 사발 잇거든 ᄒ나 다<u>고</u>　　　　　　　　　　　[노언 상38]

　　ㄹ. 네 六厘 銀을 도로 날 다<u>고</u>　　　　　　　　　[청노 4:19]

(ㄱ)과 (ㄴ)에서는 반말의 명령형 어미인 '-고려'가 쓰였으며, (ㄷ)과 (ㄹ)에서는 '주다 (授)'의 보충법 형태로 쓰인 '달다'의 어간인 '다-'에 '-고'가 쓰였다. 여기서 '-고려'와 '-고'는 15세기 국어에서 쓰였던 반말의 명령형 어미인 '-고라'가 바뀐 것이다.

　　셋째, '허락'의 뜻을 나타내는 낮춤의 명령형 어미로서 '-으렴/-으렴으나'가 18세기 국어에서 새로 쓰였다.

(30) ㄱ. 이스렴 부듸 갈다 아니 가든 못ᄒ올소냐　　　　　　[청영]

　　ㄴ. 승샹이 다ᄅᆫ 밋분 사ᄅᆷ을 어디 보내렴으나　　　[삼총 6:18]

(ㄱ)의 『청구영언』(1728)에서는 '-으렴'이, (ㄴ)의 『삼역총해』(1774)에서는 '-으렴으나'가 쓰였다. '-으렴/-으렴으나'는 화자가 청자에게 어떠한 행위를 할 것을 허락하는 뜻을 나타낸다. 현대 국어에서는 이들 어미가 '-으렴/-으려무나'의 형태로 쓰이고 있다.

　　넷째, 16세기 말에는 예사 높임의 '-소/-오'가 새로 쓰였는데, '-소/-오'는 17세기 이후의 근대 국어에서도 그대로 쓰여서 현대 국어까지 이르고 있다.

(31) ㄱ. 나죄 가 필죵이ᄃ려 ᄆᆞ리 갈 양으로 일 오라 ᄒ<u>소</u>　　[순김 1:2]

　　ㄴ. 방의 구들목의도 흙을 더 ᄇᆞᄅ라 ᄒ<u>소</u>　　　　　　[현곽 118:9]

　　ㄷ. 몬졔브터 숣던 道理를 잘 싱각ᄒ여 보시<u>소</u>　　　　　[첩신-초 8:8]

(32) ㄱ. ᄉᆞ월 초 다엿쇄 전으로 들게 보내<u>오</u>　　　　　　[송강언간 6]

　　ㄴ. 여러분도 自己 일만 힘쓰고 남을 웃지 마시<u>오</u>　　　[신심 21]

15세기의 국어에서는 예사 높임의 명령형 어미로서 '-아쎠/-어쎠'가 쓰였는데, 이는 16세기 초기까지만 쓰이고 그 뒤에는 사라졌다. 근대 국어 시기에는 '-아쎠/-어쎠'를 대신하여 새로운 명령형 어미로서 '-소/-오'가 나타났는데, '-소/-오'는 주로 구어체의 문헌에서 많이 쓰인 것이 특징이다.29)

　　다섯째, 중세 국어에서 쓰였던 아주 높임의 '-으쇼셔'는 근대 국어에도 그대로 쓰였다.

그리고 20세기 초에 간행된 신소설에는 '-으십시오'와 '-ㅂ시오'의 형태도 나타나서 '-으쇼셔'와 함께 아주 높임의 명령형 어미로 쓰였다.

(33) ㄱ. 청컨대 잠간 누의 집의 가쇼셔   [오행 효54]

ㄴ. 학부 칙과 팔월 ᄉ변 보고셔를 파오니 쳠군ᄌᄂᆫ 사 보쇼셔 [독신 1권 34호]

(34) ㄱ. 앗씨 이것 좀 보십시오   [혈의누 44]

ㄴ. 앗씨는 시댁 근다 하시지 말고 셔방님이 장가오신다 합시오 [귀의셩 6]

아주 높임의 명령형 어미인 '-으쇼셔'가 (33)처럼 19세기 후반까지 쓰였는데, 현대 국어에서는 '-으소셔'의 형태로 바뀌어서 의고적인 문체의 문장에서 쓰이고 있다. 그런데 20세기 초기의 신소설에는 (34)처럼 아주 높임의 명령형 어미로서 '-으십시오'나 '-ㅂ시오'가 구어체 문장에서 쓰이기 시작했다. 현대 국어에서는 '-ㅂ시오'가 거의 사라지고 '-으십시오'의 형태가 널리 쓰이고 있다.

〈 청유형의 종결 어미 〉 15세기의 중세 국어에서는 청유형의 어미로서 '-져'와 '-사이다'가 쓰였는데, 근대 국어에서는 기존에 쓰이던 '-쟈, -사이다'와 함께 '-새'의 형태가 새로이 나타났다.

첫째, 15세기 국어에서 쓰였던 낮춤의 '-져'가 16세기의 초기부터는 '-쟈'의 형태로 바뀌어 쓰였는데, '-쟈'는 근대 국어에도 그대로 이어져서 쓰였다.

(35) ㄱ. 期約ᄂᆫ 陳州ㅣ 사ᄅᆞ미니 나히 열네해 혼 고올 잇ᄂᆫ   [속삼 열2]

孟七保와 婚姻ᄒ쟈 期約ᄒ엿더니

ㄴ. 이러면 우리 홈ᄭ 가쟈   [번노 상7]

(36) ㄱ. ᄆᆞ을 사람과 권당이 권ᄒ여 도라가쟈 호ᄃᆡ   [동삼 열6:88]

ㄴ. 親戚을 請ᄒ여 ᄃᆞ려와 한가히 안잣쟈   [청노 6:21]

16세기 초에 간행된 『속삼강행실도』(1514)와 『번역노걸대』(16세기 초)에는 (35)처럼 청유형 어미로 '-쟈'가 쓰였으며, 근대 국어의 시기에도 (36)처럼 '-쟈'가 쓰였다. 근대 국어

---

29) '-소'와 '-오'는 일반적인 간행 문헌에는 나타나지 않고 16세기 말에 작성된 『순천김씨묘출토언간』, 〈송강정철언간〉과 17세기에 작성된 『현풍곽씨언간』 등의 언간문에 주로 쓰였다. 그리고 간행된 문헌에서는 『첩해신어』(1676)처럼 구어체로 쓰인 문헌에서만 쓰인 것이 특징이다.

에 쓰인 '-쟈'는 현대 국어에서는 '-자'로 형태가 바뀌어서 쓰이고 있다.

둘째, 16세기의 후반부터 예사 높임의 '-새'가 새로 나타나서, 17세기 이후의 근대 국어까지 쓰였다.[30]

    (37) ㄱ. 나도 완ᄂᆞ니 타자기나 무ᄉᆞ히 ᄒᆞ여 가새   [순김 49:5]

        ㄴ. 사름 브려 지촉ᄒᆞ새   [순김 52:8]

    (38) ㄱ. 하 마다 니르시니 아직 앗줍새   [첩신-초 1:20]

        ㄴ. 안자셔 禮 어려오니 당톄로 잔쏜 들기를 禮를 삼ᅌᅳᆸ새   [첩신-초 3:9]

        ㄷ. 닉일이라도 연고 업ᄉᆞ시거든 서어ᄒᆞᆫ 거슬 가지여 오ᅌᅳᆸ새 [첩신-초 9:5]

    (39) ㄱ. 목숨 슬기 不顧ᄒᆞ고 一段 忠義 힘뻐 보세   [신심 29]

        ㄴ. 아국 경무 잘히 보세 인민 권리 보젼ᄒᆞ세   [독신 1권 44호]

『순천김씨묘출토언간』(16세기 말)에서는 (37)처럼 예사 높임의 청유형 어미인 '-새'가 새로 쓰였다. '-새'는 (38)처럼 17세기의 문헌이 『첩해신어』에서도 쓰였는데, 그 앞에 선어말 어미인 '-줍-/-습-/-ᅌᅳᆸ-'을 앞세우는 것이 특징이다. 그러나 19세기 말이 되면 '-새'는 (39)처럼 '-세'의 형태로 바뀌었고 상대 높임의 등분도 예사 낮춤으로 쓰였다.

    셋째, 15세기 국어에서 쓰였던 아주 높임의 '-사이다'가 16세기 이후에 '-사이다/-싸이다/-새이다/-ᄉᆞ다' 등으로 다양한 형태로 바뀌어서 19세기 중엽까지 쓰였다.

    (40) 우리 모다 홈ᄭᅴ 가새이다   [번박 상9]

    (41) ㄱ. ᄀᆞ장 됴쏘오니 그리 ᄒᆞᅌᅳᆸ싸이다   [첩신-초 3:10]

        ㄴ. 닉일 나죄라 入舘ᄒᆞ여 보ᅌᅳᆸ새이다   [첩신-초 1:21]

        ㄷ. 이 마디를 싱각ᄒᆞ시믈 쳔만 ᄇᆞ라ᄉᆞ이다   [한만 2:188]

        ㄹ. 四十歲예 니름을 기ᄃᆞ려 兒子ㅣ 업거든 다시 商量ᄒᆞ사이다 [오전 6:3]

『번역박통사』(16세기 초)에는 (40)처럼 아주 높임의 등분인 '-새이다'가 쓰였는데, 이는 15세기 국어에 쓰였던 '-사이다'가 바뀐 형태이다. 그리고 근대 국어에서는 (41)처럼 '-싸이다/-새이다/-ᄉᆞ이다/-사이다' 등의 여러 가지 형태로 실현되었다. 특히 (ㄴ)의

---

30) '-새'는 중세 국어의 '-사이다'에서 '-다'가 탈락되고 '-사이'가 '-새'로 축약된 형태이다.

'보읍새이다'처럼 '-새이다'가 공손의 선어말 어미인 '-읍-'과 결합하여 '-읍새이다'의 형태로 실현되기도 했다. 그런데 19세기 말이 되면 '-사이다' 등은 구어체 문장에서는 잘 쓰이지 않고 일부 의고적인 표현에서만 쓰였다.

넷째, 19세기 말에는 '-사이다'를 대신하여 구어체의 문장에서 아주 높임의 청유형 어미로서 '-읍시다/-읍시다'가 쓰이기 시작했다.

(42) ㄱ. 대황뎨 폐하의 졈존흔 빅셩이 되야들 보읍시다   [독신]

ㄴ. 우리들은 暫時도 게어르게 마시읍시다   [신심 5]

(42)처럼 『독립신문』(1896)과 『신정심상소학』(1896)에는 '-읍시다'의 형태가 아주 높임의 청유형 어미로 쓰였다. 이 어미는 기존의 쓰였던 '-사이다'를 대신하여서 구어체 문장에서 널리 쓰이게 되었는데, 현대 국어에서는 '-읍시다/-ㅂ시다'의 형태로 쓰이고 있다.

〈 감탄형 종결 어미 〉 15세기의 중세 국어에서는 감탄형의 종결 어미로서 '-은뎌', '-을쎠/-을셔'가 쓰였다. 근대 국어의 시기에는 '-은뎌'가 사라지고, 대신에 '-을샤', '-고나/-고야/괴야', '-애라/-에라/-애라/-게라', '-도다' 등이 감탄형 어미로 쓰였다.

첫째, 15세기의 국어에서 낮춤의 감탄형 어미로 쓰였던 '-을쎠/-을셔'가 16세기 국어에서 '-을샤'로 형태가 바뀌어서 근대 국어의 시기까지 쓰였다.

(43) 힝혀 무게 나 다티니 손쳠디 모룰샤 ᄒᆞ뇌   [순김 6:7]

(44) ㄱ. 저도 어엿브고 제 ᄌᆞ식 어엿블샤 ᄒᆞ뇌   [현곽 143:6]

ㄴ. 앗가올샤 우리 후의 아니 修理ᄒᆞ랴   [노언 하32]

ㄷ. 애 뎌 어린 아히 에엿블샤   [박언 하43]

ㄹ. 애 내 일즉 아디 못홀샤 일즉 아드면 探望ᄒᆞ랴 감이   [박언 상34]
    됴탓다

15세기 국어에서 낮춤의 등급으로 쓰였던 '-을쎠/-을셔'는 16세기 말에 그 형태가 (43)처럼 '-을샤'로 바뀌었다. '-을샤'는 (44)처럼 17세기의 근대 국어까지는 그 형태를 유지하면서 쓰였으나, 18세기나 19세기의 근대 국어에서는 예가 발견되지 않는다.

둘째, 16세기의 국어에서는 감탄형 어미로서 '-고나/-고녀/-곤녀/-고야/-괴야/-괴여'가 새롭게 나타났는데, 근대 국어에서도 '-고나/-고야/-괴야'의 형태로 쓰였다.

(45) ㄱ. 희 또 이리 느젓고나 [노언 상41]

ㄴ. 네 믈 깃기 니근 듯 ᄒᆞ괴야 [노언 상31]

ㄷ. 두 夫婦ㅣ 내 말을 듯고 곳 感化ᄒᆞᄂᆞ고야 [오전 5:20]

(46) ㄱ. 개야 너 혼ᄌ 집을 지키고 잇구ᄂ [혈의누 8]

ㄴ. 그리 츈쳔집이 올러온 거시 다 침모의 쥬션이로구ᄂ [귀의성 27]

(45)의 (ㄱ)에서는 '-고나'가, (ㄴ)에서는 '-괴야'가, (ㄷ)에서는 '-고야/-ㄴ고야'가 감탄형 어미로 쓰였다. 특히 '-고야'는 현재 시제의 선어말 어미인 '-ᄂᆞ-'와 결합하면 (ㄷ)처럼 '-ㄴ고야'로 형태가 바뀌는 것이 특징이다. 이 형태는 『혈의누』(1906), 『귀의성』(1907)과 같은 20세기 초의 문헌에서는 (46)처럼 '-구ᄂ/-구나'의 형태로 바뀌어서 쓰였다.

넷째, 근대 국어에서는 '-애라/-에라/-얘라/-여라/-게라' 등이 감탄형 어미로 쓰였다.

(47) ㄱ. 손바리 어러 ᄠᅳ고 갓과 슬괘 주게라 [두언-중25:26]

ㄴ. 이 ᄒᆞᆫ 굿틀 밀 곳이 업세라 [박언 하5]

ㄷ. 큰 하ᄂᆞᆯ콰 ᄯᅡ콰 안해 내의 道ᄂ 長常 悠悠ᄒᆞ애라 [두언-중1:15]

ㄹ. 그제브터 나시되 ᄀᆞ렵기를 當티 못ᄒᆞ여라 [박언 상13]

ㅁ. 올타 오늘은 어제예셔 만히 나애라 [청노 7:9]

ㅂ. 아디 못게라 [오전 2:6]

(48) ㄱ. 집도 크고 조와라 [귀의성 19]

ㄴ. 아이 추워라. [현대어]

ㄷ. 토함산에 올랐어라. 해를 보고 앉았어라. [현대어 '토함산']

중세 국어에서는 '-애-/-에-/-얘-/-게-'가 감동 표현의 선어말 어미로 쓰였다. 그러나 근대 국어에서는 이들 선어말 어미가 그 뒤에 실현되었던 '-라(←-다)'와 결합하여서 '-애라/-에라/-얘라/-여라/-게라'의 형태로 하나의 감탄형 어미로 굳어졌다.31) 곧, (47)의 (ㄱ)과 (ㄴ)에서는 '죽-'과 '없-'의 뒤에서 '-에라'가, (ㄷ)과 (ㄹ)에서는 'ᄒᆞ-'의

---

31) 중세 국어에서는 '-애-/-에-/-얘-/-게-'의 뒤에 선어말 어미인 '-이-'가 실현된 예가 보이므로, 이들 어미를 감동 표현의 선어말 어미로 처리하였다. (보기: 몬 마재이다 [월석 8:97], ᄀᆞᆯ히리 업세이다 [육언 상27] 아디 몯게이다 [원언 하 3-2:69]) 그러나 근대 국어의 시기에는 '-애-/-에-/-얘-/-게-'의 뒤에 다른 선어말 어미가 끼어드는 예가 매우 드물므로, '-애라/-에라/-얘라/-여라/-게라'를 감탄형의 종결 어미로 처리한다.

뒤에 '-애라'와 '-여라'가, (ㅁ)에서는 '나-'의 뒤에서 '-애라'가, (ㅂ)에서는 '못-'의 뒤에서 '-게라'가 쓰였다. 이처럼 감탄형 어미로 굳어진 '-애라/-에라/-애라/-여라/-게라' 등은 18세기말까지는 문헌에 쓰였지만, 19세기 이후의 문헌에는 잘 나타나지 않는다. 현대 국어에서는 이들 감탄형 어미는 (48)처럼 '-아라/-어라' 형의 감탄형 어미로 바뀌어서 쓰이고 있다. 곧, 현대 국어에서는 '-아라/-어라'가 (ㄱ~ㄴ)처럼 형용사의 어간이나 (ㄷ)처럼 동사의 과거형에 붙어서 감탄문을 형성하는 기능을 한다.

다섯째, 19세기 이후의 근대 국어의 시기에는 '-도다/-로다'가 감탄형의 종결 어미로 쓰였다.

(49) ㄱ. 늬 아름다온 며느리을 어덧도다   [한만 1:21]
　　 ㄴ. 싱각 밧긔 신령의 알옴을 닙엇도다   [태감 3:27]
　　 ㄷ. 白雪이 霏霏ᄒ야 今年이 벌서 歲暮ㅣ로다   [신심 2]
　　 ㄹ. 우리는 당쵸에 불 쓰거움과 어름 찬 거슬 모로고 사는   [매신 1:4]
　　　　 사름이로다

중세 국어에서 감동 표현의 선어말 어미로 쓰였던 '-도-/-로-'는 근대 국어의 시기인 17·18세기까지도 선어말 어미의 형태와 기능을 그대로 유지하였다. 그런데 19세기의 근대 국어에 이르면 '-도-/-로-'가 평서형의 종결 어미인 '-다'와 결합하여 '-도다/-로다'의 형태로 굳어져서 하나의 감탄형 종결 어미로 쓰였다. 곧 (ㄱ)과 (ㄴ)에서는 '-도다'가 쓰였으며, (ㄷ)과 (ㄹ)에서는 서술격 조사인 '-이-/-ㅣ-'의 뒤에서 '-도다'가 '-로다'로 바뀌어서 쓰였다. 이처럼 19세기 이후에는 '-도-/-로-'의 뒤에 다른 선어말 어미가 개입되는 예가 없으므로, '-도다/-로다'를 감탄형의 종결 어미로 처리할 수 있다.[32]

(가 -2) 연결 어미

'연결 어미'는 절과 절을 잇거나, 본용언과 보조 용언을 잇는 어미이다. 연결 어미는 근대 국어에서도 중세 국어과 마찬가지로 '대등적 연결 어미, 종속적 연결 어미, 보조적 연결 어미'로 나누어진다. 18세기를 중심으로 근대 국어에 쓰인 연결 어미의 형태를 제시하면 다음과 같다(고경태, 1998: 209 참조).

---

32) 다만, 현대 국어에서는 이러한 '-도다/-로다'는 의고체의 문장에서만 아주 제한적으로 쓰이고, 대부분의 감탄문에서는 종결 어미로서 '-구나'나 '-어라'가 쓰이고 있다.

대등적 연결 어미	나열	-고, -으며
	선택	-으나~-으나, -거나~-거나, -든지*~-든지*33)
	대조	-으나
종속적 연결 어미	구속	-으니, -으니까*, -으면, -을시, -아, -아야, -은댄/-은대, -관딕, -거든, -거놀, -으매, -으모로(〉-으므로*), -은즉, -으면서
	양보	-으나, -아도, -드라도*, -거니와, -은마는, -지마는*, -은들, -을디언뎡(〉-을지언정)
	의도	-고져, -과댜(〉-과쟈*), -려(〉-려고*), -노라, -노라고*, -라(〉-러*)
	전환	-다가
	비교	-곤
	설명	-되, -은대, -은즉
	비례	-을스록(〉-을소록*)
	도달	-도록,
	가치	-암즉(〉-음즉*), -을만
보조적 연결 어미		-아/-어, -게, -디(〉-지*), *-돌, *-둘, -고

〈표 1〉 18세기 근대 국어에 쓰인 연결 어미

〈 **대등적 연결 어미**〉 대등적 연결 어미는 대등하게 이어진 문장의 앞절과 뒷절을 잇는다.

(50) ㄱ. 어미 이시면 흔 아돌이 칩<u>고</u> 어미 업스면 세 아돌이　　　[오행 효2]
　　　 치우리이다
　　ㄴ. 우리 가면 혹 일<u>으나</u> 혹 느<u>즈나</u> 그저 녀긔 자고 가쟈　　[노언 상9]
　　ㄷ. 이 文章은 翰林院의 밋디 못ᄒ<u>나</u> 法度ᄂᆞᆫ 嚴홈이 按察司에셔 [오전 1:15]
　　　 디나도다

(ㄱ)의 '-고'는 나열의 뜻을, (ㄴ)의 '-으나~-으나'는 선택의 뜻을, (ㄷ)의 '-나'는 대조
의 뜻을 나타내면서, 앞절과 뒷절을 이어서 대등하게 이어진 문장을 형성하였다.
　〈 **종속적 연결 어미** 〉 종속적 연결 어미는 종속적으로 이어진 문장의 앞절과 뒷절을 이
어 준다.

---

33) 〈표 1〉에 제시된 연결 어미 중에서 *-a 형식의 형태는 중세 국어부터 17세기까지 쓰인 연결
　　어미를 나타내며, -a* 형식의 형태는 18, 19세기에 새로 나타난 연결 어미를 나타낸다.

(51) ㄱ. 사름이 오면 내 드라나리라 [오전 1:12]

　　ㄴ. 그듸는 이믜 두 주식이 이시니 죽은들 무어슬 흐흐리오 [오행 형25]

　　ㄷ. 뎌 즁이 그 주최를 감쵸랴고 그 갓난 어린 아히를 즉시 [독립신문 4:155]
　　　 죽여 버렷느딕

　　ㄹ. 凡事를 너모 극진히 흐려 흐다가 도로혀 일오지 몯흐웁느니 [인대 1:30]

　　ㅁ. 지극흔 경성이 귀신을 감동흐곤 흐믈며 이 유묘ㅣ 쓰녀 [계윤 25]

　　ㅂ. 다힝이 노뫼 겨시되 다른 봉양홀 형뎨 업스니 [오행 효6]

　　ㅅ. 사괴는 쁘든 늘글스록 쏘 親흐도다 [두언-중 21:15]

　　ㅇ. 學 잇는 이 반드시 몸이 뭇도록 맛티디 못홀 理 업스니라 [오전 3:9]

　　ㅈ. 모든 벗들의 名字를 다 써 청흐라 가쟈 [박언 상:23]

(ㄱ)의 '-으면'은 조건(구속)의 뜻을, (ㄴ)의 '-은들'은 양보의 뜻을, (ㄷ)의 '-랴고'는 의도의 뜻을, (ㄹ)의 '-다가'는 전환의 뜻을, (ㅁ)의 '-곤'은 비교의 뜻을, (ㅂ)의 '-되'는 설명의 뜻을, (ㅅ)의 '-을스록'은 비례의 뜻을, (ㅇ)의 '-도록'은 도달의 뜻을, (ㅈ)의 '-라'는 목적의 뜻을 나타내면서, 앞절과 뒷절을 이어서 종속적으로 이어진 문장을 형성하였다.

〈 **보조적 연결 어미** 〉 보조적 연결 어미는 본용언과 보조 용언을 이어서 하나의 서술어로 쓰이게 한다.

(52) ㄱ. 일로써 미뢰여 보니 흐나토 곳 내 허믈이오 [계윤 28]

　　ㄴ. 흐날로 흐여곰 그듸를 위흐여 빗을 갑게 흐시니라 [오행 효19]

　　ㄷ. 가고 도라오디 아니흐는 거순 히요 [오행 효5]

　　ㄹ. 엇뎨 楚江앳 말와를 먹고 이시리오 [두언-중 19:37]

(ㄱ)의 '-어'는 본용언인 '미뢰다'와 보조 용언인 '보다'를, (ㄴ)의 '-게'는 본용언인 '갑다(← 갚다)'와 보조 용언인 '흐다'를, (ㄷ)의 '-디'는 본용언인 '도라오다'와 보조 용언인 '아니흐다'를, (ㄹ)의 '-고'는 본용언인 '먹다'와 보조 용언인 '이시다'를 이어서 하나의 서술어로 쓰이도록 하였다.

(가-3) 전성 어미

'전성 어미'는 용언이 서술 기능을 그대로 유지하면서, 동시에 명사나 관형사 등의 다른 품사처럼 기능하도록 용언의 문법적인 기능을 바꾸는 어미이다. 근대 국어에 쓰인 전성 어미로는 '명사형 전성 어미'와 '관형사형 전성 어미'가 있는데, 이들 전성 어미는 각각 명사절과 관형절을 형성한다.

〈 명사형 전성 어미 〉 중세 국어에 쓰인 명사형 어미로는 '-옴/-움, -기'와 '-디, -둘'
등이 있었다. 이들 명사형 어미 중에서 '-기'는 근대 국어에서도 형태 변화 없이 그대로
쓰였으나, '-옴/-움'은 그 형태가 '-음/-ㅁ'으로 바뀌었으며 '-디'와 '-둘'은 사라졌다.

근대 국어 시대에 나타나는 명사형 전성 어미의 특징은 다음과 같다.

첫째, 16세기 중엽부터 명사형 전성 어미인 '-옴/-움'에서 /ㅗ/와 /ㅜ/가 탈락하여
'-음/-ㅁ'의 형태로 바뀌었는데, 근대 국어에서도 이러한 현상이 점차로 심화되었다.

(53) ㄱ. 싀어버이 셤기믈 다 맛당호믈 얻고	[동삼 열4:10]
ㄴ. 大馬島主 볼셔 보내믈 위ᄒᆞ야 빋를 내다 ᄒᆞᆸᄂᆡ	[첩신-초 8:30]

(54) ㄱ. 져믄이 얼운 셤김이 맛당ᄒᆞ고 ᄂᆞᄌᆞᆫ 이 노픈 이 밧들미 합당ᄒᆞ도다	[오전 2:24]
ㄴ. 이ᄂᆞᆫ 나의 불효ᄒᆞ미로다	[오행 열15]

(55) ㄱ. 모도 언문으로 쓰기ᄂᆞᆫ 남녀 상하 귀쳔이 모도 보게 홈이요 ᄯᅩ 귀졀을 쎄여 쓰기ᄂᆞᆫ 알어 보기 쉽도록 홈이라	[독신 창간호]
ㄴ. 聲音을 淸楚케 ᄒᆞ야 쳔쳔히 讀홈이 올소이다	[신심 26]

(53~55)는 각각 17세기, 18세기, 19세기에 간행된 문헌에 쓰인 문장인데, 이들 문장에
쓰인 명사형 전성 어미는 '-옴/-움'과 '-음/-ㅁ'의 형태가 혼기되어 있다. (53~55)에 나
타난 현상을 종합하여 추정해 보면, 중세 국어에 쓰였던 명사형 어미인 '-옴/-움'에서
/ㅗ/와 /ㅜ/가 탈락하여서 근대 국어에서는 명사형 전성 어미의 형태가 점차적으로 '-음
/-ㅁ'으로 바뀌었음을 알 수 있다.[34)]

근대 국어에서 명사형 전성 어미의 형태가 '-음/-ㅁ'으로 실현됨에 따라서, 주체 높임
의 선어말 어미인 '-시-'와 명사형 어미가 결합하는 양상도 바뀌게 된다.

---

34) 이처럼 명사형 전성 어미에서 /ㅗ/와 /ㅜ/가 탈락된 것은 중세 국어의 화자 표현이나 대상 표현의
선어말 어미인 '-오-/-우-'가 근대 국어 시대에 사라진 현상과 밀접한 관련이 있다. 그리고 명사
형 어미의 형태가 '-옴/-움'에서 '-음/-ㅁ'으로 변함에 따라서, 결과적으로 근대 국어에서는 명사
형 어미와 명사 파생 접미사의 형태가 모두 '-음/-ㅁ'으로 단일화되었다.

(56) ㄱ. 이제 부톄 光明 뵈샤도 또 이 굳호시니   [석상 13:27]

ㄴ. 보아 호니 母親 니르심이 올호니   [오언 4:25]

곧, 중세 국어에서는 (ㄱ)처럼 '-시-'에 '-옴'이 결합하면 '-샴'의 형태로 실현되었는데, 근대 국어에서는 이러한 현상이 일어나지 않아서 (ㄴ)처럼 '-심'의 형태로 실현되었다.

둘째, 근대 국어 시기에는 '-음/-ㅁ'의 쓰임이 점차로 줄어든 반면에, '-기'의 사용이 점차로 늘어났다.

(57) ㄱ. 머글이 브르냐 아니 브르냐   [노언 상38]

ㄴ. 마시기는 하게 호고 먹기는 적게 호며   [마언 하1]

중세 국어에서는 명사형 어미로서 '-옴/-움'이 '-기'보다 빈번하게 쓰였다. 근대 국어에서도 (ㄱ)의 '-음'과 (ㄴ)의 '-기'가 다 혼용되기는 하였으나, 점차로 '-음'의 쓰임이 줄어들고 '-기'의 쓰임이 늘어났다. 이처럼 '-음'의 쓰임이 지속적으로 줄어들어서, 현대 국어에서는 '-기'가 '-음'보다 훨씬 많이 쓰이게 되었고, 현대 국어에서 '-음'으로써 형성되는 명사절은 의고적(擬古的)인 문체로 쓰이게 되었다.

　〈 관형사형 전성 어미 〉 중세 국어에는 관형사형 전성 어미로 '-은'과 '-을'이 쓰였는데, 근대 국어에서도 이들 관형사형 어미가 그대로 쓰였다.

(58) ㄱ. 도적기 … 민시의 나히 졈은 줄늘 보고 범코져 호거늘   [동삼 열5:33]

ㄴ. 그 어미 바미 범의게 더위여 간 배 되니   [태감 2:69]

ㄷ. 비 오면 곳 픠고 브람 블면 여름 여는 거시여   [박언 상36]

ㄹ. 내 본디 쓰고 먹던 거시라 몸과 입의 편훈 배라   [오행 효11]

(59) ㄱ. 누호는 한나라 졔군 사룸이니 벗 녀공이 갈 디 업거늘   [오행 붕1]

ㄴ. 萬若 過速히 讀호는 찍는 반두시 誤錯이 만을 거시오이다   [신심 26]

(58)에는 관형사형 전성 어미인 '-은/-ㄴ'이 쓰였다. 관형사형 어미인 '-은/-ㄴ'은 (ㄱ)의 '졈은'처럼 형용사의 어간에 붙어서 현재 시제를 나타내거나, (ㄴ)의 '간'처럼 동사의 어간에 붙어서 과거 시제를 나타내었다. 그리고 (ㄷ)의 '여는'처럼 동사 어간에 선어말 어미인 '-ᄂ-'를 실현하여 현재 시제를 나타내거나, (ㄹ)의 '먹던'처럼 선어말 어미인 '-더-'를 실현하여 '회상(回想)'의 시제를 표현하기도 했다. (59)에는 관형사형 어미인

'-을/-ㄹ'이 쓰였는데, (ㄱ)의 '갈'이나 (ㄴ)의 '만을'처럼 용언의 어간에 붙어서 미래 시제를 나타내었다. 관형사형 어미인 '-은, -을'은 20세기 이후의 현대 국어에서도 그대로 쓰이고 있다.

나. 선어말 어미

근대 국어에서는 중세 국어와 마찬가지로 '높임 표현, 시간 표현, 태도(서법) 표현'의 선어말 어미가 쓰였다. 다만, 중세 국어에 쓰였던 '화자 표현', '대상 표현', '확인 표현'의 선어말 어미와 같은 일부 어미는 근대 국어에서 쓰이지 않게 되었다.

(나 -1) 높임 표현의 선어말 어미

중세 국어에서 높임 표현의 선어말 어미는 '주체 높임', '객체 높임', '상대 높임'의 선어말 어미로 구분되어서 쓰였다. 그러나 근대 국어에서는 객체 높임의 선어말 어미가 점차로 기능을 상실함에 따라서, 높임 표현의 체계는 점차로 주체 높임 표현과 상대 높임 표현의 체계로 바뀌었다.

〈 객체 높임의 선어말 어미 〉 중세 국어에서 규칙적으로 쓰였던 객체 높임의 선어말 어미인 '-ᄉᆞᆸ-, -ᄌᆞᆸ-, -ᅀᆞᆸ-'은 16세기부터 '-ᄉᆞᆸ/-ᄉᆞ오-', '-ᄌᆞᆸ-/-ᄌᆞ옵-', '-ᅀᆞᆸ-/-ᅀᆞᆸ-/-ᅀᆞ옵-'의 형태로 다양화했다. 그리고 근대 국어에서는 다시 '-ᄉᆞ오-/-ᄉᆞᆸ-/-ᄉᆞ옵-', '-ᄌᆞ오-/-ᄌᆞᆸ-', '-ᅀᆞ오-/-ᅀᆞᆸ-' 등으로 형태가 매우 다양하게 바뀌면서, 객체 높임의 기능까지 점차 사라졌다. 곧, 근대 국어의 시기에는 '-ᄉᆞᆸ-' 등이 객체 높임의 기능을 점차로 상실하고, 차차로 '공손(恭遜)'이나 '상대 높임'의 기능을 나타내기도 했다.

(60) ㄱ. 나는 소임으로 왓ᄉᆞᆸ거니와 처음이옵고　　　　　　　[첩신-초 1:2]

　　 ㄴ. 나의 ᄉᆞᄉᆞᆺ 졍읫 잔이오니 이 一杯만 잡ᄉᆞ오소　　　[첩신-초 2:7]

　　 ㄷ. 그러면 엇디 브듸 닉일 ᄒᆞ실 양으로 니르옵시던고　　　[첩신-초 1:28]

　　 ㄹ. 약도 먹고 뜸도 ᄒᆞ여 이제는 됴화ᄉᆞᆸᄂᆡ이다　　　　[첩신-초 2:17]

『첩해신어』(1676)에서는 '-ᄉᆞᆸ-'이 객체 높임의 기능이 없이 쓰인 예를 많이 볼 수 있다. (ㄱ)에 실현된 '-ᄉᆞᆸ-'과 '-옵-'은 주체인 '나'와 관련된 일을 공손하게 서술하는 기능을 한다. (ㄴ)의 '-오-'는 연결 어미인인 '-니'의 앞에 쓰였고 (ㄷ)의 '-옵-'은 선어말 어미인 '-시-'와 함께 쓰였는데, 이들 예문에 실현된 '-ᄉᆞᆸ-/-옵-'은 객체 높임의 기능과는 상관없다. 그리고 (ㄹ)에서는 '-ᄉᆞᆸ-'이 상대 높임의 선어말 어미인 '-이-'와 함께 쓰여서 상대 높임이나 공손의 뜻을 강화했다. 『첩해신어』가 17세기 후반의 실제 입말을 반영한 문헌인 것을 감안할 때에, 이 시기에는 '-습-'에서 객체 높임 기능이 거의 사라졌음을 짐작할 수 있다.[35]

〈 상대 높임의 선어말 어미 〉 중세 국어에서는 상대 높임의 선어말 어미가 '-이-/-잇-'의 형태로 쓰였는데, 근대 국어의 시기에는 '-이-/-잇-'의 형태로 바뀌었다. 그리고 '-습-' 등이 객체 높임의 기능을 잃어버리게 됨에 따라서, '-습-'과 '-이-/-잇-'이 결합되어서 상대 높임의 기능을 가진 새로운 문법 형태가 나타나게 된다.

(61) ㄱ. ㄱ장 아롬다이 너기닝이다　　　　　　　　[첩신-초 6:5]

　　　ㄴ. 우리도 둣고 ㄱ장 아룸다와 ㅎ닝이다　　　[첩신-초 3:13]

　　　ㄷ. 이 잔으란 브듸 다 자옵소 엇디 남기링잇가　[첩신-초 3:52]

(62) ㄱ. 본듸 먹디 못ㅎ옵것마는 다 먹습ᄂ이다　　　[첩신-초 3:6]

　　　ㄴ. 쇼인이 몬져 술올 쎠슬 이리 御意ㅎ시니 감격히 너기옵ᄂ이다　[첩신-초 3:2]

　　　ㄷ. 우리 이룰 禮예 삼ᄉ오리잇가　　　　　　[첩신-초 3:8]

(63) ㄱ. 또 소곰은 山에서도 파닉여 밍기는 法도 잇습닉다　[신심 12]

　　　ㄴ. 간교흔 재조 잇는 ᄉ룸을 여호 갓다 ㅎ옵닉다　[신심 6]

(61)과 (62)에서 (ㄱ)과 (ㄴ)의 평서문에서는 '-ㅇ이-/-이-'가 쓰여서, (ㄷ)의 의문문에서는 '-잇-'이 쓰여서 청자를 아주 높여서 표현하였다. (61)에 실현된 '-이-'와 '-잇-'은 선어말 어미의 형태만 바뀌었을 뿐이지 상대 높여서 표현하는 기능은 중세 국어와 동일하다. 그런데 (62)에서는 '-습-/-옵-/-ᄉ오-' 등의 선어말 어미가 객체 높임 기능을 상실함에 따라서, '-이-'와 함께 실현되어서 '-습닉이다/-옵닉이다'의 형태가 새로 나타났다. 이러한 형태가 19세기 후반의 문헌에는 (63)처럼 '-습닉다/-옵닉다'로 나타났는데, 이들 형태도 20세기 초의 국어에서 '-습니다/-옵니다'로 바뀌어서 쓰였다. 현대 국어에서는 이들 형태가 평서형의 종결 어미인 '-습니다/(으)ㅂ니다'의 형태로 바뀌었다.

〈 주체 높임의 선어말 어미 〉 주체 높임의 선어말 어미인 '-으시-'는 중세 국어 이래로 근대 국어와 현대 국어에 이르기까지 보편적으로 쓰이고 있다.

---

35) 현대 국어에서는 '-사오-/-사옵-/-옵-/-오-' 등의 변이 형태로 쓰여서, 청자에게 공손한 태도를 나타내는 기능을 발휘한다(공손 표현).

(64) ㄱ. 正官은 뉘시온고   [첩신-초 1:15]

　　ㄴ. 텬지 긔특이 너겨 그 어미를 비단 의복과 침셕을 주시다 [오행 효41]

　　ㄷ. 샹졔 어엿비 너기샤 직녀를 나리워 그 쳐를 삼으시고   [태감 1:2]

(ㄱ)의 '뉘시온고'와 (ㄴ)의 '주시다', (ㄷ)의 '너기샤, 삼으시고'에서는 모두 주체 높임의
선어말 어미인 '-시-'가 실현되어서, 문장의 주어로 표현되는 대상인 '正官, 텬즈, 샹졔'
를 높여서 표현하였다.

　그런데 16세기 중반 이후부터는 선어말 어미인 '-시-'의 형태가 일부 환경에서 15세
기의 국어와는 다른 형태로 실현되거나, '-시-'가 다른 선어말 어미와 결합하는 순서가
바뀌었다.

(65) ㄱ. 앗가 솖던 쩌딘 비를 御念入ᄒ셔 肝煎ᄒ웁소   [첩신-초 1:21]

　　ㄴ. 수양 아니 ᄒ셔도 島主ㅣ 아라셔 案内 슬오링이다   [첩신-초 6:22]

(66) ㄱ. 님그미 ᄯ 翠麟 ᄆᆞ를 도로혀 보시더라   [두언-중 24:24]

　　ㄴ. 父母ㅣ 치워ᄒ시거든 ᄌᆞ식이 혼자 덥게 아니ᄒ며   [경언-중 34]

중세 국어에서는 '-시-'에 모음으로 시작하는 어미가 결합하면, 그 모음의 종류에 관계
없이 '-시-'가 '-샤-'로 변동하고 해당 모음은 탈락하였다. 반면에 근대 국어에서는
(65)처럼 '-시-'에 모음으로 시작하는 어미인 '-어'나 '-어도'가 결합하면 각각 '-셔'와
'-셔도'로 축약된다. 그리고 중세 국어에서는 '-시-'와 '-더-' 혹은 '-시-'와 '-거-'가
결합할 때에는 각각 '-더시-'와 '-거시-'의 순서로 실현되었다. 그러나 근대 국어에서는
이들 선어말 어미의 결합 순서가 (66)처럼 '-시더-'와 '-시거-'의 순서로 결합되었다.
근대 국어 시기에 나타나는 이러한 변화는 현대 국어에서도 그대로 이어졌다.

(나 -2) 시간 표현의 선어말 어미

　근대 국어에서 시간을 표현하는 선어말 어미 체계는 중세 국어에 비해서 큰 변화가
있었다. 먼저 '-엇-'이 완료를 표현하는 선어말 어미로 굳어졌다. 그리고 현재 시제를
나타내는 선어말 어미 '-ᄂ-'가 '-ᄂᆫ-/-ㄴ-'의 형태로 바뀌었으며, 미래 시제를 표현하
는 선어말 어미인 '-리-'를 대신하여 '-겟-'이 새로이 생겼다.

　〈'-앗-'의 형성〉 15세기의 중세 국어 때부터 완료의 뜻을 나타내는 보조 용언인 '-아
/-어/-야 잇다/이시다' 등이 '-앳다/-엣다/-얫다' 등으로 축약되어서 '완료 지속'의 뜻

으로 쓰였다. 이렇게 축약된 형태가 16세기 국어에서부터 하나의 선어말 어미로 굳어져 갔다. 곧, 17세기 이후의 근대 국어에서는 그 전의 '완료 지속'의 뜻에서 '지속'의 뜻이 약화되고, 그 결과로 '완료'의 동작상을 나타내는 선어말 어미인 '-앗-/-엇-/-얏-/-엿-'이 성립되었다.

(67) ㄱ. 千餘 箇 뵈 시른 큰 빈롤 딜러 가져갓더니　　　　　　　[박언 중13]

ㄴ. 자네네도 내 망발홀디라도 샤ᄒ시믈 一人 미덧습ᄂ이다　[첩신-초 9:16]

ㄷ. 붓그림을 모로ᄂ 거시 되얏ᄉ오니　　　　　　　　　　[첩신-초 9:13]

ㄹ. 우리룰 모로ᄂ가 녀겨 부러 이리 ᄒ엿습ᄂ가　　　　　[첩신-초 2:10]

(68) ㄱ. 리명샹 씨가 리근빈의게 구빅 원믈 먹은 줄노 긔록ᄒ엿스니 [독신 2권 49호]

ㄴ. 군부에셔 쏘 최쥰덕의게 하ᄉ ᄒ나를 식혀 주엇스면　　[독신 1권 59호]

(67)의 (ㄱ)에서는 '-앗-'이, (ㄴ)에서는 '-엇-'이, (ㄷ)에서는 '-얏-'이, (ㄹ)에서는 '-엿-'이 쓰여서 완료의 동작상을 나타내었다. 그리고 (68)은 『독립신문』(1896)에 실린 글인데 여기서는 '-엿-/-엇-' 등의 형태가 현대 국어처럼 '-였-/-었-'의 형태로 바뀌었다.

〈 '-ᄂ-'의 변화 〉 동사에서 현재 시제를 표현하는 선어말 어미인 '-ᄂ-'는 그 형태가 근대 국어의 말까지 쓰였다. 그리고 또 한편으로는 '-ᄂ-'는 모음 아래에서는 점차적으로 '-ㄴ-'으로, 자음 아래에서는 '-는-'으로 형태가 바뀌었다.

먼저 중세 국어에 쓰였던 현재 시제의 선어말 어미인 '-ᄂ-'는 근대 국어의 말까지도 지속적으로 쓰였다.

(69) ㄱ. 츄즈곳 머그면 즉제 ᄂ리ᄂ니라　　　　　　　　　　　[구보 4]

ㄴ. 므슴 빈 몃 쳑이나 가옵ᄂ고　　　　　　　　　　　　[첩신-초 4:7]

ㄷ. 고기 잡ᄂ 빈 사름을 쥬어 구ᄒ엿더니　　　　　　　　[태감 1:25]

ㄹ. 天命이 스스로 定ᄒ실 바ㅣ 잇ᄂ니라　　　　　　　　[국소 36]

(ㄱ)에서는 'ᄂ리다'의 평서형에서, (ㄴ)에서는 '가다'의 의문형에서, (ㄷ)에서는 '잡다'의 관형사형에서, (ㄹ)에서는 '잇다'의 평서형에서 '-ᄂ-'의 형태가 쓰였다. 특히 (ㄷ)의 『태상감응편도설언해』(1852)와 『국민소학독본』(1895)처럼 19세기 후기에 간행된 문헌까지 '-ᄂ-'가 쓰인 예를 발견할 수 있다.

그런데 이미 16세기부터는 아주 드물지만 '-ᄂ-'가 모음 아래에서 '-ㄴ-'으로 바뀐 예가 나타나며, 17세기 후기부터는 자음 아래에서 '-는-'으로 바뀐 예가 나타났다.

(70) ᄂᆞ미 날 아로믈 구티 아니ᄒᆞ다 ᄒᆞ거늘　　　　　　　　　　　[번소 9:54]

(71) ㄱ. 常言에 닐오ᄃᆡ ᄒᆞ나히 가매 빅이 온다 ᄒᆞᄂᆞ니라　　　　[박언 하34]
　　 ㄴ. 뉘 날을 블으ᄂᆞ뇨 相公이 너를 브르신다　　　　　　　[오전 1:41]

(72) ㄱ. 常言에 닐오ᄃᆡ 만일 非理엣 일을 ᄒᆞ면 반ᄃᆞ시 그 앙화를　[박언 중28]
　　　　밧는다 ᄒᆞ니
　　 ㄴ. 내 드르니 병든 사ᄅᆞᆷ의 쓩이 쓰면 낫는다 ᄒᆞ고　　　[오행 열53]

(73) ㄱ. 그저 다ᄅᆞᆫ 사ᄅᆞᆷ의 ᄒᆞᄂᆞᆫ 양을 보ᄂᆞᆫ쏘다　　　　　[오전 4:1]
　　 ㄴ. 너ᄂᆞᆫ 아즉 一을 알고 二를 모르ᄂᆞᆫ도다　　　　　　　[국소 16]

16세기 초기에 간행된 『번역소학』(1518)에는 (70)처럼 모음으로 끝나는 어간 아래에서 현재 시제의 선어말 어미로서 '-ㄴ-'이 쓰였으나, 16세기에는 이러한 예가 극소수로 발견된다. 그런데 17세기와 18세기의 근대 국어에서는 '-ㄴ-'의 쓰임이 늘어나서, (71ㄱ)의 '온다'와 (71ㄴ)의 '브르신다'에서 모음으로 끝난 어간 아래에서 '-ㄴ-'이 쓰였다.[36) 그런데 17세기와 18세기에는 (72)처럼 자음으로 끝난 어간 뒤에서도 '-ᄂᆞ-'가 '-는-'으로 바뀐 예가 나타난다.[37) '-는-'의 형태는 더욱 확대되어서 (73)처럼 감동 표현의 선어말 어미인 '-도-'의 앞에서도 실현되었다. 이러한 변화에 따라서 현대 국어에서는 동사에 실현된 현재 시제의 선어말 어미의 변이 형태로서 '-ㄴ-'과 '-는-'이 쓰이게 되었다.

〈 '-겟-'의 출현 〉 중세 국어에서 미래 시제는 '-리-'로 표현되었는데, '-리-'는 근대 국어를 거쳐서 현대 국어까지 계속 쓰이고 있다. 그런데 18세기 후반에 '-겟-'이 등장하여 기존의 '-리-'와 함께 쓰이게 되었다.

　첫째, 중세 국어부터 쓰였던 '-리-'가 근대 국어의 말까지 지속적으로 쓰였다.

---

36) (70)에서 '아니ᄒᆞᄂᆞ다'에 실현된 '-ᄂᆞ-'에서 /·/가 탈락하여 '-ㄴ-'의 형태가 됨에 따라서, '아니ᄒᆞᄂᆞ다'가 '아니ᄒᆞᆫ다'로 바뀐 것이다.

37) '밧ᄂᆞ다'가 '밧는다'로 바뀌고 '낫ᄂᆞ다'가 '낫는다'로 바뀌는 변화는, /ㄴ/이 첨가될 음성적인 조건이 갖추어져 있지 않기 때문에, 음운론적으로는 설명되지 않는다. 이러한 변화는 '유추 작용'으로 설명할 수 있다. 곧, '오ᄂᆞ다'가 '온다'로 바뀜에 따라서 '밧ᄂᆞ다'도 /ㄴ/을 첨가하여 '밧는다'의 형태로 만듦으로써 두 형태가 모두 /ㄴ다/로 되게 한 것이다(허웅, 1983: 453).

(74) ㄱ. 내 닉일 通州 尙書 마즈라 가리라 　　　　　　　 [박언 중29]

　　 ㄴ. 모든 皇子ㅣ 일 죽으니 前後에 열호로 혜리러니 　　 [어내 2:61]

　　 ㄷ. 이 음덕으로 경싀 즈손의게 미츠리니 　　　　　　 [태감 1:30]

(74)에서는 중세 국어 때부터 쓰였던 '-리-'가 (ㄱ)의 17세기, (ㄴ)의 18세기, (ㄷ)의 19세기의 문헌에 두루 쓰였음을 확인할 수 있다. 이러한 '-리-'는 현대 국어에도 의고적(擬古的)인 성격을 띠면서 일부 문어체 문장에서 지속적으로 쓰이고 있다.

　둘째, 18세기와 19세기 교체기에 새로운 형태의 미래 시제의 선어말 어미인 '-겟-'이 나타난다.

(75) ㄱ. 집의 길니 뎐ᄒ면 미스가 되게 ᄒ엿다 ᄒ니 　　　 [한만 1:3]

　　 ㄴ. 병이 이러ᄒ니 어듸 살게 ᄒ얏는가 　　　　　　 [한만 3:231]

(76) ㄱ. 우리 아바님 어마님이 다 됴화ᄒ시겟다 　　　　　 [한만 1:61]

　　 ㄴ. 아모리 ᄒ여도 못살겟다 ᄒ시고 　　　　　　　 [한만 2:157]

(77) ㄱ. 도적 씌문에 인민들이 엇지 살년지 모로겟스니 　 [독신 1권 70호]

　　 ㄴ. 그 쇼위를 궁구ᄒ면 죵히 다스리겟스나 　　　 [독신 2권 28호]

18세기 말과 19세기 초의 교체기에 혜경궁 홍씨가 궁중에서 지은 『한듕만록』(1895년 이후)에는 (75)처럼 보조 용언의 구성으로 '-게 ᄒ엿-'이나 '-게 ᄒ얏-'의 형태가 나타났다. 이러한 형태가 축약되어서 (76)처럼 미래 시제를 표현하는 선어말 어미인 '-겟-'이 출현하게 되었다.38) 그리고 19세기 말에는 (77)처럼 '-겟-'이 다시 '-겠-'의 형태로 바뀌어서 현대 국어까지 그대로 쓰이고 있다.39)

　이처럼 미래 시제의 선어말 어미인 '-겟-'이 18세기 말에 등장하자, 기존의 '-리-'와 새로 나타난 '-겟-'은 현대 국어까지 경쟁을 벌이게 되었다. 그 결과 현대 국어에서는 '-리-'가 의고적의 문법 형태로 되어서 일부 문어체의 문장에서만 한정적으로 쓰이고,

---

38) 'ᄒ게 ᄒ얏-'의 형태는 '사동'의 뜻과 함께 '장차 어떠한 지경에 이름'의 뜻을 나타내었는데, 이 형태가 축약되어서 'ᄒ겟-'으로 바뀌면서 사동의 의미가 축소되고 '장차(미래)'의 뜻이 강화된 것으로 보인다. 이러한 변화를 추정하면 '-게 ᄒ얏- 〉 *-게얏- 〉 -겟-'의 축약 과정을 거쳐서 '-겟-'이 형성된 것으로 보인다(나진석, 1971: 302; 허웅, 1983: 459).

39) 19세기 말에는 '-앗-/-엇-/-엿-'이 '-았-/-었-/-였-'으로 바뀌었는데, 동일한 시기에 '-겟-'도 '-겠-'으로 형태가 바뀌었다.

일반적인 구어체 문장에서는 '-겠-'의 형태가 쓰이고 있다.

(나 -3) 태도 표현의 선어말 어미

중세 국어에서 나타난 '태도 표현'으로는 '확인 표현', '원칙 표현', '감동 표현'이 있었다. 근대 국어의 시기에는 태도 표현을 실현하는 선어말 어미 중에서 확인 표현의 선어말 어미는 그 기능이 거의 사라졌다. 반면에 원칙 표현과 감동 표현의 선어말 어미는 그 종류가 줄어들고 기능이 약화되기는 했지만, 일부의 선어말 어미는 근대 국어를 거쳐서 현대 국어까지 쓰이고 있다.

〈 확인 표현의 선어말 어미 〉 15·16세기의 중세 국어에서는 확인 표현의 선어말 어미로 '-아-/-어-, -거-, -나'가 구분되어서 쓰였다. 그러나 근대 국어의 시기부터는 이러한 확인 표현의 선어말 어미는 문법적인 범주로서의 기능을 점차로 상실하였다.

(78) ㄱ. 도적의 둥의셔 웨여 닐오듸 쟝슈 홍봉스ㅣ 죽거다 ㅎ더라 [농삼 중1:64]

　　ㄴ. 애 뎌 킈 져근 金숨ㅣ 것구러디거다　　　　　　　　[박언 중52]

　　ㄷ. 老夫人 오시거다　　　　　　　　　　　　　　　　 [오전 3:33]

　　ㄹ. 아ᄋ야 네 오나다　　　　　　　　　　　　　　　　 [오전 6:33]

(79) ㄱ. 나는 ᄒ올어미라 能히 玉 근흔 ᄆᅀᆞᆺ맷 며느리를 보아리여 [내훈-초 서:7]

　　ㄴ. 나는 홀어미라 能히 玉 ᄀᆞᆺ흔 ᄆᆞ음앳 며느리를 보랴　　[어내 서:7]

(78)에서 (ㄱ)의 '죽거다', (ㄴ)의 '것구러디거다', (ㄷ)과 (ㄹ)의 '오나다'에서 '-거-'와 '-나' 등이 쓰였는데, 이들 예문을 통하여 18세기까지는 확인 표현의 선어말 어미가 쓰인 것을 알 수 있다. 그러나 15세기 말에 발간된 『내훈』(1475)과 18세기 초에 발간된 『어제 내훈언해』(1737)에 쓰인 문장을 비교해 보면, 확인 표현의 선어말 어미가 18세기 초기부터 점차로 사라졌음을 알 수 있다. 곧 (79)에서 (ㄱ)의 『내훈』에는 '보아리여'처럼 확인 표현의 '-아-'가 쓰였으나, (ㄴ)의 『어제내훈언해』에는 '보랴'처럼 '-아-'가 실현되지 않았다. 이처럼 중세 국어에 쓰였던 확인 표현의 선어말 어미는 근대 국어 시기에 점차로 그 쓰임이 줄어들었고, 문법적인 기능 또한 거의 소멸되었다. 이에 따라서 근대 국어 말기와 현대 국어에서는 명령형의 종결 어미인 '-아라/-어라/-거라/-너라'나 연결 어미인 '-거늘, -거든, -거나, -거니와' 등에 형태적인 흔적이 남아 있을 뿐이다.

〈 원칙 표현의 선어말 어미 〉 중세 국어에서 '원칙 표현'의 선어말 어미로 쓰인 '-니-'는 근대 국어의 말까지 그대로 쓰였으나, 그 기능은 매우 약화되었다.

(80) ㄱ. 다른 나라 병이 … 빅강의 들게 말아사 가ᄒᆞ니이다   [동삼 충1:11]

　　ㄴ. 아모 촌에 사ᄂᆞ 사ᄅᆞᆷ 王大戶ㅣ 이셔 證ᄒᆞ엿ᄂᆞ니이다   [박언 하54]

　　ㄷ. 비록 그 몸이나 ᄯᅩᄒᆞᆫ 保젼홈이 어려우니이다   [어내 2:78]

　　ㄹ. 안직 왈 긔도ᄒᆞ여 유익지 아니ᄒᆞ니이다   [태감 4:3]

　　ㅁ. 國家ᄅᆞᆯ 爲ᄒᆞ야 맛당히 盡忠하고 竭力홀 거시니이다   [신심 25]

원칙 표현 선어말 어미인 '-니-'는 (80)에서처럼 근대 국어의 초기인 17세기부터 말기인 19세까지 지속적으로 쓰였다. 다만, 근대 국어의 후기로 갈수록 '-니-'의 문법적인 기능이 차차로 퇴화하였다. 곧, 현대 국어에서는 의고적인 문체의 문장에서 평서형 종결 어미인 '-다'에 결합되어서, '-니라'의 형태로 평서형 종결 어미로만 쓰인다.

〈 감동 표현의 선어말 어미 〉 중세 국어에서 쓰인 '-도-/-돗-/-옷-/-ㅅ-' 등은 근대 국어에서도 감동 표현의 선어말 어미로 쓰였다.40)

첫째, '-도-/-로-, -돗-/-롯-, -ㅅ-' 등이 감동 표현의 선어말 어미로 쓰였다.

(81) ㄱ. 큰형아 네 나히 하도다   [노언 상57]

　　ㄴ. 형아 네 믈을 아지 못ᄒᆞᄂᆞᆺ도다   [청노 5:13]

　　ㄷ. 어미 닐오ᄃᆡ 이 반ᄃᆞ시 거경이로다   [오행 붕4]

(82) ㄱ. 새 그ᄅᆞᆯ 어제 브텨 보내돗더라   [두언-중 23:29]

　　ㄴ. 내 三十歲브터 곳 듕믹되야 이제 니르러 ᄀᆞᆺ 너희 두   [오전 3:32]
　　　　世間에 親家ᄅᆞᆯ 보앗ᄂᆞ니 진실로 드믈이 잇도소이다

　　ㄷ. 御對面ᄒᆞ셔야 ᄌᆞ셔히 슬오려 ᄒᆞᆫ 일이로소이다   [첩신-초 7:14]

　　ㄹ. 그 사ᄅᆞᆷ들히 ᄯᅩ 達達 사ᄅᆞᆷ으로셔 도망ᄒᆞ야 나온 이롯더라 [노언 상45]

(83) ㄱ. 階砌예 올아 玉冊을 받고 冠冕을 노피 스고 金鍾ㅅ 소리ᄅᆞᆯ   [두언-중 4:21]
　　　　듣소라

　　ㄴ. 患難 하매 便安히 사디 몯ᄒᆞ소라   [두언-중 8:43]

(81)에서는 감동 표현의 선어말 어미로 '-도-/-로-'가 실현되었다. 곧 (ㄱ)에서는 감동

---

40) 중세 국어에서 감동 표현의 선어말 어미로 쓰였던 '-애-/-에-/-얘-/-게-'는 근대 국어에는 그 뒤에 실현되는 평서형의 종결 어미인 '-라(←-다)'와 결합하여서, '-애라/-에라/-얘라/-게라' 등으로 감탄형의 종결 어미가 되었다.

표현의 선어말 어미로 '-도-'가 실현되었고, (ㄴ)에서는 현재 시제의 선어말 어미인 '-
ᄂ-'의 뒤에서 '-도-'가 '-쏘-'의 형태로 변동하였으며, (ㄷ)에서는 서술격 조사의 어간
뒤에서 '-도-'가 '-로-'로 변동하였다. (82)에서는 감동 표현의 선어말 어미로서 '-돗
-/-롯-'가 실현되었다. 먼저 (ㄱ)과 (ㄴ)에서는 '-돗-'이 실현되었으며, (ㄷ)과 (ㄹ)에서
는 서술격 조사의 뒤에서 '-돗-'이 '-롯-'으로 변동하였다. (83)에서는 감동 표현의 선
어말 어미로서 '-ㅅ-'이 쓰였다.41) 이처럼 근대 국어에서 쓰인 감동 표현의 선어말 어
미는 15세기 국어의 시기에서 쓰였던 감동 표현의 선어말 어미의 변이 형태와 거의 동
일하다.42)

둘째, 선어말 어미인 '-ᄂ-, -시-, -더-'의 뒤에 감동 표현의 선어말 어미인 '-옷-'이
실현될 수 있었다.

(84) ㄱ. 淑景殿에 香을 픠우며 望雲亭에 므를 쓰리놋다　　　　　[두언-중 24:6]

　　ㄴ. 嗚呼ㅣ라 직극ᄒ샷다　　　　　　　　　　　　　　　　[어내 발문 5]

　　ㄷ. 진실로 이러ᄒ면 우리 맛당이 미리 네게 謝禮ᄒ염즉 ᄒ닷다 [청노 6:23]

감동 표현의 선어말 어미인 '-옷-'이 (ㄱ)에서는 '-ᄂ-'에, (ㄴ)에서는 '-시-'에, (ㄷ)에서
는 '-더-'에 붙어서 각각 '-놋-', '-샷-', '-닷-'의 형태로 실현되었다. 이처럼 '-ᄂ-, -시
-, -더-'에 '-옷-'이 결합되는 방식은 중세 국어에서 결합되는 방식과 동일하다.

이처럼 감동 표현의 선어말 어미는 근대 국어의 시기에도 선어말 어미로서의 자격을
유지하였다. 그러나 현대 국어의 시기에는 대부분의 감동 표현의 선어말 어미는 사라지
고 '-도-'만 남게 되었는데, 마지막 남은 '-도-'마저도 '-도다'의 형태로만 실현되어서
의고형의 감탄형 종결 어미로만 쓰이고 있다.

(나 -4) 화자 표현과 대상 표현의 선어말 어미

화자 표현과 대상 표현의 선어말 어미는 17세기의 근대 국어에서부터 불규칙하게 실
현되었다. 이에 따라서 18세기부터는 인칭과 대상 표현의 선어말 어미가 점차로 실현되
지 않았다.

첫째, 근대 국어에서는 화자 표현의 선어말 어미가 점차로 쓰이지 않게 되었다.

---

41) '-소라'는 '-ㅅ-'의 뒤에 화자 표현의 선어말 어미인 '-오-'가 실현된 복합 형태이다.

42) '-도-'는 17·18세기까지는 감동 표현의 선어말 어미로 쓰였으나, 19세기에는 평서형의 종결 어
　　미인 '-다'와 결합하여 감탄형의 종결 어미인 '-도다'의 형태로 실현되었다. 현대 국어에서는 '-도
　　다'가 의고적인 문어체에만 쓰이는 감탄형 종결 어미로 쓰인다.

(85) ㄱ. 내 당당이 너를 머구리라　　　　　　　　　　　[동삼 효1]

　　　ㄴ. 내 얻디 ᄎᆞ마 혼자 먹고 살기를 구ᄒᆞ리오　　[동삼 열38]

(86) ㄱ. 우리도 듯고 ᄀᆞ장 아름다와 ᄒᆞᄂᆡ이다　　　　[첩신-초 3:13]

　　　ㄴ. 사ᄅᆞ미 만ᄒᆞ니 내 뎌를 티디 못ᄒᆞ리로다　　[오전 1:12]

　　　ㄷ. 내 여긔셔 하직ᄒᆞᄂᆞ이다　　　　　　　　　　[오행 효5]

(85)는 『동국신속삼강행실도』(1617)에 쓰인 문장이다. (ㄱ)에서는 화자가 주어로 쓰이면
서 서술어로 쓰인 '먹다'에 화자 표현의 선어말 어미인 '-우-'가 실현되었다. 반면에 (ㄴ)
에서는 화자가 주어로 쓰였지만 서술어로 쓰인 '구ᄒᆞ다'에 '-오-'가 실현되지 않았다.
이처럼 근대 국어의 초기에는 화자 표현의 선어말 어미가 불규칙하게 실현되었는데,
근대 국어의 후기로 갈수록 화자 표현의 선어말 어미가 쓰임이 줄어들었다. 예를 들어서
(86)의 (ㄱ)에서는 'ᄒᆞᄂᆡ이다' 대신에 'ᄒᆞᄂᆡ이다'로, (ㄴ)에서는 '못ᄒᆞ리로다' 대신에 '못
ᄒᆞ리로다'로, (ㄷ)에서는 '하직ᄒᆞᄂᆞ이다' 대신에 '하직ᄒᆞᄂᆞ이다'로 실현되었다. 이처럼
화자 표현의 선어말 어미는 근대 국어에서 17세기 초기까지만 쓰이다가 18세기 이후로
는 점차로 쓰이지 않았다.

　둘째, 근대 국어에서는 대상 표현의 선어말 어미도 점차로 쓰이지 않게 되었다.

(87) ㄱ. 有蘇氏라셔 妲己로 紂의 게 드려늘 紂ㅣ 惑ᄒᆞ야 아니　　[내훈-초 서 3]
　　　　드롤 마리 업서 맛드논 사ᄅᆞᄆᆞ란 貴히 ᄒᆞ고 아쳘논 사라ᄆᆞ란 주기더니

　　　ㄴ. 有蘇氏라셔 妲己로 紂의게 드려늘 紂ㅣ 惑ᄒᆞ야 아니 드를　　[훈언 서 3]
　　　　말이 업서 맛당히 녀기는 사름으란 貴히 ᄒᆞ고 아쳐ᄒᆞ는 사름으란 주기더니

(ㄱ)은 15세기에 간행된 『내훈』(1475)에 쓰인 문장이고, (ㄴ)은 18세기에 간행된 『어제내
훈언해』(1737)에 쓰인 문장이다. 이 두 문장을 비교하면 (ㄱ)의 '드롤, 맛드논, 아쳘논'에
는 대상 표현의 선어말 어미인 '-오-'가 실현되어 있으나, (ㄴ)의 '드를, 맛당히 녀기는,
아쳐ᄒᆞ는'에는 대상 표현의 '-오-'가 실현되지 않았다.[43] 이를 통해서 근대 국어에서는
후기로 갈수록 대상 표현의 선어말 어미가 쓰이지 않았음을 알 수 있다.

---

43) 『두시언해』의 초간본(1481)과 중간본(1632)을 비교함으로써도 근대 국어 시대에 대상 표현의 선어말
　어미가 사라진 사실을 확인할 수 있다.
　(보기) 내 뒷논 새 詩(초간본) / 내 뒷ᄂᆞ 새 詩(중간본) [6:41], 得홀 배(초간본) / 得ᄒᆞᆯ 배(중간본) [6:52],
　　너희 ᄒᆞ논 일롤(초간본) / 너희 ᄒᆞᄂᆞ 이를(중간본) [15:34])

2.1.2.3. 활용 방식의 특징

중세 국어에서는 어간과 어미가 결합하는 과정에서 어간이나 어미가 두 가지 이상의 형태로 쓰이던 것이 있었다. 그런데 근대 국어에서는 두 가지 활용 형태가 하나의 활용 형태로 통합되어서 용언의 활용이 단순화하는 경향이 있었다.

첫째, 중세 국어에서 두 가지로 구분되었던 어간의 형태가 근대 국어에서 하나의 형태로 통일된 예가 있다. 먼저, 중세 국어에서는 '녀다(行)'와 '니다(行)'가 어미의 종류에 따라서 어형이 구분되었으나, 근대 국어에서는 '녜다(行)'로 통일되었다.[44]

> (88) ㄱ. 이 道를 조차 발 뒷ᄂ니 모다 녀게 ᄒ니라　　　　　[월석 12:13]
> 　　　ㄴ. 어셔 도라 니거라　　　　　　　　　　　　　　　[월석 8:101]
>
> (89) ㄱ. 내 길흘 조차 날호여 녜여 기드려 오노라 ᄒ니　　　　[노언 상1]
> 　　　ㄴ. ᄒᄅ 아홉 盜식 열 盜식 녜거늘 네 엇디 즐겨 웃듬 믈을　[박언 8]
> 　　　　 가져오디 아니ᄒᄂ다

중세 국어에서는 (88ㄱ)처럼 일반적인 환경에서는 '녀-'의 형태로 실현되었는데, (88ㄴ) 처럼 선어말 어미인 '-거-'와 어말 어미인 '-거' 앞에서는 '니-'의 형태로 실현되었다. 따라서 동일한 어간이 그것이 결합하는 어미에 따라서 '녀-'와 '니-'의 형태로 달리 실현된 것이다. 그러나 (89)의 근대 국어에서는 '녀다'와 '니다'가 어미의 형태와 상관없이 모두 '녜다'로 통합되어서 어간 형태가 단일화되었다.

중세 국어에서는 존재를 나타내는 동사인 '이시다'와 '잇다'가 그것이 결합하는 어미의 종류에 따라서 어형이 구분되었으나, 근대 국어에서는 '잇다'로 통일되었다.[45]

> (90) ㄱ. 山行 가 이셔 하나빌 미드니잇가　　　　　　　　　[용가 125장]
> 　　　ㄴ. 大愛道ㅣ 드르시고 ᄒ 말도 몯ᄒ야 잇더시니　　　　[월석 7:1]

---

44) 중세 국어에서 '녀다'는 규칙 용언으로 처리하고, '니다'는 선어말 어미 '-거-'와 어말 어미 '-거' 앞에서 변동하는 불규칙 용언으로 처리하였다.

45) 중세 국어에서 '이시다'는 규칙 용언으로 처리하고, '잇다'는 자음으로 시작하는 어미 앞에서 변동하는 불규칙 용언으로 처리하였다.

(91) ㄱ. 그 밧 샹업순 일이 만흐니 져러홀 되가 어듸 <u>이스리잇가</u>   [한만 5:398]

  ㄴ. 사룸이 다 흔 어미로듸 우리는 홀노 두 어미가 <u>잇노라</u>   [한만 1:16]

중세 국어에서는 (90ㄱ)처럼 일반적인 모음이나 매개 모음을 수반하는 어미 앞에서는 '이시-'의 형태로 실현되는데, (90ㄴ)처럼 자음으로 시작하는 어미 앞에서는 '잇-'으로 실현되었다. 그런데 근대 국어의 시기에는 '이시-'의 형태가 사라지고, (91)처럼 어미 형태와 상관없이 모든 환경에서 '잇-'의 형태로만 쓰였다.

  둘째, 중세 국어에서 두 가지로 구분되었던 어미의 형태가 근대 국어에서는 하나의 형태로 단순화된 경우가 있다.

  중세 국어에서는 특정한 형태 아래에서 어미의 /ㄱ/이 불규칙하게 탈락하였다.[46)]

(92) ㄱ. 살면 모딕 죽<u>고</u> 어울면 모딕 버으는 거시니   [월석 2:15]

  ㄴ. 절로 살<u>오</u> 절로 주구미 누에고티예 잇듯 ᄒ며   [석상 11:35]

중세 국어에서 (92ㄱ)의 '죽고'는 연결 어미가 '-고'의 형태로 실현되었는데, (92ㄴ)의 '살오'는 /ㄹ/로 끝나는 어간 뒤에서 연결 어미가 '-오'의 형태로 실현되었다.

  그러나 근대 국어에서는 중세 국어에서처럼 /ㄱ/이 탈락하는 경우가 대부분 사라져서, 어미의 활용 형태가 단순화하였다.

(93) ㄱ. 이 쌔 남졔운과 뇌만츈 두 사룸이 사로잡혀 죽<u>고</u>   [삼행 충33]

  ㄴ. 내 遼東城 안히 살<u>고</u> 印 친 글 쏘흔 잇노라   [몽노 3:14]

(94) ㄱ. 니시는 셔울 사룸이니 종실부 홍슈열의 쭐<u>이오</u> 유흑   [동삼 열3:88]

   홍셩남의 안해라

  ㄴ. 當時에 흔 降人이 이시니 일홈은 打油ㅣ<u>요</u> 姓은 張氏라   [오전 7:33]

근대 국어에서는 (93ㄱ)의 '죽고'와 (93ㄴ)의 '살고'처럼 어간의 형태와 관계없이 모두 '-고'로만 실현되어서 어미의 형태가 단순화하였다. 다만, 서술격 조사인 '-이-'의 뒤에

---

46) 중세 국어에서 /ㄱ/으로 시작하는 어미인 '-거늘, -거니, -거니와, -거든; -고, -고져'는, /ㄹ/ 받침이나 반모음 /j/로 끝나는 용언의 어간, 서술격 조사와 '아니다', 그리고 선어말 어미 '-리-'의 뒤에서 /ㄱ/이 줄어졌다. 곧, '-거늘, -거니, -거니와, -거든; -고, -고져'가 어간의 음성적 환경에 따라서, '-어늘, -어니, -어니와, -어든; -오, -오져'로 불규칙하게 변동하였다.

서만 연결 어미인 '-고'에서 /ㄱ/이 탈락하여 (94ㄴ)처럼 '-요(←이오)'의 형태로 바뀌었다. 그러나 전체적으로 볼 때에 근대 국어에서는 중세 국어에 비해서 활용 어미의 형태가 단순화하였다.

셋째, 중세 국어에서는 어간이 /ᄅ/나 /르/로 끝나는 용언은 모음으로 시작하는 어미와 결합하면, 'ㄹㄹ' 형과 'ㄹㅇ' 형의 두 가지 방식으로 활용하였다.

(95) ㄱ. 須達이 … 부텨 뵈ᅀᆞᇦᄂᆞᆫ 禮數를 몰라   [석상 6:20]

　　 ㄴ. 法이 펴디여 가미 믈 흘러 녀미 ᄀᆞᆮ틀ᄊᆡ   [석상 9:21]

　　 ㄷ. 나랏 말ᄊᆞ미 中國애 달아 文字와로 서르 ᄉᆞᄆᆞᆺ디 아니홀ᄊᆡ   [훈언]

　　 ㄹ. 엇뎨 게을어 法을 아니 듣ᄂᆞᆫ다   [석상 6:11]

(95)의 중세 국어에서는 '모르다(不知), 흐르다(流)'는 '몰라, 흘러'처럼 'ㄹㄹ' 형으로 활용하였고, '다ᄅᆞ다(異), 게으르다(怠)'는 '달아, 게을어'처럼 'ㄹㅇ' 형으로 활용하였다.

그러나 근대 국어에서는 이들 용언의 활용 방식이 통일되어서 모두 'ㄹㄹ' 형으로만 활용하였다.

(96) ㄱ. 을싱이 예게 자피여 니거늘 주근 동 산 동 몰라   [동삼 속열:1]

　　 ㄴ. 도적이 머리과 엇게를 텨 헤티니 피 흘러 ᄂᆞᆾ치 니피엇더라 [동삼 열2:83]

　　 ㄷ. 져머셔브터 셩이며 ᄒᆡᆼ실이 샹녜 사ᄅᆞᆷ과 달라   [동삼 열8:60]

　　 ㄹ. 오히려 게을러 나라 근심ᄒᆞ고 집 니즐 혬이 업스니   [어내 2:42]

근대 국어에서는 'ㄹㅇ' 형이 사라져서 (96)의 '몰라, 흘러, 달라, 게을러'처럼 그 활용형태가 모두 'ㄹㄹ' 형으로 단순화하였다.

넷째, 중세 국어에서는 형태소와 형태소가 결합하는 과정에서 모음 조화 현상이 폭넓게 적용되었는데, 16세기 이후에는 이러한 모음 조화 규칙이 점차로 허물어졌다. 그 결과로 중세 국어에서 모음 조화 현상에 따라서 분화되었던 어미의 형태가 근대 국어에서 단일화된 예가 나타났다.

(97) ㄱ. 댱수 스무에 긴흔 일이나 믈건을 슬피며 구ᄒᆞ야 엇으면   [사필 35]

　　 ㄴ. 아모 ᄣᅢ나 아모 곳이나 힛빗홀 바로 밧으면 곳 여름이오 [사필 4]

근대 국어의 후기에는 (97)에서 (ㄱ)의 '엇으면(←얻-+-으면)'과 (ㄴ)의 '밧으면(←받-+

-으면)'처럼 어간의 음성적인 조건에 관계없이 어미의 형태가 '-으면'으로 단일화하여 실현되었다.[47) 이와 같이 근대 국어에서는 모음 조화에 따라서 발생하는 어미 형태의 분화가 중세 국어에 비해서 많이 줄어들었다.

2.1.2.4. 불규칙 활용

근대 국어에서 일어나는 불규칙 활용에는, 어간이 불규칙하게 활용하는 것과 어미가 불규칙하게 활용하는 것이 있다.

가. 어간의 불규칙 활용

근대 국어에서 어간이 불규칙하게 활용하는 예로는, 'ㅅ' 불규칙 활용, 'ㅂ' 불규칙 활용, 'ㄷ' 불규칙 활용, 'ㄹ/르' 불규칙 활용 등이 있다.

〈 'ㅅ' 불규칙 활용 〉 일부 용언에서 /ㅅ/ 종성으로 끝나는 어간이 모음[48)으로 시작하는 어미와 결합할 때에, /ㅅ/이 탈락하였다.

(98) ㄱ. 닛다, 닛고, 닛노라, 닛는, 닛고져
　　　ㄴ. 니서, 니스니, 니스며, 니슨…　　　　　　　　　　[중세 국어]
　　　ㄷ. 니어, 니으니, 니으며, 니은…　　　　　　　　　　[근대 국어]

예를 들어서 '닛다(繼)'에 모음으로 시작하는 어미인 '-어, -으니, -으며, -은' 등이 붙어서 활용하면, 중세 국어에서는 (ㄴ)의 '니서, 니스니, 니스며, 니슨'처럼 어간의 끝소리 /ㅅ/이 /ㅿ/으로 바뀌었다. 그러나 근대 국어 시기에는 /ㅿ/이 사라졌으므로, (ㄷ)의 '니어, 니으니, 니으며, 니은'처럼 어간 끝소리인 /ㅅ/이 탈락하였다.[49)

〈 'ㅂ' 불규칙 활용 〉 일부 용언에서 /ㅂ/ 종성으로 끝나는 어간이 모음으로 시작하는 어미와 결합할 때에, /ㅂ/이 /ㅗ/, /ㅜ/나 /w/로 바뀌었다.

---

47) 중세 국어에서는 모음 조화에 따라서 '어드면(언-+-으면)'과 '바드면(받-+-ㅇ면)'으로 실현되어서, 어미의 형태가 '-으면/-ㅇ면'으로 달리 실현되었다.
48) 이때의 모음은 일반적인 모음뿐만 아니라, '-ㅇ니/-으니, -ㅇ며/-으며, -은/-은' 등에 실현된 /·/, /ㅡ/와 같은 매개 모음을 포함한다.
49) 어간이 /ㅅ/으로 끝나는 용언 중에서 불규칙하게 활용하는 용언에는 '낫다(優, 癒), 웃다(笑), 젓다(搖), 줏다(拾), 짓다(作)' 등이 있다. 반면에 규칙적으로 활용하는 용언에는 '벗다(脫), 빗다(梳), 솟다(出), 싯다(洗)' 등이 있다.

(99) ㄱ. 눕다, 눕고, 눕노라, 눕는, 눕고져

ㄴ. 누버, 누보니, 누보며, 누본 …   [중세 국어]

ㄷ. 누워, 누우니, 누우며, 누운 …   [근대 국어]

예를 들어서 '눕다(臥)'에 모음으로 시작하는 어미인 '-어, -으니, -으며, -은' 등이 붙어서 활용하면, 중세 국어에서는 (ㄴ)의 '누버, 누보니, 누보며, 누본'처럼 어간의 끝소리 /ㅂ/이 /ㅸ/으로 바뀌었다. 그러나 근대 국어 시기에는 /ㅸ/이 사라졌으므로, (ㄷ)의 '누워, 누우니, 누우며, 누운'처럼 어간의 끝소리인 /ㅂ/이 /ㅗ/, /ㅜ/나 /w/로 바뀌었다.[50]

⟨ 'ㄷ' 불규칙 활용 ⟩ 일부 용언에서 /ㄷ/ 종성으로 끝나는 어간이 모음으로 시작하는 어미와 결합할 때에, /ㄷ/이 /ㄹ/로 바뀌었다.

(100) ㄱ. 씨돈다, 씨돈고, 씨돈노라, 씨돈는, 씨돈고져

ㄴ. 씨드라, 씨드르니, 씨드르며, 씨드른 …   [중세와 근대 국어]

예를 들어서 '씨돈다(覺)'에 모음으로 시작하는 어미인 '-아, -으니, -으며, -은' 등이 결합하여 활용하면, 중세 국어와 마찬가지로 근대 국어에서도 (ㄴ)의 '씨드라, 씨드르니, 씨드르며, 씨드른'처럼 어간의 끝소리인 /ㄷ/이 /ㄹ/로 바뀌었다.[51]

⟨ '르/ㄹ' 불규칙 활용 ⟩ 근대 국어에서는 어간이 /ㄹ/나 /르/로 끝나는 일부 용언의 어간이, 모음으로 시작하는 어미 앞에서 어간의 끝 모음인 /·/나 /ㅡ/가 탈락하고 동시에 어간에 /ㄹ/이 첨가된다.[52]

(1) ㄱ. 正官은 빈멀믜 ㅎ여 인ᄉ 몰라 아릭 누어ᄉᆞᆷᄂᆡ   [첩해-초 1:15]

ㄴ. 時節이 녜과 달라 아므란 雜說이나 이실가 너겨   [첩해-초 3:13]

---

50) 어간이 /ㅂ/으로 끝나는 용언 중에서 불규칙하게 활용하는 용언에는 '곱다(麗), 굽다(燔), 덥다(曙), 돕다(助), 춥다(寒)' 등이 있다. 반면에 규칙적으로 활용하는 용언에는 '굽다(曲), 닙다(服), 잡다(執, 捕), 좁다(狹)' 등이 있다.

51) 어간이 /ㄷ/으로 끝나는 용언 중에서 불규칙하게 활용하는 용언에는 '걷다(步), 긷다(汲), 씨돈다(覺), 다돈다(到), 일콛다(曰)' 등이 있다. 반면에 규칙적으로 활용하는 용언에는 '걷다(收), 굳다(堅), 돋다(出), 믿다(信), 얻다(得)' 등이 있다.

52) 중세 국어에서는 '샐라, 몰라'처럼 /ㄹ/만 첨가되는 'ㄹㄹ형'의 활용 형태와 '달아, 길어'처럼 유성 후두 마찰음이 첨가되는 'ㄹㅇ형'의 활용 형태가 있는데, 이들은 모두 규칙 활용으로 처리하였다.

(2) ㄱ. 이 후에 술이 만일 다시 힝ᄒ면 나라히 반ᄃ시 <u>ᄯ라</u>　　　[계윤 22]

　　　망ᄒ리니

　　ㄴ. 수쳔만 원가량식 <u>치러</u> 주어야 배상을 다 갑흘 터이니　　　[독신 2권 35호]

근대 국어에서는 (1)처럼 '모ᄅ다, 다ᄅ다'가 각각 '몰라, 달라'로 활용하였다. 그런데 근대 국어에서 어간의 끝소리가 /ᄅ/나 /르/로 끝나는 용언 중에서 '니르다/니ᄅ다(至), 프르다(靑), 누르다(黃)' 등은 각각 '니르러/니ᄅ러, 프르러, 누르러'로 활용한다('러' 불규칙 활용 참조). 이처럼 '니르러/니ᄅ러, 프르러, 누르러'와 같은 활용 형태가 있다는 사실을 감안하면, '몰라, 흘러, 달라, 게을러'의 활용 방식을 'ᄅ/르' 불규칙 활용으로 설정할 수 있다. 또한 어간이 'ᄅ/르'로 끝나는 'ᄯ르다/ᄯᄅ다, 치르다'가 (2)처럼 'ᄯ라, 치러'처럼 변동하는 양상(='ᄋ/으' 탈락)도 감안하면, (1)의 '몰라'와 '달라' 등은 현대어처럼 'ᄅ/르' 불규칙 활용으로 처리된다.

나. 어미의 불규칙 활용

근대 국어에서 어미가 불규칙하게 활용하는 것에는 '러' 불규칙 활용, '여' 불규칙 활용, '나라/너라' 불규칙 활용이 있으며, /ᄃ/이 /ᄅ/로 바뀌는 불규칙 활용 등이 있다.

〈 '러' 불규칙 활용 〉 '니르다(至), 푸르다(靑), 누르다(黃)'의 어간에 '-어'로 시작하는 어미가 결합하면, 어미의 '-어'가 '-러'로 불규칙하게 바뀐다.

(3) ㄱ. 쇠등의 시러 가 큰 내히 <u>니르러</u> 스스로 ᄲᅢ뎌 주그니라　　　[동삼 열5:56]

　　ㄴ. 나조ᄒᆞᆯ 向ᄒᆞ야 믌ᄀᆞ리 져기 <u>프르러</u> 가ᄂᆞ니　　　[두언-중 13:26]

　　ㄷ. 나못니피 <u>누르러</u> 듣고 龍ㅣ 正히 蟄藏ᄒᆞ얏거늘　　　[두언-중 25:29]

'ᄅ/르'로 끝나는 어간에 어미인 '-어'가 붙어서 활용하면 어간의 /ᆞ/, /ᅳ/가 탈락하는 것이 일반적이다('ᆞ/ᅳ' 탈락). 그런데 '니르다/니ᄅ다, 프르다, 누르다'의 어간에 연결 어미인 '-어'가 붙어서 활용하면, (3)처럼 어미인 '-어'가 '-러'로 불규칙하게 바뀐다.

〈 '야/여' 불규칙 활용 〉 'ᄒᆞ다'나 '어근+ᄒᆞ다'의 짜임으로 된 파생 용언의 어간에 연결 어미인 '-아'나 선어말 어미인 '-아-'가 결합하여 활용하면, 각각 '-야/-여'나 '-여-'로 불규칙하게 바뀐다.

(4) ㄱ. 도적이 그 ᄌᆞ식글 주기고 겁박ᄒᆞᄃᆡ ᄆᆞ춤내 굴티 아니ᄒᆞ<u>여</u> [동삼 열8:32]

　　ㄴ. 每日에 돈 더ᄂᆞ기 ᄒᆞ<u>야</u> 집을 도라보디 아니ᄒᆞᄂᆞ니　　　[오전 1:10]

ㄷ. 네 엇지 이리 괴롭게 ᄒ엿ᄂᆞ뇨　　　　　　　　　　　[태감 3:62]

　　ㄹ. 쳥 듯ᄂᆞ 사름들은 나라를 파라먹고 도망ᄒ여라　　　[독신 1권 97호]

(ㄱ)의 '아니ᄒ여', (ㄴ)의 'ᄒ야', (ㄷ)의 'ᄒ엿ᄂᆞ뇨', (ㄷ)의 '도망ᄒ여라'처럼 어간 'ᄒ-'의 뒤에 어미인 '-아, -앗- -아라'가 결합되면, 각각 '-여/-야, -엿-, -여라'의 불규칙한 형태로 바뀐다.53)

　　〈 '나라/너라' 불규칙 활용 〉중세 국어까지는 '오다'에 실현되는 명령형 어미의 일반적인 형태로 '-라'가 쓰였으며, '오나라'의 형태에서 '-나-'는 확인 표현의 선어말 어미로서의 기능을 유지하고 있었다. 그런데 근대 국어의 시기에 선어말 어미 '-나-'의 문법적인 기능이 소멸되자, '오다'의 명령형 어미로서 '오라'와 '오나라'로 실현되었다.

　　(5) ㄱ. 大娘子야 네 오라 내 네게 分付ᄒ쟈　　　　　　[오전 4:28]

　　　　ㄴ. 죽으려 ᄒ거든 갓기이 오리　　　　　　　　　　[오행 열26]

　　(6) ㄱ. 네 또 더러로 오나라　　　　　　　　　　　　　[노언 상52]

　　　　ㄴ. 네 아직 나갓다가 ᄒ 디위 기드려 다시 오나라　　[노언 하1]

　　(7) ㄱ. 이리 오너라 졀뇨ᄒ다 게 안졋다가 ᄒ 되 더 부쳐 다고　[남원고사 21]

　　　　ㄴ. 어셔 이리 나오너라 어셔 밧비 나오너라　　　　[남원고사 27]

근대 국어의 시기에 나타나는 (6)의 '오나라'는 (5)의 '오라'에 대한 불규칙 활용형으로 처리할 수 있다. 곧, 일반적인 용언에서는 명령형 어미로서 '-라'가 쓰였지만, '오다'의 간 뒤에서는 불규칙하게 '-나라'로 실현되는 것으로 처리하는 것이다. 그리고 19세기 이후의 근대 국어의 후기부터는 (7)처럼 '-나라'의 형태가 '-너라'로 바뀌어서 현대 국어까지 이르고 있다('너라' 불규칙 활용).

　　〈 어미의 /ㄷ/이 /ㄹ/로 바뀌는 불규칙 활용 〉/ㄷ/으로 시작하는 어미인 '-다, -도다, -더-' 등이, 서술격 조사와 '아니다', 그리고 선어말 어미인 '-리-, -더-, -니-' 뒤에 실현될 때는, 각각 '-라, -로다, -러-'로 불규칙하게 변동하였다.

---

53) 15세기에는 '-야'의 형태만 쓰이다가 16세기 중엽부터 근대 국어 중기까지는 '-야/-여'가 함께 실현되었다. 그리고 근대 국어 후기인 19세기부터는 '-여'로만 실현되어서 현대 국어에 이르고 있다('여' 불규칙 활용).

(8) ㄱ. 쳥풍은 묽은 ㅂ람이란 말이라   [오행 열44]

ㄴ. 이 곳이 이 놀 곳이 아니로다   [오전 5:9]

ㄷ. 老身이 뎌 少年時ᄅᆞᆯ 當홈애 진실로 견듸디 못ᄒᆞ리러라   [오전 6:2]

(ㄱ)에서는 평서형 종결 어미인 '-다'가 서술격 조사의 어간 뒤에서 '-라'의 형태로 활용
하였으며, (ㄴ)에서는 '아니다'의 어간 뒤에서 감탄형의 종결 어미인 '-도다'가 '-로다'의
형태로 활용하였다. 그리고 (ㄷ)에서는 회상의 선어말 어미인 '-더-'가 미래 시제의 선
어말 어미인 '-리-'의 뒤에서 '-러-'의 형태로 활용하였다. 이들은 모두 특정한 형태소
뒤에서 불규칙하게 활용한 예이다.

2.1.3. 수식언

'수식언(修飾言)'은 체언이나 용언 등을 수식(修飾)하면서 그 의미를 한정(限定)하는 단
어의 갈래인데, 이러한 수식언에는 '관형사'와 '부사'가 있다.

2.1.3.1. 관형사

가. 관형사의 개념
'관형사(冠形詞)'는 체언을 수식하면서 체언의 의미를 제한(한정)하는 단어의 갈래이다.

(1) ㄱ. 금슈는 새 피 ᄀᆞ 나 금빗 ᄀᆞ단 말이라   [태집 7]

ㄴ. 이 弟子들희 葬送홈을 닙ᄂᆞ니   [오전 1:5]

ㄷ. 우리 세 弟兄이 ᄀᆞ장 和氣ᄒᆞ여   [오전 1:2]

(ㄱ)에서 '새(新)'는 성질이나 상태의 실질적인 의미로 체언인 '피'의 의미를 한정하며,
(ㄴ)에서 '이(此)'는 지시의 의미로 체언인 '弟子들ᄒᆞ'의 의미를 한정하며, (ㄷ)에서 '세
(三)'는 수량의 의미로 체언인 '弟兄'의 의미를 한정한다. 이처럼 관형사는 체언 앞에서
관형어로 기능하며, 그 뒤에 체언의 의미를 한정하는 단어의 갈래이다.

나. 관형사의 종류
관형사는 의미·기능에 따라서 '성상 관형사, 지시 관형사, 수 관형사'로 나뉜다.

〈 성상 관형사 〉 '성상 관형사(性狀 冠形詞)'는 성질이나 상태의 실질적인 의미로 체언을 수식하는 관형사이다. 이러한 성상 관형사에는 '쁜(他), 모든/모든(全), 새(新), 온간/온갓(各種), 헌(弊)' 등의 단어가 있다.

    (2) ㄱ. 내 너희 <u>모든</u> 伴黨들ᄃ려 닐ᄋ노니   [박언 중:25]

        ㄴ. <u>새</u> 거슬 어더는 반드시 쳔 ᄒ더라   [동신 효5:1]

        ㄷ. <u>쁜</u> 남진에 난 ᄌ식   [역유 보 33]

        ㄹ. 아비 병이 극ᄒ여 <u>온간</u> 약기 효험 업거늘   [동신 효8:48]

        ㅁ. 나모 <u>헌</u> 거시 곳 굼긔 마겨 누어지디 몯ᄒᄂ   [두집 하:48]

(2)에서 (ㄱ)의 '모든(全)', (ㄴ)의 '새(新)', (ㄷ)의 '쁜(他)', (ㄹ)의 '온간(各種)', (ㅁ)의 '헌(弊)'은 각각 그 뒤의 체언인 '伴黨들, 것, 남진, 약ㄱ(← 약), 것' 등을 실질적인 의미로 수식하면서 그 체언의 의미를 한정한다.

〈 지시 관형사 〉 '지시 관형사(指示 冠形詞)'는 발화 현장이나 문맥 속에 있는 대상을 가리키면서 체언을 수식하는 관형사이다. 지시 관형사로는 '이, 그, 뎌/져 ; 어느/어ᄂ/어늬/어누/어닉, 므슷/므슴/무슴/무슨/므스 ; 아모' 등이 있다.

첫째, '이, 그, 뎌/져'는 어떤 대상을 직접적으로 가리키는 정칭의 지시 관형사이다. '이, 그, 뎌' 중에서 '이'는 화자에게 가까운 대상을, '그'는 청자에게 가까운 대상을, '뎌/져'는 화자와 청자 모두에게 먼 대상을 가리키면서 체언을 수식한다.

    (3) ㄱ. <u>의</u> 二三日 안희는 江湖에 브트실 쩌시니   [첩신 7:14]

        ㄴ. <u>그</u> 남근 油衫과 믲 栢이 爲上이라   [가언 5]

        ㄷ. <u>뎌</u> 도적들히 그 비옛 物件을 다 앗고   [박언 중:13]

'이, 그, 저'는 정칭의 지시 관형사인데, '이'는 화자에게 가까운 대상을, '그'는 청자에게 가까운 대상을, '뎌/져'는 화자와 청가 모두에게 먼 대상을 가리키면서 그 뒤의 체언의 이미를 한정한다.

둘째, '어느/어누'와 '므슷/므슴' 등은 그것이 수식하는 대상이 어떠한 것인지 물을 때에 쓰는 미지칭(未知稱)의 지시 관형사이다.

    (4) ㄱ. <u>므삼</u> 使令이 잇ᄂ니잇고   [오언 1:2]

        ㄴ. <u>어닉</u> 곳에 뼈 이셔심을 보고   [중용언해 3:3]

ㄷ. <u>엇떤</u> 사름의게 좃차 비호ᄂᆞ뇨 [오전 2:6]

(ㄱ~ㄷ)의 '므삼, 어니, 엇떤'은 미지칭의 지시 관형사로서, 각각 그 뒤에 실현된 '使令, 곳, 사름'을 수식하였다.

셋째, '아모/아무'는 사람이나 사물을 특별히 정하지 않고 두루 가리켜서 말할 때에 쓰는 부정칭(不定稱)의 지시 관형사이다.

(5) ㄱ. 얻지 至今 <u>아모</u> 긔쳑도 업습ᄂᆞᆫ고 [인대 4:17]
　　ㄴ. 내 曹操를 <u>아무</u> 째에 파ᄒᆞ면 [삼총 7:7]

(ㄱ)과 (ㄴ)의 '아모'와 '아무'는 부정칭의 지시 관형사로서 각각 그 뒤에 실현된 체언인 '긔쳑'과 '째'를 수식하였다.

〈 수 관형사 〉 '수 관형사(數 冠形詞)'는 수량 혹은 순서의 의미를 나타내면서, 그 뒤에 실현되는 체언을 수식하는 관형사이다.

첫째, 'ᄒᆞᆫ, 두, 세/서/석, 네/넷/넉, 다ᄉᆞᆺ/닷/단, 여슷/여ᄉᆞᆫ/엿, 닐굽/닐곱, 여듧, 아홉, 열, 열ᄒᆞᆫ, 열둘/열두… 스믈/스므, 셜혼…' 등은 수량의 뜻을 나타내면서, 그리고 '첫, 둘재, 세재, 네재, 다ᄉᆞᆺ<u>재</u>, 여슷<u>재</u>, 닐굽<u>재</u>, 아홉<u>재</u>…' 등은 순서의 뜻을 나타내면서 그 뒤에 실현되는 체언을 수식한다.

(6) ㄱ. <u>ᄒᆞᆫ</u> 소리예 <u>스므</u> 거름맛감 가고 [병학지남 1:7]
　　ㄴ. <u>두</u> 桶을 ᄒᆞᆰ 우희 펴 고ᄅᆞ고 [신자 10]
　　ㄷ. 銀 <u>석</u> 냥 <u>엿</u> 돈에 헤고 [노언 상:13]

(7) ㄱ. <u>첫</u> ᄀᆞ을히 이 亭子를 여희요라 [두언-중 3:35]
　　ㄴ. 니쳔 부ᄉᆞ와 <u>둘재</u> 싱원 보고 가시니 [병자일기 199]
　　ㄷ. 신평 몯오라바님과 <u>세재</u> 오라바님 약쥬 만히 안쥬 [병자일기 57]
　　　 ᄀᆞ초 ᄒᆞ여 오시니 고맙습다

(6)에서 (ㄱ)의 'ᄒᆞᆫ, 스므', (ㄴ)의 '두', (ㄷ)의 '석'과 '엿'은 수량을 뜻을 나타내면서 그 뒤의 체언인 '소리, 거름, 桶, 냥, 돈' 등을 수식하였다. 그리고 (7)에서 '첫', 둘재, 세재' 등은 순서의 뜻을 나타내면서 그 뒤의 체언인 'ᄀᆞ을ᄒᆞ, 싱원, 오라바님'을 수식하였다.

2.1.3.2. 부사

가. 부사의 개념

'부사(副詞)'는 다양한 문법적인 단위를 수식하여 그것의 의미를 한정하거나, 특정한 말을 다른 말에 이어 주는 단어의 갈래이다.

(8) ㄱ. 갑시 <u>ᄀ장</u> 됴흐니라   [노언-하 2]
    ㄴ. 가슴 두드려 울고 밥 <u>아니</u> 먹고 죽다   [동신 속효:29]

(9) ㄱ. 小人이 <u>비록</u> 나히 하나 엇디 곳 슈례ᄒ료   [노언 상:57]
    ㄴ. 다만 冠帶 ᄒ시미 됴홀가 시프외 <u>그러면</u> 冠帶도 ᄒ옴새   [첩신 7:12]

(8)에서 (ㄱ)의 'ᄀ장'은 형용사인 '됴흐니라'를, (ㄴ)의 '아니'는 동사인 '먹고'를 수식하였다. 그리고 (9)에서 (ㄱ)의 '비록'은 이어진 문장의 앞절인 '小人이 나히 하나'를 수식하였으며, (ㄴ)의 '그러면'은 앞 문장과 뒤 문장을 이어주는 기능을 한다.

나. 부사의 유형

부사는 특정한 문장 성분을 수식하는 '성분 부사'와 문장이나 절을 수식하는 '문장 부사'로 구분한다.

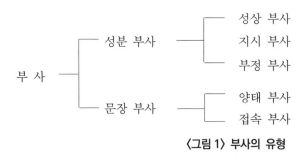

〈그림 1〉 부사의 유형

(나-1) 성분 부사

'성분 부사(成分 副詞)'는 문장 속에서 특정한 문장 성분만을 수식하는 부사이다. 성분 부사는 의미와 기능에 따라서 '성상 부사, 지시 부사, 부정 부사'로 구분된다.

〈**성상 부사**〉 '성상 부사(性狀 副詞)'는 주로 그 뒤에 실현되는 용언을 성질이나 상

태의 뜻으로 수식하는 부사이다.54)

(10) ㄱ. 손애 <u>계요</u> 서ᄅᆞ 단ᄂᆞ니라   [가언 5:12]

    ㄴ. 이곳이 <u>ᄀᆞ장</u> 놀기 됴흐니이다   [오전 1:4]

    ㄷ. 그러면 <u>도로</u> 너를 주마   [노언 하:18]

    ㄹ. 이녁이 <u>미오</u> 대졉ᄒᆞᄂᆞᆫ 체ᄒᆞ여   [인대 1:17]

    ㅁ. 다 <u>잘</u> 되답ᄒᆞᆯ다   [소아론 3]

    ㅂ. 이 거리에 와 입을 <u>병읏병읏</u> ᄒᆞᄂᆞ뇨   [오전 1:10]

(10)에서 '계요, ᄀᆞ장, 도로, 미오, 잘, 병읏병읏' 등의 부사는 각각 성질이나 상태의 실질적인 의미를 나타내면서 특정한 서술어(용언)인 '단ᄂᆞ니라, 됴흐니이다, 주마, 대졉ᄒᆞᄂᆞᆫ, 되답ᄒᆞᆯ다, ᄒᆞᄂᆞ뇨'를 수식한다.

〈 지시 부사 〉 '지시 부사(指示 副詞)'는 발화 현장에서 특정한 장소나 방향, 방법 등을 직접 가리키거나(直示), 앞선 문맥에서 이미 표현된 말을 대용(代用)하는 부사이다.55)

첫째, '이리, 그리, 뎌리; 이러ᄐᆞ시, 뎌러ᄐᆞ시' 등은 정칭(定稱)의 지시 부사이다.

(11) ㄱ. 나는 그저 <u>이리</u> 니ᄅᆞ리라   [노언 상:17]

    ㄴ. <u>그리</u> ᄒᆞ터디면 곳 집의 가ᄂᆞ냐 엇디ᄒᆞᄂᆞ뇨   [박언 상:22]

    ㄷ. 나도 <u>뎌리</u> 싱각ᄒᆞ엿노라   [박언 중:31]

    ㄹ. <u>이러ᄐᆞ시</u> 극진히 行下ᄒᆞ시니   [첩신 7:5]

    ㅁ. 엇디 괴로오믈 <u>뎌러ᄐᆞ시</u> ᄒᆞᄂᆞ뇨   [오행 열:22]

(ㄱ)의 '이리, 그리, 뎌리'와 (ㄴ)의 '이러ᄐᆞ시, 뎌러ᄐᆞ시'는 정칭의 지시 부사로서, 각각 서술어로 쓰인 '니ᄅᆞ리라, ᄒᆞ터디면, 싱각하엿노라, 行下ᄒᆞ시니, ᄒᆞᄂᆞ뇨'를 수식하였다.

둘째, '어드러, 엇디'는 미지칭의 지시 부사이며, '아ᄆᆞ리'는 부정칭의 지시 부사이다.

---

54) 이러한 성상 부사에는 '계오/계요/계유, 급히, ᄀᆞ장, 너무, 더욱, 도로, 미오, 병읏병읏, 수이, 쌜리, 아조, 잘, 흔갓, 기리, ᄀᆞᆺ, 몬져, 무ᄎᆞᆷ내, 미양, 비로소, ᄇᆞ야흐로, 블셔, 시방, 아직, 엿태, 요ᄉᆞ이, 이윽고, 잠깐, 져저긔, 처음, ᄒᆞ마' 등이 있다.

55) 이러한 지시 부사에는 공간을 지시하는 지시 부사로서 '이리, 그리, 뎌리/져리, 이리져리, 어드러' 등이 있고, 방법을 지시하는 지시 부사로서 '이러ᄐᆞ시, 뎌러ᄐᆞ시/져러ᄐᆞ시, 엇디/엇뎨, 아ᄆᆞ리' 등이 있다.

(12) ㄱ. 이제 <u>어드러</u> 가는다   [노언 상:1]

      ㄴ. <u>엇디</u> 種類ㅣ 긋처디디 아니ㅎ리오   [오전 1:8]

      ㄷ. 대부인끠 <u>아므리</u> ㅎ고져 ㅎ신들 아니 겨시면 뎌러ㅎ시랴   [병자일기 156]

(ㄱ)의 '어드러'와 (ㄴ)의 '엇디'는 미지칭의 지시 부사로서, 그 뒤의 서술어인 '가는다'와 '긋처디디 아니ㅎ리오'를 수식하였다. 그리고 (ㄷ)의 '아므리'는 부정칭의 지시 부사로서, 그 뒤의 서술어인 'ㅎ고져 하신들'을 수식하였다.

〈**부정 부사**〉 '부정 부사(否定 副詞)'는 긍정문을 부정문으로 바꾸어 주는 부사인데, 이에는 '아니'와 '몯/못'이 있다.

(13) ㄱ. 南으로 녀 오니 길히 더옥 <u>아니</u> 환ㅎ도다   [두언-중 1:20]

      ㄴ. 밥 <u>아니</u> 먹고 정신 아득ㅎ면 쏘 죽ᄂ니라   [언두 하:8]

(14) ㄱ. 엇디 연으로 미타불을 <u>몯</u> 보리오   [권요 33]

      ㄴ. 거상 버스매 뼈 즁ᄌ로셔 ᄉ당을 <u>못</u> 셸 거시라   [동신 효5:1]

(13)의 '아니'는 문장으로 표현된 내용을 단순하게 부정하거나, 주체의 의지로써 문장의 내용을 부정하는 뜻을 나타낸다. (ㄱ)처럼 형용사인 '환ㅎ도다'를 서술어로 하는 문장에서는 '아니'를 실현하여 '오라다'의 내용을 단순하게 부정하였으며, (ㄴ)처럼 동사인 '먹고'를 서술어로 하는 문장에서는 주체의 의지로써 '먹다'의 내용을 부정하였다. 반면에 (14)의 '몯'은 '할 수 없음' 혹은 '불가능성'의 뜻을 더하면서 문장의 내용을 부정한다. 곧 (ㄱ)은 '외적인 조건 때문에 어찌할 수 없이 '미타불'을 보지 못함'을 나타내었고, (ㄴ)은 '외적인 조건 때문에 어찌할 수 없이 'ᄉ당'을 세우지 못함'을 나타낸다.

(나-2) 문장 부사

'문장 부사(文章 副詞)'는 문장이나 절 전체를 수식하는 부사인데, 이에는 '양태 부사'와 '접속 부사'가 있다.

〈**양태 부사**〉 '양태 부사(樣態 副詞)'는 문장(절)의 전체 내용에 대하여, '추측, 필연, 가정, 양보, 기원, 부정, 의혹, 당위'와 같은, 화자의 태도나 주관적인 판단을 표현하는 부사이다.[56]

---

56) 근대 국어에 쓰인 양태 부사의 예로는 '맛당히(當), 모로매/모로미(須), 반다기/반ᄃ시/반드시(必), 아마, 믈읫, 아므려나(且), 힝혀; 만일(萬一), 비록' 등이 있다.

(20) ㄱ. 맛당히 ᄉᆞ믈탕의 황년과 방풍과 년효ᄅᆞᆯ 가ᄒᆞ야 머겨　　[언두 70]
음긔를 보ᄒᆞ고 양긔를 믈리티라

ㄴ. 이 무른 모로매 다 斬伐홀디니　　[두언-중 2:53]

ㄷ. 이졔 왕이 반다시 션비ᄅᆞᆯ 닐위고져 홀딘ᄃᆡ　　[십사 2:90]

ㄹ. 아마도 고기만 자시고 즌 광어과 즌 여술 즐기더라　　[계일 상:12]

ㅁ. 믈읫 우리 ᄇᆡᆨ셩 다ᄉᆞ리ᄂᆞᆫ 사ᄅᆞᆷ은 거의 또ᄒᆞᆫ 념녀홀ᄯᅵ어다

ㅂ. 아므려나 ᄆᆞᄋᆞᆷ을 다ᄒᆞ여 니기ᄋᆞᆸ소　　[첩신 9:17]

ㅅ. 힝혀 시러곰 아ᄅᆞᆷ다온 소ᄂᆞᆯ 慰勞ᄒᆞ놋다　　[두언-중 16:35]

(21) ㄱ. 만일 믿시 티븕고 긑티 두렵ᄒᆞ야 블어디고 ᄆᆞᆫ지면　　[언두 15]
손애 기티ᄂᆞ니ᄂᆞᆫ 힝역이오

ㄴ. 澤國에셔 비록 비ᄅᆞᆯ ᄇᆞ즈러니 ᄇᆞ라나 더운 하ᄂᆞᆯ해　　[두언-중 3:19]
ᄆᆞᄎᆞ매 즌홀기 엳도다

(20)에서 (ㄱ~ㄷ)의 '맛당히, 모로매, 반다시'는 화자가 문장의 내용을 당위적이거나 필연적인 사실로 인식함을 나타낸다. (ㄹ)의 '아마도'는 문장의 내용에 대한 일반적인 추측을 나타내며, (ㅁ)의 '믈읫'은 대략적인 추측을 나타낸다. (ㅂ)의 '아므려나'는 어떤 사실을 양보해서 판단함을 나타내며, (ㅅ)의 '힝혀'는 '어쩌다가 혹시'처럼 일어나 가능성이 약한 추측의 뜻을 나타낸다. 그리고 (21)에서 (ㄱ)의 '만일'은 이어진 문장의 앞절의 내용에 대한 가정을 나타내며, (ㄴ)의 '비록'은 양보를 나타낸다.

이처럼 '맛당히, 모로매, 반다시, 아마, 믈읫, 아므려나, 힝혀, 만일, 비록' 등의 양태 부사는 문장이나 절의 전체 내용에 대한 화자의 태도나 주관적인 판단을 나타낸다.

〈 접속 부사 〉 '접속 부사(接續 副詞)'는 단어와 단어를 이어서 명사구를 형성하거나, 앞의 문장과 뒤의 문장을 이어 주는 부사이다.57)

접속 부사는 그것이 이어 주는 말의 단위에 따라서 '단어 접속 부사'와 '문장 접속 부사'로 나눌 수 있다.

첫째, '단어 접속 부사'는 단어와 단어를 이어서 명사구를 형성하는 기능을 한다.

57) 접속 부사는 접속 기능만 있는 것과, 접속 기능과 함께 대용 기능이 있는 것이 있다. 접속 부사 중에서 '믿/밋, 또, 또ᄒᆞᆫ, 혹' 등은 대용 기능은 없고 접속 기능만 있다. 반면에 '그러나, 그러면, 그런ᄃᆞ로, 이런ᄃᆞ로' 등과 같이 '그, 이' 등이 붙어서 형성된 접속 부사는 접속 기능뿐만 아니라, 앞의 문장을 대용하는 기능도 갖추고 있다.

(22) ㄱ. 수릿군과 <u>밋</u> 수릐에 쩐는 딕들히 ᄎᄎ로 힝군ᄒ다가　　　[연지 22]

　　　ㄴ. 도저기 주거 지아비와 <u>밑</u> ᄌ식 두 주검 아오라 블 디ᄅ다 [동신 열8:69]

(ㄱ)에서 '밋'은 명사인 '수릿군'과 '수릐에 쩐는 딕들ㅎ'을, (ㄴ)에서 '밑'은 '지아비'와
'ᄌ식'을 이어서 이들 단어들을 하나의 명사구로 만들었다.

　둘째, '문장 접속 부사'는 앞의 문장과 뒤의 문장을 특정한 의미적인 관계로 이어 주는
기능을 한다.

(23) ㄱ. 이제 世俗이 襲이 잇고 大小斂이 업스니 厥흔 배 하도다　　　[가언 5:17]
　　　　<u>그러나</u> 古者애 士는 襲衣三稱이오

　　　ㄴ. 내 이 여러 ᄆᆯ 가져 폴라 가노라 <u>그러면</u> ᄀ장 됴토다　　　[노언 상:7]

　　　ㄷ. 이는 신이 아래 이셔 더러운 거슬 먹디 아니흔 연괴라　　　[언두 상:11]
　　　　<u>쏘</u> 굴오딕 흔팀ᄒ어 자며 ᄌ쳐음꾀 놀리 기만히 ᄒᄂ니는
　　　　쟝ᄎᆺ 힝역 ᄠ리홀 증휘라

(ㄱ)에서 접속 부사인 '그러나'는 앞 문장과 뒤 문장의 사이에 실현되어서 '대조'의 의미
관계로, (ㄴ)에서 '그러면'은 '조건'의 의미 관계로, (ㄷ)에서 '쏘'는 '첨가'의 의미 관계로
앞 문장과 뒤의 문장을 이었다.

　그런데 중세 국어와 마찬가지로 근대에서는 접속 부사가 이어진 문장 속의 앞절과
뒷절 사이에 실현되어서, 연결 어미의 접속 기능을 강화하는 경우가 있다.

(24) ㄱ. 어진 도리를 닷디 몯홀식 <u>그런ᄃ로</u> 이제 귀보를 몯 버스니 [권요 5]

　　　ㄴ. 개도 보디 못ᄒ고 <u>쏘</u> 범도 보디 못ᄒ고　　　　　　　[박언 하:24]

　　　ㄷ. 비록 그 行ᄒ미 ᄦ 잇고 施ᄒ미 곧이 이시나 <u>그러나</u>　　　[가언 1:서3]
　　　　講구ᄒ미 본딕 봙고 흑習ᄒ미 본딕 닉디 아니ᄒ면

(24)에서 접속 부사인 '그런ᄃ로, 쏘, 그러나'는 이어진 문장의 앞절 뒤에 실현된 연결
어미 '-올식, -고, -나'의 의미를 다시 표현하였다. 이 경우의 접속 조사는 연결 어미의
접속 기능을 강화하는 기능을 한다.58)

────────────

58) (22)와 (23)에 쓰인 접속 부사들의 주된 기능은 특정한 말을 수식하는 것이 아니라 이어 주는
　것이다. 이러한 점을 감안하면 이들 단어들을 부사로 처리하기보다는 접속사(接續詞)로 처리할
　가능성이 있다(나찬연, 2017ㄱ: 278).

2.1.4. 독립언

독립언(獨立言)은 문장 속의 다른 말과 문법적인 관계를 맺지 않고 독립적으로 쓰이는 단어의 갈래이다. 독립언으로는 '감탄사(感歎詞)'가 있는데, 감탄사는 화자가 '기쁨, 슬픔, 놀람, 불만' 등과 같은 내적 감정을 직접적으로 표출하는 '감정 감탄사'와 '대답, 다짐, 부름, 시킴' 등의 의지를 직접적으로 표출하는 '의지 감탄사'로 나뉜다.

(1) ㄱ. 主人 형아 애 쏘 王가든 형이로괴야   [노언 상:15]
    ㄴ. 이 므스 일이옵관듸 이대도록 어렵사리 니ㄹ옵시ᄂᆞᆫ고   [첩신-초 5:21]

(2) ㄱ. 어와 아름다이 오옵시도쇠   [첩신-초 1:2]
    ㄴ. 어와 어와 ᄀᆞ장 됴ᄊᆞ외   [첩신-초 9:1]

(3) ㄱ. 오호ㅣ라 나의 고굉과 경직와 나의 빅료ᄂᆞᆫ 다 나의   [계윤 19]
       기유홈을 드ㄹ라
    ㄴ. 오회라 즁용에 글오듸 하늘이 명ᄒᆞ심을 일온 셩품이라 ᄒᆞ고[척사윤음 1]

(4) ㄱ. 이바 내 너ᄃᆞ려 니ㄹ마   [박언 상:30]
    ㄴ. 이바 네 닷 돈을 더디 말고 네 고디식ᄒᆞᆫ 갑슬 니ㄹ면   [노언 하:20]
       그저 ᄒᆞᆫ 말에 네게 갑프마

(1)의 '애/이'와 (2)의 '어와' (3)의 '오호ㅣ라/오회라'는 화자가 청자를 의식하지 않고 자신의 감정을 표출하는 데에 그치는 '감정 감탄사(感情 感歎詞)'이다. 그리고 (4)의 '이바'는 화자가 청자를 부르는 말이다. 이러한 부름말은 화자가 자기의 요구나 판단을 청자에게 적극적으로 표현하는 '의지 감탄사(意志 感歎詞)'이다.

2.2. 단어의 형성

단어의 형성법은 실질 형태소인 어근에 어근이 결합하여서 '합성어'를 형성하거나, 어근에 파생 접사가 붙어서 '파생어'를 형성하는 문법적인 방법이다.

2.2.1. 합성어

어근과 어근이 합쳐져서 새로운 단어를 형성하는 문법적인 절차를 '합성법'이라고 한다. 여기서는 합성어의 최종 품사를 기준으로 삼아서, 근대 국어의 합성어의 유형을 '명사 합성어, 동사 합성어, 형용사 합성어, 관형사 합성어, 부사 합성어'로 분류한다.

가. 명사 합성어

명사 합성어는 어근과 어근이 결합하여 형성된 새로운 명사이다.

〈 **통사적 합성어** 〉 '통사적 합성법'으로 형성된 합성 명사는 다음과 같다.

> (1) ㄱ. 밤낫, 오좀똥; 믉고기, 댱맛비, 돍의알, 쇠가족; 눈엣가시, 눈엣동ᄌ
> ㄴ. 츤믈, 늘줌싱; 즈름길, 가름길

(1)의 합성어는 통사적 합성법으로 형성된 합성 명사이다. 먼저 (ㄱ)의 예는 명사와 명사가 결합하여 형성된 합성어 예이다. 곧, '밤낫'과 '오좀똥'은 명사와 명사가 직접 결합하여 합성어가 되었다. '믉고기'와 '댱맛비'는 명사와 명사 사이에 관형격 조사인 '-ㅅ'이 실현되어서, 그리고 '돍의알'과 '쇠가족'은 명사와 명사 사이에 관형격 조사인 '-의'와 '-ㅣ'가 실현되어서 합성어가 되었다. '눈엣가시'와 '눈엣동ᄌ'는 명사에 위치를 나타내는 부사격 조사인 '-에'와 관형격 조사인 '-ㅅ'이 실현되어서 합성어가 되었다. 다음으로 (ㄴ)의 예는 용언의 활용형과 명사가 합성된 예이다. 곧, '츤믈'과 '늘줌싱'은 용언의 관형사형에 명사가 결합하여서, '즈름길'과 '가름길'은 용언의 명사형에 명사가 결합하여서 합성어가 되었다.

〈 **비통사적 합성어** 〉 '비통사적인 합성법'으로 형성된 합성 명사는 다음과 같다.

> (2) 후리그믈, 쓰믈, 접칙; 붉쥐

'후리그믈, 쓰믈, 첩칙, 붉쥐'는 용언의 어간에 명사가 직접적으로 결합하여 합성 명사가 되었다. 이들은 용언의 어간 뒤에 실현되어야 할 관형사형 전성 어미가 실현되지 않은 채로 명사를 수식하는 구조를 하고 있다는 점에서 비통사적 합성 명사이다.

나. 동사 합성어

동사 합성어는 어근과 어근이 결합하여 형성된 새로운 동사이다.

〈 통사적 합성법 〉 통사적 합성법으로 형성된 용언으로는 앞 어근이 동사인 것과 앞 어근이 명사인 것이 있다.

첫째, 동사 어근과 동사 어근이 결합하여 새로운 합성 동사를 형성할 수가 있다.

(3) ㄱ. 드려가다, 느려오다, 사라나다, 쩌닙다, 더러내다
   ㄴ. 깃거ᄒ다, 믜여ᄒ다, 두려ᄒ다; 믜워ᄒ다, 저퍼ᄒ다
   ㄷ. 싄허지다, 느러지다, 쩌지다

(ㄱ)의 '드려가다'는 동사의 연결형인 '드려(드리-+-어)'에 동사인 '가다'가 결합해서, (ㄴ)의 '깃거ᄒ다'는 '깃거(짔-+-어)'에 'ᄒ다'가 결합해서, (ㄷ)이 '싄허지다'는 '싄허(싫-+-어)'에 '지다'가 결합해서 합성어가 되었다.[59]

둘째, 명사 어근에 동사 어근이 결합하여 새로운 합성 동사를 형성할 수 있다.

(4) ㄱ. 귀먹다, ᄎ닉다
   ㄴ. ᄭᅮᆷ쑤다, 녀름짓다
   ㄷ. 압셔다, 뒤쩌지다

합성 동사를 이루는 명사 어근과 동사 어근은 특정한 통사적인 관계를 맺고 있다. 곧, (ㄱ)의 '귀먹다'는 명사 어근인 '귀'와 동사 어근인 '먹다'가 결합하였는데, 앞 어근인 '귀'와 뒤 어근인 '먹다'는 '주어-서술어'의 통사적인 관계를 맺고 있다. (ㄴ)의 'ᄭᅮᆷ쑤다'에서 'ᄭᅮᆷ'과 '쑤다'는 '목적어-서술어'를 통사적인 관계를 맺고 있으며, (ㄷ)의 '압셔다'에서 '앞'과 '셔다'는 '부사어-서술어'의 통사적인 관계를 맺고 있다.

〈 비통사적 합성법 〉 비통사적 합성법으로 형성된 다음과 같은 예가 있는데, 주로 동사 어간과 동사 어간이 직접적으로 결합하여서 형성되었다.

(5) 깁보태다, 넘나다, 듣보다/듯보다, 얽미다, 굷셔다, 거두치다

---

59) (3ㄴ)에 제시된 '-어ᄒ-'나 '-어 ᄒ-'의 구성에 대한 문법적인 성격을 규명하기가 쉽지 않다. 첫째, 허웅(1975: 87)에서는 15세기의 중세 국어에 쓰인 (3ㄴ)의 예를 앞의 용언이 연결 어미인 '-어'를 통해서 뒤의 용언인 'ᄒ다'에 이어진 통사적 구성으로 보았다. 둘째, 이기문(1998: 217)과 이승연(1998: 259)에서는 근대 국어를 대상으로 하여 (3ㄴ)의 예를 어근과 어근이 결합한 합성 용언으로 처리하였고, 이광호(2004: 193)에서는 '-어ᄒ-'를 동사를 파생하는 접미사로 처리하였다. 셋째, 고영근·구본관(2008: 228)에서는 현대 국어에 쓰인 '-어하-'를 동사를 파생하는 접미사로 보았다.

'깁보태다'는 동사의 어간인 '깁(補)-'에 '보태(添)-'가, '넘나다'는 동사의 어간인 '넘(跳)-'에 '나(出)-'가, '듣보다'는 동사의 어간인 '듣(廳)-'에 '보(見)-'가 직접적으로 결합하여 합성 동사를 형성하였다. 이들 합성 동사는 동사와 동사가 결합하는 과정에서 연결 어미인 '-고'나 '-아/-어'가 실현되지 않았으므로 비통사적 합성 동사이다. 이러한 비통사적 합성법으로 파생되는 동사의 종류가 중세 국어에서는 매우 많았으나, 근대 국어와 현대 국어로 내려올수록 그 종류가 줄어들었다.

다. 형용사 합성어

형용사 합성어는 어근과 어근이 결합하여 형성딘 새로운 형용사이다.

〈**통사적 합성법**〉 명사 어근과 형용사 어근이 통사적 합성법으로 결합하여서 새로운 형용사가 형성될 수가 있다.

> (6) ㄱ. 갑스나/갑쓰나, 기름시다/기름지다, 빋브르다/빋브르다, 숨츠다, 입즈다
>
> ㄴ. 눔붓그럽다

(ㄱ)에서 '갑스다'는 명사 어근인 '값(價)'에 형용사 어근인 '스(値)-'가 결합하였는데, 합성어 속에서 '값'과 '스다'는 '주어-서술어'의 통사적인 관계를 맺고 있다. 그리고 (ㄴ)의 '눔붓그럽다'는 명사 어근인 '눔(他)'에 형용사 어근인 '붓그럽(恥)-'이 결합하였는데, 여기서 '눔'과 '붓그럽다'는 '부사어-서술어'의 통사적인 관계를 맺고 있다.

〈**비통사적 합성법**〉 형용사의 어근과 형용사 어근이 비통사적인 합성법으로 결합하여서 새로운 형용사가 형성될 수가 있다.

> (7) 검븕다, 검프르다, 굳세다, 놉늦다, 됴쿶다, 일늦다

'검븕다'는 형용사 어근인 '검(黑)-'에 형용사 어근인 '븕(赤)-'이 붙어서, '놉늦다'는 형용사 어근인 '놉(高)-'에 형용사 어근인 '늦(低)-'이 결합해서 합성 형용사가 형성되었다. 이들 합성 형용사는 형용사의 어간에 연결 어미가 실현되지 않고 뒤 형용사의 어간이 직접적으로 결합하였으므로, 비통사적 합성 형용사이다.

라. 관형사 합성어

관형사 합성어는 어근과 어근이 결합하여 형성된 새로운 관형사인데, 대부분 통사적 합성어이다.

(8) ㄱ. 온갖/온간

　　ㄴ. 흔두, 두서/두어/두세, 서너, 네다섯, 네대엿, 다엿, 여닐곱/여닐굽, 닐여듧, 열아홉

　　ㄷ. 열나믄(믄)/여라믄, 스므나믄(믄), 셜혼나믄(믄), 예슌나믄, 닐혼나믄

(ㄱ)의 '온갖/온간'은 관형사 어근인 '온(全)'에 명사 어근인 '갖(←가지, 種)'이 결합하여
서, (ㄴ)의 '흔두'는 관형사 어근인 '흔(一)'에 관형사 어근인 '두(二)'가 결합하여서 합성
관형사가 형성되었다. (ㄷ)의 '열나믄(믄)'은 수사 '열(十)'에 동사 '남다(餘)'의 관형사형인
'남은/남은'이 결합하여서 합성 관형사가 되었다.

마. 부사 합성어

부사 합성어는 어근과 어근이 결합하여 형성된 새로운 부사이다.

첫째, 명사 어근과 명사 어근이 합쳐서 합성 부사가 형성될 수 있다.

(9) ㄱ. 밤낮; 가지가지, 째째, 조각조각, 수이수이

　　ㄴ. 여긔저긔

(ㄱ)에서 '밤낮'은 명사 어근인 '밤(夜)'과 명사 어근인 '낮(晝)'이 결합하여서, '가지가지'
는 명사 어근인 '가지'가 되풀이되어서 합성 부사가 되었다. 그리고 (ㄴ)의 '여긔저긔'는
대명사 어근인 '여긔'와 '저긔'가 결합하여 합성 부사가 되었다.

둘째, 부사 어근과 부사 어근이 합쳐서 합성 부사가 형성될 수 있다.

(10) ㄱ. 이리져리

　　ㄴ. ᄌ로ᄌ로/자로자로, ᄌ곰ᄌ곰/갓금갓금

(ㄱ)의 '이리져리'는 부사 어근인 '이리'와 '저리'가 결합하여서, 'ᄌ로ᄌ로'는 부사인 'ᄌ
로'가 겹쳐서 합성 부사가 되었다.

셋째, 부사나 부사와 유사한 성격을 띠는 불완전 어근이 반복되어서, 의성어나 의태어
로 쓰이는 합성 부사가 형성될 수 있다.

(11) ㄱ. 칭강칭강, 와삭와삭

　　ㄴ. ᄀ만ᄀ만, 거물거물, 드믓드믓, 부슬부슬, 아몰아몰, 우묵우묵, 주굴주굴

　　ㄷ. 도곤도곤, 야굼야굼, 터덕터덕, 퍼석퍼석

(ㄱ)의 '칭강칭강'은 '칭강'이 되풀이되어서 의성 부사가 형성되었으며, (ㄴ)의 'ᄀ만ᄀ
만'은 'ᄀ만'이 되풀이되어서 의태 부사가 형성되었다. (ㄷ)의 '도곤도곤'은 '도곤'이 되풀
이서 되어서 형성된 부사인데, 문맥에 따라서 의성 부사로 쓰이기도 하고 의태 부사로
쓰이기도 한다.

2.2.2. 파생어

파생법은 어근과 접사의 상대적인 위치에 따라서 두 가지 유형으로 나뉜다. 곧, 어근
의 앞에 파생 접두사가 붙어서 새로운 단어를 만드는 '접두 파생법'과 어근의 뒤에 파생
접미사가 붙어서 새로운 단어를 형성하는 '접미 파생법'이 있다.

2.2.2.1. 접두 파생어

접두 파생법은 어근에 파생 접두사가 붙어서 새 단어를 형성하는데, 이때에 파생 접두
사는 어근의 품사를 바꾸지 않는 특징이 있다. 따라서 파생 접두사에는 어근의 의미를
제한하는 '한정적 기능'만 있고 어근의 문법적인 성격을 바꾸는 '지배적 기능'은 없다.
접두 파생어로는 '체언의 파생어'와 '용언의 파생어'가 있다.

〈 체언의 접두 파생법 〉 체언의 접두 파생어는 체언인 어근에 파생 접두사가 붙어서 형
성된 새로운 체언(명사)이다.

> (12) 굴/갈가마귀, ᄀ랑/가랑비, 강술, 겹니불, 곰ᄃ릭, 군ᄆ음, 늘고기, 납거믜, 널문, 넙나물,
> 다솜어미

(12)에서 '굴-/갈-'은 '무늬(紋)'의 뜻을, 'ᄀ랑-/가랑-'은 '가늘다(細)'의 뜻을, '강-'은 다
른 것이 섞이지 않은(純)의 뜻을, '겹-'은 '겹치다(複)'의 뜻을, '곰-'은 '곰(熊) 모양'의
뜻을 나타낸다. 그리고 '군-'은 '쓸데없다(雜)'의 뜻을, '늘-'은 '미가공(生)'의 뜻을, '납-'
은 '넓적하다(廣)'의 뜻을, '널-'은 '널빤지(板)'의 뜻을, '넙-'은 '넓다(廣)'의 뜻을, '다솜-'
은 '가짜(假)'의 뜻을 나타낸다.

> (13) 댓무우, 덧니, 돌미나리, 된밥, 들기름, 딜그릇, 몯(뭇)누의, 민손, 메(멧)꽃, 무쇠

(13)에서 '댓-'은 '억세고 크다(壯大)'의 뜻을, '덧-'은 '거듭(重)'의 뜻을, '돌-'은 '야생(野)'

이나 '질이 낮다(低質)'의 뜻을, '된-'은 '건조하다(乾)'나 '힘들다(苦)'의 뜻을, '들-'은 '야생(野)'의 뜻을 나타낸다. 그리고 '딜-'은 '흙(土)'의 뜻을, '몯-/못-'은 '맏이(孟)'의 뜻을, '민-'은 '비다(白)'의 뜻을, '메-/멧-'은 '휘돌다(旋)'의 뜻을, '무-'는 '물(水)'의 뜻을 나타낸다.

(14) 민며느리, 수둙/수툵, 쉿/쉰/숫무우, 싀어미, 아◌누의, 아촌아들, 암물, 올벼, 이듬히, 출기장, 춥쌀죽, 초돌

(14)에서 '민-'은 '미리(豫)'의 뜻을, '수-/수ㅎ-'은 '수컷(雄)'의 뜻을, '쉿-/쉰-/숫-'은 '거칠다(蕪)'의 뜻을, '싀-'는 '시집(媤)'의 뜻을, '아◌-'는 '아우(弟)'나 '어린(少)'의 뜻을 나타낸다. '아촌-'은 '작다(小)'의 뜻을, '암-/암ㅎ-'은 '암컷(雌)'의 뜻을, '올-'은 '이르다(早)'의 뜻을, '이듬-'은 '다음(次)'의 뜻을, '출-/츠-'는 '찰지다(粘)'나 '야무지다/굳다(堅)'의 뜻을 나타낸다.

(15) 춤기름, 표범, 픗ᄂ믈, 한(할)아비, 항것, 한ᄃᆡ, 핫바디

(15)에서 '춤-'은 '진짜(眞)'의 뜻을, '표-'는 '얼룩무늬가 있는(彪)'의 뜻을, '픗-/풋-'은 '어리다(靑, 未熟)'의 뜻을, '한-/할-/항-'은 '크다(大)'의 뜻을, '한-'은 '바깥(外)'의 뜻을, '핫-'은 '솜(綿)'의 뜻을 나타낸다.

〈 용언의 접두 파생어 〉 용언의 접두 파생법은 용언인 어근에 파생 접두사가 붙어서 형성된 새로운 용언이다.

(16) 답싸히다, 덧닉다, 데쁘다, 되츠다, 뒤눕다, 마ᄆᆞᆯ다, 무덥다, 박츠다, 붓도도다, 뷔틀다

(16)에서 '답-'은 '첩첩이(累)'의 뜻을, '덧-'은 '겹쳐서 더(累加)'의 뜻을, '데-'는 '매우(甚)'의 뜻을, '되-'는 '돌이켜(回)'의 뜻을, '뒤-'는 '반대로(反)'나 '뒤집어(逆)'의 뜻을, '마-'는 '물기가 없다(燥)'의 뜻을 나타낸다. 그리고 '무-'는 '물기가 많게(濕)'의 뜻을, '박-'은 '세게, 힘차게(强)'의 뜻을, '붓-'은 '더욱(尤)'의 뜻을, '뷔-'는 '힘 있게 바싹 꼬면서(拗)'의 뜻을 나타낸다.

(17) 브르짖다, 브르쁘다, 비웃다, 싀새오다, 싯노랗다, 얄밉다, 엇버히다, 에굽다, 어여보다, 엿보다

(17)에서 '브르-/브릅-'은 '크게, 강하게'의 뜻을, '비-'는 '얕잡거나 업신여겨(卑)'의 뜻을, '쇠-/시-'는 '강조'의 뜻을, '얄-'은 '약빠르게'의 뜻을 나타낸다. 그리고 '엇-'은 '한쪽으로 조금 비뚤어서'의 뜻을, '에-'는 '약간 휘우듬하게'의 뜻을, '여어-'와 '엿-은 '남몰래(偸)'의 뜻을 나타낸다.

(18) 져브리다, 즐티다, 짓치다, 티쁘다, 치돋다, 휘젓다, 횟쑤루다, 흐놀이다

(18)에서 '져-'는 '등을 져(背)'의 뜻으로, '즏-/즛-/즌-/짓-'은 '마구'의 뜻을, '티-/치-'는 '위로 올려서(上)'의 뜻을, '휘-'와 '횟-'은 '심하게'나 '마구'의 뜻을, '흐-'는 '짖궂게'의 뜻을 나타낸다.

2.2.2.2. 접미 파생어

접미 파생어는 어근에 파생 접미사가 붙어서 새로운 단어를 형성하는 단어 형성법인데, 파생 접미사는 '한정적 기능'으로도 쓰일 수 있고 '지배적 기능'도 쓰일 수 있다. 접미 파생어는 파생법에 의하여 형성된 단어의 품사에 따라서, '체언 파생법', '용언 파생법', '부사 파생법', '조사 파생법' 등으로 분류할 수 있다.

가. 체언의 접미 파생어

〈 체언 파생법의 유형 〉 파생 체언은 어근의 품사에 따라서 '체언에서 파생된 것'과 '용언에서 파생된 것'과 '수식언에서 파생된 것'으로 구분된다.

첫째, 체언 어근에 파생 접미사가 붙어서 다시 체언으로 파생될 수가 있다. 이들 파생 접미사는 어근의 품사나 문법적인 성질을 바꾸지 않으므로 한정적 기능으로 쓰였다.

(19) 李가, 벗님닉, 손님, 벌빗, 저희, 그듸, 노롯바치, 씍쟝이, 쇠아지, 부헝이, 쌋라기, 도젹딜, 벼맡, 힛발 ; 글월 터럭, 가족, 기동, 겨드랑

(20) 둘재/둘쌔, 닐굽재, 다숫재, 여숫재, 아홉재

(19)는 명사 어근에 파생 접미사인 '-가, -닉, -님, -빗, -희, -듸/-딕, -바치/-밧치/-아치, -쟝이, -아지/-야지, -이, -아기, -딜/-질, -맡/-맏, -발 ; -월, -억, -옥, -옹, -으랑' 등이 붙어서 다시 파생 명사가 된 단어이다. 이들 파생 접미사는 어근에 특정한 뜻만

더할 뿐이지60) 어근의 문법적인 성질을 바꾸지 않았기 때문에 한정적 기능으로 쓰였다. 그리고 (20)의 예는 양수사(量數詞)의 어근에 순서를 나타내는 파생 접미사인 '-재/-째'가 붙어서 서수사를 형성하였다.

둘째, 동사나 형용사인 어근에 '-ㅁ/-음, -이, -기, -애, -개, -엄/-암, -어리, -이/-의, -이, -아괴' 등의 파생 접미사가 붙어서 명사로 파생될 수가 있다. 이들 파생어에 쓰인 접미사는 어근의 품사를 바꾸므로 지배적 기능으로 쓰였다.

(21) ㄱ. 싸홈, 춤, 노름
ㄴ. 밥짓이, 노리, 다듬이
ㄷ. 쓰레밧기, 아기나키
ㄹ. 노래, 늘개, 무덤, 쑤지람, 귀먹어리

(22) ㄱ. 깃븜, 게으름
ㄴ. 노픠, 기릐 ; 노피, 기리
ㄷ. 가마괴

(21)은 동사 어근에 파생 접미사가 붙어서 명사로 파생된 단어이다. (ㄱ)에서는 동사 어근에 '-ㅁ/-음'이 붙어서, (ㄴ)은 '-이'가 붙어서, (ㄷ)은 '-기'가 붙어서, (ㄹ)은 '-애, -개, -엄/-암, -어리'가 붙어서 명사로 파생되었다. (22)는 형용사 어근에 파생 접미사가 붙어서 명사로 파생된 단어이다. (ㄱ)에서는 형용사 어근에 '-ㅁ/-음'이 붙어서, (ㄴ)에서는 '-이/-의'나 '-이'가 붙어서, (ㄷ)에서는 '-아괴'가 붙어서 명사로 파생되었다.

셋째, 관형사와 부사의 어근에 '-엄/-음, -이, -재' 등의 파생 접미사가 붙어서 체언으로 파생될 수가 있다.

(23) ㄱ. 처엄, 처음
ㄴ. 기러기, 개고리
ㄷ. 첫재

(ㄱ)의 '처엄/처음'은 관형사인 '첫'에 명사 파생 접미사인 '-엄/-음'이 붙어서 명사로 파생되었으며, (ㄴ)의 '기러기'와 '개고리'는 의성 부사인 '기럭'과 '개골'에 '-이'가 붙어

---

60) '글월, 터럭, 가족, 기동, 겨드랑'에서 '-월, -억, -옥, -옹, -으랑'의 의미가 파악되지 않는다.

서 명사로 파생되었다. 그리고 (ㄷ)의 '첫재'는 관형사인 '첫(初)'에 순서의 의미를 나타내는 접미사인 '-재'가 붙어서 '첫재'가 쓰였다.[61)]

〈 체언 파생어의 특징 〉 근대 국어의 체언 파생법에는 다음과 같은 특징이 나타난다.

첫째, 근대 국어에서는 용언을 명사로 파생시키는 접미사로서, 중세 국어에서부터 널리 쓰이던 '-이', '-ㅁ/-음/-옴/-움'뿐만 아니라 '-기'의 쓰임도 늘어났다.

둘째, 중세 국어에서 명사형 전성 어미로 쓰였던 '-옴/-움'의 형태가 근대 국어에서는 대체로 '-ㅁ/-음'으로 바뀌었다. 그리고 중세 국어에서 대체로 '-ㅁ/-음'으로 실현되었던 명사 파생 접미사는 근대 국어에서는 기존의 '-ㅁ/-음'뿐만 아니라 '-옴/-움'으로도 실현되었다. 이에 따라서 근대 국어에서는 명사형 전성 어미인 '-ㅁ/-음'과 명사 파생 접미사인 '-ㅁ/-음/-옴/-움'의 형태가 서로 혼용되는 경우가 많았다.[62)]

셋째, 중세 국어와 17·18세기의 근대 국어에서는 형용사인 '크다, 높다, 깊다, 길다' 등에서 파생된 명사의 형태는 '킈, 노픠, 기픠, 기릐' 등이었다. 그러나 19세기부터는 명사 파생 접미사인 '-이/-의'의 형태가 '-이'로 바뀜에 따라서, 파생 명사인 '킈, 노픠, 기픠, 기릐'도 각각 '키, 노피, 기피, 기리'의 형태로 바뀌었다.

(24) 킈 〉 키, 노픠 〉 노피, 기픠 〉 기피, 기릐 〉 기리

결과적으로 19세기 이후의 국어에서는 파생 명사인 '키, 노피, 기피, 기리'는 파생 부사인 '키, 노피, 기피, 기리'와 형태가 같아졌다.

넷째, 중세 국어에서 복수 접미사로 쓰였던 '-들'과 '-희'는 근대 국어에도 그대로 쓰였으나, 중세 국어의 '-내'는 근대 국어에서는 형태가 '-네'로 바뀌었다.

(25) ㄱ. 임진왜난애 각 딘 쟝슈들와 각 읍 원들이 머리늘 들고　　[동삼 충1:62]
　　 ㄴ. 어느 짜해 너희 쎄 무티엿느뇨　　　　　　　　　　　[두언-중 1:37]
　　 ㄷ. 쇼인네는 본듸 못 먹습건마는 감격ᄒ오매 먹기를 과히　[첩신-초 2:6]
　　　　 ᄒ엿ᄉ오니

---

61) 중세 국어에 쓰였던 'ᄒ낟재/ᄒ낫재'가 사라지자 서수사의 어휘 체계에 빈칸이 생겼는데, '첫재'는 서수사의 어휘 체계의 빈칸을 보충한 것이다(보충법).

62) 중세 국어의 동사 '츠다(舞)'에 대응되는 근대 국어 단어는 '추다(舞)'이다. 중세 국어에서 명사인 '춤(舞)'은 동사인 '츠다'의 어근에 파생 접미사인 '-움'이 붙어서 파생된 명사이다. (보기: 누른 홁 빗 두들겐 하ᄂᆞᆯ 돌기 춤츠놋다 [두언-초 7:28]) 반면에 근대 국어에서 '춤'은 동사인 '추다'의 어근에 파생 접미사인 '-ㅁ'이 붙어서 파생된 명사이다. (보기: 노래ᄒ고 춤추는 거슨 몸이 믓도록 다 쥬공의 복에 밋엇노라 [삼총 8:11])

중세 국어에서는 체언에 붙어서 복수(複數)를 나타내는 접미사로 '-들', '-희', '-내'가 있었는데, 근대 국어에서 '-들'과 '-희'는 중세 국어와 다름 없이 쓰였다. 곧, (ㄱ)에서는 일반적인 복수 접미사로 '-들'이 쓰였으며, (ㄴ)에서는 인칭 대명사인 '너' 뒤에 '-희'가 쓰였다. 그런데 중세 국어에서 쓰였던 '-내'는 근대 국어에서 형태와 의미가 바뀌었다. 곧, 중세 국어에서 높임의 뜻과 복수의 뜻을 함께 나타내었던 '-내'는, 근대 국어에서는 (ㄷ)의 '쇼인네'처럼 그 형태가 '-네'로 바뀌었다. 또한 근대 국어의 '-네'는 높임의 뜻이 사라지고 '그 사람이 속한 무리'라는 뜻으로 쓰였다.

다섯째, 근대 국어에 쓰인 서수사는 양수사에 '-재'가 붙어서 파생되었는데, '제일(第一)'의 뜻을 나타내는 서수사로 '첫재'가 쓰인 것이 특징이다.

(26) 첫재, 둘재/둘쌔, 다솟재, 여솟재, 닐굽재, 아홉재

근대 국어에서는 '第一'의 뜻으로 쓰이는 서수사로서 '첫재'가 쓰였다. 이는 중세 국어의 'ᄒ낟재/ᄒ낫재'를 보충법으로 대신한 것인데, 관형사인 '첫'에 접미사인 '-재'가 붙어서 형성되었다. 그리고 중세 국어에서는 서수사를 형성하는 접미사의 형태로 '-자히/-차히/-재/-채' 등이 쓰였는데, 근대 국어에서는 '-재/-쌔'의 형태로 통일되었다.

나. 동사 접미 파생어
(나-1) 동사 접미 파생어의 유형
동사 파생법은 어근의 품사에 따라서 '동사 어근, 형용사 어근, 명사 어근, 부사 어근, 불완전 어근'에서 형성된 파생법 등으로 구분된다.

〈 **동사 어근에서 파생** 〉 동사 어근에 파생 접미사가 붙어서 다시 동사로 파생될 수가 있다.

첫째, 동사 어근에 강조 기능의 접미사가 붙어서 다시 동사로 파생될 수 있다.

(27) 거스리왇다, 니르왓다, 그스리티다, 씌치다, 거슬쁘다

(27)에서 '거스리왇다, 니르왓다, 그스리티다, 씌치다, 거슬쁘다' 등은 각각 동사 어근인 '거스리(逆)-, 니르(起)-, 그스리(逆)-, 씌(覺)-, 거슬(逆)-' 등에 강조를 나타내는 접미사인 '-왇-/-왓-, -티-/-치-, -쁘-'가 붙어서 다시 동사로 파생되었다.

둘째, 동사 어근에 사동 접미사가 붙어서 사동사가 파생될 수가 있다.

(28) ㄱ. 누기다, 넑히다, 늘리다, 남기다; 도도다, 일우다, 늦추다, 솟고다, 넘구다; 사르다[63]

　　ㄴ. 쯰우다, 셰오다, 틔오다, 픠오다

(ㄱ)의 예는 동사 어근인 '눅(減)-, 넑(讀)-, 늘(長)-, 남(餘)-; 돋(出)-, 일(成)-, 늦(遲)-, 솟(噴)-, 넘(越)-; 살(生)-'에 사동 접미사인 '-이-, -히-, -리-, -기-; -오-/-우-, -호-/-후-, -고/-구-; -ᄋ̆-,'가 붙어서 된 사동사이다. 그리고 (ㄴ)의 '쯰우다, 셰오다, 틔오다, 픠오다' 등은 동사 어근인 '쯔(浮)-, 셔(立)-, 트(乘, 燒)-, 프(發)-'에 사동 접미사인 '-ㅣ-'와 '-우-/-오-'가 겹쳐져서 사동사로 파생되었다.

　　셋째, 동사 어근에 피동 접미사가 붙어서 피동사로 파생될 수가 있다.

(29) ㄱ. 쌓이다, 믹이다, 걸리다, 가티다, 담기다

　　ㄴ. 믈리이다, 잡피이다, 뽀치이다

(ㄱ)의 예는 타동사의 어근인 '쌓(積)-, 믹(繫)-, 걸(揭)-, 갇(囚)-, 담(舍)-'에 피동 접미사인 '-이-, -리-, -히-, -기-' 등이 붙어서 피동사로 파생되었다. 그리고 (ㄴ)의 '믈리이다, 잡피이다, 뽀치이다'는 동사 어근인 '믈(咬)-, 잡(執, 捕)-, 뽗(從)-'에 피동 접미사인 '-리-, -히-, -이-'와 '-이-'가 겹쳐서 실현되어서 피동사로 파생되었다.

〈동사가 아닌 어근에서 파생〉 '명사 어근, 형용사 어근, 부사 어근, 불완전 어근'에 '-ᄒᆞ-, -∅-, -우-, -이-, -히-, -후-'의 파생 접미사가 붙어서 동사로 파생된 단어가 있다.

(30) ㄱ. 겨를ᄒᆞ다, 쑤종ᄒᆞ다, 식ᄒᆞ다

　　ㄴ. ᄯᅴ다, ᄀᆞ믈다, 신다, 품다

　　ㄷ. 길우다, 더러이다, 붉히다, 늦추다

　　ㄹ. 오락가락ᄒᆞ다, 다ᄒᆞ다, 아니ᄒᆞ다, 그리ᄒᆞ다

　　ㅁ. 향ᄒᆞ다, 험ᄒᆞ다, 뎐ᄒᆞ다

(ㄱ)의 '겨를ᄒᆞ다'는 명사 어근인 '겨를(暇)'에 파생 접미사인 '-ᄒᆞ-'가 붙어서 동사로 파생되었다. (ㄴ)의 'ᄯᅴ다'는 명사 어근인 'ᄯᅴ(帶)'에 무형의 파생 접미사 '-∅-'가 붙어서 동사로 파생되었다. (ㄷ)의 '길우다, 더러이다, 붉히다, 늦추다'는 형용사 어근인 '길(長)-,

---

63) '사르다'는 17세기 초인 『언해두창집요』(1608)에 쓰였으나, 그 외의 근대 국어 문헌에서는 발견되지 않는다. (보기) 언지ᄂᆞᆫ 피를 <u>사르</u>ᄂᆞᆫ 디라 [두집 상26]

더럽(汚)-, 흙(土)-, 늦(遲)-'에 사동 접미사인 '-우-, -이-, -히-, -후-' 등이 붙어서 동사로 파생되었다. (ㄹ)의 '오락가락ㅎ다' 등은 부사 어근인 '오락가락'에 파생 접미사인 '-ㅎ-'가 붙어서 동사로 파생되었으며, (ㅁ)의 '향ㅎ다'는 불완전 어근인 '향(向)'에 '-ㅎ-'가 붙어서 동사로 파생되었다.

(나-2) 동사 접미 파생어의 특징

근대 국어에서 나타나는 동사 파생법의 특징은 사동사나 피동사에서 찾을 수 있다.

첫째, 근대 국어에서 사동 접미사로는 '-이-' 계열의 '-이-, -히-, -리-, -기-'와 '-오-' 계열의 '-오/우-, -ᄋ-, -호-/-후-, -고/-구' 등이 쓰였다. 근대 국어의 후기로 갈수록 '-이-'는 '-히-, -리-, -기-'로 교체되었고, '-오-'나 '-ᄋ-'가 '-리-'로 교체되었다.

(31) ㄱ. 니기다(→ 익히다), 말이다(→ 말리다), 웃이다(→ 웃기다)

ㄴ. 살오다/사ᄅ다(→ 살리다)

곧, (ㄱ)에서 '니기다(習: 닉-+-이-)'가 '익히다'로, '말이다(勿: 말-+-이-)'가 '말리다'로, '웃이다(笑: 웃-+-이-)'가 '웃기다'로 바뀌었다. 이러한 예는 사동 접미사인 '-이-'가 각각 '-히-, -리-, -기-'로 교체되는 경향을 보여 준다. 그리고 (ㄴ)에서 17세기 초에 쓰인 '살오다(活: 살-+-오-)'와 '사ᄅ다(活: 살-+-ᄋ-)'는 근대 국어의 후기에 '살리다'로 바뀌었는데, 이는 사동 접미사인 '-오-'나 '-ᄋ-'가 '-리-'로 교체되는 경향을 보여 준다.

둘째, 중세 국어에서는 'ᄒ다(爲)'에 '-ㅣ-'가 붙어서 의 사동사가 '히다(使)'로 쓰였는데, 근대 국어에서는 '히이다'가 'ᄒ이다'로 변하거나 '시기다/식이다'로 교체되었다.

(32) ㄱ. 釋迦牟尼佛이…에구든 모딘 衆生을 降服히시ᄂ다   [석상 11:4]

ㄴ. 사ᄅᄆ로 히여 기픈 슬표믈 베프게 ᄒᄂ다   [두언-초 9:27]

(33) ㄱ. 나라희셔 云革이를 功臣 ᄒ이시고   [동삼 속삼 충:4]

ㄴ. 공헌대왕됴애 정문ᄒ시고 참봉을 ᄒ이시니라   [동삼 효4:83]

(34) ㄱ. ᄀᄅ치고 시기ᄂ 일을 듯디 아니ᄒ며   [경언-중 2]

ㄴ. 이십 겨유 된 아히를 오천 병마 맛기는 벼슬 식이쟈 ᄒ기ᄂ[한만 5:394]
실노 나라흘 져ᄇ리는 일이오

15세기의 국어에서는 '히다'에 붙는 사동 접미사의 형태가 '-ㅣ-'였으므로, '히다'의 사동사는 (32)처럼 '히다'의 형태로 쓰였다. 그런데 16세기부터는 '히다'의 사동사가 (33)처럼 '히이다'로 표기되기 시작하였는데, 이 형태는 대략 18세기 후반까지 쓰였다. 그러나 19세기부터는 (34)처럼 '히이다'가 사라지고 '시기다/식이다'가 새로 생겼다. '시기다/식이다'는 현대 국에서는 '시키다'의 형태로 바뀌어서 쓰이고 있다.

다. 형용사 접미 파생어

〈 형용사 접미 파생어의 유형 〉 형용사이 접미 파생어는 어근의 품사에 따라서 '형용사에서 파생된 것, 동사에서 파생된 것, 명사에서 파생된 것, 부사에서 파생된 것, 불완전 어근에서 파생된 것' 등으로 구분된다.

첫째, 동사나 형용사 어근에 '-갑-, -ㅂ/-브-, -압-/-업-, -ㅂ-' 등의 파생 접미사가 붙어서 형용사로 파생될 수가 있다.

> (35) ㄱ. 놋갑다
>
> ㄴ. 골프다, 아프다, 믿브다, 깃브다; 앗갑다, 놀랍다, 늣겁다, 붓쓰럽다, 어즈럽다, 그립다

(ㄱ)의 '놋갑다'는 형용사 어근인 '놋(低)-'에 파생 접미사인 '-갑-'이 붙어서 다시 형용사로 파생되었다. 그리고 (ㄴ)의 '골프다, 놀랍다, 그립다' 등은 동사 어근인 '곯(飢)-, 놀라(驚)-, 기리(譽)-'에 파생 접미사인 '-ㅂ/-브-'와 '-압-/-업-/-ㅂ-'이 붙어서 형용사로 파생되었다.

둘째, 명사 어근에 '-답-, -롭-, -ㅎ-, -스럽-, -되-, -젓-' 등의 파생 접미사가 붙어서 형용사로 파생될 수가 있다.

> (36) ㄱ. 곧답다, 얼운답다
>
> ㄴ. 슈고롭다, 해롭다, 새롭다
>
> ㄷ. 고요ㅎ다, 독ㅎ다
>
> ㄹ. 어룬스럽다, 원슈스럽다
>
> ㅁ. 졍셩되다, 그릇되다
>
> ㅂ. 의심젓다, 망녕젓다, 지간젓다

(ㄱ)의 '곧답다'는 '곧(←곳, 花)'에 형용사 파생 접미사인 '-답-'이 붙어서, (ㄴ)의 '슈고롭

다'는 '슈고(受苦)'에 '-롭-'이 붙어서 형용사로 파생되었다. (ㄷ)의 '고요ᄒ다'는 '고요(靜)'에 '-ᄒ-'가 붙어서, (ㄹ)의 '어룬스럽다'는 '어룬(長)'에 '-스럽-'이 붙어서 형용사로 파생되었다. (ㅁ)의 '졍셩되다'는 '졍셩(精誠)'에 '-되-'가 붙어서, (ㅂ)의 '의심젓다'는 '의심(疑心)'에 '-젓-'이 붙어서 형용사로 파생되었다.

셋째, 부사나 관형사 어근에 '-ᄒ-, -롭-' 등의 파생 접미사가 붙어서 형용사로 파생될 수가 있다.

(37) ㄱ. ᄀᆞ득ᄒ다, 못ᄒ다, 아니ᄒ다, 반득반득ᄒ다
     ㄴ. 외롭다

(ㄱ)에서 'ᄀᆞ득ᄒ다'는 부사 어근인 'ᄀᆞ득(滿)'에 형용사 파생 접미사인 '-ᄒ-'가 붙어서, (ㄴ)에서 '외롭다'는 관형사 어근인 '외(孤)'에 '-롭-'이 붙어서 형용사로 파생되었다.

넷째, 불완전 어근에 '-ᄃᆸ-/-답-, -랍-/-롭-, -ᄒ-' 등의 파생 접미사가 붙어서 형용사가 파생될 수가 있다.

(38) ㄱ. 아름답다, 아릿답다
     ㄴ. 보도랍다, 苦롭다
     ㄷ. 험ᄒ다, 壯ᄒ다, 든든ᄒ다

(ㄱ)의 '아름답다'와 '아릿답다'는 불완전 어근인 '아름'과 '아릿'에 형용사 파생 접미사인 '-답-'이 붙어서 형용사로 파생되었다. (ㄴ)의 '보도랍다'와 '苦롭다'는 '보도'와 '苦'에 '-랍-/-롭-'이 붙어서, (ㄷ)의 '험ᄒ다, 壯ᄒ다, 든든ᄒ다'에서는 '험(險), 壯, 든든(强)'에 '-ᄒ-'가 붙어서 형용사로 파생되었다.

〈 형용사 접미 파생어의 특징 〉 근대 국어의 형용사 파생법에서는 다음의 특징이 나타난다.

첫째, 중세 국어에서 쓰인 형용사 파생 접미사인 '-롭-/-ᄅᄫᅵ-/-ᄅ외-'와 '-ᄃᆸ-/-ᄃᄫᅵ-/-ᄃ외-'는 근대 국어에서는 각각 '-롭-'과 '-되-'로 단순화되었다.

(39) ㄱ. 해<u>롭</u>다, 효도<u>롭</u>다
     ㄴ. 졍셩<u>되</u>다, 그릇<u>되</u>다

(ㄱ)의 접미사 '-롭-'은 중세 국어의 '-롭-/-ᄅᄫᅵ-/-ᄅ외-'의 형태를, (ㄴ)의 접미사 '-되-'는 중세 국어의 '-ᄃᆸ-/-ᄃᄫᅵ-/-ᄃ외-'의 형태를 계승한 것이다. 이들은 파생 접미

사의 형태가 단순화된 예이다.

둘째, 18세기의 국어에서는 '-스럽-'과 '-젓-'이 형용사 파생 접미사로 새로 쓰였다.

(40) ㄱ. 원슈스럽다, 어룬스럽다, 촌스럽다

　　　ㄴ. 의심젓다, 망녕젓다, 지간젓다

(ㄱ)의 접미사 '-스럽-'은 18세기의 근대 국어의 시기에 나타나서, 현대 국어에서도 매우 생산적으로 쓰이고 있다. 그리고 접미사 '-젓-'도 18세기 국어에서부터 나타나는데, '-젓-'은 파생력이 약해서 몇몇 단어만 파생하였다. 그리고 '-젓-'은 현대 국어에서 '-쩍-'의 형태로 바뀌어서, '의심쩍다, 미심쩍다, 겸연쩍다' 등의 형용사를 파생하고 있다.

라. 부사 접미 파생어

〈 부사 접미 파생어의 유형 〉 부사 파생어는 어근의 품사에 따라서 '부사에서 파생된 것, 명사에서 파생된 것, 동사에서 파생된 것, 형용사에서 파생된 것, 불완전 어근에서 파생된 것' 등으로 구분된다.

첫째, 부사 어근에 '-이, -내, -옥/-욱' 등의 파생 접미사가 붙어서 다시 부사로 파생될 수가 있다.

(41) ㄱ. ᄀ득이, 일즉이

　　　ㄴ. 못내, 더옥

(ㄱ)의 'ᄀ득이'과 '일즉이'는 부사인 'ᄀ득(滿)'과 '일즉(早)'에 '-이'가 붙어서 부사로 파생되었다. 그리고 (ㄴ)의 '못내, 더옥, 도로혀'는 부사인 '못(不能), 더(益)'에 접미사인 '-내'와 '-옥/-욱'이 붙어서 부사로 파생되었다.

둘째, 체언 어근이나 불완전 어근에 '-로/-ᄋ로, -소/-조, -이/-히' 등의 파생 접미사가 붙어서 부사로 파생될 수가 있다.

(42) ㄱ. 날로, 진실로, 갓가ᄉ로

　　　ㄴ. 몸소/몸조, 손소/손조

　　　ㄷ. 감격이/感激히, ᄀ졀이/ᄀ졀히, 평안이/평안히, 당당이/당당히, 맛당이/맛당히

(ㄱ)의 부사는 명사 어근인 '날(日), 진실(眞實), 갓갓(種種)'에 접미사 '-(오)로'가 붙어서,[64] (ㄴ)의 부사는 명사 어근인 '몸(身)'과 '손(手)'에 접미사인 '-소/-조'가 붙어서 부사로 파생되었다. (ㄷ)의 부사는 어근인 '감격(感激), 근졀(懇切), 평안(平安), 당당(堂堂), 맛당(當)'에 부사 파생 접미사인 '-이'나 '-히'가 붙어서 부사가 되었다. 이들 부사는 대부분 동일한 어근에 '-이'와 '-히'가 다 붙을 수 있는 것이 특징이다.

셋째, 동사나 형용사의 어근에 '-이, -오, -호' 등의 파생 접미사가 붙어서 부사로 파생될 수가 있다.

   (43) ㄱ. 가비야이, 너비, 노피, 어엿비
       ㄴ. 게을리, 달리, 샐리, 뎔리, 비블리
       ㄷ. 고로, 빅브로
       ㄹ. 알마초, ᄀ초

(ㄱ)의 부사는 형용사 어근인 '가비얍(輕)-, 넙(廣)-, 높(高)-, 어엿브(麗)-'에 접미사인 '-이'가 붙어서 파생되었다. (ㄴ)의 부사는 '르/르'의 불규칙 활용을 하는 형용사 어근인 '게으르(怠)-, 다르(異)-, 샌르(速)-, 뎌르(短)-, 비브르(飽)-'에 '-이'가 붙어서 파생되었다. (ㄷ)의 부사는 형용사 어근인 '고르(均)-'와 '빅브르(飽)-'에 '-오'가 붙어서 파생되었다. (ㄹ)의 부사는 형용사 어근인 '알맞(宜)-'과 'ᄀ즞(具)-'에 '-호'가 붙어서 파생되었다.

넷째, 동사 어근에 '-오/-우'의 파생 접미사가 붙어서 부사로 파생될 수가 있다.

   (44) 너모/너무, 도로, 비로소/비루소, 조초

(44)에서 '너모, 도로, 비로소, 조초'는 동사 어근인 '넘(越)-, 돌(回)-, 비롯(始)-, 좇(從)-'에 부사 파생 접미사인 '-오/-우'가 붙어서 부사로 파생되었다.

다섯째, 대명사인 '이, 그, 뎌'에 파생 접미사인 '-리'가 붙어서 부사로 쓰일 수 있다.

   (45) 이리, 그리, 뎌리

중세 국어에서도 지시 대명사인 '이, 그, 뎌'에 파생 접미사인 '-리'가 붙어서, '이리, 그리, 뎌리'의 파생 부사가 쓰였다. 근대 국어에서도 마찬가지로 (45)의 '이리, 그리, 뎌리'

---

64) '-로/-ᄋ로'는 '방편'의 뜻을 나타내는 부사격 조사였는데, 여기서는 부사 파생 접미사로 쓰였다.

가 방향이나 방법의 뜻을 나타내는 파생 부사로 쓰였다.

〈부사 접미 파생어의 특징〉 근대 국어의 부사 파생어에는 다음과 같은 특징이 나타난다.

첫째, 15세기 국어에서는 '손소, 몸소'의 파생 부사가 쓰였다. 그런데 16세기부터 /ㅿ/가 음운 체계에서 사라지게 되자, 각각 '손조/손소'와 '몸조/몸소'로 형태가 바뀌었다.

(46) ㄱ. 졔예 차반을 반ᄃ시 만히 ᄒ며 조히 ᄒ고 <u>손조</u> 쟝만ᄒ더라 [동삼 효5:75]
    ㄴ. 열 설에 아비 병들거늘 <u>손소</u> 스스로 약 달히며   [동삼 효6:27]
    ㄷ. 쳠졍 됴헌은…<u>몸조</u> 받 가라 양친ᄒ니   [동삼 츙1:36]
    ㄹ. 녹ᄉ 박진은…집비 가난ᄒ야 <u>몸소</u> 받 가라 뻐 치더니 [동삼 효1:90]

15세기 국어에 쓰였던 '손소'와 '몸소'는 근대 국어에서는 (46)처럼 '손조/손수'와 '몸조/몸소'의 형태로 바뀌었다. 이처럼 하나의 단어가 두 가지 형태로 쓰인 현상은 18세기까지 이어졌는데, 현대 국어에서는 이들 부사가 각각 '손수'와 '몸소'로 단일화되었다.

둘째, 근대 국어에서는 'ᄅ/르' 불규칙 활용을 하는 용언에 부사 파생의 접미사인 '-이'가 붙으면, 파생 부사의 형태가 '달리(異)'와 'ᄲᆞᆯ리(早)'처럼 'ㄹㄹ'의 형태로 단일화되었다.

(47) ㄱ. 너희 이 거슬 날와 <u>달이</u> 너기디 말라   [월석 4:60]
    ㄴ. 그 뫼히 구룸 ᄀᆞᆮᄒ야 ᄇᆞᄅᆞ마라와 <u>ᄲᆞᆯ리</u> 古仙山애 가니라 [월석 7:31]

(48) ㄱ. 다ᄉᆞᆫ ᄯᅩᆯ을 졔ᄉᆞᄒᆞ기늘 평싱과 <u>달리</u> 아니 ᄒ니라 [동삼 효1:7]
    ㄴ. 네 맛당히 <u>ᄲᆞᆯ리</u> 피ᄒᆞ야 한아비와 아븨 주검을 간슈ᄒ라 [동삼 효6:61]

중세 국어에서는 'ᄅ/르' 불규칙 활용을 하는 용언에 부사 파생의 접미사 '-이'가 붙으면, (47ㄱ)의 '달이'처럼 'ㄹㅇ'의 형태를 취하는 부사와 (47ㄴ)의 'ᄲᆞᆯ리'처럼 'ㄹㄹ'의 형태를 취하는 것이 있었다. 반면에 근대 국어에서는 (48)의 '달리'처럼 중세 국어에서 나타났던 'ㄹㅇ'의 형태가 'ㄹㄹ'의 형태에 합류되었다.

셋째, 근대 국어에서는 부사 파생 접미사로서 '-이'와 '-히'가 매우 생산적으로 쓰였는데, 이들은 동일한 환경에서 수의적으로 교체되어서 쓰이는 경향이 있었다.

(49) 이러히 [월석 7:65], 퍼러히 [금언 80], 훤츨히 [두언-초 6:20]

(50) ㄱ. 감격이/感激히, ᄀᆞ졀이/ᄀᆞ졀히, 평안이/평안히, 당당이/당당히, 맛당이/맛당히
    ㄴ. 반ᄃ시, *반ᄃ히 / *반둣히

(49)의 '이러히, 퍼러히, 훤츨히'처럼 중세 국어에 쓰인 파생 접미사인 '-히'는 파생력이 약하여 많이 쓰이지는 않았다.65) 그러나 근대 국어에서는 부사 파생 접미사로서 '-이'뿐만 아니라 '-히'가 생산적으로 쓰였는데, 대부분 (50ㄱ)처럼 '-이'와 '-히'가 동일한 어근에서 수의적으로 교체되는 특징이 있다. 이러한 현상을 보면 근대 국어의 시기에는 부사 파생 접미사인 '-이'와 '-히'의 형태나 의미가 구별되지 않았음을 알 수가 있다. 다만, (50ㄴ)의 '반ᄃ시(必)'만은 예외적으로 어근인 '반ᄃ시(直)-'에 부사 파생 접미사로서 '-이'만 붙을 수 있었고 '-히'는 붙지 않았다.

마. 조사 접미 파생어

근대 국어의 일부 조사는 용언 어근이나 체언 어근에 접미사가 붙어서 형성되었다.

첫째, 용언의 어간이나 서술격 조사의 어간에 활용 어미가 붙어서, 접속 조사가 파생될 수가 있다.

> (51) ㄱ. 입ᄒ고 코는 어이 므스 일 조차셔 후루룩 빗쥭ᄒᄂ니　　　[고시조], [청영]
> 　　ㄴ. 김시는… 셩이며 힝실이 곧고 묽더니　　　　　　　　　　[동삼 열8:27]

(ㄱ)의 '-ᄒ고'는 'ᄒ다(爲)'의 어간인 'ᄒ-'에 연결 어미인 '-고'가 붙어서 접속 조사로 파생되었다. 그리고 (ㄴ)의 '-이며'는 서술격 조사의 어간인 '-이-'에 연결 어미인 '-며'가 붙어서 접속 조사로 파생되었다.

둘째, 체언에 조사가 결합하거나 용언의 어간에 연결 어미가 결합하여서, 보조사가 파생될 수가 있다.

> (52) 힝세의 웃듬 일이 글밧긔 또 잇는가　　　　　　　　　　　　[만언사]

> (53) ㄱ. 댱공예는 … 조샹브터 구ᄃ를 ᄒ가지로 사니　　　　　　[오행 종족47]
> 　　ㄴ. 다른 믈조차 다 뎐염ᄒ여 해야디로다　　　　　　　　　　[노언 상17]
> 　　ㄷ. 미나리를 툐히 너교ᄆ 녜로 오매 野人인들 알리로다　　　[두언-중 7:13]

(52)에서 '밧긔'는 명사 어근인 '밧(外)'에 부사격 조사인 '-의'가 결합하여 보조사인 '밧

---

65) 중세 국어에서 '-히'는 용언 파생 접미사인 '-ᄒ-'에 부사 파생 접미사인 '-이'가 결합하는 과정에서 '-ᄒ-'의 /·/가 탈락한 형태이다.

긔'가 파생되었다. 그리고 (53)에서 (ㄱ)의 '브터'는 동사 어근인 '븥(附)-'에 연결 어미인 '-어'가 붙어서, (ㄴ)의 '조차'는 동사 어근인 '좇(從)-'에 연결 어미인 '-아'가 붙어서, (ㄷ)의 '-인들'은 서술격 조사의 어간인 '-이-'에 연결 어미인 '-ㄴ들'이 붙어서 보조사인 '-인들'이 파생되었다.

2.3. 문장 성분

특정한 언어 형식이 문장 속에서 나타내는 통사적인 기능을 문장 성분이라고 한다. 이러한 문장 성분으로 쓰일 수 있는 문법적인 단위로는 '어절(단어), 구, 절' 등이 있다.

문장 성분의 유형에는 주성분으로 '서술어, 주어, 목적어, 보어'가 있고, 부속 성분으로는 '관형어'와 '부사어'가 있고, 독립 성분으로는 '독립어'가 있다.

2.3.1. 서술어

서술어(敍述語)'는 주어로 표현되는 대상(주체)의 동작이나 상태, 성질 등을 풀이하는 문장 성분이다. 서술어는 대체로 용언이나 서술격 조사의 활용형으로 실현된다.

첫째, 용언이나 '체언 + 서술격 조사'가 문장이나 성분절에서 서술어로 쓰일 수 있다.

(1) ㄱ. 몸이 平安ㅎ면 <u>가리라</u>		[몽노 1:2]
ㄴ. 그 병이 <u>극ㅎ매</u> 미처		[동신 효 7:60]
ㄷ. 어딜며 에엿셰 <u>너기기예</u> 두터이 호믄		[여훈 하:24]
ㄹ. 믈레 돕가 줏브라 <u>쓴</u> 마늘 다 나게 ᄒ고		[구황 보 2]
ㅁ. 四海 다 <u>묽고</u> 八方이 自然히 <u>平安ㅎ더니</u>		[팔세아 1]
ㅂ. 쳐녀 뎡시는 고려 신우 적 <u>사룸이라</u>		[동신 효 1:62]

(ㄱ)의 '가리라'는 동사의 종결형이, (ㄴ)의 '극ㅎ매'는 형용사의 명사형이, (ㄷ)의 '너기기예'는 동사의 명사형이, (ㄹ) '쓴'은 형용사의 관형사형이, (ㅁ)의 '묽고'와 '平安ㅎ더니'는 형용사의 연결형이, (ㅂ)의 '사룸이라'는 체언과 서술격 조사의 종결형이 문장이나 성분절 속에서 서술어로 쓰였다.

둘째, 본용언과 보조 용언이 결합된 구성이 하나의 서술어로 쓰일 수 있다.

(2) ㄱ. 플히 오히녀 어믜 주검을 <u>안고 잇더라</u>   [동신 효 8:15]

　　ㄴ. 긔별ᄒ심 ᄀ티 닉일은 天氣 <u>됴홀가 시브다</u>   [첩신 6:13]

　　ㄷ. 내 두 쌍 새 훠를다가 다 ᄃ녀 <u>해야 ᄇ리게 ᄒ고</u>   [박언 상:32]

(ㄱ)의 '안고 잇더라', (ㄴ)의 '됴홀가 시브다', (ㄷ)의 '해야 ᄇ리게 ᄒ고'는 각각 본용언인 '안고, 됴홀가, 해야'에 보조 용언인 '잇더라, 시브다, ᄇ리게 ᄒ고'가 실현되었다. 이렇게 본용언과 보조 용언이 구성에서는 본용언만 실질적인 의미를 나타내고 보조 용언은 문법적인 의미만 나타내므로, 본용언과 보조 용언이 함께 하나의 서술어로 기능한다.

2.3.2. 주어

'주어(主語)'는 서술어로 표현되는 동작, 상태, 성질의 주체를 나타내는 문장 성분이다. 주어는 체언이나, 체언 구실을 하는 구나 절에 주격 조사가 붙거나, 이들 조사가 생략된 채로 실현되기도 한다. 근대 국어에서 주어가 실현되는 방식은 중세 국어의 방식과 차이는 없으나, 주격 조사의 형태가 중세 국어 시대에 비해서 다양하게 실현되었다.

첫째, 체언, 명사구, 명사절 등에 주격 조사인 '-이, -ㅣ, -Ø, -가'와 높임의 뜻을 나타내는 주격 조사의 변이 형태인 '-ᄭᅴ셔/-쎄셔; -겨셔/-겨오셔/-겨ᇛ셔/-겨ᄋ오샤/-계셔/-계ᇛ셔, -쎕셔/-ᄭᅦᇛ셔' 등이 붙어서 주어로 쓰일 수 있다.

(3) ㄱ. 그 <u>벗이</u> 이제 미처 올가 못올까   [노언 상:1]

　　ㄴ. <u>부뫼</u> 그 ᄯ들 앗고져 ᄒ거늘   [동신 열 1:75]

　　ㄷ. 비를 마저 <u>ᄉᆞᆸ긔</u> 터럭 굼거 엉긔여 침졈ᄒ야   [마언 하:48]

(4) ㄱ. 병든 <u>아ᄒᆡ가</u> 비록 어육을 달라 ᄒ여도   [두경 11]

　　ㄴ. 疏蛙ᄂᆞᆫ <u>니가</u> 셩긔고 버레 먹단 말이라   [여언 2:17]

　　ㄷ. <u>경고가</u> 거의 이경이 넘엇더라   [계윤 10]

(5) ㄱ. 信使<u>ᄭᅴ셔</u> 구틔여 말리ᄂᆞᆫ 고로   [첩신-초 8:31]

　　ㄴ. 曾祖<u>쎄셔</u> 나시면 믄득 從兄弟과 믿 再從兄弟 이실 거시니 [가언 1:17]

　　ㄷ. 東萊<u>겨셔도</u>…언머 슈고로이 건너시도다 넘녀ᄒ시고   [첩신-초 1:22]

　　ㄹ. 입궐 후 션인<u>겨오셔</u> 경계ᄒ오시ᄃᆡ   [한만 1:2]

(6) ㄱ. <u>노즌 이 노픈 이 밧들미</u> 합당ᄒ도다   [오전 2:24]

      ㄴ. <u>ᄡᆞᆷ 내기</u> 더옥 됴ᄒ니라   [두집 상:14]

(3)에서는 체언(구)에 주격 조사가 붙어서 주어로 쓰였다. 곧, (ㄱ)은 자음으로 끝난 체언 뒤에 '-이'가, (ㄴ)은 모음으로 끝난 체언 뒤에 '-ㅣ'가, (ㄷ)은 반모음 /j/로 끝난 체언 뒤에 '-∅'가 주격 조사로 쓰였다. 그리고 (4)에서는 모음으로 끝난 체언 뒤에 주격 조사인 '-가'가 붙어서 주어로 쓰였으며, (5)에서는 체언 뒤에 높임의 뜻을 나타내는 주격 조사인 '-의셔, -ᄭᅦ셔, -겨셔도, -겨요셔' 등이 붙어서 주어로 쓰였다. (6)에서 (ㄱ)의 '노즌 이 노픈 이 밧들미'는 '노즌 이 노픈 이 밧듦'의 명사절에 주격 조사 '-이'가 실현되어서, (ㄴ)의 'ᄡᆞᆷ 내기'는 'ᄡᆞᆷ 내기'의 명사절에 주격 조사인 '-∅'가 실현되어서 주어로 쓰였다.

  둘째, 체언이나 명사구에 보조사가 붙어서 주어로 쓰일 수도 있는데, 이때에는 주격 조사는 생략된 것으로 본다.

(7) ㄱ. <u>너ᄂᆞᆫ</u> 朝鮮 사ᄅᆞᆷ이라   [몽노 1:6]

      ㄴ. <u>判事네도</u> 同道ᄒ야 오쇼셔   [첩신-초 1:2]

(ㄱ)에서 '너ᄂᆞᆫ'은 체언인 '너'에 보조사인 '-ᄂᆞᆫ'이, (ㄴ)의 '判事네도'는 체언인 '判事네' 보조사인 '-도'가 붙어서 주어로 쓰였다. 이 경우에는 (ㄱ)에는 평칭(平稱)의 주격 조사인 '-ㅣ'가 생략된 것으로 처리하고, (ㄴ)에는 존칭의 주격 조사인 '-의셔'가 생략된 것으로 처리한다.

  셋째, 중세 국어와 마찬가지로 하나의 이중 주어 구문이 쓰였다.

(8) ㄱ. <u>小人이</u> 비록 <u>나이</u> 하나 엇디 곳 수례ᄒ료   [노걸 상:57]

      ㄴ <u>흰 ᄆᆞ리</u> <u>네 발이</u> 검고 <u>눌은 ᄆᆞ리</u> <u>부리가</u> 희면 다 흉ᄒ고   [마경 상:9]

(ㄱ)은 이중 주어 구문인데, '小人이'는 안은 문장 속의 주어로 쓰였고, '나이'는 안긴 문장 속의 주어로 쓰였다. 그리고 (ㄴ)에서 앞절인 '흰 ᄆᆞ리 네 발이 검고'와 뒤절인 '눌은 ᄆᆞ리 부리가 희면'도 각각 이중 주어 구문이다. (ㄴ)에서 앞절의 '흰 ᄆᆞ리'와 뒤절의 '눌은 ᄆᆞ리'는 안은 문장의 주어로 쓰였고, 뒤절의 '네 발이'와 '부리가'는 안긴 문장의 주어로 쓰였다.

2.3.3. 목적어

'목적어(目的語)'는 타동사가 표현하는 동작의 대상이 되는 문장 성분이다. 목적어는 체언 혹은 체언 구실을 하는 구나 절에 목적격 조사인 '-을/-를, -을/-를, -ㄹ'이 붙어서 실현되거나, 목적격 조사가 생략된 채로 실현되기도 한다.

첫째, 체언이나 명사구, 명사절에 목적격 조사가 붙어서 목적어로 쓰일 수 있다.

(9) ㄱ. (김샹건은) 임진왜난내 <u>아비를</u> 조차 죵군ᄒᆞ야   [동신 효6:45]

ㄴ. 네 <u>므슴 말을</u> 니ᄅᆞᄂᆞᆫ다   [박언 상:14]

ㄷ. 大馬島主 블셔 <u>(우리를) 보내믈</u> 위ᄒᆞ야 비를 내다 ᄒᆞ옵ᄂᆡ   [첩신-초 8:30]

ㄹ. (쥬경안ᄂᆞᆫ) 아비 죽거늘 <u>쥭 먹기를</u> 삼 년을 ᄒᆞ고   [동신 효6:76]

(ㄱ)의 '아비를'은 체언인 '아비'에 '-를'이 붙어서, (ㄴ)의 '므슴 말을'은 명사구인 '므슴 말'에 '-을'이 붙어서, (ㄷ)의 '(우리를) 보내믈'은 명사절인 (우리를) 보냄'에, '-을'이 붙어서, (ㄹ)의 '쥭 먹기를'은 명사절인 '쥭 먹기'에 '-를'이 붙어서 목적어로 쓰였다.

둘째, 형식적으로는 목적어로 실현되었지만, 의미상으로는 다른 문장 성분인 경우가 있다.

(10) ㄱ. <u>文物을</u> 녜를 스승ᄒᆞ샤미 하시니(文物多師古)   [두언-중 6:24]

ㄴ. 네 츳자 보아 잡아다가 <u>날을</u> 주고려   [박언 상:30]

ㄷ. 사오나온 <u>風俗을</u> 사ᄅᆞ미 나ᄎᆞᆯ 막ᄌᆞᄅᆞ고   [두언-중 15:17]

(11) 네 油紙帽를 가져와 <u>날을</u> <u>ᄒᆞ나흘</u> 빌려 주고려   [박언 상:57]

(10)에서 (ㄱ)의 '文物을'은 의미적으로는 '文物이'와 같이 주격으로, (ㄴ)의 '날을'은 '나의게'와 같이 부사격으로, (ㄷ)의 '風俗을'은 '風俗ᄋᆞ로'와 같이 방편을 나타내는 부사격으로 쓰였다. 그리고 (11)에서 '날을'과 'ᄒᆞ나흘'은 형식적으로는 목적어가 두 개 실현된 것처럼 보이지만, 의미적으로는 앞의 '날을'은 '나의게'와 같이 부사격으로 쓰였다. 그리고 (11)에서는 형식적으로 보면 목적어가 '날을'과 'ᄒᆞ나흘'로 두 개가 실현되어서 이중 목적어 구문으로 보인다. 그러나 의미적으로 볼 때에는 '날을'은 '나의게'와 같이 상대를 나타내는 부사격으로 쓰였다.[66]

셋째, 체언 뒤에 목적격 조사 대신에 보조사가 쓰이거나, 목적격 조사가 생략된 채로 목적어로 쓰일 수 있다.

(12) ㄱ. <u>소옴은</u> 每 넉 냥의 뵈 흔 필애 프라 　　　　　　[노걸 상:13]

　　　ㄴ. <u>됴흔 겨집도</u> 다른 사롬이 엇ᄂ니 　　　　　　　[노걸 하:38]

　　　ㄷ. 음간ᄒ여 <u>두 냥 반만</u> 간ᄉᄒ엿다가 　　　　　　[두집 상:6]

(13) ㄱ. 토ᄒ고 즈츼고 <u>밥</u> 몯 먹ᄂ니ᄂ 안히 허흔 디오 　　[두집 상:55]

　　　ㄴ. 故魚網 <u>믈고기</u> 잡ᄂ 오란 그믈 　　　　　　　　[동의보감 1:21]

(12)에서 (ㄱ)의 '소옴은', (ㄴ)의 '됴흔 겨집도', (ㄷ)의 '두 냥 반만'은 모두 체언 뒤에 목적격 조사가 실현되지 않고 보격 조사인 '-은, -도, -만'이 붙어서 목적어로 쓰였다. 그리고 (13)에서 (ㄱ)의 '밥'과 (ㄴ)의 '믈고기'는 목적격 조사가 생략된 채로 목적어로 쓰였다.

2.3.4. 보어

'보어(補語)'는 '되다/ᄃ외다'와 '아니다'가 서술어로 쓰일 때에 주어와 함께 반드시 실현되어야 하는 문장 성분이다. 보어는 체언이나 체언 역할을 하는 구나 절에 보격 조사인 '-이, -ㅣ, -Ø, -가'가 붙거나, 이들 조사가 생략된 채로 실현된다.

(14) ㄱ. 나ᄂ 짜 딕흰 <u>신해</u> 되여시니 　　　　　　　　　[동신 열2:89]

　　　ㄴ. 사롬이란 거슨 아모리 <u>富者가</u> 되여도 　　　　　[인대 6:6]

　　　ㄷ. 어버이 겨며셔 <u>홀어미</u> 된 줄를 어엿비 너겨 　　[동신 속렬:2]

(15) ㄱ. 뒤트느니ᄂ 이ᄂ <u>경풍증이</u> 아니니 　　　　　　　[두언 상:63]

　　　ㄴ. 모다 아ᄅ시ᄃ시 내 <u>罪가</u> 아니오매 　　　　　　[인대 3:19]

(16) ㄱ. 믈윗 男이 ᄂ미 <u>계후</u> 되니 　　　　　　　　　　[가언 14]

　　　ㄴ. 자ᄂ네도 아ᄅ실 <u>ᄯᄹ</u> 아니라 　　　　　　　　[첩신 4:2]

(14)는 '되다'가 서술어로 쓰인 문장인데, (ㄱ)의 '신해'는 명사인 '신하'에 '-ㅣ'가 붙어

---

66) 목적격이 아닌 '-을/-를' 등을 학교 문법에서는 '목적격 조사의 보조사적 용법'으로 처리한다.

서, (ㄴ)의 '富者가'는 '富者'에 '-가'가 붙어서, (ㄷ)의 '홀어미'는 '홀어미'에 '-∅'가 붙어서 보어로 쓰였다. (15)는 '아니다'가 서술어로 쓰인 문장인데, (ㄱ)의 '경풍증이'는 '경풍증'에 '-이'가 붙어서, (ㄴ)의 '내 罪가'는 명사구인 '내 罪'에 '-가'가 붙어서 보어로 쓰였다. (16)에서 (ㄱ)의 'ᄂᆞ믹 계후'는 '되다'가 서술어로 쓰인 문장에서 명사구인 'ᄂᆞ믹 계후'가, (ㄴ)의 '아ᄅᆞ실 쑨'은 '아니다'가 서술어로 쓰인 문장에서 명사구인 '쟈ᄂᆡ네도 아ᄅᆞ실 쑨'이 보격 조사가 생략된 채로 보어로 쓰였다.

2.3.5. 관형어

'관형어(冠形語)'는 그 뒤에 실현되는 체언을 수식하면서 체언의 의미를 한정(제한)하는 문장 성분이다. 관형어로 쓰일 수 있는 말은 '관형사, 체언 + 관형격 조사, 체언(구), 관형절, 문장' 등이 있다.

첫째, 관형사가 단독으로 관형어로 쓰일 수 있다.

(17) ㄱ. <u>모든</u> 사ᄅᆞᆷ이 다시 줌ᄃᆞ려 무로ᄃᆡ   [박언 상:34]

ㄴ. <u>이</u> ᄠᅢ예 다ᄃᆞ라 그 믈이 변화티 몯ᄒᆞ야 도로 위예 드ᄂᆞ니 [오전 1:5]

ㄷ. 우리 <u>세</u> 弟兄이 ᄀᆞ장 和氣ᄒᆞ여   [오전 1:2]

(ㄱ)에서는 성상 관형사인 '모든'이, (ㄴ)에서는 지시 관형사인 '이'가, (ㄷ)에서는 수 관형사인 '세'가 관형어로 쓰여서, 그 뒤의 체언인 '사ᄅᆞᆷ, ᄠᅢ, 兄弟'를 수식하였다.

둘째, 체언(구)에 관형격 조사인 '-ᄋᆡ/-의, -ㅣ'가 붙어서 관형어로 쓰일 수 있다.

(18) ㄱ. 사ᄅᆞᆷ<u>의</u> ᄡᅡ딘 니나 아히 ᄀᆞ니 더 됴ᄒᆞ니   [두집 하29]

ㄴ. 김시ᄂᆞᆫ 금귀현 사ᄅᆞᆷ이니 진사 뎡명<u>의</u> 안해라   [동삼 열8:20]

ㄷ. 老身이 믹양 人家<u>ㅣ</u> 師儒ᄅᆞᆯ 마자 되졉ᄒᆞ야   [오전 1:18]

ㄹ. 이 두 가<u>짓</u> 거슬 믿ᄃᆞᆯ려 ᄒᆞ면 여ᄉᆞᆺ 猏皮ᄅᆞᆯ 쓰리로다   [박언 상:29]

(ㄱ)의 '사ᄅᆞᆷ의, 진사 뎡명의, 人家ㅣ, 이 두 가짓'은 각각 체언(구)에 관형격 조사인 '-ᄋᆡ, -의, -ㅣ, -ㅅ'이 붙어서 관형어로 쓰여서, 그 뒤에 실현된 'ᄡᅡ딘 니, 안해, 師儒, 것'을 수식하였다.

셋째, '체언 + 체언'의 구성에서 앞 체언이 관형어로 쓰일 수 있다.

(19) ㄱ. 허둥민은 <u>태인현</u> 사룸이니   [동신 효3:7]

     ㄴ. 이 놀애는 오직 당당이 <u>하늘</u> 우희 잇ᄂ니   [두언-중 16:53]

(ㄱ)의 '태인현'과 (ㄴ)의 '하늘'은 체언 단독으로 뒤의 체언인 '사룸'과 '우ㅎ'을 수식하여 관형어로 쓰였다.

   넷째, 관형절이 관형어로 쓰일 수 있다. 이때 관형절의 서술어에는 관형사형 어미인 '-ㄴ, -ㄹ' 등이 실현되는데, 선어말 어미 '-ㄴ' 앞에는 시제를 나타내는 선어말 어미인 '-ᄂ-, -더-, -∅-'가 함께 실현될 수 있다.

(20) ㄱ. <u>後에 오는</u> 믈 트니는 엇졔 머물리오   [두언-중 11:18]

     ㄴ. <u>격은</u> 술위란 말고 그 저 <u>큰</u> 술위예 시러 가쟈   [박언 상:13]

     ㄷ. <u>나히 아홉인</u> 제 아비 사오나온 병 어덧거늘   [동신 효3:15]

(ㄱ)에서는 관형절인 '後에 오는'가, (ㄴ)에서는 관형절인 '격은'과 '큰'이, (ㄷ)에서는 관형절인 '나히 아홉인'이 관형어 쓰여서, 그 뒤에 오는 체언을 수식하였다.

   다섯째, 문장에 관형격 조사인 '-ㅅ'이 붙어서 체언을 수식할 수 있다.

(21) ㄱ. 競競은 <u>삼가댯</u> 마리라   [여언 하:34]

     ㄴ. 戰戰은 <u>저프댯</u> 마리라   [여언 하:33]

     ㄷ. <u>흔드댯</u> ᄧ디라 (弄得)   [어록해-중 14]

(ㄱ)의 '삼가댯'은 주어가 생략된 문장인 '삼가다'에, (ㄴ)의 '저프댯'은 '저프다'에, (ㄷ)은 '흔드다'에 관형격 조사인 '-ㅅ'이 붙어서 관형어로 쓰였다.

   다섯째, 문장에 관형사형 전성 어미인 '-ㄴ' 붙어서 체언을 수식할 수 있다.

(22) ㄱ. <u>운 사룸이 뼈 아래 사룸을 에엿비 녀기단</u> 마리니   [여언 하:18]

     ㄴ. 姑息은 <u>안즉 안즉 ᄒ고 그른 일도 고티디 아니란</u> 마리라 [여언 하:18]

     ㄷ. 貞婦는 <u>어딘 안히란</u> 마리라   [여언 하:13]

     ㄹ. <u>긴히 着ᄒ단</u> 말이라 (着緊)   [어록해-중 24]

(ㄱ)의 '운 사룸이 뼈 아래 사룸을 에엿비 녀기단'은 온전한 문장인 '운 사룸이 뼈 아래 사룸을 에엿비 녀기다'에 관형사형 전성 어미인 '-ㄴ'이 실현되어서 관형어로 쓰였다.

그리고 (ㄴ)은 주어가 생략된 문장인 '안즉안즉 ᄒ고 그른 일도 고티디 아니라'에, (ㄷ)은 '어딘 안히라'에, (ㄹ)은 온전한 문장인 '긴히 着ᄒ다'에 관형사형 전성 어미인 '-ㄴ'이 실현되어서 관형어로 쓰였다.[67)]

2.3.6. 부사어

'부사어(副詞語)'는 '서술어, 관형어, 부사어, 문장' 등을 수식하면서 그 의미를 한정하거나, 단어와 단어 또는 문장과 문장을 잇는 문장 성분이다. 부사어는 그 기능에 따라서 '수식 기능의 부사어'와 '접속 기능의 부사어'의 두 종류로 나누어진다.

〈 **수식 기능의 부사어** 〉 부사어가 서술어, 부사어, 절, 문장 등을 수식할 수 있다.
첫째, 부사가 단독으로 부사어로 쓰일 수 있다.

(23) ㄱ. 이곳이 ᄀ장 놀기 됴ᄒ니이다   [오전 1:4]
ㄴ. 나ᄂ 그저 이리 니ᄅ리라   [노언 상:17]
ㄷ. 南으로 녀 오니 길히 더욱 아니 환ᄒ도다   [두언-중 1:20]
ㄹ. 아마도 녈구롬 근쳐의 머믈셰라   [관동별곡]
ㅁ. 내 이 여러 ᄆ를 가져 ᄑ라 가노라 그러면 ᄀ장 됴토다   [노언 상:7]

(ㄱ)의 'ᄀ장' (ㄴ)의 '이리', (ㄷ)의 '아니', (ㄹ)의 '아마', (ㅁ)의 '그러면' 등은 부사로서 각각 그 뒤에 실현된 '됴ᄒ니이다, 니ᄅ리라, 환ᄒ도다, 고기만 자시고 즌 광어과 즌 여슬 즐기더라'을 수식하였다. 그리고 (ㅁ)의 '그러면'는 부사어로 쓰여서 앞 문장과 뒤 문장을 이었다.

둘째, 체언이나 명사구, 명사절에 부사격 조사가 붙어서 부사어로 쓰일 수 있다.

(24) ㄱ. 또 父親이 겨시든 날에 同郡 安府判으로 더브러 交好ᄒ더니 [오전 1:1]
ㄴ. 이ᄂ 小人의 어믜 동싱의게 난 아이오   [노언 3:14]
ㄷ. 每日에 漢ᄉ 션븨들과 ᄒ듸셔 글 비호니   [노언 상5]
ㄹ. 칼ᄒ로 죽디 몯ᄒ면 노ᄒ로 목ᄆᆡ야 주구리라 ᄒ고   [동삼 속열13]
ㅁ. 이 엇디 양을 모라 범을 팀과 다ᄅ리오   [오행 충57]

---

67) (22)와 같은 특수한 형태의 관형절은 원래는 인용절을 안은 문장에서 서술어로 쓰인 '혼'에 'ᄒ-'가 생략된 것으로 파악한다. 예를 들어서 (22ㄱ)에서 '운 사름이 뼈 아래 사름을 에엿비 녀기단 마리니'는 '운 사름이 뼈 아래 사름을 에엿비 녀기다 ᄒᄂ 마리니'에서 인용 동사인 'ᄒ-'가 생략된 형태이다.

ㅂ. 골픈 제 흔 입 어더 먹으미 브른 제 흔 말 어듬도곤   [노언 상64]

　 나으니라

ㅅ. 이 곳에 사는 사름들이 약터를 마쇼보다 더 만히 쓰느니라 [사필 145]

ㅇ. 사름이 이셔 쥬홍이 모반ᄒ다고 ᄒ거눌   [태감 2:12]

(24)의 밑줄 친 말은 모두 체언에 부사격 조사가 붙어서 부사어로 쓰인 예이다. 이러한 부사절은 체언이나 명사구, 명사절의 뒤에 실현된 부사격 조사에 따라서 다양한 의미를 나타내는데, (ㄱ)의 '-에'는 위치를, (ㄴ)의 '-의게'는 상대를, (ㄷ)의 '-과'는 공동을, (ㄹ)의 '-ᄋ로'는 방편을, (ㅁ~ㅅ)의 '-과', '-도곤', '-보다'는 비교를, (ㅇ)의 '-고'는 인용을 나타낸다.

　셋째, 부사절이 부사어로 쓰일 수 있다. 부사절은 서술어로 쓰인 용언의 어간에 부사 파생 접미사인 '-이'가 붙거나, 종속적 연결 어미인 '-게/-ㄱㅣ/-긔, -ᄃ록/-도록, -듯/-둣/-드시' 등이 붙어서 성립된다.

　(25) ㄱ. (뎡수견이) 셔모 셤김을 싱모의게 다름이 업시 ᄒ더라   [동신 효8:51

　　 ㄴ. 軍兵의 소리ᄂ 이제 니르리 뮈놋다   [두언-중 3:18]

　　 ㄷ. (함믜) 아비 죽거눌 침실의 빈소ᄒ고 다ᄉ 쭐을   [동신 효1:7]

　　　 계ᄉᄒ기눌 평싱과 달리 아니ᄒ니라

　(26) ㄱ. (유언겸이) 어미 죽거눌 무덤을 디킈여 피 나게 울어   [동신 3:77]

　　 ㄴ. (최효손이) 모미 믓도록 분묘 디킈니라   [동신 효2:9]

　　 ㄷ. 傾盆雨 퍼븟듯 오는 비   [방언유석 5]

(25)에서 (ㄱ)의 '싱모의게 다름이 업시', (ㄴ)의 '(軍兵의 소리) 이제 니르리', (ㄷ)의 '평싱과 달리'는 서술어로 쓰인 '없다, 니를다, 다ᄅ다'의 어간에 부사 파생 접미사인 '-이'가 붙어서 부사어로 쓰였다. 그리고 (26)에서 (ㄱ)의 '피 나게', (ㄴ)의 '몸이 믓도록', (ㄷ)의 '퍼븟듯'은 서술어로 쓰인 '나다, 믓다, 퍼븟다'의 어간에 종속적 연결 어미인 '-게, -도록, -듯' 등이 붙어서 부사어로 쓰였다.

　넷째, 관형어(관형절)와 그것의 수식을 받는 부사어성 의존 명사를 포함하는 전체 구성이 부사어로 쓰일 수 있다.

　(27) ㄱ. 뎌의 니ᄅᄂ 대로 좃다(從他說)   [어록해-중 32]

ㄴ. 우리는 길 녜는 나그내라 쏘 즐겨 <u>므슴 손인 양</u> ᄒ리오　　　　[노언 상:38]

ㄷ. 曹操 ㅣ 흔 여러 믈 튼 이를 거느리고 <u>ᄂᆞ는 ᄃᆞ시</u> 오니　　　　[삼총 2:10]

ㄹ. 하 셜워 애를 뻐 <u>ᄐᆞ는 듯</u> 간댱이 졸고　　　　　　　　　　[계축일기 상:38]

(ㄱ)의 '뎌의 니ᄅᆞᆫ는 대로', (ㄴ)의 '므슴 손인 양', (ㄷ)의 'ᄂᆞ는 ᄃᆞ시', (ㄹ)의 'ᄐᆞ는 듯'은 부사어로 쓰여서, 그 뒤에 오는 서술어 '좃다, ᄒ리오, 오니, 간댱이 졸고'를 수식하였다. 이들 부사어는 관형어(절)로 쓰인 '뎌의 니ᄅᆞᆫ, 므슴 손인, ᄂᆞ는, ᄐᆞ는'의 뒤에 부사어성 의존 명사인 '대로, 양, ᄃᆞ시, 듯'이 결합하여 그 전체 구성이 부사어로 쓰였다.

〈**접속 기능의 부사어**〉 접속 부사가 부사어로 쓰여서, 단어와 단어나 절과 절이나 문장과 문장을 잇는다.

(28) ㄱ. 수릿군과 <u>밋</u> 수리에 뼌ᄂᆞᆫ 되둘히 ᄎᆞᄎ로 힝군ᄒ다가　　　[연지 22]

ㄴ. 내 이 여러 믈 가져 ᄑᆞ라 가노라 <u>그러면</u> ᄀᆞ쟝 됴토다　　[노언 상:7]

ㄷ. 어진 도리를 닷디 몯ᄒᆞᆯᄉᆡ <u>그런ᄃᆞ로</u> 이제 귀보를 몯 버스니 [권요 5]

(ㄱ)에서 '밋'은 체언인 '수릿군'과 '수리'를 이었으며, (ㄴ)에서 '그러면'은 이어진 문장 속에서 앞절과 뒷절을 이었으며,68) (ㄷ)에서 '그런ᄃᆞ로'는 앞 문장과 뒤 문장을 이었다.

2.3.7. 독립어

'독립어(獨立語)'는 문장 안의 다른 성분과 직접적인 관련이 없는 성분이다. 독립어는 감탄사 단독으로 쓰이거나, 체언에 호격 조사가 붙어서 쓰인다.

첫째, 감탄사가 단독으로 독립어로 쓰일 수 있다.

(29) ㄱ. <u>의</u> 므스 일이옵관ᄃᆡ 이대도록 어렵사리 니ᄅᆞ옵시ᄂᆞᆫ고　　[첩신-초 5:21]

ㄴ. <u>어와</u> 아름다이 오옵시도쇠　　　　　　　　　　　　　　　[첩신-초 1:2]

ㄷ. <u>오회라</u> 즁용에 골오ᄃᆡ 하늘이 명ᄒᆞ심을 일온 셩품이라 ᄒ고[척윤 1]

ㄹ. <u>의바</u> 내 너ᄃᆞ려 니ᄅᆞ마　　　　　　　　　　　　　　　[박언 상:30]

---

68) 중세 국어나 근대 국어의 접속 부사는 (28ㄱ)처럼 '-과'와 같은 접속 조사 뒤나 (28ㄷ)처럼 '-으나, -으니, -올씨' 등의 연결 어미 뒤에서 쓰일 수 있는 것이 특징이다.

(29)에서 '의, 어와, 오회라, 이바' 등은 감탄사가 단독으로 독립어로 쓰인 예이다. 이들 감탄사 중에서 '의, 어와, 오회라'는 '감정 감탄사'이며, '이바'는 말하는 이가 듣는이를 부르는 말(=부름말)로 기능하는 '의지 감탄사'이다.

둘째, 체언에 호격 조사인 '-아/-야'와 '-이여/-여'가 붙어서 독립어로 쓰일 수 있다.

> (30) ㄱ. <u>先生아</u> 老身이 退歸ᄒᄂ니 오늘 세 아희의 賢愚善惡이　　　[오전 1:20]
> 　　　다 先生ᄭᅴ 잇ᄂ니이다
> 　　ㄴ. <u>아희야</u> 닉은 ᄂᆞᆯ 잇거든 가져와 나그닉들의게 드리라　　[청노 3:7]
>
> (31) ㄱ. 어디다 <u>老夫人이여</u>　　　　　　　　　　　　　　　　[오전 6:32]
> 　　ㄴ. 슬프다 <u>奉孝여</u> 어엿브다 <u>奉孝여</u> 앗갑다 <u>奉孝여</u>　　[삼총 9:16]

(30)에서 '先生아'와 '아희야'는 체언인 '先生'과 '아희'에 호격 조사인 '-아/-야'가 붙어서 독립어로 쓰였다. 그리고 (31)에서 '老夫人이여'와 '奉孝여'는 '老夫人'과 '奉孝'에 호격 조사인 '-이여'와 '-여'가 붙어서 독립어로 쓰였다.

2.4. 문장의 짜임새

문장은 기본적으로 주어와 서술어로써 어떠한 일의 상태(성질)나 움직임을 표현한다. 그런데 하나의 문장에는 주어와 서술어가 한 번만 나타날 수도 있지만, 어떤 경우에는 두 번 이상 나타날 수도 있다.

> (1) ㄱ. <u>의거시</u> 큰 원쉬 아니가　　　　　　　　　　　　　　[박언 하20]
> 　　ㄴ. 네 날<u>ᄃᆞ려</u> 뎌긔 景致를 니ᄅ라　　　　　　　　　　[박언 상29]
>
> (2) ㄱ. 김시는 금귀현 사ᄅᆞᆷ이니 진사 뎡명<u>의</u> 안해라　　　[동삼 열8:20]
> 　　ㄴ. 누에ᄂᆞᆫ 쑁닙을 먹<u>ᄂᆞᆫ</u> 버러지라　　　　　　　　[신심 2:5]

(1)의 문장처럼 주어와 서술어가 한 번만 실현된 문장을 '홑문장(單文)'이라고 한다. 반면에 (2)의 문장처럼 주어와 서술어가 두 번 이상 나타난 문장을 '겹문장(複文)'이라고 한다. 겹문장으로는 '이어진 문장'과 '안은 문장'이 있다. (2ㄱ)의 문장은 앞절인 '김시는 금귀

현 사름이니'와 뒷절인 '진사 뎡명의 안해라'가 연결 어미인 '-니'에 의해서 나란히 이어져서 된 겹문장인데, 이러한 문장을 '이어진 문장(接續文)'이라고 한다. 그리고 (2ㄴ)의 문장은 관형절인 '뽕닙을 먹는'을 관형어로 안고 있는데, 이러한 문장을 '안은 문장(內包文)'이라고 한다.

근대 국어의 문장 유형을 짜임새에 따라서 그림으로 정리하면 다음과 같다.

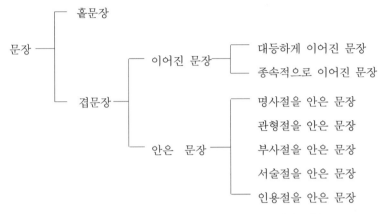

〈그림 1〉 짜임새로 분류한 문장의 유형

2.4.1. 이어진 문장

두 개 이상의 홑문장이 연결 어미에 의해서 이어져서 더 큰 문장이 될 수 있는데, 이러한 문장을 '이어진 문장(接續文)'이라고 한다. 이어진 문장은 앞절과 뒷절의 의미적 관계에 따라 '대등하게 이어진 문장'과 '종속적으로 이어진 문장'으로 구분된다.

2.4.1.1. 대등하게 이어진 문장

'대등하게 이어진 문장'은 앞절과 뒷절이 의미적으로 대등한 관계로 이어진 문장으로서, 앞절과 뒷절은 '나열, 선택, 대조' 등의 의미적 관계를 나타낸다.

(3) ㄱ. 四海 다 묽고 八方이 自然히 平安ᄒ더니   [팔세아 1]
　　ㄴ. 후에 이런 사름이 해 長進티 못ᄒ며 子孫이 해 昌盛티   [오전 1:18]
　　　　못ᄒᄂ니

(4) ㄱ. 우리 가면 혹 일으나 혹 느즈나 그저 뎌긔 자고 가쟈   [노언 상:9]

   ㄴ. ᄀᆞᆯ 밍ᄀᆞ라 쑬믈에 ᄆᆞ라 입 안해 ᄇᆞᄅ거나 혹   [태집 72]

      ᄆᆞ른 ᄀᆞᆯ를 쎼허 ᄇᆞᄅ라

   ㄷ. 집에 오신 손님을 박ᄃᆡᄒᆞ든지 히ᄒᆞ든지 ᄒᆞᄂᆞᆫ 거슨 야만에   [독신 1:104]

      일이요

(5) 이 文章은 翰林院의 밋디 못ᄒᆞ나 法度ᄂᆞᆫ 嚴홈이 按察司에서   [오전 1:15]

    디나도다

(3)의 문장은 '나열'의 의미를 나타내는 연결 어미 '-고, -으며'를 통해서 앞절과 뒷절이 이어졌다. 그리고 (4)의 문장은 '선택'의 의미를 나타내는 연결 어미인 '-으나~-으나, -거나~-거나, -든지~-든지'를 통해서, 그리고 (5)의 문장은 '대조'의 의미를 나타내는 연결 어미인 '-으나'를 통해서 이어졌다. 이들 문장은 앞절과 뒷절이 의미적으로 대등한 관계에 있으므로 '대등하게 이어진 문장'이라고 한다.[69]

2.4.1.2. 종속적으로 이어진 문장

'종속적으로 이어진 문장'은 앞절과 뒷절의 의미가 서로 독립적이지 못하고, 앞절의 의미가 뒷절의 의미에 이끌리는 관계로 이어진 문장이다. 종속적으로 이어진 문장의 앞절과 뒷절은 '조건, 이유, 원인, 의도, 전환' 등의 매우 다양한 의미적 관계로 이어진다.[70]

(6) ㄱ. 네 오면 네 죽기를 면ᄒᆞ리라   [동삼 열:3]

   ㄴ. (밥) 짓기를 일 ᄒᆞ던들 져기 먹기 죠흘러니   [박언 하:45]

   ㄷ. 쳔셰 밧게 사ᄅᆞ랴고 무ᄒᆞᆫ 탐심 닐와드니   [염불보권문 44]

   ㄹ. 凡事를 너모 극진히 ᄒᆞ려 ᄒᆞ다가 도로혀 일오지 몯ᄒᆞᆸᄂᆞ니   [인대 1:30]

   ㅁ. 개며 ᄆᆞᆯ의 니ᄅᆞ러도 다 그러ᄒᆞ곤 ᄒᆞᄆᆞᆯ며 사름이ᄯᆞ녀   [가언 2:12]

---

69) (3~5)의 문장에서 확인할 수가 있듯이 대등하게 이어진 문장의 앞절과 뒷절은 구조적으로나 의미적으로 대칭성(對稱性)이 있다. 그리고 대등하게 이어진 문장에는 이러한 대칭성뿐만 아니라, 앞절과 뒷절의 순서를 바꾸어도 의미에 변화가 생기지 않는 교호성(交互性)도 함께 나타난다(김일웅, 1993: 255; 나찬연, 2017: 333).

70) '종속적으로 이어진 문장'을 형성하는 '종속적 연결 어미'의 다양한 유형과 기능에 대하여는 이 책의 98쪽을 참조.

ㅂ. 다힝이 노뫼 겨시되 다른 봉양홀 형데 업스니　　　　　[오행 효6]

ㅅ. 사괴노 匹든 늘글ᄉ록 쏘 親ᄒ도다　　　　　　　　　[두언-중 21:15]

ㅇ. 學 잇노 이 반ᄃ시 몸이 믓도록 맛티디 못홀 理 업스니라　[오전 3:9]

ㅈ. 모든 벗들의 名字를 다 써 쳥ᄒ라 가쟈　　　　　　　[박언 상:23]

(ㄱ)의 '-으면'은 조건(구속)의 뜻을, (ㄴ)의 '-은들'은 양보의 뜻을, (ㄷ)의 '-오려'는 의도의 뜻을, (ㄹ)의 '-다가'는 전환의 뜻을, (ㅁ)의 '-곤'은 전환의 뜻을, (ㅂ)의 '-되'는 설명의 뜻을, (ㅅ)의 '-을ᄉ록'은 비례의 뜻을, (ㅇ)의 '-도록'은 도달의 뜻을, (ㅈ)의 '-라'는 가치의 뜻을 나타내면서, 앞절과 뒷절을 이어서 종속적으로 이어진 문장을 형성하였다.

2.4.1.3. 이어진 문장의 통사적 제약

이어진 문장에서 앞절에 특정한 연결 어미가 실현되면 뒷절의 종결 방식이 제약을 받는 경우가 있다(허웅, 1975: 521; 고등학교 문법, 2010: 298).

첫째, 이어진 문장의 앞절에서 연결 어미 '-니'의 앞에 주관적인 믿음을 표현하는 선어말 어미 '-거-, -아-/-어-'가 실현되면, 뒷절은 '앞절의 내용을 뒤집는 뜻'을 표현하면서 의문형으로 끝맺는다.

(7) ㄱ. 길히 멀거니 엇디 能히 來ᄒ리오　　　　　　　[시언 2:13]

　　 ㄴ. 내 알고 그듸 알거니 엇디 알리 업다 니르리오　[내훈-중 3:48]

(ㄱ)의 '멀거니'와 (ㄴ)의 '알거니'처럼 연결 어미 '-니'가 실현된 서술어에 확인 표현의 선어말 어미인 '-거-'나 '-어-'가 실현되면, 뒷절의 서술어는 '來ᄒ리'와 '니르리오'처럼 의문형으로 끝맺는다.

둘째, 이어진 문장에서 앞절의 서술어에 연결 어미인 '-관듸/-완듸'가 실현되면, 앞절에는 반드시 의문사(疑問詞)가 실현되고 뒷절은 의문형으로 끝맺는다.

(8) ㄱ. 이 므스 일이옵관듸 이대도록 어렵사리 니르옵시노고　[첩신 5:21]

　　 ㄴ. ᄒ논 배 므스 이리완듸 샹녜 區區ᄒ노니오　　　　　[두언-중 17:5]

(ㄱ)의 '일이옵관듸'와 (ㄴ)의 '이리완듸'처럼 앞절의 서술어에 연결 어미인 '-관듸/-완듸'가 실현되면, 앞절에는 '므스'와 같은 의문사가 실현되고 뒷절의 서술어는 '니르옵시

ᄂ고'와 '區區ᄒᄂ니오'처럼 의문형으로 끝맺는다.

셋째, 이어진 문장에서 앞절의 서술어에 연결 어미 '-을디언뎡/-을지언뎡' 등이 실현
되면, 뒷절은 부정문(否定文)이 된다.

> (9) ㄱ. 송나라 귀신이 <u>될디언뎡</u> 다른 나라 신해 되디 **아니**ᄒ리라 　[오행 충50]
>
> 　　ㄴ. 법률 외에 일은 <u>죽을지언뎡</u> 시힝 **아니** ᄒᄂ 거시오 　　　　[독신]

(ㄱ)의 '될디언뎡'과 (ㄴ)의 '죽을지언뎡'처럼 앞절의 서술어에 연결 어미 '-ㄹ디언뎡/-
을지언뎡'이 실현되면, 뒷절은 '아니ᄒ리라'와 '아니'처럼 부정의 요소가 표현되어서 부
정문이 된다.

넷째, 이어진 문장에서 앞절의 서술어에 연결 어미인 '-곤/-온' 등이 실현되면, 뒷절에는
대체로 'ᄒ믈며'와 같은 부사가 실현되고 서술어로 실현되는 체언이나 용언의 명사형 뒤에
는 영단과 반문의 뜻을 나타내는 '-이ᄯ녀/-ㅣᄯ녀, -가, -랴' 등의 의문 소사나 의문형
어미가 실현된다.71)

> (10) ㄱ. 개며 ᄆᆞᆯ의 니ᄅ러도 다 그러ᄒ곤 ᄒ믈며 사ᄅ름이ᄯ녀 　　　[가언 2:12]
>
> 　　　ㄴ. 至誠은 神을 感ᄒ곤 ᄒ믈며 이 有苗ㅣᄯ녀 　　　　　　　[서전언해 1:36]
>
> 　　　ㄷ. 뎌 鳥를 본듸 오히려 벋을 求ᄒᄂ 소릭룰 ᄒ곤 ᄒ믈며 　　　[시언 9:9]
> 　　　　사ᄅᆷ이 ᄯ 友生을 求티 아닐 것가
>
> 　　　ㄹ. 天의 命을 斷홈을 아디 몯ᄒ곤 ᄒ믈며 그 능히 先王의 　　[서전언해 2:35]
> 　　　　烈을 從ᄒᄂ다 니ᄅ랴

(10)에서는 앞절의 서술어에 '그러ᄒ곤, 感ᄒ곤, ᄒ고, 몯ᄒ곤'처럼 연결 어미인 '-곤'이
실현되었다. 이때 뒷절에는 대체로 'ᄒ믈며'와 같은 부사가 실현되고, 뒷절에서 서술어
처럼 기능하는 체언이나 용언의 명사형 뒤에 '-이ᄯ녀/ㅣᄯ녀, -가, -랴'와 같은 의문
소사나 의문형 어미가 붙는다. 이들 문장은 '반문(反問)'이나 '설의(設疑)'의 뜻을 나타내
는 수사 의문문의 형식으로 표현된다.

---

71) '-이ᄯ녀'는 강조를 나타내는 '-이ᄯᆫ(보조사)'에 호격 조사 '-(이)여'가 붙어서 문장 전체가 반문
　　(反問)과 감탄의 뜻을 나타내는 의문문처럼 쓰였다(허웅, 1975: 359·386).

2.4.2. 안은 문장

문장 속에서 하나의 성분처럼 쓰이는 홑문장을 '안긴 문장'이라 하고, 이 안긴 문장을 포함하고 있는 전체 문장을 '안은 문장'이라 한다. 안긴 문장을 '절(節)'이라고도 하는데, 이러한 안긴 문장에는 '명사절, 관형절, 부사절, 서술절, 인용절' 등이 있다.

2.4.2.1. 명사절을 안은 문장

'명사절(名詞節)'은 문장 속에서 명사처럼 기능하는 절로서, 명사형 전성 어미인 '-옴/-움/-음, -기' 등이 붙어서 이루어진다. 명사절은 명사처럼 문장 속에서 여러 가지 문장 성분으로 쓰일 수 있는 것이 특징인데, 이러한 명사절을 포함하고 있는 전체 문장을 '명사절을 안은 문장'이라 한다.

근대 국어에 쓰인 명사절은 용언이나 서술격 조사에 명사형 전성 어미인 '-옴/-움/-음'과 '-기'가 실현되어서 명사절이 형성될 수 있다.[72)]

> (11) ㄱ. 믹이 신라디고 줃ᄂᆞ니는 닝흔 약 머구미 가티 아니 ᄒᆞ니라 [두집 상:57]
>
> ㄴ. 張昭ㅣ 孫權의 군ᄉ 니르켜믈 듯고 [삼총 3:22]
>
> (12) ㄱ. 힁역 고티기는 숙슈의 증편 ᄠᅵ듯 홀거시니 [두집 상:39]
>
> ㄴ. 소ᄂᆞ로 티며 디ᄅᆞ기를 니기고 [연지 17]

(11)에서 (ㄱ)의 '닝흔 약 머굼'과 (ㄴ)의 '孫權의 군ᄉ 니르켬'은 서술어로 쓰인 '먹다'와 '니르켜다'의 어간에 명사형 어미인 '-움'과 '-ㅁ'이 붙어서 명사절이 되었다. 그리고 (12)에서 (ㄱ)의 '힁역 고티기'와 (ㄴ)의 '소ᄂᆞ로 티며 디ᄅᆞ기'는 서술어로 쓰인 '고티다'와 '디ᄅᆞ다'에 명사형 어미인 '-기'가 붙어서 명사절이 되었다.

2.4.2.2. 관형절을 안은 문장

'관형절(冠形節)'은 문장 속에서 관형어로 기능하는 절로서, 용언의 어간에 관형사형

---

72) 중세 국어에서는 명사형 전성 어미로서 '-옴/-움'이 '-기'보다 많이 쓰였는데, 근대 국어 시기 이후로 '-기'의 쓰임이 지속적으로 늘어났다. 그 결과로 현대 국어에서는 명사형 전성 어미로서 '-기'가 '-음'보다 훨씬 많이 쓰게 되었다.

전성 어미가 실현되어서 성립된다. 그리고 이러한 관형절을 포함하고 있는 전체 문장을 '관형절을 안은 문장'이라고 한다.

관형절은 서술어로 쓰인 용언에 관형사형 전성 어미인 '-은/-ㄴ'이나 '-을/-ㄹ'을 실현시켜서 성립된다.

(13) ㄱ. <u>요亽이 墓祭애 土神끠 ᄒᆞᄂᆞᆫ</u> 禮를 보니 오로 滅裂혼 디라　　　[가언 10:47]

ㄴ. 도적기⋯<u>민시의 나히 졈은</u> 줄늘 보고 범코져 ᄒᆞ거늘　　　[동삼 열5:33]

ㄷ. 그 어미 <u>바ᄆᆡ 범의게 더위여 간</u> 배 되니　　　[태감 2:69]

ㄹ. <u>孫宰ㅣ 안잣던</u> 堂을 뷔워 편안히 居케ᄒᆞ야　　　[두언-중 1:13]

(14) ㄱ. <u>고기 자블</u> 사ᄅᆞ미 비를 이어 큰 그므를 듣마　　　[두언-중 16:63]

ㄴ. 샹궁이 <u>됴홀</u> 일노 니ᄅᆞ니　　　[계일 하:37]

(13)에서 (ㄱ)의 '요亽이 墓祭애 土神끠 ᄒᆞᄂᆞᆫ', (ㄴ)의 '민시의 나히 졈은', (ㄷ)의 '(그 어미) 바ᄆᆡ 범의게 더위여 <u>간</u>', (ㄹ)의 '孫宰ㅣ 안잣던'은 서술어로 쓰인 'ᄒᆞ다, 졈다, 가다, 앉다'의 어간에 관형사형 어미 '-은'이 붙어서 관형절이 되었다. 그리고 (14)에서 (ㄱ)의 '고기 자블'과 (ㄴ)의 '됴홀'은 서술어로 쓰인 '잡다'와 '둏다'의 어간에 관형사형 어미인 '-ㄹ'이 붙어서 관형절이 되었다.

2.4.2.3. 부사절을 안은 문장

'부사절(副詞節)'은 문장 속에서 부사어로 기능하는 절인데, 용언의 어간에 파생 접미사인 '-이'거 붙거나 연결 어미인 '-게, -도록/-ᄃᆞ록, -ᄃᆞᆺ/-ᄃᆞ시' 등이 붙어서 이루어진다. 그리고 이러한 부사절을 포함하고 있는 전체 문장을 '부사절을 안은 문장'이라고 한다.[73]

(15) ㄱ. (뎡亽견이) 셔모 셤김을 <u>싱모의게 다ᄅᆞᆷ이 업시</u> ᄒᆞ더라　　　[동신 효8:51]

ㄴ. 東으로 遼水에 너므며 <u>北 녁그로 濾沱애 니르리</u>　　　[두언-중 5:24]
　　星象과 風雲괘 깃븐비치 和調ᄒᆞ도다

ㄷ. 侯夫人은 厚ᄒᆞ야 모든 庶ᄌᆞ를 亽랑호ᄃᆡ <u>내 나ᄒᆞ니와 달리</u>　　[내훈-중 3:26]
　　아니 ᄒᆞ더니

---

73) '부사절을 안은 문장'의 성립 조건과 특징에 대하여는 나찬연(2017: 342)을 참조.

(16) ㄱ. 아모 거스로 마고 다다 <u>긔운 아니 나게</u> 더퍼 두고   [두집 상:21]

    ㄴ. (최효손이) <u>모미 못도록</u> 분묘 디킈니라   [동신 효2:9]

    ㄷ. 傾盆雨 <u>퍼붓듯</u> 오는 비   [방언유석 5]

(15)와 (16)에서 밑줄 친 말은 주어와 서술어의 구조를 갖추고 있으면서, 그 뒤에 실현되는 서술어(용언구)를 수식하고 있다. 곧, (15)에서 (ㄱ)의 '싱모의게 다름이 업시'와 (ㄴ)의 '北 녁그로 瀟湘애 니르리'는 각각 '싱모의게 다름이 없(다), 北 녁그로 瀟湘애 니르(다), 내 나흐니와 다른(다)'에 부사 파생 접미사인 '-이'가 붙어서 부사절이 되었다. 그리고 (16)에서 (ㄱ)의 '긔운 아니 나게'와 (ㄴ)의 '모미 못도록'과 (ㄷ)의 '퍼붓듯'은 각각 '긔운 아니 나(다), 모미 못(다), (비) 퍼붓(다)'에 종속적 연결 어미인 '-게', '-도록', '-듯'이 붙어서 부사절이 되었다.74) 이렇게 부사절을 형성하는 문법적 형태소로는 파생 접미사인 '-이'와 종속적 연결 어미인 '-게, -도록/-드록, -듯/드시, -아셔/-어셔, -으면' 등이 있는데 그 수효가 대단히 많다.

2.4.2.4. 서술절을 안은 문장

'서술절(敍述節)'은 문장 속에서 서술어로 쓰이는 절인데, 이러한 서술절을 포함하고 있는 전체 문장을 '서술절을 안은 문장'이라고 한다.75) 서술절에는 그것이 서술절임을 나타내는 문법적인 형태가 따로 없는 것이 특징이다.

(17) ㄱ. **외로왼 남기** <u>고지 프니</u>   [두언-중 3:3]

    ㄴ. 셕졀명산은 믈이 <u>간경의 열이 싸혀 흰 ᄀᆞᄑᆞᆯ이</u>

       눈의 ᄀᆞ리온 듯늘 고티ᄂᆞ니라   [마언 상:101]

(18) ㄱ. ᄌᆞ식 빈 **겨집이** <u>ᄆᆞ이 굳세고</u>   [태집 38]

    ㄴ. 小人이 비록 <u>나히 하나</u> 엇디 곳 수례ᄒᆞ료   [노언 상:57]

---

74) 『고등학교 문법』(2010: 164)에서는 현대어를 대상으로 설명하면서, '-이'를 부사 파생 접사로, '-게, -도록, -아서, -으면' 등을 부사형 전성 어미 또는 종속적 연결 어미로 처리한다. 그러나 (15)의 '없이', 니르리, 달리'는 일반적인 부사와는 달리 부사절 속에서 서술 기능을 나타내는 것이 특징이다. 이러한 점에서 '-이'를 부사형 전성 어미로 보려는 견해도 있다(『고등학교 문법 교사용 지도서』, 2009: 202 참조).

75) '서술절을 안은 문장'의 특징과 조건에 대하여는 나찬연(2017: 343)을 참조.

(19) 이제 天下ㅣ 車ㅣ 軌ㅣ 同ᄒᆞ며   [중용언해-중 44]

서술절은 서술어가 비행동성(non-action)의 의미적 특질을 가진 용언, 곧 과정성(process)
이나 상태성(state)을 표현하는 용언에서만 나타난다. (17)의 문장에서 서술어로 쓰인 '프
다'와 '싸히다'가 동사로서 과정성이나 완료 지속의 의미적 특징이 나타나며, (18)의 문
장에서 서술어로 쓰인 '굳세다'와 '하다'는 형용사로서 상태성의 의미적 특징이 나타난
다. 이러한 의미적인 특징으로 말미암아서 (17)의 '고지 프니'와 '간경의 열이 싸혀'는
각각 안은 문장의 전체 주어인 '외로윈 남기'와 '믈이'에 대하여 서술어로 쓰였다. 그리고
(18)의 '묵이 굳세고'와 '나이 하나'는 'ᄌᆞ식 빈 겨집이'와 '小人이'에 대하여 서술어로
쓰였다. (19)의 문장은 서술절이 두 개가 겹친 구조이다. 곧, 안은 문장의 전체 주어인
'天下ㅣ'에 대하여 '車ㅣ 軌ㅣ 同ᄒᆞ며'가 서술어로 쓰였으며, 서술절 속의 주어인 '車ㅣ'에
대하여 '軌ㅣ 同ᄒᆞ며'는 다시 서술어로 쓰였다.

2.4.2.5. 인용절을 안은 문장

'인용절(引用節)'은 다른 사람의 말이나 생각을 따온 절인데, 다른 절과는 달리 온전한
문장의 형식을 갖추고 있는 것이 특징이다. 이때 인용절을 포함하고 있는 문장을 '인용
절을 안은 문장'이라고 하는데, 이러한 인용절을 안은 문장에는 'ᄒᆞ다'나 '니ᄅᆞ다' 등의
인용 동사가 서술어로 쓰이는 것이 특징이다.
18세기 후기까지 간행된 문헌에서는 인용을 나타내는 부사격 조사 없이 인용절 뒤에
인용 동사인 'ᄒᆞ다'만 쓰였다.

　(20) ㄱ. 네 主人의게 닐러 <u>삿과 집자리를 가져오라</u> ᄒᆞ고   [청노 5:1]
　　　 ㄴ. 악쇼년이 굴오ᄃᆡ <u>세 놈이 엇디 이런 어딘 형을 두엇ᄂᆞᆫ고</u> [오행 효48]
　　　　　 ᄒᆞ고

예를 들어서 『청어노걸대』(1765)와 『오륜행실도』(1797)에서는 (20)처럼 인용절에 격조사
없이 인용 동사인 'ᄒᆞ다'만을 실현하여 인용절을 안은 문장을 형성하였다.[76]

---

76) 17세기와 18세기에도 인용의 부사격 조사와 인용 동사가 함께 실현되지는 않았지만, 불완전한
　 형태로 인용절이 나타난 예가 있다.
　 (보기) ㄱ. 이애 닐오ᄃᆡ 내 아미타불이 셔로브터 오샤 날로 보빅좌   [권념요록 29]
　　　　 주믈 보로라 코 말 믓고 죵ᄒᆞ니라

19세기 중엽 이후에는 인용 동사와 함께 인용의 부사격 조사인 '-고'나 '-라고'가 함께
실현되는 예가 나타난다.

(21) ㄱ. 사룸이 이셔 <u>쥬흥이 모반ᄒ다고</u> ᄒ거눌   [태감 2:12]

  ㄴ. 졍동 신문샤에 왓단 말을 ᄌ셰히 안 후에야 <u>드러오라고</u>   [독신 1:5]
    ᄒ미

  ㄷ. <u>죠곰치라도 욕되게ᄂ 평화를 구ᄒ지 안노라고</u> ᄒ엿다더라   [매일신문 1:1]

(22) ㄱ. 엘리자베드는 "<u>죽어도 좋아요.</u>"라고 대답하려 하였다.   [약한자의 슬픔]

  ㄴ. 그래도 父母는 달라서 화가 나시면 "<u>네가 그리하다가는</u>   [빈처]
    <u>末境에 벌엉방이가 되고 말것이야.</u>"라고 ᄭ중은 하셔도

19세기 중반에 간행된 『태상감응편도설언해』(1852)와 19세기 후반에 간행된 『독립신문』
(1896)에서는 (21)에서처럼 인용을 나타내는 부사격 조사인 '-고'와 인용 동사인 'ᄒ다'를
실현하여 인용절을 형성하였다. 그리고 (21)과 같은 20세기 초에 간행된 소설 작품에서
는 현대 국어에서 직접 인용을 나타내는 부사격 조사인 '-라고'가 나타났다.

  ㄴ. 우리의게 졍이 만하 쓰라 가지라 고 날마다 와 보채니   [일동장유가 3:77]
  ㄷ. 아춤의 왜놈이 와 빋 투라 고 ᄀ쳥ᄒ되 역즁이 나리라고   [일동장유가 2:2]
    승션을 말나더니
『권념요록』(1637)에서는 (ㄱ)처럼 인용 동사인 'ᄒ고'의 /ㆍ/가 줄어서 '코'의 형태로 표현되었다가,
『일동장유가』(1764)에서는 'ᄒ고'의 'ᄒ-'가 줄어서 '-고'의 형태로 인용의 표지가 사용되었다. 이
처럼 '코'와 '고'의 형태로 인용의 부사격 조사가 발달하여, 19세기 말에 '-고 하다'로 표현되는
인용절이 나타난 것으로 보인다.

제3장 어휘와 의미

조선 전기의 후기 중세 국어와 조선 후기의 근대 국어에서는 어휘와 의미의 영역에서도 몇 가지 특징이 나타난다. 제3장의 '어휘와 의미'에서는 중세 국어와 근대 국어에서 나타나는 어휘와 의미의 특징을 통시적인 관점에서 살펴본다.[1]

3.1. 어휘 체계의 변화

중세와 근대 국어에서 나타나는 어휘 체계의 특징을 '한자어의 확대'와 '차용어의 유입'으로 나누어서 살펴본다.

3.1.1. 한자어의 증가

조선 시대에는 중국의 문물이나 사상과 철학이 조선에 크게 영향을 끼치게 되었다. 곧, 한문학과 성리학은 조선의 지배 계층이 갖추어야 할 필수적인 교양으로 자리잡았으며, 조선 초기부터 시행된 과거 시험에서도 대부분 한문학과 유교 경서의 내용이 출제되었다. 이렇게 한자와 한문이 중시됨으로써 언어 생활에서도 상당수의 고유어가 한자어

---

1) 제3장에서 제시된 어휘는 '김형규(1981), 나찬연(2009, 2013, 2015), 김동소(1998), 이기문(1998)' 등에 수록된 자료를 참조하였다.

로 교체되었다. 그리고 조선 초기에 세종과 세조 대에 시도되었던 불경을 언해하는 과정에서도 한자어가 많이 유입되었다. 이처럼 어휘 체계 내에서 한자어가 차지하는 비중이 늘어나고 특정한 한자어를 일상적으로 자주 쓰다 보니, 특정한 한자어를 고유어인 것으로 잘못 인식하는 수도 있었다.

〈 고유어의 한자어로 교체 〉 중세 국어와 근대 국어의 시기에는 중국에서 들어온 새로운 문물과 함께 이들의 개념을 표현하는 새로운 한자어가 많이 유입되었다. 뿐만 아니라 이 당시에 들어온 한자어가 기존의 고유어를 대신하는 경향이 뚜렷하게 나타났다. 이러한 경향은 중국과의 접촉이 빈번해지고 성리학을 기반으로 한 중국의 사상과 문화가 우리나라에 영향을 끼친 데에 원인이 있을 것이다.

15세기 시대에 간행된 『석보상절』과 『월인석보』에 나타난 다음 내용을 비교하면, 중세 국어 시대에 한자어가 늘어나는 경향을 확인할 수 있다(김형규, 1981: 111).

(1) ㄱ. 쥬의 坊이어나 뷘 겨르ᄅᆞᆸ빈 짜히어나 자시어나 ᄀᆞ올이어나 巷陌이어나 ᄆᆞᅀᆞᆯ히어나
　　 제 드론 야ᇦ로 어버ᅀᅵ며 아ᅀᆞ미며 이든 벋ᄃᆞ려 힚ᄀᆞ장 불어 닐어든 [석상 19:1]

　　ㄴ. 僧坊애 잇거나 空閑ᄒᆞᆫ 짜히어나 城邑과 巷陌과 聚落과 田里예 드론 다비 父母 宗親
　　 善友 知識 爲ᄒᆞ야 히믈 조차 불어 닐어든 　　　　　　　　 [월석 17:45]

(ㄱ)의 『석보상절』은 1448년(세종 30)에 출간되었고, (ㄴ)의 『월인석보』는 10년 정도 지난 1459년(세조 4)에 출간되었다. (1)에서 동일한 내용을 기술한 (ㄱ)과 (ㄴ)의 문장을 비교할 때에, 약 10년 뒤에 발간된 (ㄴ)의 『월인석보』에는 그 이전에 발간된 (ㄱ)의 『석보상절』보다 한자어가 훨씬 많이 사용된 것을 알 수 있다.

이렇게 고유어보다 한자어를 많이 쓰는 경향은 근대 국어까지 지속적으로 이어졌다. 이러한 경향에 따라서 중세 국어에 사용되었던 고유어를 그 뒤의 시기에는 한자어로 바꾸어서 사용한 예가 상당히 많다.

(2) ㄱ. 가난ᄒᆞ히 → 凶年(흉년), ᄀᆞ룸 → 江(강), 거웃 → 鬚髯(수염), 겿 → 吐/助詞(토/조사),
　　 고마 → 妾(첩), 그위 → 官廳(관청), 그위실 → 官吏(관리)/官職(관직)/ 訟訴(송소), 기
　　 르마 → 鞍裝(안장), 녀계 → 娼女(창녀)/妓生(기생), 노릇 바치 → 俳優(배우), 노연 →
　　 官人(관인), 누리(뉘) → 世上(세상), 다솜어미 → 繼母(계모), 디위 → 回(회)/境界(경
　　 계), 머귀 → 梧桐(오동), 뫼 → 山(산), 마솔 → 官廳(관청), 미르 → 龍(용), 샤옹 → 男
　　 便(남편), 슈룹 → 雨傘(우산), 슬기 → 知慧(지혜), 시름 → 愁心(수심), 아ᅀᆞᆷ → 親戚(친
　　 척)/眷黨(권당), 아롬 → 私(사), 어버ᅀᅵ → 父母(부모)/兩親(양친), 아ᄎᆞ아들 → 甥姪

(생질), 온 → 百(백), 유무 → 消息(소식)/便紙(편지), 위안 → 東山(동산), 지아비 → 男便(남편), 지어미 → 妻(처), 져근덧 → 暫間(잠간), 져자 → 市場(시장), 죽사리 → 生死(생사), 지령 → 醬(장), 잣 → 城(성), 즈믄 → 千(천), 천/쳔량 → 財貨(재화), 하리 → 讒訴(참소), 해자 → 費用(비용)

ㄴ. 가득ᄒ다 → 急(급)하다, 가싀다 → 變更(변경)하다, 가ᅀ멸다 → 豊富(부유)하다, 가줄비다 → 比喩(비유)하다, 겨르롭다 → 閑暇(한가)하다, 고마ᄒ다 → 恭敬(공경)하다, 과ᄒ다 → 稱讚(칭찬)하다, 그르츠다 → 救濟(구제)하다, 기리다 → 稱讚(칭찬)하다, ᄀᅀᆞ말다/ᄀᆞᇝ알다 → 주관(主管)하다/支配(지배)하다, ᄀᆞᆯ외다 → 亂暴(난폭)하다/反抗(반항)하다, 녀름짓다 → 農事(농사)하다, 머리좃다 → 敬禮(경례)하다, 머흐다 → 險(험)하다, 뮈다 → 動搖(동요)하다, ᄆᆞ᷀ᇝ져브다 → 容恕(용서)하다, 배다 → 敗(패)하다, 바ᄃ랍다 → 危險(위험)하다, 번득ᄒ다 → 分明(분명)하다, 뵈아다 → 催促(재촉)하다, 브ᅀᅰ다 → 騷亂(요란)하다, 스치다 → 想像(상상)하다, ᄉᆞᄆᆞᆾ다 → 通(통)하다, 어여다 → 避(피)하다, 오ᅀᆞᆯ다 → 完全(완전)하다, 조ᅀᆞᆸ다 → 重要(중요)하다, 입다 → 昏迷(혼미)하다

ㄷ. 거르기 → 大端(대단)히, 념념으로 → 漸漸(점점)/次次(차차), 샹녜 → 恒常(항상)/普通(보통), 아ᄅᆞᆷ뎌 → 私私(사사)로이, 어루 → 可(가)히, ᄒ다가 → 만일(萬一)에

(ㄱ)은 고유어의 체언이, (ㄴ)은 고유어의 용언이, (ㄷ)은 고유어의 부사가 한자어로 바뀐 예이다. 이들 한자어는 기존의 고유어를 대신해서 국어의 어휘 체계에서 뿌리를 내렸다. 이처럼 체언, 용언, 부사 등이 한자어로 바뀌었다는 것은 대부분의 품사에서 고유어가 한자어로 대체되었다는 것을 뜻한다.[2]

〈 한자어의 고유어화 〉 중세 국어와 근대 국어에서 한자어의 쓰임이 확대되어 일상 생활에서 널리 사용되자, 언중들은 일부 한자어를 고유어로 잘못 아는 경우도 있었다. 이렇게 고유어로 인식된 한자어의 어휘는 한자로 적지 않고 한글로 적는 것이 보통이었다.

(3) ㄱ. 餓鬼ᄂᆞᆫ 주으린 귓거시라   [월석 1:46]

ㄴ. 靑衣 긔별을 슬ᄫᅡ늘 아바님 깃그시리   [월천 기23]

ㄷ. 恩愛ᄒ오미 남진과 겨집괘 恭敬ᄒ오ᄆᆞ로 비릇ᄂᆞ니라   [두언 11:25]

ㄹ. 先妣ᄂᆞᆫ 祠堂애 든 녀편ᄃᆞᆯ히라   [내훈 1:75]

---

2) 그런데 이처럼 한자어를 선호하는 경향이 강해지자, 어떤 때에는 고유어를 한자어로 잘못 인식하여 한자로 표기하는 경우도 있었다. (보기 : 긔운(↦ 氣韻)[석상 1:41], 산힝(↦ 山行)[용가 125장])

ㅁ. 또 三年 侍墓ᄒ니 <u>대되</u> 거상을 아홉 ᄒᆡ를 ᄒ니라　　　　　[속삼 효24]

　ㅂ. 葅 <u>딤칳</u> 조　　　　　　　　　　　　　　　　　　　　[훈자 중11]

　ㅅ. <u>비칳</u> 숭(菘) 俗呼白菜　　　　　　　　　　　　　　　[훈자 상14]

　ㅇ. 一切 衆生이 <u>샹녜</u> ᄀ장 便安케 ᄒ노니　　　　　　　[월석 20:98]

　ㅈ. 相ᄋᆞᆫ <u>양ᄌᆡ</u>라　　　　　　　　　　　　　　　　　[석상 서:1]

　ㅊ. 龍ᄋᆞᆫ 고기 中에 <u>위두</u>ᄒᆞᆫ 거시니라　　　　　　　[월석 1:14]

　ㅋ. <u>즈걋</u> 오ᄉ란 밧고　　　　　　　　　　　　　　　　　[월석 1:5]

　ㅌ. 이베 됴ᄒᆞᆫ <u>차반</u> 먹고져 ᄒ며　　　　　　　　　　[월석 1:32]

　ㅍ. 明行足ᄋᆞᆫ ᄇᆞᆯ근 <u>힝뎌기</u> ᄀᄌ실 씨라　　　　　[석상 9:3]

(3)에서 '귓것(鬼-), 긔별(期別), 남진(男人), 녀편(女便), 대되(大都), 딤칳, 비칳(白菜), 샹녜(常例), 양ᄌᆞ(樣子, 樣恣), 위두(爲頭), 차반(茶飯), 힝뎍(行蹟)'³⁾ 등은 한자어 어휘이지만, 이들은 고유어로 인식되어서 대부분 한글로 표기되었다.

　그리고 어휘가 나타내는 의미가 바뀌어서, 원래의 한자어와는 관련이 없이 고유어화한 단어도 있다.

　　(4) ㄱ. 艱難, 分別, 衆生

　　　　ㄴ. 가난, 분별, 즁ᄉᆡᆼ

'가난, 분별, 즁ᄉᆡᆼ' 등은 원래의 한자어에서 형태나 의미가 바뀌어서 마치 고유어처럼 쓰였다. '가난'은 '艱難(간난)'에서 제1음절의 /ㄴ/이 탈락하고 의미도 [일반적인 어려움]에서 [빈곤, 貧困]으로 바뀌었다. '분별(分別)'은 원래는 [서로 다른 일이나 사물을 구별하여 가름]의 뜻이었는데, 이와 같은 원래의 뜻과 함께 [걱정, 愁]의 뜻으로도 쓰였다.⁴⁾ '즁ᄉᆡᆼ(衆生)'은 불교에서 온 한자어인데, 한자어의 원래 뜻인 [모든 살아 있는 무리]와 함께 새로운 뜻인 [짐승, 獸]의 뜻으로 쓰였다. 특히 [짐승, 獸]의 뜻으로 쓰일 때에는 그 형태도 '즘ᄉᆡᆼ'로 바뀌어서, 현대 국어에서는 '짐승'의 형태로 된다.

　〈 불교 한자어의 증가 〉 15세기에는 불교에 관련된 서적이 많이 번역되었는데, 특히 세

---

3) 이 밖에 '내죵(乃終), 긔운(氣運), ᄂᆡ일(來日), 댱샹(長常), 뎌(笛), 뎔(利), 도죽(盜賊), 만일(萬一), 먹(墨), 바리(鉢), 반(半), 부텨(佛體), 붇(筆), 위ᄒᆞ다(爲-), 쟝ᄎᆞ(將次), 젼혀(全-), ᄌᆞ갸(自家, ?), 힝혀(幸-)' 등의 한자어도 고유어로 인식되어서 대체로 한글로 표기되었다.

4) 중세 국어에서는 '분별'이 '구분(區分)'의 뜻과 '걱정(愁)'의 두 가지 뜻으로 쓰였으나, 근대 국어 이후에는 다시 원래의 뜻인 '구분'의 뜻으로만 쓰였다.

조 시대에는 '간경도감(刊經都監)(1461)'을 설치하여 불교 서적을 우리말로 번역하였다. 이 과정에서 수많은 불교 용어가 한자어로 음역되거나 의역되어서 우리말의 어휘 체계에 많이 들어왔다.

중국를 통하여 한자어로 유입된 불교에 관련한 어휘 중에서 15세기 국어에 쓰였던 어휘를 보이면 다음과 같다.

(5) 釋迦(석가, Śākya), 三昧(삼매, samādhi), 禪(선, jhāna), 阿修羅(아수라, asura), 涅槃(열반, nirvāṇa), 夜叉(야차, Yaka), 乾達婆(건달바, Gandharva), 伽樓羅(가루라, garuda), 彌勒(미륵, Maitreya), 袈裟(가사, kasāya)

(6) 보시(布施, dāna), 見性(견성, dhyana), 極樂(극락, Sukhāvatī), 발원(發願), 如來(여래, tatha-gata), 慈悲(자비, maitrī-karunā), 解脫(해탈, vimokṣa), 衆生(중생, sattva), 善知識(선지식, kalyamitra), 세간(世間, loka)

불교 관련 원전은 주로 고대 인도어인 '범어(梵語, Sanskrit)[5]'나 '팔리어(Pali語)[6]'로 기록되었는데, 이를 중국어로 번역하는 과정에서 음역(音譯)하거나 의역(意譯)하여서 한자로 표기하였다. (5)에서 (ㄱ)은 한자의 소리(音)를 이용하여 고대 인도어의 음을 나타낸 어휘이며, (ㄴ)은 한자의 뜻(意)을 이용하여 고대 인도어의 뜻을 나타낸 어휘이다. 그러나 성종(成宗) 시대부터 억불승유 정책이 강화됨에 따라서, 16세기 이후에는 불교 관련 한자어가 늘어나는 경향이 약화되었다.

3.1.2. 차용어의 유입

중세 국어에 쓰인 한자어들은 중국어의 원음대로 쓰인 것이 아니라, 대부분 국어의 음운 체계에 동화되어서 조선의 한자음으로 쓰였다. 그런데 중국어, 몽골어, 여진어(女眞

---

[5] '범어(梵語, Sanskrit)'는 기원전 4~5세기경에 시작된 고대 인도어인데, 이는 지배 계층이 사용하는 고급 언어로서 문학 작품과 불교 경전에 사용된 언어이다. 현재 북방 불교 경전의 고대 원본은 대부분 범어로 기록되어 있다.

[6] '팔리어(Pali語)'는 인도 중부지방의 언어를 기초로 하고 BC 2세기부터 2세기경에 걸쳐 발달한 언어이다. 현재 현재 스리랑카·미얀마·타이·캄보디아의 각국에 남아 있다. 아소카왕 이후는 불타의 철리(哲理)를 이 언어로써 설하게 되었다. '팔리'란 '성전본문(聖典本文)'을 의미하며 불전(佛典)을 기록하는 문어(文語)로서 쓰이게 되자 산스크리트의 영향도 많이 받았다. 5세기 이후 인도·스리랑카·미얀마·타이 등 여러 나라에서 남방(南方) 소승불교의 성전에 사용하였다.

語) 등으로부터 직접 들어온 일부 차용어(借用語)들은 출신 언어의 발음을 그대로 유지하면서 국어의 어휘 체계에 유입되어 쓰였다.

〈 중국어에서 온 차용어 〉 중국어에서 온 차용어 중에는 조선의 한자음으로 표기하지 않고, 그 말을 차용할 당시의 중국어의 발음에 가깝게 표기한 어휘가 있다. 15세기와 16세기의 후기 중세 국어에 유입된 차용어는 대부분 중국으로부터 유입되었다고 해도 과언이 아닌데, 이 시기에 차용된 중국어 어휘로는 다음과 같은 것이 있다.

(7) ㄱ. 쇼로 쳔 사마 흥졍ᄒᄂ니라   [월석 1:24]

ㄴ. 布施ᄂ 쳔량을 펴아 내야 놈 줄 씨라   [월석 1:12]

ㄷ. 붑 부플 티면 十二億 사ᄅ미 몯고   [석상 6:28]

ㄹ. 즁님낸 다 나가시고 갸ᄉ를 몯 다 설어젯더이다   [월석 23:74]

ㅁ. 모든 比丘ㅣ…이 짜햇 훠와 신과…醍醐와를 넙디   [능언 6:96]
   아니ᄒ면

ㅂ. 靑玉案을 비르서 입곡 블근 노 ᄂᄆᄎ란 ᄎ디 말라   [두언초 8:49]

ㅅ. 닐굽잿 미수엔 스면과 상화   [번박 6]

(8) 감토(敢頭, 감투), 갸ᄉ(家事, 그릇붙이, 세간), 고리(栲, 고리짝), 노/로(羅, 비단), 다홍(大紅, 다홍색), 비치(白菜, 배추), 망긴/망근/망건(網巾, 망건), 먹(墨, 먹), 무궁화(木槿花, 무궁화), 무면/무명(木棉, 무명), 붇(筆, 붓), 비단(匹段, 비단), 보비/보븨/보뵈(寶貝), 사당/사탕(砂糖, 사탕), 샹투/샹토(上頭, 상투), 솨ᄌ/사ᄌ(刷子, 솔), 슈슈(蜀黍, 수수), 심ᄉ(心兒, 심지), 죠리(笊籬, 조리), 진디/진딧/진짓(眞的, 진짜의), ᄌ디(紫的, 자주), 쳔(錢), 쳔량(錢粮, 재물), 투구(頭盔, 투구), 퉁(銅, 동), 피리(觱篥, 피리), 햐처(下處, 숙소)

(7)에서 '쳔(錢, 재물), 쳔량(錢糧, 재물), 퉁(銅, 동), 갸ᄉ(家事, 그릇붙이, 세간), 훠/훠ᄋ(靴, 가죽신), 노(羅), 상화/샹화(霜花, 만두)' 등은 15세기와 16세기의 문헌에 나타난 중국어 차용어이다. 이들 차용어는 대체로 의복, 옷감, 기구, 장식 등의 의식주와 문화 생활과 관련되어 있는 것이 특징인데, 이는 중국어에서 들어온 문물과 함께 차용어도 함께 들어 왔기 때문일 것이다. 16세기 문헌 중에는 주로 『번역박통사』나 『훈몽자회』에서 중국어 차용어가 많이 나타난다. 그리고 (8)에 제시된 차용어는 15세기와 16세기에 쓰인 중국어의 차용어의 목록이다(김동소, 1998: 165).

〈 몽골어에서 온 차용어 〉 몽골어의 차용어는 13세기에 이후에 고려가 원나라의 지배를 받으면서 유입되었다(김동소, 1998: 167 참조).

(9) 가리/갈비, 고라니, 구리(銅), (눈)보라, 보라매, 송골매, 슈라(水刺, 수라), 사돈(査頓), 오 랑캐

13세기 이후의 고려 시대에는 몽골어의 차용어가 꽤 많이 유입된 것으로 보이는데, 특히 '말(馬), 매(鷹), 군사, 관직' 등에 관련된 어휘가 많았다. 그러나 14세기 후반에 고려가 몽골의 지배에서 벗어나게 되자 대부분의 몽골어 차용 어휘는 소멸하였지만, 이들 중에 서 (9)와 같은 일부 단어는 그대로 남아서 지금까지 쓰이고 있다.

〈 만주어에서 온 차용어 〉 중세 국어의 시기에는 소수의 여진어(만주어)가 유입되었다.

(10) 투먼(豆漫), 워허(斡合), 퉁컨(童巾)

여진어에서 들어온 차용어는 주로 지명과 관련된 어휘들인데 몇 어휘가 『용비어천가』에 기록되어 있을 뿐이다.

3.2. 의미의 변화

단어의 의미가 바뀌게 되면, 그 단어가 나타내는 지시 대상이 바뀌거나 그 단어의 도덕적·윤리적 가치가 바뀐다. 여기서는 15세기 이후의 중세 국어와 근대 국어에서 일 어난 의미 변화의 양상을 고유어와 한자어로 나누어서 살펴본다.

3.2.1. 고유어의 의미 변화

고유어에서 일어난 의미 변화는 '의미의 교체', '의미의 축소', '의미의 확대'의 세 가지 유형으로 나누어진다.

(가) 의미의 교체

단어가 나타내는 특정한 의미가 다른 의미로 단순하게 교체된 경우가 있다. 이처럼 의미가 교체된 예로는 '이바디, 스랑ᄒ다, 어엿브다, 어리다, 싁싁ᄒ다, 그위실, 싸다/ᄊ 다, 아비/어미' 등이 있다.

〈 이바디 〉 '이바디'는 [음식 접대, 接待]의 뜻에서 [기여, 寄與]의 뜻으로 바뀌었다.

(1) ㄱ. 神靈을 請ᄒᆞ고 즁싱 주겨 夜叉羅利 等을 <u>이바드며</u>　　　[석상 9:17]

　　ㄴ. 믉근 <u>이바디</u>를 마져 니르고져 컨마ᄅᆞᆫ　　　　　　　[두언 7:25]

'이바디'는 15세기 국어에서 동사인 '이받다'에서 파생된 명사로서 [接待]의 뜻으로 쓰였다. 그런데 현대 국어에서 '이바지'로 형태가 바뀌어서 [寄與]의 뜻으로 쓰이고 있다.

〈 ᄉᆞ랑ᄒᆞ다 〉 'ᄉᆞ랑ᄒᆞ다'는 [생각하다, 思]의 뜻에서 [사랑하다, 愛]의 뜻으로 바뀌었다.

(2) ㄱ. 迦葉이…뫼ᄉᆞ고래 이셔 道理 <u>ᄉᆞ랑ᄒᆞ더니</u>　　　　[석상 6:12]

　　ㄴ. 刺史ㅣ 호 번 사호고져 <u>ᄉᆞ랑ᄒᆞᄂᆞ니</u> (思一戰)　　　[두언 8:23]

(3) ㄱ. 어버ᅀᅵ 子息 <u>ᄉᆞ랑호ᄆᆞᆫ</u> 아니한 ᄉᆞᅀᅵ어니와　　　[석상 6:3]

　　ㄴ. 오직 내 ᄌᆡ조를 <u>ᄉᆞ랑ᄒᆞ놋다</u> (只愛才)　　　　　　[두언 7:34]

(4) <u>ᄉᆡᆼ각</u> ᄉᆞ (思)　　　　　　　　　　　　　　　　　[유합 하11]

'ᄉᆞ랑ᄒᆞ다'는 15세기 국어에서 (2)처럼 [思]의 뜻으로 쓰이다가 그 뒤의 시기에는 (3)처럼 [愛]의 뜻으로도 쓰였다.[1) 이처럼 'ᄉᆞ랑'이 [愛]의 뜻을 나타내게 되자, 'ᄉᆞ랑'을 대신하여 [思]의 뜻을 나타내는 단어로서 (4)의 'ᄉᆡᆼ각'이 새로 생겨났다. 이처럼 [愛]의 뜻으로 쓰이는 'ᄉᆞ랑하다'가 세력을 얻게 되자, 'ᄉᆞ랑ᄒᆞ다(愛)'와 유의어로 쓰였던 기존의 어휘인 '괴다(寵)'와 'ᄃᆞᆺ다(愛)'는 세력을 잃고 사라졌다.

〈 어엿브다 〉 '어엿브다'는 [불쌍하다, 憫]의 뜻에서 [아름답다, 美]의 뜻으로 바뀌었다.

(5) ㄱ. 光明을 보ᅀᆞᆸ고 몰라 주구려 ᄒᆞ니 긔 아니 <u>어엿브니잇가</u>　[월천 기103]

　　ㄴ. 須達이 … 艱難ᄒᆞ며 <u>어엿븐</u> 사ᄅᆞᄆᆞᆯ 쥐주어 거리칠ᄊᆡ　[석상 6:13]

(6) ㄱ. 憫然은 <u>어엿비</u> 너기실 씨라　　　　　　　　　　　　[훈언 2]

　　ㄴ. 내 百姓 <u>어엿비</u> 너겨 (我愛我民)　　　　　　　　　　[용가 50장]

---

1) 원래 '愛'는 생각하는 곳에서 싹트기 때문에 'ᄉᆞ랑'이 곧 '愛'의 뜻을 나타내게 된 것으로 보인다.

15세기 국어에서 형용사인 '어엿브다'는 (5)처럼 [憫]의 뜻으로만 쓰였으나, 부사인 '어엿비'는 (6)처럼 [憫]이나 [美]의 뜻으로 두루 쓰였다. 현대 국어에서는 '어엿브다'가 '예쁘다'로 형태가 바뀌어서 [美]의 뜻으로만 쓰이는 점을 감안할 때에, '어엿브다'는 근대 국어 시기에 [憫]에서 [美]의 뜻으로 바뀐 것으로 추정된다.

〈 **어리다** 〉'어리다'는 [어리석다, 愚]의 뜻에서 [어리다, 幼]의 뜻으로 바뀌었다.

(7) ㄱ. 愚는 어릴 씨라   [훈언 2]
    ㄴ. 우리 므리 <u>어리오</u> 鈍ㅎ야 (我輩愚鈍ㅎ야)   [능언 7:67]

(8) ㄱ. 老萊子ㅣ 楚ㅅ 나라 사름이라 냥친을 효도로이   [소언 4:16]
      봉양ㅎ더니 디낸 나히 닐혼에 <u>어린</u> 아히 노릇슬 ㅎ야 (嬰兒喜)
    ㄴ. 늘그며 <u>어리며</u> 병들며 부녜 능히 오지 못ㅎ는 이는   [경신 78]
      식구 혜고 계일ㅎ야 뿔을 주라

'어리다'는 15세기 국어에서 (7)처럼 [愚]의 뜻을 나타내었는데, 16세기 이후의 국어에서는 (8)처럼 [幼] 뜻을 나타내었다.

〈 **싁싁ㅎ다** 〉'싁싁ㅎ다'는 [엄하다, 嚴]나 [장엄하다, 莊嚴]의 뜻에서 '씩씩하다(莊)'의 뜻으로 바뀌었다.

(9) ㄱ. 여슷 하ᄂᆞ래 宮殿이 <u>싁싁ㅎ더라</u>   [석상 6:35]
    ㄴ. 밧그로 <u>싁싁혼</u> 스승과 벗이 업고   [어내 3:15]

'싁싁ㅎ다'는 중세 국어와 근대 국어에서 (ㄱ)처럼 [莊嚴]이나 (ㄴ)처럼 [嚴]의 뜻으로 쓰였는데, 현대 국어에서는 그 형태가 '씩씩하다'로 바뀌어서 [莊]의 뜻을 나타낸다.

〈 **그위실** 〉15세기 국어에서 '그위실'은 [관직, 官職]이나 [공무, 公務]의 뜻으로 쓰였다. 그런데 16세기 이후에 그 형태가 '구실'로 바뀌면서 기존의 [官職]과 [公務]의 뜻과 함께, [부역, 賦役]이나 [조세, 租稅]의 뜻으로도 쓰였다. 그러나 현대 국어에서 '구실'은 [역할, 役割]의 뜻으로만 쓰이고 있다.

(10) ㄱ. 王裒이 슬허 <u>그위실</u> 아니 ㅎ고 눔 글 ᄀᆞ르치고 이셔   [삼행 효15]
     ㄴ. 靜이 아릭 사오나온 <u>그위실</u>을 因ㅎ야 接足을 親히 받ᄌᆞ오니 [선언 서13]

(11) ㄱ. 우리도 代官의 <u>구실</u>이면 아므려도 ㄱ음알기 어려올 [첩신 4:22]
　　　양이오니

　　ㄴ. 그 문의 정표ᄒ고 그 집 <u>구실</u>을 영히 덜라 ᄒ시니라 [번소 9:67]

　　ㄷ. 브즈러니 질삼ᄒ야 <u>구실</u> 디답ᄒ더니 [속삼 열1]

(10)의 '그위실'은 15세기 문헌에 쓰인 예인데, 대체로 '宦'으로 번역된 것으로 보면 [官職]이나 [官吏]의 뜻으로 쓰였음을 알 수 있다. 그리고 (11)의 '구실'은 16세기 이후의 국어에서는 (ㄱ)처럼 기존의 뜻인 [官職]이나 (ㄴ)과 (ㄷ)처럼 새로운 뜻인 [賦役]과 [租稅]의 뜻으로 쓰였음을 알 수 있다. 현대 국어에서는 형태가 '구실'로 바뀌어서 자기가 마땅히 해야 맡은 바 [役割]의 뜻으로 쓰이고 있다.

　〈 ᄊᆞ다/ᄉᆞ다 〉 'ᄊᆞ다/ᄉᆞ다'는 원래 [그만한 가치가 있다, 同値]나 [값이 높다, 高價]의 뜻으로 쓰였는데,[2] 현대 국어에서 이 단어는 [값이 낮다, 低價]의 뜻으로 바뀌었다.

(12) ㄱ. 八分 ᄒᆞᆫ 字ㅣ 비디 百金이 <u>ᄉᆞ니</u> [두언 16:16]

　　ㄴ. 뵛 갑슨 <u>ᄊᆞ던가</u> 디던가 [번노 상9]

(13) 價値 <u>갑ᄊᆞ다</u> [동유 하26]

15세기와 16세기의 국어에서 'ᄊᆞ다/ᄉᆞ다'는 (12)의 (ㄱ)처럼 [同値]의 뜻으로 쓰이거나, (12)의 (ㄴ)처럼 [高價]의 뜻으로 쓰였다. 그리고 18세기의 문헌인 『동문유해』(1748)에서도 '갑ᄊᆞ다'가 (13)처럼 [同價]의 뜻을 나타내었다. 이 점을 감안하면 'ᄊᆞ다'가 현대 국어처럼 [低價]의 뜻을 나타낸 것은 19세기 이후인 것으로 추정된다.(이기문 1998:230) 결국 15세기 중세 국어에서 'ᄊᆞ다/ᄉᆞ다'는 [高價]나 [同價]의 뜻을 나타내었는데, 현대 국어에서는 정반대의 뜻인 [低價]의 뜻으로 쓰이는 것이다.[3]

　〈 아비, 어미 〉 '아비'와 '어미'는 평칭에서 비칭으로 정감적인 의미가 바뀌었다.

---

2) 현대 국어에서도 중세 국어처럼 '그만한 가치가 있다.'의 뜻으로 쓰인 예도 있다. (보기) 지은 죄를 보면 그는 맞아 죽어도 <u>싸다</u>.

3) 15세기 국어에서 'ᄊᆞ다(그만한 값이 있다)'가 '빋(가격, 價)'과 자주 결합하면서, '빋ᄊᆞ다(高價)'로 실현되었다. 그런데 그 이후에 '빋ᄊᆞ다'의 형태가 '비ᄊᆞ다'로 바뀜에 따라서, 언중들이 'ᄊᆞ다'를 '비-ᄊᆞ다'의 대립어로 오인해서, 현대 국어에서는 'ᄊᆞ다'가 '가격이 낮다(低價)'의 뜻으로 쓰이게 되었다.

(14) ㄱ. <u>아비</u>옷 이시면 우리를 어엿비 너겨 能히 救護ᄒ려늘　　[월석 17:21]

ㄴ. 安樂國이ᄂᆞᆫ <u>아비</u>를 보라 가니 <u>어미</u> 몯 보아 시름 깊거다　[월석 8:87]

(14)의 15세기 국어에서 '아비'와 '어미'는 존칭(尊稱)으로 쓰였던 '아바님'과 '어마님'에 대하여 뜻(평칭)의 뜻을 나타내었다. 그런데 19세기 말에 '아버지'와 '어머니'라는 평칭의 어휘가 새로이 나타나면서, 기존에 평칭으로 쓰였던 '아비'와 '어미'는 현대 국어에서 비칭으로 뜻으로만 쓰였다.[4] 그 결과 현대 국어에서는 '아버님/어머님'이 존칭으로, '아버지/어머니'가 평칭으로, '아비/어미'가 비칭으로 쓰이고 있다.

(나) 의미의 축소

두 가지의 의미를 나타내던 단어가 하나의 의미를 잃어버리고 나머지 의미로만 쓰여서, 결과적으로 의미가 축소된 경우가 있다. 이처럼 의미가 축소된 예로는 'ᄇᆞ라다, 여위다, 힘, 빋, 늙다, 얼굴, 치다' 등이 있다.

〈ᄇᆞ라다〉 'ᄇᆞ라다'는 중세 국어에서 [바라보다, 望見]와 [바라다, 希望]의 두 가지 뜻을 나타내다가, 점차로 의미가 축소되어서 [바라다, 希望]의 뜻으로만 쓰였다.

(15) ㄱ. 世尊이 須達이 올 ᄠᆞᆯ 아ᄅᆞ시고 밧긔 나아 걷니더시니　　[석상 6:20]

須達이 <u>ᄇᆞ라ᅀᆞᆸ고</u> 몯내 과ᄒᆞᅀᆞᄫᅡ ᄒᆞ되

ㄴ. 슬프다 됴ᄒᆞᆫ 싸ᄒᆞᆯ 머리 돌아 <u>ᄇᆞ라오니</u> ᄒᆞᆫ긄ᄋᆞ티　　[두언 7:10]

茫茫ᄒᆞ도다

(16) ㄱ. ᄒᆞ다가 記 得디 몯ᄒᆞ면 한 <u>ᄇᆞ라ᄆᆞᆯ</u> 치오미 업스리라 (望)　[법언 4:49]

ㄴ. <u>ᄇᆞ랄</u> 희(希), <u>ᄇᆞ랄</u> 긔(冀)　　　　　　　　　　　[신유 하30]

(17) 劉寬이… 구읫 문을 <u>ᄇᆞ라보고</u> 걷거늘　　　　　　　　[번소 10:4]

15~16세기의 중세 국어에서 'ᄇᆞ라다'는 (15)와 (16)처럼 [望見]과 [希望]의 두 가지 뜻을 나타내었다. 그런데 16세기 초에 (17)처럼 'ᄇᆞ라다'에 '보다(見)'가 합성되어서 형성된 '바

---

4) '아버지'와 '어머니'라는 어휘는 1880년(고종 17)에 프랑스의 리델(Ridel) 주교 등이 편찬한 『한불자뎐』(韓佛字典)에 "아버지 父", "어머니 母"로 표제어로 올라 있다.

라보다'가 등장하여, 'ᄇᆞ라다'가 나타내던 [望見]의 뜻을 대신하게 되었다. 이에 따라서 현대 국어에서 '바라다'는 [希望]의 뜻으로 쓰이고, '바라보다'는 [望見]의 뜻으로 구분되어 쓰였고, 결과적으로 'ᄇᆞ라다'는 의미가 축소된 것이다.

〈 여위다 〉 '여위다'는 중세 국어에서 '수척하다(瘦瘠)'와 '물이 마르다(渴)'의 두 가지 뜻을 나타내다가, 점차로 의미가 축소되어서 '여위다(瘦瘠)'의 뜻으로만 쓰였다.

(18) ㄱ. 흔 낱 ᄈᆞᆯ을 좌샤 슬히 <u>여위신ᄃᆞᆯ</u> 金色잇든 가시시리여　　　[월천 기62]

　　ㄴ. 힛 光이 倍倍히 더버 … 모시 다 <u>여위며</u> … 江이 다 <u>여위며</u>　　　[월석 1:48]

(19) ㄱ. <u>여위다</u> 瘦　　　　　　　　　　　　　　　　　　[동유 상18]

　　ㄴ. 黃河水 다 <u>여위여</u> 씌만치 되올지나　　　　　　　[고금가곡 고시조]

'여위다'는 (18)의 중세 국어와 (19)의 근대 국어에서 모두 [瘦瘠]과 [渴]의 두 가지 뜻으로 쓰였다. 그런데 현대 국어에서는 '여위다'가 [渴]의 뜻을 'ᄆᆞᄅᆞ다(→ 마르다)'에 넘겨 주고 [瘦瘠]의 뜻으로만 쓰이고 있다.

〈 힘 〉 '힘'은 중세 국어에서 [힘살, 筋肉]이나 [힘, 力]의 두 가지 뜻으로 쓰이다가, 점차로 의미가 축소되어서 [힘, 力]의 뜻으로만 쓰인다.

(20) ㄱ. 갓과 고기와 <u>힘</u>과 뼈와ᄂᆞᆫ 다 ᄯᅡ해 감들 ᄀᆞᆮᄒᆞ니라　　　[원언 상1-2:137]

　　ㄴ. 사ᄉᆞ미 <u>힘</u>을 므레 돕가　　　　　　　　　　　　[구간 6:10]

(21) ㄱ. 勇ᄋᆞᆫ <u>힘</u>세며 ᄂᆞᆯ날 씨오 猛ᄋᆞᆫ ᄆᆡ볼 씨라　　　[석상 3:21]

　　ㄴ. 力士ᄂᆞᆫ <u>힘</u>센 사ᄅᆞ미라　　　　　　　　　　　　[월석 2:6]

'힘'은 15세기 문헌에는 (19)처럼 구체성을 띤 [筋肉]의 뜻으로 쓰이거나 (20)처럼 추상적인 [力]의 뜻으로 두루 쓰였다. 그런데 현대 국어에서는 '힘'이 [筋肉]의 뜻으로는 쓰이지 않고 [力]의 뜻으로만 쓰이므로 의미가 축소되었다.

〈 빋 〉 '빋'은 중세 국어에서 [값, 價]과 [빚, 債]의 두 가지의 뜻을 나타내다가, 점차로 [빚, 債]의 뜻으로만 쓰였다.

(22) ㄱ. 일훔난 됴ᄒᆞᆫ 오시 <u>비디</u> 千萬이 ᄊᆞ며　　　　　　[석상 13:22]

　　ㄴ. 네 내 목수믈 지며 내 네 <u>비들</u> 가파　　　　　　　[능언 4:31]

15세기 국어에서 '빋'은 (ㄱ)처럼 [價]의 뜻을 나타내기도 하고, (ㄴ)처럼 [債]의 뜻을 나타내기도 하여 다의적으로 쓰였다. 그러나 현대 국어에서 '빚'은 [債]의 뜻으로만 쓰여서, 15세기 국어에 비해서 의미가 축소되었다.

다섯째, '늙다'는 중세 국어에서 [늙다, 老]와 [저물다, 暮]의 두 가지 뜻을 나타내다가, 현대어에서는 [늙다, 老]의 뜻으로만 쓰였다.

(23) ㄱ. 늘근 션비를 보시고 (接見老儒)   [용가 82]

　　　ㄴ. 江湖앤 보미 늘거 가ᄂᆞ니 (江湖春慾暮)   [두언 15:49]

(ㄱ)에서 '늙다'는 15세기 국어에서 [老]와 [暮]의 뜻을 나타내는 다의어였는데, 현대 국어에서는 [暮]의 뜻은 '저물다'로 이관되고 [老]의 뜻으로만 쓰인다. 이에 따라서 현대 국어에서는 '늙다'가 중세 국어에 비해서 의미가 축소되었다.

〈얼굴〉 '얼굴'은 중세 국어에서 [모습, 形象]이나 [틀, 型]과 같은 포괄적인 뜻을 나타내다가, 현대 국어에서는 [얼굴, 顔]의 구체적인 뜻을 나타내게 되었다.

(24) ㄱ. 얼구른 그리메 逼近ᄒᆞ니 家門엣 소리ᄂᆞᆫ 器宇ㅣ 잇도다   [두언 8:25]

　　　　 (形象丹靑逼)

　　　ㄴ. 얼굴 型   [훈자 상24]

15세기와 16세기 국어에서 '얼굴'은 (24)의 (ㄱ)처럼 [形象]이나 (ㄴ)처럼 [型] 등의 뜻으로 쓰였다. 반면에 현대 국어에서는 [顔]의 뜻으로만 쓰이므로, 결과적으로 의미가 축소되었다.

〈즛〉 '즛'은 중세와 근대 국어에서 [모양, 模樣]이나 [동작, 動作]의 두 가지 뜻으로 쓰였는데, 현대 국어에서는 [動作]의 뜻으로만 쓰여서 의미가 축소되었다.

(25) ㄱ. 그 즈싀 一萬 가지라   [월석 21:24]

　　　ㄴ. ᄒᆞ다가 西子의 즈싀 업스면   [영남 하:74]

(26) 엊그제 션왕이 아니 겨시다고 이 즈슬 ᄒᆞ며   [한만 5:482]

(25)의 '즛'은 15세기 국어에서 [模樣]의 뜻으로 쓰인 예이며, (26)의 '즛'은 근대 국어에서 [動作]의 뜻으로 쓰인 예이다. 반면에 현대 국어에서는 '즛'이 '짓'으로 형태가 바뀌면

서 그 의미도 [動作]의 뜻으로만 쓰여서 의미가 축소되었다.

〈**치다**〉'치다'는 중세 국어와 근대 국어에서 [육성, 育成], [양육/사육/봉양, 養育/飼育/奉養] 등의 뜻으로 쓰였는데, 현대 국어에서는 [飼育]의 뜻으로만 쓰이고 있다.

(27) ㄱ. 畜生은 사ᄅᆞ미 지븨셔 <u>치ᄂᆞᆫ</u> 중시이라 [월석 1:46]

ㄴ. 居士ᄂᆞᆫ 믈근 節介를 녜브터 <u>치고</u> [법언 7:77]

ㄷ. ᄂᆞ미 늘근 어미를 <u>치다가</u> 乃終내 몯 ᄒᆞ며 [삼행 효:5]

(27)에서 (ㄱ)의 '치다'는 [飼育]의 뜻으로, (ㄴ)의 '치다'는 [育成]의 뜻으로, (ㄷ)의 '치다'는 [奉養]의 뜻으로 쓰였다. 이처럼 '치다'는 중세 국어와 근대 국어에서 다의적으로 쓰이다가, 현대 국어에서는 [飼育]의 뜻으로만 쓰여서 그 의미가 축소되었다.

(다) 의미의 확대

'의미의 확대(擴大, widing)'는 특정한 단어의 의미가 변화하여, 단어의 지시 범위가 원래의 범위보다 넓어지는 것이다. 이처럼 의미가 확대된 예는 '겨레'가 있다.

'겨레'는 [종친, 宗親]의 뜻에서 [민족, 民族]의 뜻으로 의미가 바뀌어서, 결과적으로 '겨레'가 지시하는 범위가 확대되었다.

(28) ㄱ. 그 시절 넷 가문과 오란 <u>겨레</u>들히 다 能히 이 근디 [소언 6:132]
몯ᄒᆞ더라

ㄴ. 가히 다른 <u>겨레</u>예 도라 보낼 거시라 [동삼 열1:2]

ㄷ. <u>겨레</u> 권당으로셔 서ᄅᆞ 통간ᄒᆞ면 [경민 22]

(29) 우리는 단군의 피를 이어받은 한 <u>겨레</u>이다

(28)의 '겨레'는 중세 국어에서는 [宗親]의 뜻을 나타내었으나, 현대 국어에서는 (29)처럼 [民族]의 뜻으로 쓰인다. 결국 '겨레'는 그 단어가 나타내는 지시 범위가 [宗親]의 뜻에서 [民族]의 뜻으로 확대된 것이다.

3.2.2. 한자어의 의미 변화

한자어에서도 시간의 흐름에 따라서 단어의 의미가 바뀌는 경우도 있는데, 중세와 근대 국어의 시기에 단어의 의미에 변화가 일어난 예를 살펴본다.

(가) 의미의 교체

단어가 나타내는 특정한 의미가 다른 의미로 단순하게 교체된 경우가 있는데, 이처럼 한자어 중에서 의미가 교체된 예는 '人情, 放送, 發明' 등이 있다.

예를 들어서 근대 국어와 개화기 국어에서는 각종 소설류의 작품에서 '人情, 放送, 發明' 등의 한자어가 새로 쓰였는데, 이들 한자어는 현대 국어의 뜻과는 다른 뜻을 나타내었다.(이기문, 1998: 229의 내용 참조)

  (30) 人情, 放送, 發明

근대 국어에서는 '人情'이 [뇌물, 賂物]의 뜻을 나타내다가, 현대 국어에서는 '남을 동정하는 따뜻한 마음'의 뜻을 나타내고 있다. '放送'은 근대 국어에서는 [석방, 釋放]의 뜻을 나타내다가, 현대 국어에서는 '음성이나 영상을 전파로 내보내는 일'의 뜻을 나타내고 있다. '發明'은 근대 국어에서는 [변명, 辨明]의 뜻을 나타내다가 현대 국어에서는 '아직까지 없던 기술이나 물건을 새로 생각하여 만들어 냄'의 뜻을 나타내고 있다.

(나) 의미의 축소

포괄적인 의미를 나타내는 단어가 일부의 의미를 잃어버리고 나머지 의미로만 쓰여서, 결과적으로 단어의 의미가 축소된 예도 있다. 이처럼 한자어 중에서 의미가 축소된 예는 '艱難, 衆生, 分別' 등이 있다.

〈 艱難 〉'艱難'은 [일반적인 어려움, 難]의 뜻에서 [경제적인 어려움, 貧]의 뜻으로 바뀌어서, 그 의미가 축소되었다.

  (31) ㄱ. 王業 艱難이 이러ᄒ시니   [용가 5장]
      ㄴ. 쳔량 업슨 艱難이 아니라 福이 업슬씨 艱難타 ᄒ니라   [석상 13:57]

(32) ㄱ. 가난흔 히예 후리여 먼 듸 풀려 갓거늘   [이행 16]

　　ㄴ. 君子ㅣ 비록 가난ᄒᆞ나 祭器를 ᄑᆞ디 아니ᄒᆞ며   [소언 2:28]

'艱難(간난)'은 원래는 (31)처럼 한자로 표기되어서 경제적인 어려움을 포함하여 일반적인 어려움인 [難]의 뜻을 나타내었다. 그러나 16세기 이후에는 (32)처럼 한자 대신에 한글로 '가난'으로 표기하면서 [貧]의 뜻을 나타내게 되었는데, 결과적으로 의미가 축소되었다.

　〈 衆生 〉한자어인 '衆生'은 원래 [생명체, 生命體]의 뜻으로 쓰였는데, 이 단어가 한글로 '즁싱'으로 표기되면서 [짐승, 獸]의 뜻을 나타내어서 의미가 축소되었다.

(33) ㄱ. 法化ᄂᆞᆫ 부톄 큰 法으로 衆生을 濟渡ᄒᆞ샤 사오나ᄫᆞᆯ   [석상 3:2]
　　　사ᄅᆞ미 어딜에 드욀 씨라

　　ㄴ. 慈悲ᄂᆞᆫ 衆生을 便安케 ᄒᆞ시ᄂᆞᆫ 기시이늘   [석상 6:5]

(34) ㄱ. 뒤헤는 모딘 즁싱 알ᄑᆡ는 기픈 모새 (猛獸)   [용가 30장]

　　ㄴ. 비록 사ᄅᆞ미 무레 사니고도 즁싱 마도 몯호이다   [석상 6:5]

(35) ㄱ. ᄃᆞᆮᄂᆞᆫ 즘싱과 ᄂᆞᄂᆞᆫ 새 다 머리 가ᄂᆞ니   [영남 하35]

　　ㄴ. 奇異흔 즘싱이 ᄂᆞᄂᆞᆫ 듯흔 거시 별 ᄠᅥ러디ᄃᆞᆺ ᄒᆞ니   [두언 5:36]

15세기 국어에서는 (33)처럼 '衆生'이 한자로 표기되면 [生命體]의 뜻을 나타내었고, (ㄴ)의 '즁싱'처럼 한글로 표기되면 [獸]의 뜻을 나타내었다. 그러다가 15세기 말이 되면 '즁싱'이 (ㄷ)처럼 '즘싱'으로 형태가 바뀌었는데, 근대 국어를 거쳐서 현대 국어에 오면 이들 단어가 '중생(衆生)'과 '짐승'으로 분화되어서, 형태와 의미가 확실하게 구분된다. 곧, 중생(衆生)은 시간이 흐름에 따라서 점차로 의미가 축소되었다.

　〈 分別 〉'分別'은 15세기에는 [구분, 別]과 [걱정, 憂]의 두 가지 뜻으로 쓰이다가, 현대 국어에서는 [구분, 別]의 뜻으로만 쓰인다.

(36) ㄱ. 分別은 ᄂᆞ호아 ᄀᆞᆯ힐 씨라   [월석 11:12]

　　ㄴ. 네 반ᄃᆞ기 이에 나와 ᄂᆞᄆᆞᆯ 分別ᄒᆞ라   [능언 2:33]

(37) ㄱ. ᄒᆞ다가 아ᄃᆞᄅᆞᆯ 어더 천랴ᄋᆞᆯ 맛디면 훤히 快樂ᄒᆞ야   [월석 13:10]
        ㄴ 외야 <u>分別</u> 업스리로다

    ㄴ. 나랏 이ᄅᆞᆯ <u>분별</u>ᄒᆞ야 숩노니   [월석 2:6]

'分別'은 아주 특이한 방식으로 의미가 바뀌었다. 곧, 15세기 국어에서 '分別'은 (36)처럼 [別]의 뜻과 더불어서 (37)처럼 [憂]의 뜻을 나타내기도 하였다. 이처럼 두 가지 뜻으로 혼용되던 '分別'이 현대 국어에서는 [別]의 뜻으로만 쓰이고 있다.

강 독 편 **2**부

1. 동국신속삼강행실도

『동국신속삼강행실도』(東國新續三綱行實圖)는 1617년(광해군 9)에 유근(柳根) 등이 왕명으로 편찬하였다. 이 책은 세종조에 간행된 『삼강행실도』(三綱行實圖)와 중종조에 간행된 『속삼강행실도』(續三綱行實圖)의 후속편에 해당한다.

『동국신속삼강행실도』는 임진왜란을 겪고 난 뒤에 피폐된 국민의 도의(道義)를 부흥하려고 간행하였다. 당초의 계획은 임진왜란을 통하여 발생한 충(忠), 효(孝), 열(烈)의 행적을 채집하고 공포하여 민심을 격려하는 것이었다. 그러나 기술 대상의 폭을 한층 더 넓혀서, 주로 임진왜란 후에 조정으로부터 표창 받은 인물을 중심으로 편찬였다. 주로 『여지승람』(輿地勝覽) 등의 고전과 각 지방의 보고 자료를 폭넓게 취합하여 '충, 효, 열'의 모범이 되는 수많은 사람들의 행적을 기재했다.

이 책은 원집(原集) 17권과 속부(續附) 1권으로 짜여 있다. 원집 권1~8은 효자, 권9는 충신, 권10~17은 열녀이고, 속부는 『삼강행실도』와 『속삼강행실도』에 수록된 인물 72명의 행적을 부록으로 싣고 있다. 각 인물의 행적의 내용을 도화(圖畵) 1장에 그렸고 행적의 내용을 한문으로 적은 다음에 국문을 덧붙였다.

이 책은 근대 국어 초기의 특징을 잘 나타내고 있는데, 이를 정리하면 다음과 같다.

첫째, 간혹 'ㅿ' 글자가 나타나기도 하는데, 전대의 『삼강행실도』와 『속삼강행실도』의 영향을 받은 관습적 표기로 보인다.

　　(1) 아ᅀ, 뵈ᅀᆞᆸ고, ᄆᅀᆞᆷ, 나ᅀᆞ명, ᄀᆞᅀᆞᆷ

둘째, 음절의 첫소리에는 'ㆁ' 글자가 쓰이지 않았으나, 음절의 끝소리에 실현되는 /ŋ/의 소리를 적는 데에는 'ㆁ' 글자와 'ㅇ' 글자를 섞어서 적었다.

　　(2) ㄱ. 능히, 무덤이닝이다, 듕노, 싱시, 금샹됴애

　　　　ㄴ. ᄶ, 양셩현, 뎡유왜난, 셩이, 며래덩울

셋째, 된소리를 표기하는 데에 단어의 첫 머리에 'ㅂ'계와 'ㅅ'계 합용 병서와 더불어서, 'ㅄ'계 합용 병서인 'ᄢ, ᄣ'의 글자가 드물게 사용되고 있다. 여기서 'ㅄ'계는 실제로는 사용되지 않았는데, 중세 국어의 표기 관습상 그대로 남은 흔적이다. 특히 'ᄢ'이 'ᄲ'

으로 바뀐 예가 보인다.

    (3) ㄱ. 'ㅂ'계 합용 병서 : 쁘려, 삐고, 떠나디, 샤슈로뻐, 쏘다가, 뱟인, 쓰즈며, 짜

        ㄴ. 'ㅅ'계 합용 병서 : 쏭, 길ㅅ의, 싸흘, 또, 쎨리, 쎄여

        ㄷ. 'ㅆ'계 합용 병서 : 쎄텨, 뼈뎌, 쁘리더니 ; 쨔, 뜨리되, 쎄예

넷째, 각자 병서 글자인 'ㅆ' 글자와 더불어서 'ㅃ'이 단어의 첫 머리에 쓰인 것이 특징
이다.

    (4) ㄱ. 싸홈의, 유쎡딘은

        ㄴ. 뿌모ᄋ, 빠여, 빠뎌, 빼여, 빠, 빼텨

다섯째, '이어적기(連綴)'뿐만 아니라 '끊어적기(分綴)'와 '거듭적기(重綴)', '재음소화' 등
의 표기 방법도 니타난다.

    (5) ㄱ. 끊어적기 : 모칙이, ᄆᆞᆷ애, 도적으로, 부즈의

        ㄴ. 거듭적기 : 음시기며 → 음식기며, 자피믈 → 잡피믈, 도저기 → 도적기

        ㄷ. 재음소화 : 븍녀크로 → 븍녁흐로, 겨틱 → 겻히, 녀픠 → 녑히, 수페 → 숩헤

여섯째, 모음과 모음 사이에 실현되는 'ㄹㄹ'을 'ㄹㄴ'으로 표기한 예가 있다.

    (6) 올라 → 올나, 믈ᄅ → 믈나, 흘너 → 흘너, 블러 → 블너

일곱째, /ㅅ/이 음절의 끝에서 /ㄷ/으로 실현되어서 /ㄱ, ㄴ, ㄷ, ㄹ, ㅁ, ㅂ, ㅇ/의 7종성
체계로 굳어졌다.

    (7) 맛보고〉맏보고, 셧녁키〉섣녁키, 당ᄒ엿거늘〉당ᄒ엳거늘, 잇고〉읻고, 늣디〉늗디, 여슷〉여
        슨, 좃디〉졷디, 쟝촷〉쟝촏, 좇고〉졷고, 옷〉옫

여덟째, 비음화, 원순 모음화, 'ㄹ' 두음 법칙이 적용된 예가 드물게 나타난다. 다만
구개음화의 예는 아주 드문데, 이는 15세기의 『삼강행실도』와 16세기에 간행된 『속삼강
행실도』의 영향이다.

    (8) ㄱ. 비음화 : 듕로〉듕노, 맛나〉만나, 신라〉신나, 듁령〉듁녕

        ㄴ. 원순 모음화 : 블리고〉불리고, 믄득〉문득, 븍도〉북도

ㄷ. 'ㄹ' 두음 법칙 : 리세민〉니세민, 례법〉녜법, 료동〉뇨동

ㄹ. 구개음화 : 텬옥〉쳔옥

아홉째, 일부 단어에서는 음절의 종성 /ㄷ/을 'ㅅ'으로 표기한 예가 나타난다.

(9) 받ᄌ온대 → 밧ᄌ온대, 블드러 → 붓드러, 얻디 → 엇디

열째, 중세 국어에서는 '-ㅅ'이 관형격 조사와 사잇소리 표기 글자로 두루 쓰였으나, '-ㅅ'은 대체로 사잇소리를 표기하는 글자로만 쓰인다.

열한째, /ㅎ/으로 끝나는 체언은 대체로 그 /ㅎ/을 그대로 유지하고 있다.

(10) 길홀, 길흘, 흐나흘, ᄆ올히, 우히

열두째, 명사형 전성 어미가 중세 국어와 마찬가지로 '-옴/-움'로 실현되기도 하고 새로운 형태인 '-음/-ㅁ'으로 실현되기도 하여, 두 형태가 혼용되고 있다.

(11) ㄱ. 영장호매, 함셩호매, 셜워호미

ㄴ. 슬허ᄒᄆᆞᆯ, 사라시모론, 잡퓌믈, 조촛믈

열셋째, 명사형 전성 어미로서 '-기'가 쓰인 예가 늘어났다.

(12) 믈 들리기, 꾸짓기를, 졔스ᄒ기를, 화ᄒ기를

열넷째, 대상법의 선어말 어미 '-오-/-우-'는 거의 소멸하였으나, 화자 표현의 선어말 어미인 '-오-/-우'는 종결형에서 대체로 그대로 쓰이고 있다.

(13) 아니호리라, 딕힝호리라, 아니호리라, 몯ᄒ노라, 호리라

열다섯째, 완료를 나타내는 선어말 어미 '-엇-/-얏-', '-아시-/-야시-' 등이 쓰였다.

(14) ㄱ. 드러갓더니, 병드럿거를, 니벗ᄂ

ㄴ. 되엿더니, 쥐엿던

ㄷ. 측텨시니, 사마시니

ㄹ. ᄒ야시니

孝子

介白斷指 *

유흑[1] 니개빅[2]은 양셩현[3] 사름이니 져머셔브터[4] 효힝이 잇더니 주라매[5] 미처[6] 부뫼 다 오래 병드럿거룰[7] 개빅이 겨틱[8] 떠나디[9] 아니ᄒ야 안ᄌ며 누우며[10] 음식기며[11] 오줌쫑[12] 눌 제 반ᄃ시 븓자바[13] 닐곱 히예 니ᄅ도록 게을리[14] 아니 ᄒ더니 어미 죽거늘 슬허ᄒᄆᆯ[15] 녜예[16] 넘게 ᄒ고 영장ᄒ매[17] 미처 시묘[18] 사라 죽만 먹더라 아비 병이 듕커늘[19] 쫑을 맏보고[20] 손가락

---

* 介白斷指 : 개백단지. 개백(介白)이 손가락을 자르다. [孝子 7:19]

1) 유흑 : 유학(幼學). 고려·조선 시대에, 벼슬하지 아니한 유생(儒生)을 이르던 말이다.

2) 니개빅 : 이개백(李介白). 사람 이름이다.

3) 양셩현 : 양성현(陽城縣). 땅 이름이다.

4) 져머셔브터 : 졈(젊다, 少)- + -어셔(-어서 : 연어, 상태의 유지) + -브터(-부터 : 보조사, 시작)

5) 주라매 : 주라(자라다, 長)- + -ㅁ(←-옴 : 명전) + -애(-에 : 부조, 위치)

6) 미처 : 및(미치다, 이르다, 及)- + -어(연어)

7) 병드럿거룰 : 병들[병들다, 宿疾 : 병(병, 疾) + 들(들다, 宿)-]- + -엇(완료)- + -거룰(←-거늘 : 연어, 상황) ※ 17세기 이후에는 '-엇-/-앗-/-얏-'은 '완료(完了)'를 나타내는 선어말 어미로 바뀌어서 쓰였다.

8) 겨틱 : 곁(곁, 側) + -익(-에 : 부조, 위치)

9) 떠나디 : 떠나[떠나다, 離 : ᄠᅳ(ᄠᅳ다, 隔)- + -어(연어) + 나(나다, 出)-]- + -디(-지 : 연어, 부정)

10) 누우며 : 누우(← 눕다, ㅂ불 : 눕다, 臥)- + -며(←-으며 : 연어, 나열)

11) 음식기며 : 음식ㄱ(← 음식 : 음식, 飮食) + -이며(접조) ※ '음식ㄱ'는 '음식'의 /ㄱ/을 'ㄱㄱ'으로 거듭 적은 형태이다.

12) 오줌쫑 : [오줌똥 : 오줌(오줌, 尿) + 쫑(똥, 糞)]

13) 븓자바 : 븓잡[붙잡다, 持 : 븓(← 븥다 : 붙다, 附)- + 잡(잡다, 執)-]- + -아(연어)

14) 게을리 : [게을리, 怠(부사) : 게을ㄹ(← 게으르다 : 게으르다, 怠)- + -이(부접)]

15) 슬허ᄒᄆᆯ : 슬허ᄒ[슬퍼하다, 哀 : 슳(슬퍼하다, 哀)- + -어(연어) + ᄒ(하다, 爲 : 보용)-]- + -ㅁ(←-옴 : 명전) + -올(목조)

16) 녜예 : 녜(← 례 : 예, 예법, 禮) + -예(←-에 : 부조, 위치) ※ '례>녜'의 변화는 'ㄹ' 두음 법칙이 적용된 결과이다.

17) 영장ᄒ매 : 영장ᄒ[영장하다 : 영장(영장, 永葬 : 명사) + -ᄒ(동접)-]- + -옴(명전) + -애(-에 : 부조, 위치, 상황) ※ '영장(永葬)'은 편안하게 장사를 지내는 것이다.

18) 시묘 : 시묘(侍墓). 부모의 거상(居喪) 중에 3년간 그 무덤 옆에서 움막을 짓고 사는 것이다.

베혀²¹⁾ 약애 빠²²⁾ 밧ᄌ온대²³⁾ 병이 즉제 됴ᄒ니라²⁴⁾ 아븨²⁵⁾ 거상을 혼글ᄀ티²⁶⁾ 전상대로²⁷⁾ ᄒ니 전후 여슷 ᄒ릴 혼 번도 지븨 니ᄅ디 아니ᄒ니라 탈상²⁸⁾ᄒ고 ᄆ일 새배²⁹⁾ 어을메³⁰⁾ ᄉ당의³¹⁾ 뵈ᄉ고 나며 들 제 쏘 그리 ᄒ더라 공헌대왕³²⁾ 상ᄉ³³⁾애 심상³⁴⁾을 삼 년을 ᄒ고 인셩³⁵⁾ 인슌³⁶⁾ 상애 다³⁷⁾ 소ᄒ거늘³⁸⁾ ᄀ년늘³⁹⁾ ᄒ니라 금샹됴⁴⁰⁾애 졍문⁴¹⁾ ᄒ시니라⁴²⁾

---

19) 듕커늘 : 듕ᄒ[← 듕ᄒ다(중하다) : 듕(중, 重 : 불어)- + -ᄒ(형접)-]- + -거늘(-거늘 : 연어, 상황)

20) 맏보고 : 맏보[← 맛보다 : 맏(← 맛 : 맛, 味) + 보(보다, 見)-]- + -고(연어, 계기) ※ '맏보고'의 종성 /ㄷ/은 7종성 체계에 따라서 평파열음화가 적용된 형태이다.

21) 베혀 : 베히[← 버히다(베다, 斷 : 타동) : 벟(베어지다 : 자동)- + -이(사접)-]- + -어(연어)

22) 빠 : ᄲᅢ(← ᄲᅳ다 : 타다, 섞다, 和)- + -아(연어)

23) 밧ᄌ온대 : 밧(← 받다 : 바치다, 獻)- + -ᄌ오(← -ᄌᆞ- : 객높)- + -ㄴ대(← -은대 : -은데, 연어, 설명의 계속, 이유) ※ '밧ᄌ온대'는 /받/의 종성 /ㄷ/을 'ㅅ'으로 표기한 형태이다.

24) 됴ᄒ니라 : 둏(좋아지다, 療 : 자동)- + -Ø(과시)- + -ᄋ니(원칙)- + -라(← -다 : 평종)

25) 아븨 : 압(← 아비 : 아버지, 父) + -의(관조)

26) 혼글ᄀ티 : [한결같이, 一如(부사) : 혼글(한결 : 불어) + ᄀ티(← ᄀᇀ다 : 같다, 同)- + -이(부접)] ※ 'ᄀ티'는 'ᄀᇀ이'의 초성 /ㅌ/을 'ㄷㅌ'으로 거듭 적은 형태이다. '혼글'을 [혼(一, 관사) + 글(명사)]로 분석할 가능성이 높으나, '글'의 의미가 분명하지 않다.

27) 전상대로 : 전상(전상, 앞의 상, 前喪) + -대로(보조사, 마찬가지) ※ '전상(前喪)'은 그 앞의 상, 곧 어머니의 상을 이른다.

28) 탈상 : 탈상(脫喪). 어버이의 삼년상을 마치는 것이다.

29) 새배 : 새벽, 晨.

30) 어을메 : 어읆(어스름, 昏) + -에(부조, 위치)

31) ᄉ당의 : ᄉ당(사당, 廟) + -의(-에 : 부조, 위치)

32) 공헌대왕 : 공헌대왕(恭憲大王). 조선 시대 명종(明宗, 1534~1567)의 시호이다.

33) 상ᄉ : 상사(喪事). 사람이 죽은 일이다.

34) 심상 : 심상(心喪). 상복은 입지 아니하지만 상제처럼 말과 행동을 삼가고 조심하는 것이다.

35) 인셩 : 인성(仁聖). 조선 제12대 왕인 인종(仁宗)의 비(妃)이다.

36) 인슌 : 인순(仁順). 조선 제13대 왕인 명종(明宗)의 비(妃)이다.

37) 다 : 모두, 다, 皆(부사)

38) 소ᄒ거늘 : 소ᄒ[소하다 : 소(소, 素 : 불어) + -ᄒ(동접)-]- + -거늘(-거늘 : 연어, 상황) ※ '소(素)'는 상중(喪中)에 고기나 생선 따위의 비린 음식을 먹지 아니하는 것이다.

39) ᄀ년늘 : ᄀ년ㄴ(← ᄀ년 : 기년, 일년, 期年) + -을(목조) ※ 'ᄀ년ㄴ'은 'ᄀ년'의 종성 /ㄴ/을 'ㄴㄴ'으로 거듭 적은 형태이다.

40) 금샹됴 : [금상조, 今上朝 : 금샹(금상, 今上) + 됴(조, 朝)] ※ '됴(朝)'는 왕이나 왕조의 통치 기간을 이르고, 이때의 '금샹됴(今上朝)'는 당대 임금(= 광해군)의 통치 기간을 이른다.

41) 졍문 : 정문(旌門). 충신, 효자, 열녀 들을 표창하기 위하여 그 집 앞에 세우던 붉은 문이다.

42) ᄒ시니라 : ᄒ(하다, 爲)- + -시(주높)- + -Ø(과시)- + -ᄂ니(원칙)- + -라(← -다 : 평종)

유학(幼學) 이개백(李介白)은 양성현(陽城縣)의 사람이니, 젊어서부터 효행(孝行)이 있더니, 자람에 이르러 부모(父母)가 다 오래 병들었거늘, 개백이 곁에 떠나지 아니하여, 앉으며 누우며 음식이며 오줌똥 눌 때 반드시 붙잡아, 일곱 해에 이르도록 게을리 아니하더니, 어미가 죽거늘 슬퍼함을 예(禮)에 넘게 하고, 영장(永葬)함에 이르러 시묘(侍墓) 살아 죽만 먹더라. 아비가 병이 중(重)하거늘, 똥을 맛보고 손가락을 베어 약에 타서 바쳤는데 병이 즉시 좋아졌니라. 아비의 거상(居喪)을 한결같이 전상(前喪)대로 하니, 전후 여섯 해를 한 번도 집에 이르지 아니하였니라. 탈상(脫喪)하고 매일 새벽 어스름에 사당(祠堂)에 뵙고, 나며 들 때 또 그리 하더라. 공헌대왕(恭憲大王)의 상사(喪事)에 심상(心喪)을 삼년 하고, 인성(仁聖), 인순(仁順)의 상(喪)에 다 소(素)하거늘 기년(期年)을 하였느니라. 금상(今上)의 조(朝)에 정문(旌門)하셨니라.

勇男活母 *

류용남[1]은 튱쥐[2] 사름이라 셩[3]이 지극ᄒᆞᆫ 회러니[4] 나히[5] 아홉 설에[6] 할아븨[7] 상ᄉᆞ를 만나[8] 그 부모의[9] 흰옷 니벗ᄂᆞᆫ[10] 주를 보고 닐오ᄃᆡ 부뫼 거상 오슬 니벗거든[11] ᄌᆞ식이 홀로 아님이[12] ᄆᆞ음애 편안ᄒᆞ랴[13]

---

* **勇男活母** (용남활모) : 용남(勇男)이 어머니를 살리다. [孝子 7:44]

1) 류용남 : 유용남(劉勇男). 사람 이름이다.

2) 튱쥐 : ① 튱쥬(충주, 忠州 : 지명) + -ㅣ(←-의 : 관조) ② 튱쥐(충주, 忠州 : 지명) ※ '州'는 16세기 초까지는 음이 /쥬/였는데, 이 시기부터는 /쥐/로 쓰이는 것이 일반적이었다.

3) 셩 : 성품(性品)

4) 회러니 : 효(효, 孝) + -ㅣ(←-이- : 서조) + -러(←-더- : 회상) + -니(연어, 설명 계속)

5) 나히 : 나ᄒᆞ(나이, 歲) + -이(주조)

6) 설에 : 설(살, 歲 : 의명) + -에(부조, 위치)

7) 할아븨 : 할압[← 할아비(할아버지, 祖) : 할-(← 한- : 大, 접두) + 아비(아버지, 父)] + -의(관조) ※ 접두사인 '할-'은 어원상으로 [하(크다, 大)- + -ㄹ(←-ㄴ : 관전)]으로 다시 분석할 수 있다.

8) 만나 : 만나(만나다, 遇) + -아(연어) ※ '맛나 → 만나'의 변동은 /ㄷ/이 /ㄴ/으로 비음화한 형태이다.

9) 부모의 : 부모(부모, 父母) + -의(관조, 의미상 주격)

10) 니벗ᄂᆞᆫ : 닙(입다, 服)- + -엇(완료)- + -ᄂᆞ(현시)- + -ㄴ(관전) ※ '-엇ᄂᆞ-'는 '-엇-'과 '-ᄂᆞ-'가 결합하여 '현재 완료'의 뜻을 나타낸다.

11) 니벗거든 : 닙(입다, 服)- + -엇(완료)- + -거든(-는데 : 연어, 설명 계속)

12) 아님이 : 아니[← 아니ᄒᆞ다(아니하다 : 보용, 부정) : 아니(아니, 不 : 부사, 부정)- + -Ø(←-ᄒᆞ- : 동접)-]- + -ㅁ(←-옴 : 명전) + -이(주조) ※ '아님'은 문맥상 '거상의 옷을 입지 아니함'의 뜻이다.

13) 편안ᄒᆞ랴 : 편안ᄒᆞ[편안하다 : 편안(편안, 便安 : 명사) + -ᄒᆞ(형접)-]- + -랴(의종, 판정, 미시, 설의)

ᄒ고 고기ᄅᆞᆯ 먹디 아니ᄒ고 됴셕에[14] 졔[15]ᄅᆞᆯ 도와 삼 년을 ᄆᆞᆺ다[16] 임진왜란을 만나 그 어미로 더브러 수플[17] 아래 업데엿더니[18] 도적이 니르러[19] 쟝ᄎᆞᆺ[20] 그 어미ᄅᆞᆯ 해ᄒᆞ려[21] 커늘[22] 용남이 손으로 그 어미ᄅᆞᆯ 븓들고[23] 닐오ᄃᆡ 츨하리[24] 나ᄅᆞᆯ 주기고 늘근 어미란[25] 해티[26] 말라 ᄒ니 도적이 둘 다 노ᄒ니라[27] 금샹됴애 졍문 ᄒ시니라

류용남(劉勇男)은 충주(忠州)의 사람이다. 성품(性品)이 지극한 효(孝)이더니, 나이 아홉 살에 할아버지의 상사(喪事)를 만나, 그 부모가 흰 옷 입은 것을 보고 이르되 "부모가 거상(居喪)의 옷을 입었는데, 자식이 홀로 (거상의 옷을 입지) 아니함이 마음에 편하랴?" 하고, 고기를 먹지 아니하고 조석(朝夕)에 제(祭)를 도와 삼 년을 마쳤다. 임진왜란(壬辰倭亂)을 만나 그 어머니와 더불어 수풀 아래 엎드렸더니, 도적이 이르러 장차 그 어머니를 해하려 하거늘, 용남이 손으로 그 어머니를 붙들고 이르되 "차라리 나를 죽이고 늙은 어머니는 해(害)하지 말라." 하니, 도적이 둘 다 놓았니라. 금상(今上)의 조(朝)에 정문(旌門)하셨니라.

---

14) 됴셕에 : 됴셕(조석, 아침저녁, 朝夕) + -에(부조, 위치)

15) 졔 : 제사(祭)

16) ᄆᆞᆺ다 : ᄆᆞᆺ(← ᄆᆞᆾ다 : 마치다, 終)- + -Ø(과시)- + -다(평종) ※ 'ᄆᆞᆺ다(< ᄆᆞᆾ다)'의 종성 /ㄷ/은 7종성 체계에 따라서 /ㅊ/이 평파열음화한 형태이다.

17) 수플 : [수플, 林 : 숳(숲, 林) + 플(풀, 草)]

18) 업데엿더니 : 업데(엎드리다, 伏)- + -엿(←-엇- : 완료)- + -더(회상)- + -니(연어, 설명 계속)

19) 니르러 : 니를(이르다, 至)- + -어(연어)

20) 쟝ᄎᆞᆺ : 쟝ᄎᆞᆺ(← 쟝ᄎᆞ : 장차, 將次, 부사)

21) 해ᄒᆞ려 : 해ᄒᆞ[해하다 : 해(해, 害 : 명사) + ᄒᆞ(동접)-]- + -오려(-려 : 연어, 의도)

22) 커늘 : ᄒᆞ(← ᄒᆞ다 : 하다, 爲)- + -거늘(-거늘 : 연어, 상황)

23) 븓들고 : 븓들[← 븓들다(붙들다, 扶) : 븓다(붇다, 附)- + 들(들다, 擧)-]- + -고(연어, 계기)

24) 츨하리 : 차라리, 甯(부사)

25) 어미란 : 어미(어머니, 母) + -란(-는 : 보조사, 주제, 대조)

26) 해티 : 해ᄒᆞ[← 해ᄒᆞ다(해하다, 해치다) : 해(해, 害 : 명사)- + -ᄒᆞ(동접)-]- + -디(-지 : 연어, 부정)

27) 노ᄒᆞ니라 : 놓(놓다, 놓아주다, 釋)- + -Ø(과시)- + -ᄋᆞ니(원칙)- + -라(←-다 : 평종)

柳橿同死 *

　튱의[1] 위뉴강[2]은 안음현[3] 사름이니 뎡유왜난[4]에 온[5] 집 사름이 황셕산셩[6]
에 드럿더니[7] 셩[8]이 함ᄒᆞ야늘[9] 강이 그 어미를 업고 셩에 나가 그
아ᅀᅳ[10] 가로[11] ᄒᆡ여곰[12] 붓드러[13] 가게 ᄒᆞ고 도로[14] 도적 가온대 드러가
ᄯᅩ 아비를 어버 나오더니 아비 면티[15] 몯홀 줄 알고 굴오ᄃᆡ[16] 나는
최텨시니[17] 네 그[18] 몬져 나가라 ᄒᆞ니 강이 울고 가디[19] 아니ᄒᆞ야 굴오ᄃᆡ
아바님이 예[20] 겨시거든[21] ᄌᆞ식이 난들[22] 어드러[23] 가리오[24] ᄒᆞ고 드듸여[25]

---

* 柳橿同死(유강동사) : 유강(柳橿)이 같이 죽다. [孝子 8:16]

1) 튱의 : 충의(忠義). 충성과 절의이다.

2) 위뉴강 : 위유강(衛柳橿). 인명이다. ※ '류강 〉 뉴강'의 변화는 'ㄹ' 두음 법칙이 적용된 결과이다.

3) 안음현 : 안음현(安陰縣). 지명이다.

4) 뎡유왜난 : 정유왜란(丁酉倭亂). 조선 시대에 임진왜란의 휴전 교섭이 결렬된 뒤, 선조 30년(1597)에
왜장(倭將) 가토 기요마사(加藤淸正) 등이 14만의 대군을 이끌고 다시 쳐들어와 일으킨 전쟁이다.
※ '뎡유왜난'은 '뎡유왜란'을 오각한 형태이다.

5) 온 : [온, 모든, 擧(관사, 양수) : 오(← 오올다 : 온전하다, 全)- + -ㄴ(관전▷관접)]

6) 황셕산셩 : 황석산성(黃石山城)이다.

7) 드럿더니 : 들(들다, 入)- + -엇(완료)- + -더(회상)- + -니(연어, 설명 계속)

8) 셩 : 성(城)

9) 함ᄒᆞ야늘 : 함ᄒᆞ[함하다 : 함(함, 陷 : 불어) + -ᄒᆞ(동접)-]- + -야늘(←-아늘 : 연어, 상황) ※ '함
(陷)'은 함락(陷落)되는 것이다.

10) 아ᅀᅳ : 아우, 弟. ※ 이 시기에는 /ㅿ/이 이미 사라졌으므로, '아ᄋᆞ'로 표기되어야 한다.

11) 가로 : 가(가, 榎, 위유강의 동생 : 인명) + -로(부조, 방편)

12) ᄒᆡ여곰 : [하여금(부사) : ᄒᆞ(하다, 爲)- + -ㅣ(← -이- : 사접)- + -여(←-어 : 연어▷부접) + -곰(보조
사, 강조)]

13) 붓드러 : 붓들[← 븥들다(붙들다, 扶) : 붓(← 붙다 : 붙다, 附)- + 들(들다, 擧)-]- + -어(연어) ※ '붓
드러'의 'ㅅ'은 '븓드러'에서 /븓/의 종성인 /ㄷ/을 'ㅅ'으로 표기한 형태이다.

14) 도로 : [도로, 逆(부사) : 돌(돌다, 回 : 자동)- + -오(부접)]

15) 면티 : 면ᄒᆞ[← 면ᄒᆞ다(면하다, 벗어나다) : 면(면, 免 : 불어)- + -ᄒᆞ(←-ᄒᆞ- : 동접)-]- + -디(연어,
부정)

16) 굴오ᄃᆡ : 굴(← ᄀᆞᆮ다 : 이르다, 말하다, 曰)- + -오ᄃᆡ(-되 : 연어, 설명 계속)

17) 최텨시니 : 최티[결정되다, 치우치다, 已 : 최(치우치다, 비키다)- + -티(강접)-]- + -어시(완료)-
+ -니(연어, 이유) ※ 여기서 '최티다'는 죽을 운명이 결정되는 것이다.

18) 그 : 그, 其(지대, 정칭) ※ '그'는 자기(= 아버지)의 죽음을 가리키는 지시 대명사이다. 따라서 "그
먼저"는 "내가 죽기 전에"의 뜻으로 쓰였다.

19) 가디 : 가(가다, 去)- + -디(-지 : 보용, 부정)

혼가지로[26] 혼 칼해[27] 주그니라[28] 금샹됴애 졍문ᄒ시니라

충의(忠義) 위유강(衛柳橿)은 안음현(安陰縣)의 사람이니, 정유왜란(丁酉倭亂)에 온 집 사람이 황석산성(黃石山城)에 들었더니, 성(城)이 함락(陷落)되거늘, 강(橿)이 그 어머니를 업고 성에 나가 그 아우인 가(榎)로 하여금 (어머니를) 붙들어 가게 하고, 도로 도적 가운데 들어가 또 아버지를 업어 나오더니, 아버지가 (죽음을) 면(免)하지 못할 줄을 알고 이르되, "나는 (죽음이) 결정되었으니 네가 그 먼저 나가라." 하니, 강(橿)이 울고 가지 아니하여 이르되 "아버님이 여기 계시는데 자식이 나간들 어디로 가리오?" 하고, 드디어 마찬가지로 한 칼에 죽었느니라. 금상(今上)의 조(朝)에 정문(旌門)하셨느니라.

---

20) 예 : 여기, 此(지대, 정칭)

21) 겨시거든 : 겨시(계시다, 在)- + -거든(-는데 : 연어, 설명 계속)

22) 난들 : 나(나가다, 出)- + -ㄴ들(-ㄴ들 : 연어, 양보)

23) 어드러 : 어디로, 何處(부사)

24) 가리오 : 가(가다, 去)- + -리(미시)- + -오(←-고 : 의종, 설명)

25) 드듸여 : [드디어, 遂(부사) : 드듸(디디다, 이어받다, 踏, 承)- + -여(←-어 : 연어▷부접)]

26) 혼가지로 : 혼가지[한가지(명사) : 혼(한, 一 : 관사, 양수) + 가지(가지, 類 : 의명)] + -로(부조, 방편)

27) 칼해 : 칼ㅎ(←갈ㅎ : 칼, 劍) + -애(-에 : 부조, 위치) ※ 중세 국어의 '갈ㅎ'이 '칼ㅎ'으로 변화하였다.

28) 주그니라 : 죽(죽다, 死)- + -Ø(과시)- + -으니(원칙)- + -라(←-다 : 평종)

忠臣

溫達誓衆 *

온달¹⁾은 평양부²⁾ 사름이라 양강왕³⁾의 져근 뜬리⁴⁾ 스스로 듕믜ᄒ야⁵⁾ 달의 안해⁶⁾ 되엿더니⁷⁾ 후쥬⁸⁾ 무뎨⁹⁾ 뇨동¹⁰⁾을 틸식¹¹⁾ 션봉¹²⁾이 되여 분로ᄒ여¹³⁾ 뎌 크기¹⁴⁾ 이긔니 왕이 대형¹⁵⁾ 벼슬 주엇더니 밋¹⁶⁾ 평강왕이 즉위ᄒ매¹⁷⁾

---

* 溫達誓衆(온달서중) : 온달(溫達)이 대중에게 맹서하다. [忠臣 1:13]

1) 온달 : 온달(溫達). 고구려 평원왕 때의 장군(? ~ 590)이다. 어려서 바보라는 말을 들었으나, 평강 공주와 혼인하여 무예를 닦고 무장이 되었다. 590년에 신라에 빼앗긴 한강(漢江) 이북의 땅을 되찾 고자 출전하였다가 전사하였다.

2) 평양부 : 평양부(平壤府). 땅 이름이다.

3) 양강왕 : 양강왕(陽岡王). 고구려의 제24대 왕(재위 기간 545~559)이다. 동위, 북제 등에 조공하여 친선을 도모하고 백암성, 신성 등을 중수하였다. 돌궐의 침입을 격퇴하였으나 신라와 백제에게 한강 유역을 잃었다.

4) 뜬리 : 쏠(딸, 女) + -이(주조)

5) 듕믜ᄒ야 : 듕믜ᄒ[중매하다 : 듕믜(중매, 仲媒 : 명사)- + -ᄒ(동접)-]- + -야(←-아 : 연어)

6) 안해 : 안해[아내, 妻 : 안ㅎ(안, 內) + -애(부조▷명접)] + -∅(←-이: 보조)

7) 되엿더니 : 되(되다, 爲)- + -엿(←-엇- : 완료)- + -더(회상)- + -니(연어, 설명 계속)

8) 후쥬 : 후주(後周). 중국 남북조 시대에, 북위(北魏)가 동서로 갈라선 뒤 557년에 서위(西魏)의 우문 각이 세운 나라이다. 장안(長安)을 도읍으로 하여 북제(北齊)를 멸하고 화베이(華北)를 통일하였으 나, 581년에 수나라에 멸망하였다.

9) 무뎨 : 무뎨(무제, 武帝) + -∅(←-이: 주조) ※ '무뎨(무제, 武帝)'는 중국 북주(北周)의 무제(재위 561~577)다.

10) 뇨동 : 요동(遼東). 중국 랴오닝 성 남부의 반도이다. 황해의 북쪽에 있으며, 서쪽으로 보하이해(海) 의 랴오둥만(灣), 동쪽으로 서조선만(灣)이 자리하고 있다. ※ '료동>뇨동'의 변화는 'ㄹ' 두음 법칙이 적용된 결과이다.

11) 틸식 : 티(치다, 伐)- + -ㄹ식(-므로, -니 : 연어, 이유)

12) 션봉 : 선봉(先鋒). 부대의 맨 앞에 나서서 작전을 수행하는 군대나 사람이다.

13) 분로ᄒ여 : 분로ᄒ[분노하다 : 분로(분노, 奮怒 : 명사)- + -ᄒ(동접)-]- + -여(←-어 : 연어) ※ 중 세 국어에서는 '분로ᄒ야'의 형태였는데, 여기서는 '분로하여'로 변화하였다.

14) 크기 : 크(크다, 大)- + -기(←-게 : -게, 연어, 도달) ※ '크기'는 '크게'를 오각한 형태이다.

15) 대형 : 대형(大兄). 고구려 때의 십사 관등 가운데 다섯째 등급이다. 국가의 기밀, 법 개정, 병사의 징발, 관작(官爵)의 수여 따위의 일을 맡아보았다.

16) 밋 : 밋(←및 : 및, 及, 부사, 접속) ※ '밋'은 원문의 '及'을 직역한 것인데, 잉여적으로 쓰였다.

17) 즉위ᄒ매 : 즉위ᄒ[←즉위ᄒ다(즉위하다) : 즉위(즉위, 卽位 : 명사)- + -ᄒ(동접)-]- + -옴(명전) +

달이 엳ᄌ와¹⁸⁾ ᄀᆞᆯ오ᄃᆡ¹⁹⁾ 신래²⁰⁾ 우리 한븍²¹⁾ ᄯᅡᄒᆞᆯ²²⁾ 버혀²³⁾ 군현²⁴⁾을 사마시니²⁵⁾ 원컨댄²⁶⁾ 대왕이 신으로뻐²⁷⁾ 블쵸타²⁸⁾ 마ᄅᆞ샤²⁹⁾ 군을 주어셔 가게 ᄒᆞ시면 반ᄃᆞ시 내 ᄯᅡᄒᆞᆯ 다시 가지링다³⁰⁾ 왕이 허ᄒᆞ셔늘³¹⁾ 달이 님ᄒᆡᆼ애³²⁾ 밍셰ᄒᆞ야 ᄀᆞᆯ오ᄃᆡ 계립현³³⁾ 듁녕으로뻐³⁴⁾ 셔녁키³⁵⁾ 내게³⁶⁾ 아니 오면 도라오ᄃᆡ 아니호리라³⁷⁾ 드듸여³⁸⁾ 신나³⁹⁾ 사ᄅᆞᆷ으로 더브러⁴⁰⁾ 아됴셩⁴¹⁾ 아래 사호다가

-애(-에 : 부조, 위치, 이유)

18) 엳ᄌ와 : 엳ᄌ오(← 엳줍다, ㅂ불 : 여쭈다, 問)- + -아(연어)

19) ᄀᆞᆯ오ᄃᆡ : ᄀᆞᆯ(이르다, 曰)- + -오ᄃᆡ(-되 : 연어, 설명 계속)

20) 신래 : 신라(新羅) + -ㅣ(←-이 : 주조)

21) 한븍 : 한북(漢北). 한강의 북쪽 땅이다.

22) ᄯᅡᄒᆞᆯ : ᄯᅡᇂ(땅, 地) + -ᄋᆞᆯ(목조)

23) 버혀 : 버히[베다, 割 : 벟(베어지다, 斬 : 자동)- + -이(사접)-]- + -어(연어)

24) 군현 : 군현(郡縣). 군현 제도에서의 군(郡)과 현(縣)을 아울러 이르는 말이다.

25) 사마시니 : 삼(삼다, 爲)- + -아시(완료)- + -니(연어, 설명 계속, 이유)

26) 원컨댄 : 願ᄒᆞ[← 원ᄒᆞ다(원하다) : 원(원, 願 : 명사) + -ᄒᆞ(←-ᄒᆞ- : 동접)-]- + -건댄(-건대 : 연어, 조건)

27) 신으로뻐 : 신(신, 臣) + -으로뻐(-으로써 : 부조, 방편) ※ '-으로뻐'는 [-으로(부조, 방편) + ᄡᅥ(← 쓰다 : 쓰다, 用)- + -어(연어)]으로 형태로 분석되는 부사격 조사이다.

28) 블쵸타 : 블쵸ᄒᆞ[← 블쵸ᄒᆞ다(불초하다) : 블쵸(불초, 不肖 : 명사) + -ᄒᆞ(동접)-]- + -∅(현시)- + -다(평종) ※ '블쵸(불초, 不肖)'는 못나고 어리석은 것이다.

29) 마ᄅᆞ샤 : 말(말다, 毋)- + -ᄋᆞ샤(←-ᄋᆞ시- : 주높)- + -아(연어)

30) 가지링다 : 가지(가지다, 持)- + -리(미시)- + -ᅌᅵ(←-이- : 상높, 예사 높임)- + -다(평종)

31) 허ᄒᆞ셔늘 : 허ᄒᆞ[허락하다 : 허(허, 許 : 불어)- + -ᄒᆞ(동접)-]- + -시(주높)- + -어늘(-거늘 : 연어, 상황) ※ 15세기의 중세 국어에서는 '허ᄒᆞ샤늘'의 형태였는데, 이 문헌에서는 '허ᄒᆞ셔늘'으로 실현되엇다. 이는 '-시-'와 '-어'가 단순하게 /셔/로 축약된 형태이다.

32) 님ᄒᆡᆼ애 : 님ᄒᆡᆼ(임행, 떠남에 임함, 臨行) + -애(-에 : 부조, 위치) ※ '림ᄒᆡᆼ>님ᄒᆡᆼ'의 변화는 'ㄹ' 두음 법칙이 적용된 결과이다.

33) 계립현 : 계립현(鷄立峴). 땅 이름이다.

34) 듁녕으로뻐 : 듁녕(죽령, 竹嶺) + -으로뻐(-으로써 : 부조, 방편) ※ '듁령 → 듁녕'의 변동은 /ㄹ/이 /ㄴ/으로 비음화한 형태이다. '듁녕으로뻐'는 '죽령으로부터'로 의역하여 옮긴다.

35) 셔녁키 : 셔녁ㅋ[← 셧녁(서녁) : 셔(서, 西) + -ㅅ(사잇) + 녁ㅋ(← 녁 : 녁, 쪽, 의명)] + -이(주조) ※ '셔녁키'는 '셔녁'의 종성 /ㅋ/을 'ㄱㅋ'으로 거듭 적은 형태이며, 중세 국어의 '녁'이 이 시기에 '녘'으로 형태가 변하였다. 그리고 사잇소리를 표기하는 '-ㅅ'이 '-ㄷ'으로 표기되었는데, 이는 7종성 체계에 따라서 /ㅅ/이 /ㄷ/으로 평파열음화한 형태이다.

36) 내게 : 나(나, 吾) + -ㅣ게(←-익게 : -에게, 부조, 상대)

37) 아니호리라 : 아니ᄒᆞ[아니ᄒᆞ다(아니하다, 不 : 보용, 부정) : 아니(아니, 不 : 부사, 부정) + -ᄒᆞ(동접)-]- + -오(화자)- + -리(미시)- + -라(←-다 : 평종)

> 흐르는 살의[42] 마친[43] 배[44] 되야 주그니라

온달(溫達)은 평양부(平壤府) 사람이다. 양강왕(陽岡王)의 작은 딸이 스스로 중매(仲媒)하여 온달의 아내가 되었더니, 후주(後周)의 무제(武帝)가 요동(遼東)을 치니 (온달이) 선봉(先鋒)이 되어 분노(奮怒)하여 (후주 무제를) 쳐서 크게 이기니, 왕이 (온달에게) 대형(大兄)의 벼슬을 주었더니, 평강왕이 즉위함에 온달이 여쭈어 이르되 "신라(新羅)가 우리 한북(漢北) 땅을 베어서 군현(郡縣)을 삼았으니, 원컨대 대왕이 신에게 '불초(不肖)하다.' 마시고 군사(軍士)를 주어서 가게 하시면, 반드시 내가 땅을 다시 가지겠습니다." 왕이 허락하시거늘, 온달이 임행(臨行)에 맹세하여 말하되 "계립현(鷄立峴) 죽령(竹嶺)으로부터 서쪽이 나에게 아니 오면 돌아오지 아니하리라." 드디어 (온달이) 신라(新羅) 사람과 더불어 아단성(阿旦城) 아래서 싸우다가, 흐르는 화살에 맞은 바가 되어서 죽었느니라.

象賢忠烈 *

> 부ᄉ[1] 송샹현[2]은 셔울 사름이니 임진왜난의 동ᄂᆡ[3] 부ᄉ ᄒᆞ야 셩을
> 딕킈여[4] 힘이 지당[5] 몯 ᄒᆞ여 손조[6] 두어 ᄌᆞ[7]를 쥐엿던[8] 부체예[9] 써

---

38) 드듸여: 드디어, 遂(부사)

39) 신나: 신라(新羅). ※ '신라→신나'의 변동은 /ㄹ/이 /ㄴ/으로 비음화한 형태이다.

40) 더브러: 더블(더불다, 與)-+-어(연어)

41) 아됴성: 아단성(阿旦城). 땅 이름이다. 아단성(阿旦城)이 서울 광진구에 있는 아차산성(阿且山城)이라는 주장과 충청북도 단양의 온달산성(溫達山城)이라는 주장으로 엇갈린다.

42) 살의: 살(화살, 矢)+-의(-에: 부조, 위치)

43) 마친: 마치[맞히다: 맞(맞다, 中: 자동)-+-히(피접)-]-+-Ø(과시)-+-ㄴ(관전)

44) 배: 바(바, 所)+-ㅣ(←-이: 보조)

* **象賢忠烈**(상현충렬): 상현(象賢)은 충성(忠誠)스럽고 節義(절의)에 열렬(熱烈)하다. [忠臣 1:35]

1) 부ᄉ: 부사(府使). 조선 시대에 둔 대도호부사와 도호부사를 통틀어 이르던 말이다.

2) 송샹현: 송상현(宋象賢). 조선 선조 때의 문신(1551~1592)이다. 동래(東來) 부사로서 임진왜란 때에 성의 남문(南門)에 올라가 싸움을 독려하고 순절하였다.

3) 동ᄂᆡ: 동래(東來). 땅 이름이다. 현재의 부산광역시 동래구 일대였다. ※ '동ᄅᆡ → 동ᄂᆡ'의 변동은 /ㄹ/이 /ㄴ/으로 비음화한 형태이다.

4) 딕킈여: 딕킈(← 딕희다: 지키다, 守)-+-여(←-어: 연어) ※ '딕킈여'는 '딕희여'의 종성 /ㄱ/을 'ㄱㅋ'으로 거듭 적은 형태이다.

5) 지당: 지탱(支撐)

6) 손조: [손수, 手(부사): 손(손, 手)+-조(부접)] ※ 중세 국어의 '손소'가 '손조'로 변화하였는데,

조ᄎᆞᆫ[10] 사ᄅᆞᆷ으로 ᄒᆞ여곰[11] 제 아븨게[12] 뎐ᄒᆞ여 닐오ᄃᆡ ᄃᆞᆯ모로[13] ᄀᆞ티[14] ᄡᆞ인[15] 외로온[16] 셩의 도적 마글 모ᄎᆡᆨ[17]이 업ᄉᆞ니 이 시절의 당ᄒᆞ여ᄂᆞᆫ[18] 부ᄌᆞ의 은ᄋᆞᆫ[19] 경ᄒᆞ고 군신의 의ᄂᆞᆫ 듕ᄒᆞ다 ᄒᆞ다[20] 함셩호매[21] 샹현이 관ᄃᆡ[22]ᄅᆞᆯ 졍졔[23]ᄒᆞ고 븍녁호로[24] ᄇᆞ라며 ᄌᆡᄇᆡ[25]ᄒᆞ고 구디[26] 안자셔 주근대 그 쳡이 ᄯᅩ ᄉᆞ절ᄒᆞ여ᄂᆞᆯ[27] 도적의 쟝ᄉᆔ[28] 그 의ᄅᆞᆯ 감격ᄒᆞ여 두 주검을[29] 거두워[30] 합장ᄒᆞ고 닙표ᄒᆞ니라[31] 그 저긔 밀양 사ᄅᆞᆷ 노개방[32]이 고을

이는 /ㅿ/이 /ㅈ/으로 바뀐 특이한 예이다.

7) ᄌᆞ : 자(字), 글자.

8) 쥐엿던 : 쥐(쥐다, 把)-+-엿(←-엇- : 완료)-+-더(회상)-+-ㄴ(관전)

9) 부체예 : 부체(부채, 扇)+-예(←-에 : 부조, 위치)

10) 조ᄎᆞᆫ : 좇(좇다, 따르다, 從)-+-Ø(과시)-+-ᄋᆞᆫ(관전)

11) ᄒᆞ여곰 : [하여금, 使(부사) : ᄒᆞ(하다, 爲)-+-이(사접)-+-어(연어▷부접)+-곰(보조사, 강조)]

12) 아븨게 : 압(←아비 : 아버지, 父)+-의게(-에게 : 부조, 상대)

13) ᄃᆞᆯ모로 : [달무리, 月暈 : ᄃᆞᆯ(달, 月)+모로(무리, 暈)] ※ 성을 포위한 왜군의 병력을 '달무리'에 비유한 것이다.

14) ᄀᆞ티 : [같이, 同(부사) : ᄀᆞᇀ(같다, 同 : 형사)-+-이(부접)]

15) ᄡᆞ인 : ᄡᆞ이[싸이다 : ᄡᆞ(싸다, 包)-+-이(피접)-]-+-Ø(과시)-+-ㄴ(관전)

16) 외로온 : 외로오[←외롭다, ㅂ불(외롭다, 孤) : 외(외, 孤 : 관사)+-로오(←-롭- : 형접)-]-+-Ø(현시)-+-ㄴ(←-ᄋᆞᆫ : 관전)

17) 모ᄎᆡᆨ : 묘책(妙策)

18) 당ᄒᆞ여ᄂᆞᆫ : 당ᄒᆞ[당하다 : 당(당, 當 : 불어)+-ᄒᆞ(동접)-]-+-여(←-어 : 연어)+-ᄂᆞᆫ(보조사, 주제)

19) 은ᄋᆞᆫ : 은(은, 恩 : 은혜)+-ᄋᆞᆫ(보조사, 주제, 대조)

20) ᄒᆞ다 : ᄒᆞ(하다, 謂)-+-Ø(과시)-+-다(평종)

21) 함셩호매 : 함셩ᄒᆞ[←함셩ᄒᆞ다(함성하다) : 함셩(함성, 陷城 : 명사)-+-ᄒᆞ(동접)-]-+-옴(명전)+-애(-에 : 부조, 이유) ※ '함셩(陷城)'은 성이 함락되는 것이다.

22) 관ᄃᆡ : 관대(冠帶). 옛날 벼슬아치들의 공복(公服)이다.

23) 졍졔 : 정제(整齊). 격식에 맞게 차려입고 매무시를 바르게 하는 것이다.

24) 븍녁호로 : 븍녁ㅎ[북녘, 북쪽 : 븍(북, 北 : 명사)+녁ㅎ(←녘, 쪽 : 의명)]+-으로(부조, 방향) ※ '븍녁ㅎ'의 표기는 '븍녘'의 종성 /ㅋ/을 /ㄱ/과 /ㅎ/으로 재음소화하여 표기한 형태이다.

25) ᄌᆡᄇᆡ : 재배(再拜). 절을 두 번 하는 것이다.

26) 구디 : [굳이, 꿋꿋이, 堅(부사) : 굳(굳다, 堅 : 형사)-+-이(부접)]

27) ᄉᆞ절ᄒᆞ여ᄂᆞᆯ : ᄉᆞ절ᄒᆞ[사절하다 : ᄉᆞ절(사절, 死節 : 명사)+-ᄒᆞ(동접)-]-+-여ᄂᆞᆯ(←-어ᄂᆞᆯ : -거늘, 연어, 상황) ※ 'ᄉᆞ절(死節)'은 절개를 위하여 목숨을 버리는 것이다.

28) 쟝ᄉᆔ : 쟝슈(장수, 酋)+-ㅣ(←-이 : 주조)

29) 주검을 : 주검[주검, 시체, 屍 : 죽(죽다, 死 : 자동)-+-엄(명접)]+-을(목조)

30) 거두워 : ① 거두우[←거두다(거두다, 收) : 걷(걷다, 收 : 자동)-+-우(사접)-]-+-어(연어) ② 거

교쉬³³⁾ 되여 셩묘³⁴⁾ 위판³⁵⁾을 뫼와³⁶⁾ 셩의 드러 흔가지로 주그니라 쇼경대
왕³⁷⁾이 증³⁸⁾ 니조판셔³⁹⁾ ㅎ시고 금샹됴애 졍문ㅎ시니라

부사(府使) 송상현(宋象賢)은 서울 사람이니, 임진왜란에 동래(東來) 부사를 하여, 성(城)을 지키어 힘이 지탱 못하여, 손수 두어 글자를 쥐었던 부채에 써서, 다른 사람으로 하여금 자기의 아버지에게 전(傳)하여 이르되, "달무리같이 싸인 외로운 성에 도적을 막을 묘책(妙策)이 없으니, 이러한 때에 당(當)하여는 부자(夫子)의 은(恩)은 경(輕)하고, 군신(君臣)의 의(義)는 중(重)하다." 하였다. 함성(陷城)함에 상현이 관대(冠帶)를 정제(整齊)하고 북쪽으로 바라보며 재배(再拜)하고 꼿꼿이 앉아서 죽으니, 그 첩(妾)이 또 사절(死節)하거늘, 도적의 장수(將帥)가 그 의(義)를 감격하여, 주검을 거두어 합장하고 입표(立標)하였느니라. 그때에 밀양(密陽) 사람인 노개방(盧盖邦)이 고을의 교수(教授)가 되어, 성묘(聖廟)와 위판(位版)을 모셔서 성에 들어 마찬가지로 죽었느니라. 소경대왕(昭敬大王)이 이조판서(吏曹判書)를 증(贈)하시고 금상(今上)의 조(朝)에 정문(旌門)하셨느니라.

두우[거두게 하다, 使收 : 걷(걷다, 收 : 자동)- + -우(사접)- + -우(사접)-]- + -어(연어) ※ '거두우다'의 형태가 쓰인 예가 없으므로 ①로 분석하는 것이 좀 더 합리적이다.

31) 닙표ㅎ니라 : 닙표ㅎ[입표하다 : 닙표(입표, 立標 : 명사)- + -ㅎ(동접)-]- + -∅(과시)- + -니(원칙)- + -라(←-다 : 평종) ※ '닙표(立標)'는 나무, 돌, 기 따위로 표를 세우는 것이다. '립표〉닙표'의 변화는 'ㄹ' 두음 법칙이 적용된 결과이다.

32) 노개방 : 노개방(盧盖邦). 사람 이름이다.

33) 교쉬 : 교슈(교수, 教授, 교수) + -ㅣ(←-이 : 보조) ※ '교수(教授)'는 조선 시대에, 지방 유생(儒生)의 교육을 맡아보던 종육품 벼슬이다. 향교(鄕校)를 지도하기 위하여 부(府)와 목(牧)에 두었다. ※ 중세 국어의 '두외다'가 '되다'의 형태로 바뀌었다.

34) 셩묘 : 성묘(聖廟). 공자를 모신 사당이다. 원래 선사묘(先師廟)라고 하였다가 중국 명나라 성조 때 문묘(文廟) 또는 성묘(聖廟)라고 하였으며, 청나라 때에는 공자묘(孔子廟)라 했다.

35) 위판 : 위판(位版). 단(壇), 묘(廟), 원(院), 절에 모시는 신주(神主)의 이름을 적은 나무패이다.

36) 뫼와 : 뫼오(← 뫼옵다, ㅂ불 : 모시다, 奉)- + -아(연어)

37) 쇼경대왕 : 소경대왕(昭敬大王, 1567년~1608). 조선 제14대 왕인 선조(宣祖) 임금의 시호(諡號)이다.

38) 증 : 증(贈). 관직이나 지위를 주는 것이다.

39) 니조판셔 : 이조판서(吏曹判書). 조선 시대에 육조 가운데 문관의 선임과 훈봉, 관원의 성적 고사(考査), 포폄(褒貶)에 관한 일을 맡아보던 관아(이조, 吏曹)의 으뜸 벼슬(정이품)이다. '리조판셔〉니조판셔'의 변화는 'ㄹ' 두음 법칙이 적용된 결과이다.

吉元抗賊 *

　　현감 신길원[1]은 셔울 사름이니 임진셰의[2] 문경 고을히[3] 원으로셔[4] 왜적의
게 자펴셔[5] 도적이 환도[6]를 쌔여[7] 협박ᄒᆞ야[8] 닐오듸 네 고을 원이니
믈 들리기 잘ᄒᆞᆫ다[9] 길원이 닐오듸 내 션빈니[10] 엇디 능히 ᄆᆞ를 들리리오
도적이 ᄯᅩ 협박ᄒᆞ야 닐오듸 네 샐리[11] 항ᄒᆞ고[12] 일홈 두라[13] 길원이 ᄯᅩ
굴티[14] 아니ᄒᆞᆫ대[15] ᄯᅩ 길흘 ᄀᆞᄅ치라 ᄒᆞ거ᄂᆞᆯ 아디 몯ᄒᆞ노라 벋받고[16] 손으로
목을 ᄀᆞᄅ치며 닐오듸 샐리 베히라[17] ᄒᆞ고 ᄭᅮ짓기를[18] 입의 그치디[19] 아니ᄒᆞᆫ대
도적의 쟝슈ㅣ 크게 노ᄒᆞ야 ᄒᆞᆫ 풀홀[20] 버히고 닐오듸 길흘 ᄀᆞᄅ치디
몯ᄒᆞ리로소냐[21] 길원이 닐오듸 풀 업슨[22] 사름이 므ᄉᆞ[23] 이를 ᄒᆞ리오 도적이

---

* 吉元抗賊(길원항적) : 길원(吉元)이 적에게 항거하다. [忠臣 1:51]

1) 신길원 : 신길원(申吉元). 사람 이름이다.

2) 임진셰의 : 임진셰(임진세, 壬辰歲) + -의(-에 : 부조, 위치) ※ '임진세'는 1592년이다.

3) 고을히 : 고을ㅎ(고을, 郡) + -이(-의 : 관조)

4) 원으로셔 : 원(원, 員) + -으로셔(-으로서 : 부조, 자격) ※ '원(員)'은 고을의 수령(首領)이다.

5) 자펴셔 : 자피[잡히다 : 잡(잡다, 拘 : 타동)- + -히(피접)-] + -어셔(-어서 : 연어, 동작 유지)

6) 환도 : 환도(環刀). 예전에, 군복에 갖추어 차던 군도(軍刀)이다.

7) 쌔여 : 쌔(빼다, 拔)- + -여(←-어 : 연어)

8) 협박ᄒᆞ야 : 협박ᄒᆞ[협박하다 : 협박(협박, 脅迫 : 명사) + -ᄒᆞ(동접)-] + -야(←-아 : 연어)

9) 잘ᄒᆞᆫ다 : 잘ᄒᆞ[잘하다, 善 : 잘(잘, 能 : 부사) + -ᄒᆞ(동접)-] + -ᄂᆞ(현시)- + -ㄴ다(의종, 2인칭)

10) 션빈니 : 션비(선비, 士) + -∅(←-이- : 서조)- + -니(연어, 이유)

11) 샐리 : [빨리, 速(부사) : 샐ᄅ(←ᄲᆞᄅ다 : 빠르다, 速, 형사)- + -이(부접)]

12) 항ᄒᆞ고 : 항ᄒᆞ[항하다, 항복하다 : 항(항, 降 : 불어) + -ᄒᆞ(동접)-] + -고(연어, 나열, 계기)

13) 두라 : 두(두다, 署)- + -라(명종)

14) 굴티 : 굴ᄒᆞ[←굴ᄒᆞ다(굴하다, 굴복하다) : 굴(굴, 屈 : 불어)- + -ᄒᆞ(←-ᄒᆞ- : 동접)-] + -디(-지 : 연어, 부정)

15) 아니ᄒᆞᆫ대 : 아니ᄒᆞ[아니하다, 不(보용, 부정) : 아니(아니, 不 : 부사, 부정) + -ᄒᆞ(동접)-] + -ㄴ대(-는데, -니 : 연어, 반응)

16) 벋받고 : 벋받[벋서다, 벋대다, 拒 : 벋(접두 : 강세)- + 받(치받다, 衝)-] + -고(연어, 계기)

17) 베히라 : 베히[←버히다(베다, 斬 : 타동) : 벟(베어지다 : 자동)- + -이(사접)-] + -라(명종)

18) ᄭᅮ짓기를 : ᄭᅮ짓(←ᄭᅮ짖다 : 꾸짖다, 罵)- + -기(명전) + -를(목조)

19) 그치디 : 그치[그치다, 止 : 긏(끊어지다, 切 : 자동)- + -이(사접)-] + -디(-지 : 연어, 부정)

20) 풀홀 : 풀ㅎ(팔, 臂) + -을(목조) ※ '봁ㅎ > 풀ㅎ > 팔'과 같이 변화하였다.

21) 몯ᄒᆞ리로소냐 : 몯ᄒᆞ[못하다, 不能(보용, 부정) : 몯(못, 不能 : 부사, 부정)- + -ᄒᆞ(동접)-] + -리(미

> 촌촌이[24] 베히다 금샹됴애 졍문ᄒ시니라

현감(縣監) 신길원(申吉元)은 서울 사람이니, 임진년(壬辰年)에 문경(聞慶) 고을의 원(員)으로서 왜적(倭賊)에게 잡혀서, 도적(盜賊)이 환도(環刀)를 **빼어** 협박(脅迫)하여 이르되, "네가 고을의 원이니 말 달리기를 잘하는가?" 길원이 이르되, "내가 선비니 어찌 능히 말을 달리리오?" 도적이 또 협박하여 이르되, "네가 **빨리** 항복하고 이름을 두라." 길원이 또 굴(屈)하지 아니하니, 또 "길을 가리키라." 하거늘 "알지 못한다." 하고 벋대고 손으로 목을 가리키며 이르되 "**빨리** 베라." 하고 꾸짖기를 입에 그치지 아니하니, 도적의 장수가 크게 노하여 한 팔을 베고 이르되, "길을 가리키지 못하겠느냐?" 길원이 이르되, "팔 없는 사람이 무슨 일을 하리오?" 도적이 (길원을) 갈기갈기 베었다. 금상(今上)의 조(朝)에 정문(旌門)하셨느니라.

　　시)-＋-롯(←-돗-: 감동)-＋-오냐(←-ᄋᆞ냐: 의종, 판정)

22) 업슨 : 없(없다, 無)-＋-Ø(현시)-＋-은(관전)

23) 므스 : 므스(←므슷: 무슨, 何, 관사, 지시, 미지칭)

24) 촌촌이 : [村村이, 갈기갈기(부사) : 촌(寸 : 명사)＋촌(寸 : 명사)＋-이(부접)]

烈女

薛氏貞信 *

셜시¹⁾는 경쥐부 사름이니 아비 나히²⁾ 늘거 부방의³⁾ 당호열거늘⁴⁾ 쇼년⁵⁾

가실이라⁶⁾ 호리⁷⁾ 원호야⁸⁾ 디힝호여지라⁹⁾ 호여늘 아비 골오디 원컨대¹⁰⁾

쏠로써¹¹⁾ 키¹²⁾ 뷔룰¹³⁾ 받들게¹⁴⁾ 호리라¹⁵⁾ 이예 가실이 긔약¹⁶⁾을 쳥호대 셜이

골오디 쳡이 이믜¹⁷⁾ 무슴으로써¹⁸⁾ 허호여시니¹⁹⁾ 주그미 잇고²⁰⁾ 변호미²¹⁾

---

* 薛氏貞信(설씨정신) : 설씨(薛氏)가 정조가 굳고 믿음이 있다. [烈女 1:2]

1) 셜시 : 설씨(薛氏). 사람 이름이다.

2) 나히 : 나ㅎ(나이, 年) + -이(주조)

3) 부방의 : 부방(부방, 赴防) + -의(-에 : 부조, 위치) ※ '부방(赴防)'은 조선 시대에 다른 지방의 군대
가 서북 변경을 방어하기 위하여 파견 근무를 하던 일이다.

4) 당호열거늘 : 당호[당하다 : 당(당, 當 : 불어)- + -ㅎ(동접)-]- + -열(←-엿- : 과시)- + -거늘(-거
늘 : 연어, 상황) ※ '-열-'의 종성 /ㄷ/은 7종성 체계에 따라서 /ㅅ/이 평파열음화한 형태이다.

5) 쇼년 : 소년(少年)

6) 가실이라 : 가실(가실, 인명, 嘉實) + -이(서조)- + -Ø(현시)- + -라(←-다 : 평종)

7) 호리 : ㅎ(하다, 謂)- + -ㄹ(관전) # 이(이, 人 : 의명) + -Ø(←-이 : 주조)

8) 원호야 : 원호[원하다 : 원(원, 願 : 명사)- + -ㅎ(동접)-]- + -야(←-아 : 연어)

9) 디힝호여지라 : 디힝호[대행하다 : 디힝(대행, 代行 : 명사)- + -ㅎ(동접)-]- + -여(←-어 : 연어) #
지(싶다 : 보용, 희망)- + -Ø(현시)- + -라(←-다 : 평종)

10) 원컨대 : 원ㅎ[← 원호다(원하다) : 원(원, 願 : 명사)- + -ㅎ(동접)-]- + -건대(연어, 조건)

11) 쏠로써 : 쏠(딸, 女) + -로써(-로써 : 부조, 방편)

12) 키 : 키(箕) ※ '키'는 곡식 따위를 까불러 쭉정이나 티끌을 골라내는 도구이다.

13) 뷔 : 뷔(빗자루, 箒) + -룰(목조)

14) 받들게 : 받들[받들다, 奉 : 받(받다, 受)- + 들(들다, 擧)-]- + -게(연어, 사동) ※ '키와 비를 받들다'
는 '시집 보내다'라는 의미로 쓰인 말이다.

15) 호리라 : ㅎ(← 호다 : 하다, 보용, 사동)- + -오(화자)- + -리(미시)- + -라(←-다 : 평종)

16) 긔약 : 기약(期約) ※ 이때의 '긔약(期約)'은 문맥상 '혼인의 날을 정하는 약속'의 뜻으로 쓰였다.

17) 이믜 : 이미, 旣(부사)

18) 무슴으로써 : 무슴(마음, 心) + -으로써(-으로써 : 부조, 방편) ※ 이 시기에는 /△/이 사라지고 '무
움'의 형태로 쓰였으나, 여기서는 의고적인 표기로 '무슴'으로 표기했다. 그리고 '-으로써'가 하나
의 부사격 조사로 굳어서 쓰인 것으로 분석하였다.

19) 허호여시니 : 허ㅎ[← 許호다(허락하다) : 허(허, 許 : 불어) + -ㅎ(동접)-]- + -여시(←-아시- : -앗
-, 완료)- + -니(연어, 설명 계속, 이유)

업스리라 디ᄒᆞ여[22] 도라와 셩녜호미[23] 늗디[24] 아니ᄒᆞ니라 이예 거우로를[25] ᄣᆞ려[26] 신을[27] ᄒᆞ여 ᄒᆞ나홀[28] 머므루다[29] 드듸여 힝ᄒᆞ야[30] 여슫[31] ᄒᆡ예 도라오디 아니ᄒᆞ니 아비 닐오ᄃᆡ 처엄의[32] 삼 년으로써 긔약ᄒᆞ여시니[33] 가히[34] 다ᄅᆞᆫ 겨레[35]예 도라보낼[36] 거시라 셜이 감히 졷디[37] 아니ᄒᆞ니 아비 강잉ᄒᆞ야[38] ᄆᆞ을[39] 사ᄅᆞᆷ의게 혼인호려[40] ᄒᆞ거늘 셜이 구디[41] 거스다[42]

---

20) 읻고 : 읻(← 읻다 : 있다, 有)- + -고(연어, 나열, 대조) ※ '주그미 읻고'는 문맥상 '죽음이 있을지언정'으로 옮긴다. ※ '읻-'의 /ㄷ/은 7종성 체계에 따라서 /ㅅ/이 평파열음화한 형태이다.

21) 변호미 : 변ㅎ[← 변ᄒᆞ다(변하다, 變하다) : 변(변, 變 : 불어) + -ᄒᆞ(동접)-]- + -옴(명전) + -이(주조)

22) 디ᄒᆞ여 : 디ᄒᆞ[대하다(대신하다, 代身) : 디(대, 代 : 불어) + -ᄒᆞ(동접)-]- + -여(← -아 : 연어)

23) 셩녜호미 : 셩녜ᄒᆞ[← 셩녜ᄒᆞ다(성례하다) : 셩녜(성례, 成禮 : 명사)- + -ᄒᆞ(동접)-]- + -옴(명전) + -이(주조) ※ '셩례 → 셩녜'의 변동은 /ㄹ/이 /ㄴ/으로 비음화한 형태이다.

24) 늗디 : 늗(← 늦다 : 늦다, 晚)- + -디(-지 : 연어, 부정) ※ '늗-'의 종성 /ㄷ/은 /ㅈ/이 평파열음화한 형태이다.

25) 거우로를 : 거우로(거울, 鏡) + -를(목조)

26) ᄣᆞ려 : ᄣᆞ리(부수뜨리다, 分)- + -어(연어)

27) 신을 : 신(신, 신표, 信) + -을(목조) ※ '신(信)'은 신표(信標), 곧 믿음의 증표이다.

28) ᄒᆞ나홀 : ᄒᆞ나ᄒᆞ(← ᄒᆞ나ᄒᆞ : 하나, 一, 수사, 양수) + -올(목조)

29) 머므루다 : 머므루[← 머믈우다(머물게 하다) : 머믈(머물다, 留 : 자동)- + -우(사접)-]- + -Ø(과시)- + -다(평종) ※ 'ᄒᆞ나홀 머므루다'는 문맥상 '하나를 보관하고 있었다'로 옮긴다.

30) 힝ᄒᆞ야 : 힝ᄒᆞ[행하다, 실제로 하다 : 힝(행, 行 : 불어)- + -ᄒᆞ(동접)-]- + -야(← -아 : 연어) ※ '힝ᄒᆞ다'는 어떤 일을 실제로 해 나가는 것이다.

31) 여슫 : 여슫(← 여숫 : 여섯, 六, 관사, 양수) ※ '여숟'의 /ㄷ/은 /ㅅ/이 평파열음화한 형태이다.

32) 처엄의 : 처엄[처음, 始 : 처(← 첫 : 始, 관사) + -엄(명접)] + -의(-에 : 부조, 위치)

33) 긔약ᄒᆞ여시니 : 긔약ᄒᆞ[기약하다 : 긔약(기약, 期約 : 명사)- + -ᄒᆞ(동접)-]- + -여시(← -아시- : 완료)- + -니(연어, 이유)

34) 가히 : [가히, 능히, 可(부사) : 가(가, 可 : 명사) + -ᄒᆞ(← -ᄒᆞ- : 형접)- + -이(부접)]

35) 겨레 : 씨족(氏族) ※ 여기서 '다ᄅᆞᆫ 겨레'는 '다른 집안 사람(他族)'으로 옮긴다.

36) 도라보낼 : 도라보내[돌려보내다, 歸 : 돌(돌다, 回)- + -아(연어) + 보내(보내다, 遣)-]- + -ㄹ(관전)

37) 졷디 : 졷(← 좇다 : 좇다, 따르다, 從)- + -디(-지 : 연어, 부정) ※ '졷-'의 /ㄷ/은 /ㅊ/이 평파열음화한 형태이다.

38) 강잉ᄒᆞ야 : 강잉ᄒᆞ[무릅쓰다, 강제하다 : 강잉(강잉, 強仍 : 명사)- + -ᄒᆞ(동접)-]- + -야(← -아 : 연어) ※ '강잉(強仍)'은 억지로 참거나 마지못하여 그대로 하는 것이다. 여기서는 '강제(強制)하다'의 뜻으로 쓰였다.

39) ᄆᆞ을 : ᄆᆞ을(← ᄆᆞ을ᄒᆞ : 마을, 村)

40) 혼인호려 : 혼인ᄒᆞ[← 혼인ᄒᆞ다(혼인하다, 婚姻) : 혼인(혼인, 婚姻 : 명사)- + -ᄒᆞ(동접)-]- + -오려(-려 : 연어, 의도) ※ 문맥상 '혼인ᄒᆞ다'는 '혼인시키다'로 옮긴다.

이예 가실이 와셔 ᄣ린 거우로 ᄡᅥ⁴³⁾ 드리티니⁴⁴⁾ 드듸여 다른 날로 언약ᄒ
야 녜를 일우니라⁴⁵⁾

설씨(薛氏)는 경주부(慶州府) 사람이니, (설씨의) 아버지가 나이가 늙어 부방(赴防)에 당
(當)하였거늘, 소년(少年) 가실(嘉實)이라 하는 이가 원(願)하여 "대행(代行)하고 싶다." 하
거늘, (설씨의) 아버지가 이르되, "원(願)컨대 (내) 딸로써 (당신을 위하여) 키와 빗자루를
받들게 하겠다." 이에 가실이 기약(期約)을 청(請)하니, 설이 이르되 "첩(妾)이 이미 마음으
로써 허(許)하였으니, 죽음이 있을지언정 변(變)함이 없으리라. (저의 아버지를) 대신하고
돌아와 성례(成禮)하는 것이 늦지 아니하니라." 이에 거울을 부수어 신표(信標)를 삼아서
(깨어진 조각) 하나를 가지고 있었다. 드디어 (가실이) 행(行)하여 여섯 해에 돌아오지 아니
하니, (설씨의) 아버지가 (설씨에게) 이르되 "처음에 삼 년으로 기약(期約)하였으니 가히
다른 집안 사람(他族)에 돌려보낼 것이다." 설이 감히 좇지 아니하니 아버지가 강잉(强仍)
하여 마을 사람에게 혼인(婚姻)시키려 하거늘, 설이 굳이 (아버지의 말을) 거슬렀다. 이에
가실이 와서 부수뜨린 거울을 가지고 (설씨의 집에) 들이닥치니, 드디어 다른 날로 언약
(言約)하여 예(禮)를 이루었느니라.

文氏墜崖 *

문시는¹⁾ 광산현²⁾ 사름이니 강호문³⁾의 안해라⁴⁾ 신우⁵⁾ 무진년의⁶⁾ 예⁷⁾

---

41) 구디 : [굳이, 堅(부사) : 굳(굳다, 堅)- + -이(부접)]

42) 거스다 : 거스(← 거슬다 : 거스르다, 拒)- + -Ø(과시)- + -다(평종)

43) 거우로 ᄡᅥ : 거우로(← 거우루 : 거울, 鏡) # ᄡᅥ(그것으로써 : -로써, 부조, 방편) ※ 'ᄡᅥ'는 한문 원문
의 '以'를 직역한 것인데, '~을 가지고'로 의역한다. 'ᄡᅥ'는 [ᄡ(← 쓰다, 用 : 동사)- + -어(연어▷부
접)]로 분석되는 파생 부사이다.

44) 드리티니 : 드리티[들이치다, 들이닥치다, 投 : 들(들다, 入 : 자동)- + -이(사접)- + -티(강접)-]- + -
니(연어, 설명 계속, 이유)

45) 일우니라 : 일우[이루다, 成 : 일(이루어지다, 成)- + -우(사접)-]- + -Ø(과시)- + -니(원칙)- + -라
(← -다 : 평종)

* 文氏墜崖(문씨추애) : 문씨(文氏)가 절벽에서 떨어지다. [烈女 1:11]

1) 문시는 : 문시[문씨, 文氏 : 문(문, 文 : 사람의 성씨) + -시(-씨, 氏 : 접미)] + -는(보조사, 주제)

2) 광산현 : 광산현(光山縣). 땅 이름이다.

3) 강호문의 : 강호문(康好文). 사람 이름이다.

4) 안해라 : 안해[아내, 妻 : 안ㅎ(안, 內) + -애(부조▷명접)] + -Ø(서조)- + -Ø(현시)- + -라(← -다 : 평종)

5) 신우(辛禑) : 고려 제32대 왕인 우왕(禑王 : 재위 기간 1374~1388)을 이르는 말이다. 신돈(辛旽)의 시녀

도적기[8) 사는 바[9) ᄆᆞ올히[10) 드라드니[11) 문시 잡피믈[12) 니버[13) 도적기 모글 ᄆᆡ여[14) 핍박ᄒᆞ여 ᄒᆞ여곰 압셔[15) 가게 ᄒᆞ니 문시 면티[16) 몯홀 줄 알고 이예 어린 아히를 기시[17) ᄲᅳ려[18) 나모 그를히[19) 두고 큰 아히ᄃᆞ려[20) 닐러 ᄀᆞᆯ오ᄃᆡ 네 ᄯᅩᄒᆞᆫ[21) 여긔[22) 이시라[23) 쟝ᄎᆞᆯ[24) 간슈ᄒᆞ리[25) 이시리라 아히 강잉ᄒᆞ여 좃다[26) 녜여[27) 셕박[28) 빙애[29) 우히 니르니 노픠[30) 가히 일쳔 자히라[31)

인 반야(般若)의 소생이다. 우왕이 이성계에 의해서 폐위된 왕이기 때문에 시호 없이 신우(辛禑)라고 부르는데, 이는 우왕이 신돈(辛旽)의 자식이라는 뜻으로 붙인 이름이다.

6) 무진년의 : 무진년(무진년, 戊辰年) + -의(-에 : 부조, 위치)

7) 예 : 왜(倭). 현재의 일본이다.

8) 도적기 : 도적ㄱ(← 도적 : 도적, 盜賊) + -이(주조) ※ '도적기'은 '도적'의 종성 /ㄱ/을 'ㄱㄱ'으로 거듭 적은 형태이다.

9) 바 : 곳, 所(의명). '도적기 사는 바 ᄆᆞ올히 드라드니'는 '도적이 (문씨가) 사는 곳의 마을에 달려드니'의 뜻이다.

10) ᄆᆞ올히 : ᄆᆞ올ㅎ(마을, 村) + -익(-에 : 부조, 위치)

11) 드라드니 : 드라드[← 드라들다(달려들다, 突入) : 들(← 듣다 : 닫다, 달리다, 走)- + -아(연어) + 드(← 들다 : 들다, 入)-]- + -니(연어, 설명 계속, 이유)

12) 잡피믈 : 잡피[← 자피다(잡히다, 被擄) : 잡(잡다, 擄 : 타동)- + -히(피접)-]- + -ㅁ(명전) + -을(목조)

13) 니버 : 닙(입다, 당하다, 被)- + -어(연어)

14) ᄆᆡ여 : ᄆᆡ(매다, 繫)- + -여(← -어 : 연어)

15) 압셔 : 압셔[앞셔다(앞서다) : 압(← 앞 : 앞, 前) + 셔(서다, 立)-]- + -Ø(←-어 : 연어)

16) 면티 : 면ㅎ[← 면ᄒᆞ다(면하다) : 면(면, 免 : 불어) + -ᄒᆞ(동접)-]- + -디(-지 : 연어, 부정)

17) 기시 : 깃(포대기, 襁褓) + -익(-에 : 부조, 위치)

18) ᄲᅳ려 : ᄲᅳ리(싸다, 裏)- + -어(연어) ※ 'ᄢᅳ리다(15C) 〉 ᄲᅳ리다(17C)'로 형태가 바뀌었는데, /ㄲ/의 된소리 표기가 'ᄡ'에서 'ᄲ'으로 바뀐 형태이다.

19) 그를히 : 그를ㅎ(← ᄀᆞ늘ㅎ : 그늘, 陰) + -익(-에 : 부조, 위치) ※ '그를히'는 'ᄀᆞ늘히'를 오기한 형태이다.

20) 아히ᄃᆞ려 : 아히(아이, 孩) + -ᄃᆞ려(-더러, -에게 : 부조, 상대)

21) ᄯᅩᄒᆞᆫ : [또한, 又(부사) : ᄯᅩ(또, 又 : 부사) + ᄒᆞ(하다, 爲)- + -ㄴ(관전▷관접)]

22) 여긔 : 역(← 여기 : 여기, 此, 지대, 정칭) + -의(-에 : 부조, 위치)

23) 이시라 : 이시(있다, 在)- + -라(명종)

24) 쟝ᄎᆞᆯ : 쟝ᄎᆞᆯ(← 쟝ᄎᆞᆺ : 장차, 將, 부사) ※ '쟝ᄎᆞᆺ'가 '쟝ᄎᆞᆯ'로 바뀐 것은 7종성 체계에 따라서 /ㅅ/이 /ㄷ/으로 평파열음화한 형태이다.

25) 간슈ᄒᆞ리 : 간슈ᄒᆞ[간수하다, 보호하다 : 간슈(간수, 看守 : 명사) + -ᄒᆞ(동접)-]- + -ㄹ(관전) # 이(이, 人 : 의명) + -Ø(←-이 : 주조)

26) 좃다 : 좃(← 좇다 : 좇다, 따르다, 從)- + -Ø(과시)- + -다(평종)

27) 녜여 : 녜(← 녀다 : 가다, 行)- + -여(←-어 : 연어)

28) 셕박 : 셕벽(石壁)

문시 ᄒᆞᆫ가지로 자피인[32] ᄆᆞ을 겨집ᄃᆞ려 닐러 골오ᄃᆡ 도적긔게[33] 더러이고[34] 사라시모론[35] 모ᄆᆞᆯ 조히[36] ᄒᆞ야 주그매[37] 나아감 만[38] ᄀᆞᆺ디 몯ᄒᆞ다 ᄒᆞ고 이예 모ᄆᆞᆯ ᄲᅥᆯ텨[39] ᄂᆞ려디니[40] 도적기 아ᄒᆡ를 주기고 가다[41] 졀벽 아래 며래덩울[42]이 이셔 죽디 아니믈[43] 어드니라[44]

문씨(文氏)는 광산현(光山縣)의 사람이니 강호문(康好文)의 아내이다. 신우(辛禑) 무진년(戊辰年)에 왜(倭) 도적이 (문씨가) 사는 곳의 마을에 달려드니, 문씨가 잡힘을 당하여 도적이 (문씨의) 목을 매어 핍박(逼迫)하여 (문씨로) 하여금 앞서서 가게 하니, 문씨가 (죽음을) 면(免)치 못할 줄을 알고, 이에 어린 아이를 보자기에 싸서 나무 그늘에 두고, 큰 아이에게 일러 말하되 "너 또한 여기에 있어라. 장차 너를 간수(看守)할 이가 있으리라." 아이가 강잉(强仍)하여 (어머니의 말을) 좇았다. (문씨가) 가서 석벽 벼랑 위에 이르니 높이가 가히 일천 자이다. 문씨가 (자기와) 마찬가지로 잡힌 마을 여자에게 일러 말하되, "도적에게 더럽히고 살아 있는 것은 몸을 깨끗이 하여 죽음에 나아가는 것만 같지 못하다." 하고,

---

29) 빙애 : 벼랑, 崖.

30) 노픠 : [높이, 高(명사) : 높(높다, 高 : 형사)- + -의(명접)] + -∅(←-이 : 주조)

31) 자히라 : 자ㅎ(자, 尺 : 의명) + -이(서조)- + -∅(현시)- + -라(←-다 : 평종)

32) 자피인 : 자피이[←자피다(잡히다, 被擄) : 잡(잡다, 擄)- + -히(피접)-]- + -∅(과시)- + -ㄴ(관전) ※ '자피인'은 '자핀'를 오각한 형태이다.

33) 도적긔게 : 도적ㄱ(← 도적 : 도적, 盜賊) + -의게(-에게 : 부조, 상대) ※ '도적긔게'는 '도적'의 종성 /ㄱ/을 'ㄱㄱ'으로 거듭 적은 형태이다.

34) 더러이고 : 더러이[더럽히다 : 더러(← 더럽다, ㅂ불 : 더럽다, 汚)- + -이(사접)-]- + -고(연어, 계기)

35) 사라시모론 : 살(살다, 生)- + -아시(완료)- + -ㅁ(명전) + -오론(←-ᄋᆞᆫ : 보조사, 주제) ※ '사라시모론'은 '사라시ᄆᆞᆫ'을 오각한 형태인데, '살아 있는 것은'으로 의역하여 옮긴다.

36) 조히 : [깨끗이, 맑게, 潔(부사) : 조ㅎ(← 좋ᄒᆞ다 : 깨끗하다, 맑다, 潔)- + -이(부접)]

37) 주그매 : 주금[죽음, 죽는 것, 死 : 죽(죽다, 死)- + -음(명전)] + -애(-에 : 부조, 위치)

38) 만 : 만(의명, 비교)

39) ᄲᅥᆯ텨 : ᄲᅥᆯ티[떨치다, 振 : ᄲᅥᆯ(떨다, 振)- + -티(강접)-]- + -어(연어)

40) ᄂᆞ려디니 : ᄂᆞ려디[내려지다, 떨어지다, 墜 : ᄂᆞ리(내리다, 降)- + -어(연어) + 디(지다 : 보용, 피동)-]- + -니(연어, 설명의 계속, 이유)

41) 가다 : 가(가다, 行)- + -∅(과시)- + -다(평종)

42) 며래덩울 : 담쟁이덩굴, 蘿蔓.

43) 아니믈 : 아니[← 아니ᄒᆞ다(아니하다, 不 : 보용, 부정) : 아니(아니, 不 : 부사, 부정) + -∅(←-ᄒᆞ- : 동접)-]- + -ㅁ(명전) + -을(목조)

44) 어드니라 : 얻(얻다, 得)- + -∅(과시)- + -ᄋᆞ니(원칙)- + -라(←-다 : 평종)

이에 몸을 떨쳐서 (석벽 벼랑에서) 떨어지니 도적이 아이를 죽이고 갔다. 절벽 아래 담쟁이덩굴이 있어서 (문씨가) 죽지 아니하는 것을 얻었느니라.

千玉節行 *

    스비[1] 천옥[2]은 박천군[3] 사름이니 의원 뉴극슌[4]의 쳡이라 임진왜난의 남진이[5] 평양 싸홈의 가 죽거늘 천옥이 듣고 긔졀ᄒ엿다가[6] 다시 ᄭᅵ야[7] 도적의 딘[8]의 가 몸소 지아븨[9] 주검을[10] ᄎ자 엇디[11] 몯ᄒ야 쟝츳[12] 믈의 ᄃ라들고져[13] ᄒ거를[14] ᄆ을 사름이 ᄃ라가[15] 구ᄒ여 시러곰[16] 면ᄒ다[17] 인ᄒ여[18] 그 지아븨[19] 평싱[20] 버힌[21] 바 손톱과 ᄲᅥ러딘[22] 바 나릇과[23] 머리털을

---

* 千玉節行(천옥절행) : 천옥(千玉)의 절개를 지키는 행실. [烈女 3:43]

1) 스비 : 사비(私婢). 사가(私家)에서 부리던 여자 노비이다.

2) 천옥은 : 천옥(千玉). 사람 이름이다. ※ '텬옥〉천옥'은 /ㅌ/이 /ㅊ/으로 구개음화한 예이다.

3) 박천군 : 박천군(博川郡). 땅 이름이다.

4) 뉴극슌의 : 유극순(劉克純). 사람 이름이다. ※ '류극슌〉뉴극슌'의 변화는 'ㄹ' 두음 법칙이 적용된 결과이다.

5) 남진이 : 남진(남편, 지아비, 夫) + -이(주조)

6) 긔졀ᄒ엿다가 : 긔졀ᄒ[기절하다 : 긔졀(기절, 氣絕 : 명사) + -ᄒ(동접)-]- + -엿(완료)- + -다가 (연어, 전환)

7) ᄭᅵ야 : ᄭᅵ(깨다, 甦)- + -야(←-아 : 연어)

8) 딘 : 진(陣). 진영(陣營). 군대가 진을 치고 있는 곳이다.

9) 지아븨 : 지압[←지아비, 夫 : 지(← 집 : 집, 家) + 아비(아버지, 父)] + -의(관조) ※ '지아비'는 원래 [집(집, 家) + -ㅅ(사잇) + 아비(아버지, 父)로 분석되는 합성어였는데, '짒아비〉짓아비〉지아비'로 변화했다. 마찬가지로 '지어미'도 '짒어미〉짓어미〉지어미'로 변화했다.

10) 주검을 : 주검[주검, 시체, 屍 : 죽(죽다, 死 : 자동)- + -엄(명접)] + -을(목조)

11) 엇디 : 엇(← 얻다 : 얻다, 得)- + -디(-지 : 연어, 부조) ※ '엇디'는 종성 /ㄷ/을 'ㅅ'으로 적은 형태이다.

12) 쟝츳 : 쟝츳(← 쟝ᄎ : 장차, 부사)

13) ᄃ라들고져 : ᄃ라들[달려들다, 赴 : 둘(← 둗다 : 닫다, 달리다, 走)- + -아(연어) + 들(들다, 入)-]- + -고져(-고자 : 연어, 의도)

14) ᄒ거를 : ᄒ(하다, 爲)- + -거를(←-거늘 : -거늘, 연어, 상황)

15) ᄃ라가 : ᄃ라가[달려가다, 奔 : 둘(← 둗다, ㄷ불 : 닫다, 달리다, 走)- + -아(연어) + 가(가다, 去)-]- + -아(연어)

16) 시러곰 : [능히, 得(부사) : 실(← 싣다, ㄷ불 : 얻다, 得)- + -어(연어 ▷ 부접) + -곰(보조사, 강조)]

17) 면ᄒ다 : 면ᄒ[면하다 : 면(면, 免 : 불어)- + -ᄒ(동접)-]- + -∅(과시)- + -다(평종)

18) 인ᄒ여 : 인ᄒ[인하다 : 인(인, 因 : 불어) + -ᄒ(동접)-]- + -여(←-아 : 연어)

가져다가 주머니 가온대 담고 坐 그 머리터럭²⁴⁾을 버혀 혼듸²⁵⁾ 봉ᄒ여 념습ᄒ야²⁶⁾ 곽의²⁷⁾ 녀코²⁸⁾ 몸의 거상 오슬 닙고 흙을 져 무덤을 일오고 거적의 줍자고 밥을 폐ᄒ고 졔ᄉᄒ기를 졍셩을 다ᄒ고 ᄉ졀²⁹⁾의 새 오슬 지어 분묘 알픠 가 블³⁰⁾ 디르더라³¹⁾ 쇼경대왕³²⁾ 됴애 졍문ᄒ시니라

사비(私婢)인 천옥(千玉)은 박천군(博川郡)의 사람이니, 의원(醫員)인 유극순(劉克純)의 첩이다. 임진왜란에 남편이 평양 싸움에 가서 죽거늘, 천옥이 (그 일을) 듣고 기절(氣節)하였다가 다시 깨어, 도적의 진영(陣營)에 가서 몸소 지아비의 주검을 찾았는데, (주검을) 얻지 못하여 장차 물에 달려들고자 하거늘, 마을 사람이 달려가 (천옥)을 구(救)하여 능히 (죽음을) 면(免)하였다. 인(因)하여 그 지아비가 평생(살아 있을 때) 벤 손톱과 떨어진 수염과 머리털을 가져다가 주머니 가운데 담고, 또 그 머리털을 베어서 함께 봉(封)하여 염습(殮襲)하여 관에 넣고, 몸에 거상(居喪) 옷을 입고 흙을 져서, 사절(四節)에 새 옷을 지어서 분묘(墳墓) 앞에 가서 불을 지르더라. 소경대왕(昭敬大王)의 조(朝)에 정문(旌門)하셨니라.

---

19) 지아븨 : 지압[← 지아비, 夫 : 지(← 집 : 집, 家) + 아비(아버지, 父)] + -의(관조, 의미상 주격) ※ '지아븨'는 관형절에 쓰인 주격으로 의역하여 '지아비가'로 옮긴다.

20) 평싱 : 평생(平生). ※ 문맥상 '평상시'나 '살아 있을 때'로 의역한다.

21) 버힌 : 버히[베다, 剪 : 벛(베어지다 : 자동)- + -이(사접)-]- + -Ø(과시)- + -ㄴ(관전)

22) 뻐러딘 : 뻐러디[떨어지다, 落 : 뻘다(떨다, 離)- + -어(연어) + 디(지다, 落)-]- + -Ø(과시)- + -ㄴ(관전)

23) 나놋과 : 나놋(← 나롯 : 나룻, 수염, 髭髮) + -과(접조)

24) 머리터럭 : [머리털, 頭髮 : 머리(머리, 頭) + 터럭(털, 髮)]

25) 혼듸 : [한데, 한 곳, 同處(명사) : 혼(한, 一 : 관사, 양수) + 듸(데, 곳, 處 : 의명)]

26) 념습ᄒ야 : 념습ᄒ[염습하다 : 념습(염습, 殮襲 : 명사)- + -ᄒ(동접)-]- + -야(← -아 : 연어) ※ '념습(殮襲)'은 시신을 씻긴 뒤 수의로 갈아입히고 염포로 묶는 것이다. '렴습〉념습'의 변화는 'ㄹ' 두음법칙이 적용된 결과이다.

27) 곽의 : 곽(곽, 관, 棺) + -의(-에 : 부조, 위치)

28) 녀코 : 녛(넣다, 숨)- + -고(연어, 계기)

29) ᄉ졀의 : ᄉ졀(사절, 사계절, 四節) + -의(-에 : 부조, 위치)

30) 블 : 불(火)

31) 디르더라 : 디르(지르다, 焚)- + -더(회상)- + -라(← -다 : 평종)

32) 쇼경대왕 : 소경대왕(昭敬大王). 조선 제14대 왕인 선조(宣祖) 임금의 시호(諡號)이다.

2. 한중만록

『한듕만록』(閑中漫錄)은 장헌 세자(사도 세자)의 빈(嬪)이자 정조 임금의 어머니인 혜경궁 홍씨(惠慶宮 洪氏)가 지은 회고록이다. 곧, 자신의 회갑을 맞던 해인 1795년(정조 19)에 남편인 장헌 세자의 일을 중심으로 자기의 일생을 돌아보면서 쓴 자전적인 작품이다.

『한듕만록』은 홍씨가 친정 조카인 홍수영(洪守榮)의 소청으로 지었는데, 1795년에 첫째 편을 비롯하여, 67세, 68세, 71세에 지은 쓴 총 네 편의 작품으로 구성되어 있다. 제1편은 1795년(정조 19)에 지었는데, 혜경궁 홍씨의 어린 시절과 세자빈이 된 이후 50년간 궁궐에서 지낸 이야기로 구성되어 있다. 제2편은 67세인 1801년(순조 1)에 지었는데, 사도 세자의 사건 이후부터 정조 초년까지 정적들에게 모함받은 이야기를 자세하게 기록했다. 제3편은 68세였던 1802년에 쓴 글로 제2편과 비슷한 내용으로 자신의 친정 쪽이 억울한 누명을 쓰고 있음을 주장하는 내용이다. 제4편은 71세인 1805년에 쓴 것으로 사도 세자가 영조에 의해서 뒤주 속에서 죽게 되기까지의 경위를 서술하였다.

『한듕만록』은 6권 6책으로 이루어진 필사본이다. 이 외에도 언문본인 『한듕록』(閑中錄, 恨中錄)과 한문본인 『읍혈록』(泣血錄) 등 14종의 이본이 있다. 이들 이본은 혜경궁 홍씨가 직접 지은 작품이 아니고 모두 필사본이라는 점에서 아쉬움이 있다. 이처럼 현존하는 이본이 모두 필사본인 탓으로 이들 문헌에 쓰인 표기가 정연하지 못하고 오자와 탈자가 매우 많은 것이 특징이다. 『한듕만록』의 이본들 중에서 중요한 것은 다섯 종류의 이본이다. 곧, 한글본으로서는 일사문고(一簑文庫)에서 소장하고 있는 『한중만록』(閑中漫錄, 일사본)과 이병기가 소장하고 있는 『한중록』(가람본), 김동욱이 소장하고 있는 『恨中錄』(나손본)이 있다. 그리고 한문본으로서는 국립도서관에서 소장하고 있는 『한중만록』(閑中漫錄)과 서울대학교 규장각에서 소장하고 있는 『읍혈록』(泣血錄)이 있는데, 이 두 한문본은 내용이 동일하다.

이 책에서는 1961년에 간행된 『한국 고전 문학 대계』 제14권, 이병기·김동욱 교주본인 『한듕록』(閑中漫錄)을 분석 대상으로 하였다. 『한국 고전 문학 대계』의 『한듕록』(閑中漫錄)의 원문은 〈일사본〉을 기본 대본으로 하고 있고, 〈가람본〉과 〈나손본〉과 차이가 나는 내용은 〈일사본〉에 별도로 부기(附記)되어 있다. 이러한 사정을 감안하여 이 책에서도 〈일사본〉을 기본 대본으로 하고, 〈가람본〉과 〈나손본〉에 나타나는 일부 다른 내용은 별로도 기술하기로 한다.

『한듕만록』에는 18세기 말에 쓰인 '근대 국어'의 전형적인 특징이 나타나 있다.

첫째, 어두 합용 병서는 'ㅅ'계와 'ㅂ'계가 동시에 사용되고 있는데, 이 중에서 'ㅅ'계가 훨씬 많이 쓰였다. 반면에 각자 병서는 'ㅆ'만 쓰였다.

(1) ㄱ. 'ㅅ'계 : 쏘흔, 이쩍, 싸지오노라, 쑨, 똘, 쑤듕, 쑤짓디

ㄴ. 'ㅂ'계 : 뻐, 빵벽

ㄷ. 각자 병서 : 써, 쎠, 쓰나

둘째, 음절 말에 실현되는 /ㄷ/을 'ㅅ'으로 표기한 예가 많이 보인다.

(2) 받는 → <u>밧</u>는, 받즈와 → <u>밧</u>즈와, 듣고 → <u>듯</u>고, 근게 → <u>긋</u>게, 듣느니 → <u>듯</u>느니

셋째, 앞 음절 종성 /ㄹ/과 뒤 음절의 초성 /ㄹ/이 이어서 발음될 때에, 'ㄹㄹ'을 'ㄹㄴ'으로 표기한 예가 보인다.

(3) 불러 → 불<u>너</u>, 놀라와 → 놀<u>나</u>와, 알리 → 알<u>니</u>, 올라가매 → 올<u>나</u>가매, 졀로 → 졀<u>노</u>

넷째, 끊어적기와 거듭적기의 예가 대단히 많이 나타난다.

(4) ㄱ. 끊어적기 : 즈식이, 옷안은, 춤으시고

ㄴ. 거듭적기 : 거슬 → 것슬, 비즐 → 빗즐

다섯째, 거센소리의 음소를 예사소리와 /ㅎ/으로 재음소화하여서 표기한 예가 보인다.

(5) 압히(앞 + -익), 겻홀(곁 + -을)

여섯째, 이 시기에는 단어의 첫 음절에서도 /·/가 /ㅏ/로 바뀜에 따라서, '·'와 'ㅏ'를 표기하는 데에 전반적으로 혼란이 일어났다. 그런데 혼기된 예를 살펴보면 기존의 '·'를 'ㅏ'로 표기한 예보다는 기존의 'ㅏ'를 '·'로 표기한 예가 더 많다.

(6) ㄱ. '·'를 'ㅏ'로 표기 : ᄒ오시딕〉경계<u>하</u>오시딕, 홍감<u>흔</u>〉홍감<u>한</u>, 경역<u>흔</u>〉경역<u>한</u>

ㄴ. 'ㅏ'를 '·'로 표기 : 내〉<u>닉</u>, 보내다〉보<u>닉</u>다, 싸다다〉<u>ᄯᆞ</u>다다, 내여보내다〉<u>닉</u>여보<u>닉</u>다, 지내소셔〉지<u>닉</u>쇼셔, 마자〉마<u>ᄌᆞ</u>, 대례〉<u>딕</u>례

일곱째, 중세 국어에서 종성이 /ㅎ/으로 끝나던 체언들에서, 현대어처럼 종성 /ㅎ/이

탈락된 예가 일부 나타난다.

    (7) 익예들히>익예들이, 지친들콰>지친들과

여덟째, 구개음화, 원순 모음화, 비음화 현상이 적용된 예가 많이 보이며, 'ㄹ' 두음 법칙이 적용된 예도 많이 보인다.

    (8) ㄱ. 구개음화 : 참예티>참예치, 쌘디기를>쌘지기를, 어ㄹ만뎌>어ㄹㅁ져, 엇딘>엇진
        ㄴ. 원순 모음화 : 눈믈이>눈물이, 머므시거니와>머무시거니와, 블너>불너, 블근>불근
        ㄷ. 비음화 : 근로ᄒ시며>근노하시며, 용렬>용녈, 힝례>힝녜
        ㄹ. 'ㄹ' 두음 법칙 : 령>녕, 륭듕>늉듕, 례모>녜모, 량위>냥위

아홉째, 'ㄴ' 두음 법칙의 예는 발견되지 않는다. 그런데 19세기 초인 1809년에 빙허각 이씨가 지은 필사본 『규합총서』(閨閤叢書)에는 부분적으로 'ㄴ' 두음 법칙의 예가 나타난다. 이러한 사실을 감안하면, 혜경궁 홍씨가 『한듕만록』을 지었던 18세기 말에는 대궐 밖의 언중이 사용하는 입말에서는 'ㄴ' 두음 법칙이 적용되었을 것으로 추정할 수 있다.

    (9) 닐니>일니, 니로미라>이로미라, 료법>뇨법>요법

열째, 모음으로 끝나는 체언 뒤에서 주격 조사가 '-가'의 형태로 실현되는 예가 대단히 많이 보인다.

    (10) 만키가, 미스가, 인스가, 비자가, 남유용이가, 니가, 비자가, 늬가

열한째, 높임의 뜻을 나타내는 주격 조사의 형태로 '겨오셔' 등의 나타나서 활발하게 쓰였다. 이때 '겨오셔'는 '겨(있다, 在)- + -오(공손)- + -시(주높)- + -어(연어)'로 재분석된다.

    (11) 선인겨오셔, 션비겨오셔, 션듸왕겨오셔, 뎡셩왕후겨오셔, 부모겨오셔

열두째, 객체 높임법의 문법 범주가 완전히 소멸하여서 '-ᄉᆞᆸ-, 스오 ; -ᄌᆞᆸ-, -ᄌᆞ오-, -오-' 등은 공손법의 기능으로 쓰였다.

    (12) 슬ᄉᆞ오이다, 밧ᄌᆞ와, 엿ᄌᆞ오되, 아오시고

열셋째, 인칭 표현과 대상 표현의 문법 범주가 거의 소멸하였다. 다만, 평서형의 종결 어미로 쓰이는 용언에서 인칭 표현의 흔적이 보인다.

(13) 쌔지오노라, 싱각노라, 찻노라

열넷째, 명사형 전성 어미의 형태가 '-옴/-움'에서 /오/와 /우/가 탈락하여 '-음/-ㅁ'의 형태로 바뀌어서 쓰였다.

(14) 올흐믈, 심그미라, 덜미, 깃거ᄒ오시미

열다섯째, 명사형 전성 어미로 '-기'가 많이 쓰였다.

(15) 만키가, 슬허ᄒ기를, 쌘지기를, 써나기를, 빈가지녀기, 허비ᄒ기로, 숙셩ᄒ시기, 겨오시기, 슬허ᄒ기를

열여섯째, 선어말 어미 '-엇-/-어시-, -앗-/-아시-, -엿-/-여시-'가 완료상을 나타내는 선어말 어미로 쓰였다.

(16) 갓던지, 어덧도다, 올나실셰, ᄒ엿다, 괴로와ᄒ엿더니, 드러시니

열일곱째, 현재 시제의 선어말 어미인 '-ᄂ-'를 대체하여 '-ㄴ-/-ᄂ-'의 형태가 쓰였다.

(17) ㄱ. 모음 아래 : 본다, ᄒ신다, 간다
ㄴ. 자음 아래 : 닑ᄂ다, 못ᄂ다, 알ᄂ다

열여덟째, 미래 시제 선어말 어미의 형태가 '-리-'와 함께 '-겟-'이 나타났는데, 이때의 '-겟-'은 '-게 ᄒ엿다'가 축약된 형태로 보인다.

(18) 됴화ᄒ시겟다, 시기겟다

열아홉째, 남의 말을 인용하는 부사격 조사인 '-고'가 쓰였다.

(19) 션비겨오셔는 아히 말 ᄀᆞ치 아니타고 도로혀 ᄭᅮ듕ᄒ시니

위와 같은 특징을 감안하면, 『한듕만록』은 근대 국어의 전형적인 모습을 보여 주며, 국어사에서 매우 중요한 가치가 있는 문헌으로 평가된다.

한듕만록 일

[한중만록을 쓴 내력]

닉¹⁾ 유시의²⁾ 궐닉의³⁾ 드러와 셔찰⁴⁾ 왕복이 됴셕의⁵⁾ 이시니⁶⁾ 닉 집의
닉 슈젹⁷⁾이 만히 이실 거시로디⁸⁾ 입궐 후 션인겨오셔⁹⁾ 경계하오시디¹⁰⁾
외간¹¹⁾ 셔찰이 궁듕의 드러가 흘릴 거시 아니오 문후흔¹²⁾ 의외예¹³⁾ 스년이¹⁴⁾
만키가¹⁵⁾ 공경ᄒᆞᄂᆞᆫ 도리의 가치¹⁶⁾ 아니ᄒᆞ니 됴셕봉셔¹⁷⁾ 회답의¹⁸⁾ 쇼식만

---

1) 닉 : ᄂᆞ(←나 : 나, 我, 인대, 1인칭) + -ㅣ(←-이 : 주조) ※ 이 시기에 단어의 첫 음절에서 /ㆍ/가 /ㅏ/로 바뀜에 따라서, /ㅏ/의 표기에 혼란이 생겨서 '나'의 'ㅏ'를 'ㆍ'로 혼기하였다.

2) 유시의 : 유시(유시, 어릴 적, 幼時) + -의(-에 : 부조, 위치)

3) 궐닉의 : 궐닉(궐내, 대궐의 안, 大闕) + -의(-에 : 부조, 위치)

4) 셔찰 : 서찰(書札). 편지.

5) 됴셕의 : 됴셕(조석, 아침저녁, 朝夕) + -의(-에 : 부조, 위치)

6) 이시니 : 이시(있다, 有)- + -니(연어, 설명 계속, 이유) ※ 〈가람본〉에는 '잇시니'로 표기됨.

7) 슈젹 : 수적(手迹). 손수 쓴 글씨나 그린 그림이다.

8) 거시로디 : 것(것 : 의명) + -이(서조)- + -로되(←-오되 : 연어, 설명 계속, 대조)

9) 션인겨오셔 : 션인(선인, 돌아가신 아버지, 先人) + -겨오셔(-께옵서 : 주조, 아주 높임) ※ '겨옵셔'는 [겨(있다, 在)- + -오(공손)- + -시(주높)- + -어(연어)]의 방식으로 형성된 주격 조사이다. 여기서 '션인'은 혜경궁 홍씨의 친정 아버지인 홍봉한(洪鳳漢)이다.

10) 경계하오시디 : 경계하[← 경계ᄒᆞ다(경계하다) : 경계(경계, 警戒 : 명사) + -하(←-ᄒᆞ- : 동접)-]- + -오(공손)- + -시(주높)- + -디(-되 : 연어, 설명 계속) ※ '하오시디'는 'ᄒᆞ오시디'의 'ㆍ'를 'ㅏ'로 표기한 형태이다.

11) 외간 : 외간(外間). 자기 집 밖의 다른 곳이다.

12) 문후흔 : 문후ᄒᆞ[문후하다, 안부를 묻다 : 문후(문후, 問候 : 명사) + -ᄒᆞ(동접)-]- + -∅(과시)- + -ㄴ(관전)

13) 의외예 : 의외(←이외 : 이외, 以外) + -예(←-에 : 부조, 위치) ※ 〈가람본〉에는 '외예'로 표기됨.

14) 스년이 : 스년(←스연 : 사연, 事緣) + -이(주조) ※ 〈가람본〉에는 '사연이'로 표기되었다.

15) 만키가 : 많(많다, 多)- + -기(명전) + -가(주조)

16) 가치 : 가ᄒᆞ[← 가ᄒᆞ다(가하다) : 가(가, 可 : 명사) + -ᄒᆞ(형접)-]- + -지(연어, 부정) ※ '가티〉가치'의 변화는 구개음화의 형태이다.

17) 됴셕봉셔 : 조석봉서(朝夕封書). 아침저녁으로 봉하여 보내는 편지이다. 여기서는 혜경궁 홍씨가 아침 저녁으로 그 친정집에 보내는 편지를 이른다.

18) 회답의 : 회답(회답, 回答) + -의(-에 : 부조, 위치) ※ '회답(回答)'은 물음이나 편지 따위에 반응하는 것이나, 또는 그런 반응이다.

알고 그 죠희의¹⁹⁾ 뻐²⁰⁾ 보ᄂᆡ라²¹⁾ ᄒ시기 션비겨오셔²²⁾ 아참²³⁾ 져역²⁴⁾ 승후ᄒ
오시ᄂᆞᆫ²⁵⁾ 봉셔의 션인 경계딕로²⁶⁾ 됴희²⁷⁾ 머리의 써²⁸⁾ 보내ᄋᆞᆸ고²⁹⁾ 집의셔도³⁰⁾
ᄯᅩᄒᆞᆫ³¹⁾ 션인 경계를 밧ᄌᆞ와³²⁾ 다³³⁾ 모화³⁴⁾ 셰초ᄒᆞᄆᆞ로³⁵⁾ ᄂᆡ 필젹이 젼ᄒᆞ염
즉³⁶⁾ ᄒᆞᆫ 거시 업ᄂᆞᆫ지라³⁷⁾

내가 유시(幼時)에 궐내(闕內)에 들어와 서찰(書札) 왕복이 조석(朝夕)에 있으니, 내 집에
나의 수적(手迹)이 많이 있을 것이되, (내가) 입궐(入闕)한 후에 선인(先人)께옵서 경계하오

---

19) 죠희의 : 죠희(종이, 紙) + -의(-에 : 부조, 위치) ※ 〈가람본〉에는 '됴희의'로 표기되었다.

20) 뻐 : ㅄ(← 쓰다 ← 쓰다 : 쓰다, 書)- + -어(연어) ※ '뻐'는 '써'를 오기한 형태이다.

21) 보ᄂᆡ라 : 보ᄂᆡ(← 보내다 : 보내다, 送)- + -라(명종, 아주 낮춤) ※ '보ᄂᆡ라'는 '보내라'의 'ㅏ'를 '·'로 혼기한 형태이다.

22) 션비겨오셔 : 션비(선비, 先妣) + -겨오셔(-께옵서 : 주조, 아주 높임) ※ '선비(先妣)'는 돌아가신 어머니인데, 여기서는 돌아가신 어머니인 한산 이씨(韓山 李氏)를 이른다.

23) 아참 : 아참(← 아ᄎᆞᆷ : 아침, 朝) ※ '아참'은 '아ᄎᆞᆷ'의 '·'를 'ㅏ'로 혼기한 형태이다.

24) 져역 : 져역(← 져녁 : 저녁, 夕) ※ 〈가람본〉에는 '져녁'으로 표기되었다.

25) 승후ᄒ오시ᄂᆞᆫ : 승후ᄒ[승후하다 : 승후(승후, 承候 : 명사) + -ᄒ(동접)-] + -오(공손) + -시(주높)- + -ᄂᆞ(현시)- + -ㄴ(관전) ※ '승후(承候)'는 웃어른께 문안하는 것인데, 여기서는 어머니인 이씨가 왕비인 혜경궁 홍씨에게 보낸 문안 편지이다.

26) 경계딕로 : 경계(경계, 警戒) + -딕로(-대로 : 보조사, 흡사)

27) 됴희 : '죠희(종이, 紙)'를 오기한 형태이다.

28) 써 : ㅆ(← 쓰다 : 쓰다, 書)- + -어(연어)

29) 보내ᄋᆞᆸ고 : 보내(보내다, 送)- + -ᄋᆞᆸ(공손)- + -고(연어, 계기)

30) 집의셔도 : 집(집, 家) + -의셔(-에서 : 부조, 위치, 의미상 주격) + -도(보조사, 첨가) ※ 이때의 '-의셔'는 단체 유정 명사인 '집'에 실현되어서 의미상 주격으로 기능한다. 여기서 '집'은 혜경궁 홍씨의 친가(親家)를 이른다.

31) ᄯᅩᄒᆞᆫ : [또한, 又(부사) : ᄯᅩ(또, 又 : 부사) + ᄒ(하다, 爲)- + -ㄴ(관전▷부접)]

32) 밧ᄌᆞ와 : 밧(← 받다 : 받다, 受)- + -ᄌᆞ오(← -ᄌᆞᆸ- : 공손)- + -아(연어) ※ '밧ᄌᆞ와'는 '받ᄌᆞ와'의 종성 /ㄷ/을 'ㅅ'으로 표기한 형태이다.

33) 다 : 다, 모두, 皆(부사)

34) 모화 : 모호(모으다, 集)- + -아(연어)

35) 셰초ᄒᆞᄆᆞ로 : 셰초ᄒ[셰초하다 : 셰초(세초, 洗草 : 명사) + -ᄒ(동접)-] + -ᄆᆞ로(연어, 이유) ※ '세초(洗草)'는 원래 조선 시대에 실록을 편찬한 뒤 그 초고를 없애 버리던 일이다. 여기서는 봉서 안에 적어 놓은 혜경궁의 글을 물로 씻어 없애는 일을 뜻한다.

36) 젼ᄒᆞ염즉 : 젼ᄒ[전하다 : 젼(전, 傳 : 불어) + -ᄒ(동접)-] + -염즉(← -엄직 : 연어, 가치)

37) 업ᄂᆞᆫ지라 : 업(← 없다 : 없다, 無)- + -ᄂᆞ(← -ᄂᆞ- : 현시)- + -ㄴ지라(연어, 이유) ※ '업ᄂᆞᆫ지라'는 '업ᄂᆞᆫ지라'의 '·'를 'ㅏ'로 혼기한 예다.

시되, "외간(外間)의 서찰이 궁중에 들어가 흘릴 것이 아니요, 문후(問候)한 외에 사연(事緣)이 많기가 (왕실을) 공경하는 도리에 가(可)하지 아니하니, 조석봉서(朝夕封書)의 회답(回答)에 (서로의) 소식만 알고, 그 종이에 (문후 외의 사연) 써 보내라."라고 하시기(에), 선비(先妣)께옵서 아침 저녁 승후(承候)하시는 봉서(封書)에 선인(先人)의 경계대로 종이 머리에 써서 보내옵고, 집에서도 또한 선인의 경계를 받자와 (봉서를) 다 모아 세초(洗草)하므로, 나의 필적(筆跡)이 전(傳)함직한 것이 없는지라,

---

빅딜[38] 슈영[39]이 미양[40] 본집의 마노라[41] 슈젹이 머믄 거시 업스니 혼번 친히 무슨 글을 써[42] 나리오셔[43] 보장ᄒ야[44] 집의 길니[45] 뎐ᄒ면[46] 미ᄉ가[47] 되게 ᄒ엿다[48] ᄒ니 그 말이 올히여[49] 써 쥬고져[50] ᄒ되 틈 업셔 못ᄒ엿더니 올히[51] ᄂᆡ 회갑 ᄒᆡ를 당ᄒ니 츄모지통[52]이 빅 비 더ᄒ고 셰월이 더 가면 ᄂᆡ 졍신이 이 ᄶᅥ만도[53] 못할 듯 ᄒ기 ᄂᆡ 홍감한[54]

---

38) 빅딜 : 백질(伯姪). 맏조카.

39) 수영 : 수영(守榮). '수영(守榮)'은 홍수영(洪守榮)을 이른다. 홍수영은 홍봉한(洪鳳漢)의 장손(長孫)이고 홍낙인(洪樂仁)인 장자(長子)이다.

40) 미양 : 늘, 常(부사)

41) 마노라 : 왕, 왕비, 기타 귀인에게 쓰이는 경칭이다. 여기서는 '혜경궁 홍씨'의 호칭이다.

42) 써 : ㅆ(← 쓰다 : 쓰다, 書)- + -여(← -어 : 연어) ※ '써'는 '써'를 오기한 형태이다.

43) 나리오셔 : 나리(내리다, 下賜)- + -오(공손)- + -시(주높)- + -어(연어)

44) 보장ᄒ야 : 보장ᄒ[보장하다 : 보장(보장, 寶藏 : 명사) + -ᄒ(동접)-]- + -야(← -아 : 연어) ※ '보장(寶藏)'은 매우 소중하게 여겨 잘 간직하여 두는 것이다.

45) 길니 : [← 기리(길이, 永 : 부사) : 길ㄴ(← 길다 : 길다, 長, 형사)- + -이(부접)] ※ '길니'는 '기리'의 초성 /ㄹ/을 'ㄹㄹ'로 거듭 적은 뒤에, 다시 'ㄹㄹ'을 'ㄹㄴ'으로 적은 형태이다. 〈가람본〉에는 '기리'로 표기되었다.

46) 뎐ᄒ면 : 뎐ᄒ[전하다 : 뎐(전, 傳 : 불어) + -ᄒ(동접)-]- + -면(연어, 조건)

47) 미ᄉ가 : 미ᄉ(미사, 美事) + -가(보조) ※ '미ᄉ(美事)'는 칭찬할 만한 아름다운 일이다.

48) 되게 ᄒ엿다 : 되(되다, 化)- + -게(연어, 사동) # ᄒ(하다, 爲 : 보용, 사동)- + -엿(완료)- + -다(평종) ※ '-게 ᄒ엿-'이 축약되어서, 미래 시제 선어말 어미인 '-겟-'이 형성되었다.(나진석 1972:302의 내용을 참조.) 그리고 '되게 ᄒ엿다'는 〈나손본〉에는 '되겟다'로 표기되었다.

49) 올히여 : 올히(← 올ᄒ다 : 옳다, 是)- + -여(← -아 : 연어) ※ '올히여'는 '올ᄒ여'를 오기한 형태이다. ※ 〈가람본〉에는 '올ᄒ여'로 표기되었다.

50) 쥬고져 : 쥬(← 주다, 授)- + -고져(-고자 : 연어, 의도) ※ '쥬고져'는 '주고져'를 오기한 형태이다.

51) 올히 : 옳(올해, 今年) + -ᄋᆡ(-에 : 부조, 위치)

52) 츄모지통 : 추모지통(追慕之痛). 추모하는 아픔이다. 여기서는 임오년(壬午年)에 죽은 남편 장헌세자(사도세자)를 추모하는 아픔을 이른다.

마음과 경녁한⁵⁵⁾ 일을 싱각ᄒ난⁵⁶⁾ 딕로⁵⁷⁾ 긔록ᄒ야 쓰나 ᄒ나흘⁵⁸⁾ 건디고⁵⁹⁾ 빅을 ᄲᅡ지오노라⁶⁰⁾ (…… 〈중략〉 ……)

백질(伯姪)인 수영(守榮)이 늘 "본집에 마누하님(= 혜경궁 홍씨)의 수적(手迹)이 머문 것이 없으니, 한번 친히 무슨 글을 써서 내리오시어 (그 글을) 보장(寶藏)하여 집에 길이 전하면 미사(美事)가 되게 하였다."라고 하니, 그 말이 옳아 (글을) 써 주고자 하되 틈이 없어 못하였더니, 올해에 내가 회갑(回甲)의 해를 당하니, (죽은 사도세자에 대한) 추모지통(追慕之痛)이 백(百) 배(倍) 더하고, 세월이 더 가면 나의 정신이 이때만도 못할 듯하기(에), 내가 흥감(興感)한 마음과 경력(經歷)한 일을 생각하는 대로 기록하여 쓰나, 하나를 건지고 백을 빠뜨린다. (…… 〈중략〉 ……) [3-4]

[궁중에서 어린 자녀를 키우던 일]

쥬샹⁶¹⁾이 홍진⁶²⁾ 후 잘 ᄌᆞ라시고 돌 즈음의 글ᄌᆞ를 능히 아르셔⁶³⁾ 슉셩ᄒ시기⁶⁴⁾ 범ᄋᆞ와⁶⁵⁾ 졀이ᄒ시고⁶⁶⁾ 계유⁶⁷⁾ 초츄의⁶⁸⁾ 딕뎨흑⁶⁹⁾ 됴관빈⁷⁰⁾ 친국ᄒ오실⁷¹⁾

---

53) 쩍만도 : 쩍(때, 時)] + -만(-만큼 : 부조, 비교) + -도(보조사, 강조)

54) 흥감한 : 흥감ᄒ[흥감하다, 흥겹게 느끼다 : 흥감(흥감, 興感 : 명사) + -ᄒ(동접)-]- + -Ø(현시)- + -ㄴ(관전) ※ '興感(흥감)'은 마음이 움직여 느끼는 것이다. ※ '흥감한'에서는 '-ᄒ-'의 'ᆞ'가 'ᅡ'로 혼기되었다. 〈가람본〉에는 '흥감ᄒᆞᆫ'으로 표기되었다.

55) 경녁한[← 경력ᄒᆞ다(경력하다) : 경녁(← 경력 : 경력, 經歷 : 명사) + -ᄒ(동접)-]- + -Ø(과시)- + -ㄴ(관전) ※ '경력(經歷)'는 여러 가지 일을 겪어 지내 오는 것이다. '경력 → 경녁'의 변동은 비음화가 적용딘 예이다. ※ '경역한'은 '경역ᄒᆞᆫ의 'ᆞ'가 'ᅡ'로 혼기되었다.

56) 싱각ᄒ난 : 싱각ᄒ[← 싱각하다(생각하다, 思) : 싱각(생각 : 명사) + -ᄒ(동접)-]- + -나(← -ᄂᆞ : 현시)- + -ㄴ(관전) ※ 이하의 분석에서는 이처럼 /ᆞ/가 /ᅡ/로 바뀜에 따라서 생긴 'ᆞ'와 'ᅡ'의 혼기 현상은 별도로 기술하지 않는다.

57) 딕로 : 대로(의명)

58) ᄒ나흘 : ᄒ나ᄒ(하나, 一 : 수사, 양수) + -을(목조)

59) 건디고 : 건디(건지다, 得)- + -고(연어, 나열, 대조)

60) ᄲᅡ지오노라 : ᄲᅡ지오[빠뜨리다, 缺 : ᄲᅡ지(빠지다, 陷)- + -오(사접)-]- + -노라(평종, 현시, 1인칭) ※ 'ᄲᅡ디다'가 'ᄲᅡ지다'로 바뀐 것은 구개음화의 예이다.

61) 쥬샹 : 주상(主上). '임금'을 달리 이르는 말인데, 여기서는 아들인 정조(正祖)를 가리킨다.

62) 홍진 : 홍진(紅疹). 홍역(紅疫)이다.

63) 아르셔 : 알(알다, 知)- + -으시(주높)- + -어(연어)

64) 슉셩ᄒ시기 : 슉셩ᄒ[슉셩하다 : 슉셩(슉셩, 夙成 : 불어) + -ᄒ(형접)-]- + -시(주높)- + -기(명전) + -Ø(← -이 : 주조) ※ '슉셩(夙成)'은 나이에 비하여 지각이나 발육이 빠른 것이다.

때[72] 궁듕이 다 공구호니[73] 당신도[74] 손을 저어 소리 말나[75] 호니 두 셜의[76] 이런 이상호 지각이[77] 어이[78] 이시며 삼 셰의 보양관[79]을 졍호고 스셰의 효경을 비호시디[80] 됴곰도[81] 유튱[82]의 일이 업스시고 글을 됴화호시니[83] フ르치미 슈고로오미[84] 업고 어룬[85] マ치[86] 일즉이[87] 쇼셰호고[88] 글을

---

65) 범ㅇ와 : 범ㅇ(범아, 凡兒) + -와(부조, 비교) ※ '범ㅇ(凡兒)'는 평범한 아이이다.

66) 절이호시고 : 절이호[절이하다 : 절이(절이, 絶異 : 불어) + -호(형접)-]- + -시(주높) + -고(연어, 나열) ※ '절이(絶異)'는 아주 뛰어나서 다른 것과 다르거나 월등하게 뛰어난 것이다.

67) 계유 : 계유(癸酉). 영조 이십구 년(1753년)이다.

68) 초츄의 : 초츄(초추, 초가을, 初秋) + -의(-에 : 부조, 위치)

69) 디뎨혹 : 대제학(大提學). 조선 시대에 홍문관과 예문관에 둔 정이품의 으뜸 벼슬이다.

70) 됴관빈 : 조관빈(趙觀彬). 조선 후기 문신이다. 호조참판, 평안도 관찰사 등을 거쳐 대제학에 있을 때 죽책문의 제진을 거부하여 성주목사로 좌천되었다가, 풀려나 중추부지사가 되었다.

71) 친국호오실 : 친국호[친국하다 : 친국(친국, 親鞫 : 명사) + -호(동접)-]- + -오(공손)- + -시(주높)- + -ㄹ(관전) ※ '친국(親鞫)'은 임금이 중죄인을 몸소 신문하던 일이다.

72) 때 : 때, 時.

73) 공구호니 : 공구호[공구하다 : 공구(공구, 恐懼 : 명사) + -호(동접)-]- + -니(연어, 설명 계속, 이유) ※ '공구(恐懼)'는 몹시 두려워하는 것이다.

74) 당신도 : 당신(당신, 當身 : 인대, 재귀칭, 아주 높임) + -도(보조사, 첨가) ※ 이때의 '당신'인 주상인 정조(正祖)를 가리킨다.

75) 말나 : 말(말다, 勿 : 부정, 금지)- + -나(←-라 : 명종) ※ '말나'는 '말라'의 'ㄹㄹ'을 'ㄹㄴ'으로 표기한 형태이다.

76) 두 셜의 : 두(두, 二 : 관사, 양수) # 셜(살, 歲 : 의명) + -의(-에 : 부조, 위치)

77) 지각이 : 지각(지각, 知覺) + -이(주조)

78) 어이 : 어찌, 何(부사)

79) 보양관 : 보양관(輔養官). 조선 시대에 보양청(輔養廳)에 속하여 세자(世子)와 세손(世孫)을 교육하는 일을 맡아보던 벼슬이다.

80) 비호시디 : 비호(배우다, 學)- + -시(주높)- + -디(-되 : 연어, 설명 계속)

81) 됴곰도 : 됴곰(조금, 小 : 부사) + -도(보조사, 강조)

82) 유튱 : 유충(幼沖). 나이가 어린 것이다.

83) 됴화호시니 : 됴화호[좋아하다 : 둏(좋다, 好)- + -아(연어) + 호(하다, 爲 : 보용)-]- + -시(주높)- + -니(연어, 설명 계속)

84) 슈고로오미 : 슈고로오[← 수고롭다, ㅂ불 : 슈고(수고, 受苦 : 명사) + -롭(형접)-]- + -ㅁ(←-음 : 명전) + -이(주조)

85) 어룬 : [어른, 丈 : 얼(결혼하다, 교합하다, 婚)- + -우(사접)- + -ㄴ(관전▷명접)]

86) マ치 : [같이, 如(부사) : マㅊ(← 굳다 : 같다, 如, 형사)- + -이(부접)] ※ 'フ티〉マ치'는 /ㅌ/이 /ㅊ/으로 구개음화한 형태이며, '갓치'는 '가치'의 /ㅊ/을 'ㅅㅊ'으로 거듭 적은 형태이다.

87) 일즉이 : [일찍이, 早(부사) : 일즉(일찍, 早 : 부사) + -이(부접)]

88) 쇼셰호고 : 쇼셰호[소세하다 : 쇼셰(소세, 梳洗 : 명사) + -호(동접)-]- + -고(연어, 나열) ※ '쇼셰

가지고 놀며 뉵 셰의 유싱[89] 뎐강홀[90] 제[91] 션왕겨오셔[92] 브르오셔[93] 농상[94] 머리의셔 글을 닑히오시니[95] 셔셩[96]이 묽고 잘 닑으니 보양관 남유용이가[97] 션동[98]이 하강ᄒ여 글 닑ᄂ 소리라[99] 알외니[1] 션왕이 가열ᄒ오시니[2] 우리 쥬샹 ᄀᆺ치 슉취ᄒ시ᄂᆫ[3] 젼고[4]의 업슬 듯 ᄒ셔 튱년이나[5] 경모궁긔[6] 불언듕[7] 효도로온[8] 일이 만흐니 다 엇디 거들니오[9] 범빅[10]이 하늘 사ᄅᆷ이시

(梳洗)'는 머리를 빗고 낯을 씻는 것이다.

89) 유싱 : 유생(儒生). 유학(儒學)을 공부하는 선비이다.

90) 뎐강홀 : 뎐강ᄒ[전강하다 : 뎐강(전강, 殿講 : 명사) + -ᄒ(동접)-]- + -ㄹ(관전) ※ '뎐강(殿講)'은 조선 성종 때부터 경서의 강독을 권장하기 위하여 실시하던 시험이다. 성균관의 유생 가운데서 실력 있는 사람을 뽑아 임금이 친히 대궐에 모아 놓고, 삼경이나 오경에서 찌를 뽑아서 외게 하던 것으로, 뒤에 생원, 진사, 명문의 자제 등도 참가하였다.

91) 제 : 제(← 제 : 적에, 時, 의명)

92) 션왕겨오셔 : 션왕(선왕, 先王) + -겨오셔(-께옵서 : 주조, 높임) ※ '션왕(先王)'은 영조(英祖)이다.

93) 브르오셔 : 브르(부르다, 召)- + -오(공손)- + -시(주높)- + -어(연어)

94) 농상 : 용상(龍床). '룡샹〉농샹'의 변화는 'ㄹ' 두음 법칙이 적용된 결과이다.

95) 닑히오시니 : 닑히[읽히다 : 닑(읽다, 讀 : 타동)- + -히(사접)-]- + -오(공손)- + -시(주높)- + -니 (연어, 설명 계속)

96) 셔셩 : 서성(書聲). 글을 읽는 소리이다.

97) 남유용이가 : [남유용이 : 남유용(남유용, 南有容 : 인명) + -이(접미, 어조 고름)] + -가(주조) ※ '남유용(南有容)'은 조선 후기의 문신으로서 영조 때에 승지(承旨)·예조참판 등을 지냈다. 문장과 시, 글씨에 능하였으며, 『뇌연집』, 『명사정강』 등의 저서가 있다.

98) 션동 : 선동(仙童). 선경(仙境)에 살면서 신선의 시중을 든다는 아이이다.

99) 소리라 : 소리(소리, 聲) + -∅(←-이- : 서조)- + -∅(현시)- + -라(←-다 : 평종)

1) 알외니 : 알외[아뢰다, 奏 : 알(알다, 知)- + -오(사접)- + -ㅣ(←-이- : 사접)] + -니(연어, 반응)

2) 가열ᄒ오시니 : 가열ᄒ[가열하다 : 가열(가열, 嘉悅 : 불어) + -ᄒ(동접)-]- + -오(공손)- + -시(주높)- + -니(연어, 설명 계속) ※ '가열(嘉悅)'은 손아랫사람의 경사를 기뻐하는 것이다.

3) 슉취ᄒ시ᄂᆫ : 슉취ᄒ[슉취하다 : 슉취(슉취, 夙就 : 명사) + -ᄒ(동접)-]- + -시(주높)- + -∅(과시)- + -ㄴ(관전) # 이(이, 人) + -ᄂᆫ(보조사, 주제) ※ '슉취(夙就)'는 일찍 성취하는 것이다.

4) 젼고 : 전고(前古). 지나간 옛날이다.

5) 튱년이나 : 튱년(충년, 沖年 : 명사) + -이(서조)- + -나(연어, 대조) ※ '튱년(沖年)'은 열 살 안팎의 어린 나이이다. 이 구절은 '(비록 우리 쥬샹이) 튱년이나'의 뜻이다.

6) 경모궁긔 : 경모궁(景慕宮) + -긔(-께 : 부조, 상대, 높임) ※ '경모궁(景慕宮)'은 원래 조선 제21대 영조(英祖)의 둘째 아들인 사도세자와 그의 비인 헌경왕후(獻敬王后, 혜경궁 홍씨)의 사당이다. 여기서는 사도세자(思悼世子)를 이른다.

7) 불언듕 : 불언중(不言中). 말을 하지 않은 중(中)이다.

8) 효도로온 : 효도로오[← 효도롭다, ㅂ불(효성스럽다) : 효도(효도, 孝道 : 명사) + -롭(형접)-]- + -∅(현시)- + -ㄴ(←-은 : 관전)

지¹¹⁾ 네 ᄉᆞ름으로¹²⁾ 엇지 이러ᄒᆞ시리

　주상(主上, 정조)이 홍진(紅疹)한 후(後)에 잘 자라시고, 돌 즈음에 글자를 능히 아셔 숙
성(夙成)하시기가 범아(凡兒)와 절이(絕異)하시고, 계유(癸酉) 초추(初秋)에 대제학(大提學)
조관빈(趙觀彬)을 친국(親鞫)하오실 때에 궁중(宮中)이 다 공구(恐懼)하니, 당신도 손을 저
어 "소리를 말라."라고 하니, 두 살에 이런 이상한 지각(知覺)이 어찌 있으며, 삼 세에
보양관(輔養官)을 정하고 사 세에 효경(孝經)을 배우시되, 조금도 유충(幼沖)의 일이 없으
시고 글을 좋아하시니 가르치는 것이 수고로움이 없고, 어른 같이 일찍이 소세(梳洗)하고
글을 가지고 놀며, 육 세에 유생(儒生)이 전강(殿講)할 때에 선왕(先王)께옵서 부르오시어
용상(龍床) 머리에서 글을 읽히오시니 서성(書聲)이 맑고 잘 읽으니, 보양관(輔養官)인 남
유용(南有容)이가 "선동(仙童)이 하강(下降)하여 글을 읽는 소리이다."라고 아뢰니, 선왕(先
王)이 가열(嘉悅)하오시니, 우리 주상(主上)같이 숙취(夙就)하시는 이는 전고(前古)에 없을
듯 하시어, (우리 주상이 비록) 충년(沖年)이나 경모궁께 불언중(不言中)에 효도(孝道)로운
일이 많으니 다 어찌 (말로써) 거들겠느냐? 범백(凡百)이 하늘의 사람이시지, 예사(例事)
사람으로 어찌 이러하시리?

　ᄂᆡ 조년¹³⁾의 이런 거룩ᄒᆞ신 튱ᄌᆞ¹⁴⁾를 두고 갑슐¹⁵⁾의 쳥년¹⁶⁾을 나코 병ᄌᆞ¹⁷⁾
의 쳥션¹⁸⁾을 어드니 쳥년은 긔질¹⁹⁾이 유화관후²⁰⁾ᄒᆞ고 쳥션은 온아기졔²¹⁾ᄒᆞ야

---

9) 거들니오 : 거들(거들다, 擧證)- + -니(←-리- : 미시)- + -오(←-고 : 의종, 설명) ※ '거들다'는
　 근거를 보이거나 증명하기 위하여 보이는 것이다. '거들니오'는 '거들리오'의 'ㄹㄹ'을 'ㄹㄴ'으로
　 표기한 형태이다.
10) 범빅 : 범백(凡百). 갖가지의 모든 것이다.
11) 사ᄅᆞᆷ이시지 : 사ᄅᆞᆷ(사람, 人) + -이(서조)- + -시(주높)- + -지(연어, 대조) ※ '-지'는 상반되는 사
　 실을 서로 대조적으로 나타내는 연결 어미이다.
12) 네 ᄉᆞ름으로 : 녜(예사, 例事) # ᄉᆞ름(←사ᄅᆞᆷ : 사람, 人) + -으로(부조, 자격) ※ '례>녜'의 변화는
　 'ㄹ' 두음 법칙이 적용된 결과이다.
13) 조년 : 조년(早年). 젊었을 때. 또는 젊은 나이이다.
14) 튱ᄌᆞ : 충자(沖子). 어린 아이이다.
15) 갑슐 : 갑술(甲戌). 갑술년. 영조 30년(1754년)이다.
16) 쳥년 : 청연(淸衍). 혜경궁 홍씨의 장녀이다.
17) 병ᄌᆞ : 병자(丙子). 병자년. 영조 32년(1756년)이다.
18) 쳥션 : 청선(淸璿). 혜경경 홍씨의 차녀이다.
19) 긔질 : 기질(氣質)
20) 유화관후 : 유화관후(柔和寬厚). 성품이 부드럽고 온화하며, 마음이 너그럽고 후덕하다.

장듕²²⁾의 빵벽²³⁾이니 닉 팔즈를 뉘²⁴⁾ 아니 흠션ᄒ며²⁵⁾ 밧집으로²⁶⁾ 부뫼 착ᄒ오시ᄃᆡ²⁷⁾ 공명²⁸⁾과 영홰²⁹⁾ 빗나시고 형뎨 또 만하³⁰⁾ ᄒ 근심이 업는 듕 션비 드러오시면 계미³¹⁾와 계뎨³²⁾를 압히³³⁾ 셰우고 드러오시니

내가 조년(早年)에 이런 거룩하신 츙자(沖子)를 두고, 갑술(甲戌)에 쳥연(淸衍)을 낳고 병자(丙子)에 쳥션(淸璿)을 얻으니, 쳥연(淸衍)은 기질이 유화관후(柔和寬厚)하고 쳥션(淸璿)은 온아개제(溫雅愷悌)하여 장중(掌中)의 쌍벽(雙璧)이니, 나의 팔자(八字)를 누가 아니 흠션(欽羨)하며, 본집(= 친정집)으로 부모(父母)가 착하오시되 공명(功名)과 영화(榮華)가 빛나시고, 형제(兄弟)가 또 많아 한(一) 근심이 없는 중(中)에, 선비(先妣)가 (궁궐에) 들어오시면 계매(季妹)와 계제(季弟)를 앞에 세우고 들어오시니

계뎨 부모의 만싱³⁴⁾으로 ᄉ랑이 지극ᄒ신 듕 제³⁵⁾ 우인이³⁶⁾ 튱후ᄒ고³⁷⁾

---

21) 온아기졔 : 온아개제(溫雅愷悌). 성격, 태도 따위가 온화하고 기품이 있으며, 용모가 단아하고 기상이 화평하다.

22) 장듕 : 장중(掌中). 원래는 움켜쥔 손아귀의 안을 나타내는데, 비유적으로 마음대로 다룰 수 있는 권한이 미치는 테두리의 안을 이른다.

23) 빵벽 : 쌍벽(雙璧). 두 개의 구슬이다.

24) 뉘 : 누(누구, 誰 : 인대, 미지칭) + -ㅣ(←-이 : 주조)

25) 흠션ᄒ며 : 흠션ᄒ[흠선하다 : 흠션(흠선, 欽羨 : 명사) + -ᄒ(동접)-]- + -며(연어, 나열) ※ '흠션(欽羨)'은 우러러 공경하고 부러워하는 것이다.

26) 밧집으로 : 밧집[본집, 본곁 : 밧(← 밝 : 밖, 外) + 집(집, 家)] + -으로(부조, 방편) ※ '밧집'은 비(妃)나 빈(嬪)의 친정을 이르던 말이다.

27) 착ᄒ오시ᄃᆡ : 착ᄒ[착하다, 善 : 착(착, 善 : 불어) + -ᄒ(형접)-]- + -오(공손)- + -시(주높)- + -ᄃᆡ(-되 : 연어, 설명 계속)

28) 공명 : 공명(功名). 공을 세워서 자기의 이름을 널리 드러내는 것이다.

29) 영홰 : 영화(영화, 榮華) + -ㅣ(←-이 : 주조)

30) 만하 : 많(많다, 多)- + -아(연어)

31) 계미 : 계매(季妹). 매제(妹弟). 누이동생이다. 이때의 계매는 나중에 이복일(李復一)의 처가 된, 혜경궁 홍씨의 누이 동생을 이른다.

32) 계뎨 : 계제(季弟). 혜경궁 홍씨의 동생인 홍낙윤(洪樂倫)을 이른다.

33) 압히 : 압ᄒ(← 앞 : 앞, 前) + -의(-에 : 부조, 위치) ※ '압ᄒ'은 '앞'의 /ㅍ/을 /ㅂ/과 /ㅎ/으로 재음소 화하여 거듭 적은 형태이다.

34) 만싱 : 만생(晩生). 늙어서 자식을 낳는 것이다.

35) 제 : 저(저 : 자기, 己, 인대, 재귀칭) + -ㅣ(←-의 : 관조)

36) 우인이 : 우인(← 위인 : 위인, 사람의 됨됨이, 爲人) + -이(주조)

관홍ᄒᆞ야³⁸⁾ ᄋᆞ시라도³⁹⁾ 큰 그릇 될 긔샹⁴⁰⁾이 이시니 쥬샹 닛글고⁴¹⁾ 노시며 심히 ᄉᆞ랑ᄒᆞ시니 닉 어엿브고⁴²⁾ 긔딕ᄒᆞᄂᆞ⁴³⁾ ᄆᆞᄋᆞᆷ이 뎍지⁴⁴⁾ 아니ᄒᆞ고 계미ᄂᆞᆫ 닉 궐닉의 드러온 후 부모긔셔⁴⁵⁾ 일심이⁴⁶⁾ 경경ᄒᆞ시다가⁴⁷⁾ 계미를 싱ᄒᆞ시니⁴⁸⁾ 사ᄅᆞᆷ마다 싱ᄌᆞ⁴⁹⁾를 깃거ᄒᆞ딕⁵⁰⁾ 우리 집 졍니⁵¹⁾ᄂᆞᆫ 싱녀ᄒᆞᄆᆞᆯ⁵²⁾ 요ᄒᆡᆼ이 너겨 합가⁵³⁾의 깃브므로⁵⁴⁾ 일홈을 주시니 닉 ᄆᆞᄋᆞᆷ의 닉가 부모 슬하의 닉 자최⁵⁵⁾ 머믄 다시⁵⁶⁾ 가열⁵⁷⁾ᄒᆞ고 제 긔품이 아름다온 옥 ᄀᆞᆺ고⁵⁸⁾ 셩ᄒᆡᆼ⁵⁹⁾이

---

37) 튱후ᄒᆞ고 : 튱후ᄒᆞ[충후하다 : 튱후(충후, 忠厚 : 불어) + -ᄒᆞ(형접)-]- + -고(연어) ※ '튱후(忠厚)'는 충직하고 온순하며 인정이 두터운 것이다.

38) 관홍ᄒᆞ야 : 관홍ᄒᆞ[관홍하다 : 관홍(관홍, 寬弘 : 불어) + -ᄒᆞ(형접)-]- + -야(←-아 : 연어) ※ '관홍(寬弘)'은 관대(寬大)한 것이다.

39) ᄋᆞ시라도 : ᄋᆞ시(아시, 어린아이의 때, 兒時 : 명사) + -라도(←-이라도 : 보조사, 양보)

40) 긔샹 : 기상(氣象)

41) 닛글고 : 닛글(← 잇글다 : 이끌다, 牽)- + -고(연어, 계기) ※ '닛글고'는 '잇글고'를 오기한 형태이다.

42) 어엿브고 : 어엿브(예쁘다, 姚)- + -고(연어, 나열)

43) 긔딕ᄒᆞᄂᆞ : 긔딕ᄒᆞ[기대하다 : 긔딕(기대, 期待 : 명사) + -ᄒᆞ(동접)-]- + -ᄂᆞ(현시)- + -ᄂ(관전)

44) 뎍지 : 뎍(← 젹다 : 적다, 小)- + -지(연어, 부정) ※ '뎍지'는 '젹지'를 오기한 형태이며, '젹디〉젹지'는 /ㄷ/이 /ㅈ/으로 구개음화한 예이다.

45) 부모긔셔 : 부모(父母) + -긔셔(←-ᄭᅴ셔 : -께서, 주조, 높임)

46) 일심이 : [일심으로, 한 마음으로(부사) : 일심(一心 : 명사) + -Ø(←-ᄒᆞ : 형접)- + -이(부접)]

47) 경경ᄒᆞ시다가 : 경경ᄒᆞ[경경하다 : 경경(경경, 耿耿 : 명사) + -ᄒᆞ(형접)-]- + -시(주높)- + -다가(연어, 전환) ※ '경경(耿耿)'은 마음에서 사라지지 않고 염려가 되는 것이다.

48) 싱ᄒᆞ시니 : 싱ᄒᆞ[생하다 : 싱(생, 生 : 불어)- + -ᄒᆞ(동접)-]- + -시(주높)- + -니(연어, 설명 계속, 이유)

49) 싱ᄌᆞ : 생자(生子). 아이를 낳아서 얻는 것이다.

50) 깃거ᄒᆞ딕 : 깃거ᄒᆞ[기뻐하다 : 깄(기뻐하다, 歡)- + -어(연어) + ᄒᆞ(하다, 爲 : 보용)-]- + -딕(-되 : 연어, 설명 계속)

51) 졍니 : 정리(情理). 인정과 도리를 아울러 이르는 말이다. ※ '졍리→졍니'는 /ㄹ/이 /ㄴ/으로 비음화한 형태이다.

52) 싱녀ᄒᆞᄆᆞᆯ : 싱녀ᄒᆞ[생녀하다 : 싱녀(생녀, 生女 : 명사) + -ᄒᆞ(동접)-]- + -ᄆ(명전) + -을(목조)

53) 합가 : 합가(闔家). 집안 전체이다.

54) 깃브므로 : 깃븜[기쁨(명사) : 깃(← 깄다 : 기뻐하다, 歡)- + -브(형접)- + -ᄆ(명접)] + -으로(부조, 방편, 이유)

55) 자최 : 자최(자취, 迹) + -Ø(←-이 : 주조)

56) 머믄 다시 : 머므(← 머믈다 : 머물다, 留)- + -Ø(과시)- + -ᄂ(관전) # 다시(← ᄃᆞ시 : 듯이, 의명, 흡사)

57) 가열 : 가열(嘉悅). 손아랫사람의 경사를 기뻐하는 것이다.

58) ᄀᆞᆺ고 : ᄀᆞᆺ(← ᄀᆞᇀ다 : 같다, 如)- + -고(연어, 나열) ※ 'ᄀᆞᆺ고'는 종성의 /ㄷ/을 'ㅅ'으로 표기한 형태이다.

59) 셩ᄒᆡᆼ : 성행(性行). 성품과 행실을 아울러 이르는 말이다.

효우⁶⁰⁾ 완슌ᄒ니⁶¹⁾ 부뫼 춍이ᄒ시며⁶²⁾ 동긔⁶³⁾ ᄉ랑이 제 몸의 과ᄒ되⁶⁴⁾
조곰도 교앙치⁶⁵⁾ 아니ᄒ고 궐ᄂᆡ 드러오믹⁶⁶⁾ 냥셩모겨오셔와⁶⁷⁾ 션희궁긔셔⁶⁸⁾
다 어엿비⁶⁹⁾ 너기시고 통명뎐⁷⁰⁾ 되례⁷¹⁾ ᄴᅵ 뉵궁⁷²⁾ ᄂᆡ인들이 돌려가며
안아 보아 믉은 ᄃᆞᆯ과 년화 송이⁷³⁾ 귀경ᄒ듯⁷⁴⁾ ᄒ던 것시니⁷⁵⁾ 제 ᄌᆞ딜의⁷⁶⁾
아름다오믈 여긔 알다라⁷⁷⁾ ᄂᆡ 긔이ᄒ미⁷⁸⁾ 엇디 ᄒᆞᆫ갓⁷⁹⁾ 동긔의 졍 ᄲᆞᆫ이리오⁸⁰⁾

---

60) 효우 : 효후(孝友). 부모에 대하여 효도하고 형제에 대하여 우애를 쌓는 것이다.

61) 완슌ᄒ니 : 완슌ᄒ[완순하다 : 완슌(완순, 婉順 : 불어) + −ᄒ(형접)−]− + −니(연어, 설명 계속, 이유)
    ※ '완슌(婉順)'은 예쁘고 온순한 것이다.

62) 춍이ᄒ시며 : 춍이ᄒ[총애하다 : 춍이(총애, 寵愛 : 명사) + −ᄒ(동접)−]− + −시(주높)− + −며(연어,
    나열)

63) 동긔 : 동기(同期). 형제와 자매와 남매를 통틀어서 이르는 말이다.

64) 과ᄒ되 : 과ᄒ[과하다 : 과(과, 過 : 불어) + −ᄒ(형접)−]− + −되(−ᄃᆡ : 연어, 설명 계속)

65) 교앙치 : 교앙ᄒ[← 교앙ᄒ다(교앙하다 : 교앙(교잉, 교만, 驕昂 : 명사) + −ᄒ(← ᄒ : 형접)−]− +
    −지(연어, 부정) ※ '교앙티〉교앙치'는 /ㅌ/이 /ㅊ/으로 구개음화한 예이다.

66) 드러오믹 : 드러오[들어오다 : 들(들다, 入)− + −어(연어) + 오(오다, 來)−]− + −ㅁ(명전) + −ᄋᆡ(−에
    : 부조, 위치, 기준)

67) 냥셩모겨오셔와 : 냥셩모(양성모, 兩聖母) + −겨오셔(−께옵서 : 주조, 높임) + −와(접조) ※ '양셩모
    (兩聖母)'는 두 분의 국모(國母)라는 뜻인데, 여기서는 '인원왕후(仁元王后)'와 '정성왕후(貞聖王后)'
    를 이른다. ※ '량셩모〉냥셩모'의 변화는 'ㄹ' 두음 법칙이 적용된 결과이다.

68) 션희궁긔셔 : 션희궁(선희궁, 宣禧宮) + −긔셔(−께서 : 주조, 높임) ※ '션희궁(宣禧宮)'은 원래 조선
    시대에 영조(英祖)의 후궁(後宮)이었던 영빈 이씨(暎嬪 李氏)의 사당(祠堂)으로 쓰던 집이다. 여기서
    는 영빈 이씨를 가리킨다.

69) 어엿비 : [어여삐, 예쁘게, 姚(부사) : 어엿ㅂ(← 어엿브다, 姚 : 형사)− + −이(부접)]

70) 통명뎐 : 통명전(通明殿). 서울 창경궁 안에 있는, 대궐의 정전(正殿)을 이른다.

71) 되례 : 되례(← 대례 : 大禮). 규모가 큰 중대한 의식이나 혼인을 치르는 큰 예식을 이른다.

72) 뉵궁 : 육궁(六宮). 옛 중국의 궁중에 있었던, 황후의 궁전과 부인 이하의 다섯 궁실이다. ※ '륙궁〉
    뉵궁'의 변화는 'ㄹ' 두음 법칙이 적용된 결과이다.

73) 년화 송이 : 년화(연화, 연꽃, 蓮花) # 송이(송이) ※ '련화〉년화'의 변화는 'ㄹ' 두음 법칙이 적용된
    결과이다.

74) 귀경ᄒ듯 : 귀경ᄒ[구경하다 : 귀경(← 구경 : 구경, 명사) + −ᄒ(동접)−]− + −듯(연어, 흡사)

75) 것시니 : 것ㅅ(← ᄭᅥᆺ : 것, 의명) + −이(서조)− + −니(연어, 설명 계속) ※ '것시니'는 '거시니'의 'ㅅ'을
    'ㅅㅅ'으로 거듭 적은 형태이다.

76) ᄌᆞ딜의 : ᄌᆞ딜(자질, 資質) + −의(관조, 의미상 주격)

77) 알다라 : 알(알다, 知)− + −∅(현시)− + −ㄹ디라(−ㄹ지라 : 평종, 당위) ※ '−ㄹ디라'는 [−ㄹ(관전) #
    ᄃ(← ᄃᆞ : 것, 者, 의명) + −이(서조)− + −∅(현시)− + −라(← −다 : 평종)]로 형성된 평서형의 종결
    어미이다. '마땅히 그렇게 할 것이다.', '마땅히 그러할 것이다.'의 뜻을 나타낸다.

78) 긔이ᄒ미 : 긔이ᄒ[기애하다 : 긔이(기애, 奇愛 : 불어) + −ᄒ(동접)−]− + −ㅁ(명전) + −이(주조) ※
    '긔이(奇愛)'는 특별히 사랑하는 것이다.

계제(季弟)가 부모의 만생(晚生)으로 (부모의) 사랑이 지극하신 중(中)에, 자기의 위인(爲人)이 충후(忠厚)하고 관홍(寬弘)하여 아시(兒時)라도 큰 그릇이 될 기상(氣象)이 있으니, 주상(主上)이 (계제를) 이끌고 노시며 심히 사랑하시니, 내가 어여쁘고 기대(期待)하는 마음이 적지 아니하고, 계매(季妹)는 내가 궐내(闕內)에 들어온 후(後)에 부모께서 일심(一心)으로 경경(耿耿)하시다가 계매를 생(生)하시니, 사람마다 생자(生子)를 기뻐하되, 우리 집의 정리(情理)는 생녀(生女)함을 요행(僥倖)히 여겨서 합가(闔家)의 기쁨으로 이름을 주시니, 내 마음에 내가 부모 슬하(膝下)에 내 자취가 머문 듯이 가열(嘉悅)하고, 제 기품(氣稟)이 아름다운 옥 같고 성행(性行)이 효우(孝友)하고 완순(婉順)하니 부모가 총애(寵愛)하시며, 동기(同期)의 사랑이 제 몸에 과(過)하되 조금도 교앙(驕昂)하지 아니하고, 궐내에 들어옴에 양성모(兩聖母)께옵서와 선희궁(宣禧宮)께서 다 어여삐 여기시고, 통명전(通明殿)의 대례(大禮) 때에 육궁(六宮)의 내인(內人)들이 (계매를) 돌려가며 안아 보아 맑은 달과 연화(蓮花) 송이를 구경하듯 하던 것이니, 자기의 자질(資質)이 아름다움을 여기에서 알지라. 내가 기애(奇愛)하는 것이 어찌 한갓 동기(同期)의 정(情)뿐이리오?

제[81] 날을[82] 쏠와[83] 겻흘[84] 써나는 일이 업고 경오년[85]의 오셰라[86] 능히 션비 되시고 드러왓더니[87] 닉 희산ᄒᆞ단[88] 말 듯고 ᄂᆞ라히[89] 깃거ᄒᆞ시고 우리 아바님[90] 어마님이[91] 다 됴화ᄒᆞ시겟다[92] ᄒᆞ고 어룬[93] ᄀᆞ치[94] 말ᄒᆞ니

---

79) 흔갓 : [한갓, 단지, 唯(부사) : 흔(한, 一 : 관사, 양수) + 갓(← 가지 : 가지, 類, 의명)]

80) 졍 쑨이리오 : 졍(정, 情 : 명사) # 쑨(뿐 : 의명, 한정) + −이(서조)− + −리(미시)− + −오(−고 : 의종, 설명)

81) 제 : 저(저, 자기, 己 : 인대, 재귀칭) + −ㅣ(←−이 : 주조)

82) 날을 : 나(나, 我 : 인대, 1인칭) + −ㄹ을(←−를 : 목조) ※ '날을'은 '나를'을 오기한 형태이다.

83) 쏠와 : 쏠오(따르다, 從)− + −아(연어)

84) 겻흘 : 겻ᄒ(← 곁 : 곁, 傍) + −을(목조) ※ '겻흘'은 '겨틀'의 /ㅌ/을 /ㄷ/과 /ㅎ/으로 재음소화한 뒤에 /ㄷ/을 'ㅅ'으로 적어서, 결과적으로 'ㅅㄷ'으로 표기한 형태이다.

85) 경오년 : 경오년(庚午年). 1750년. 조선(朝鮮) 영조(英祖) 26년이다.

86) 오셰라 : 오셰(오세, 五歲) + −∅(서조)− + −라(←−아 : 연어, 이유, 근거)

87) 드러왓더니 : 드러오[들어오다 : 들(들다, 入)− + −어(연어) + 오(오다, 來)−]− + −앗(완료)− + −더(회상)− + −니(연어, 설명 계속)

88) 희산ᄒᆞ단 : 희산ᄒᆞ[해산하다 : 희산(해산, 解産 : 명사) + −ᄒᆞ(동접)−]− + −∅(과시)− + −다(평종) # −ㄴ(관전) ※ '희산ᄒᆞ단'은 '희산ᄒᆞ다 ᄒᆞᄂᆞᆫ'이 줄어진 형태이다.

89) ᄂᆞ라히 : ᄂᆞ라ᄒ(← 나라ᄒ : 나라, 國) + −이(주조) ※ 'ᄂᆞ라ᄒ'은 나랏님(영조 임금)을 뜻한다.

90) 아바님 : [아버님 : 아바(← 아비 : 아버지, 父) + −님(높접)]

91) 어마님이 : 어마님[어머님 : 어마(← 어미 : 어머니, 父) + −님(높접)] + −이(주조)

듯ᄂᆞ니⁹⁵⁾ 이상이⁹⁶⁾ 너기고 효순왕후긔셔⁹⁷⁾ 노리기⁹⁸⁾ ᄒᆞᆫ 줄 치와⁹⁹⁾ 겨오시더니¹⁾ 그 후 그 노리기를 아니 ᄎᆞ거늘²⁾ 닉 어이³⁾ 아니 ᄎᆞᄂᆞ니⁴⁾ 무르니 쥬시던⁵⁾ 니가⁶⁾ 아니 겨오시기⁷⁾ 못 ᄎᆞ노라⁸⁾ ᄒᆞ고 임신⁹⁾ 삼월의 나라 슬푸미 잇ᄂᆞᆫ디라¹⁰⁾ ᄀᆞ을의 드러와 날을¹¹⁾ 보고 눈물을 드리오고¹²⁾ 그 아히¹³⁾ 기르던 보모의 손을 잡아 뉴쳬ᄒᆞ니¹⁴⁾ 그 ᄢᅵᆫᄂᆞᆫ 칠셰라 엇지 인시¹⁵⁾

---

92) 됴화ᄒᆞ시겟다 : 됴화ᄒᆞ[← 됴하ᄒᆞ다(좋아하다, 好) : 둏(좋다, 好)- + -아(연어) + ᄒᆞ(하다, 爲 : 보용)-] + -시(주높)- + -겟(미시)- + -다(평종) ※ 미래 시제의 선어말 어미인 '-겟-'이 문헌에 처음으로 나타난 예이다. '-게 ᄒᆞ엿- 〉 -겟-'의 변화 과정을 거쳐서 형성된 선어말 어미로 추정한다. (나진석, 1972:302 참조.)

93) 어룬 : [어른 : 얼(결혼시키다, 교합하다, 婚)- + -우(사접)- + -ㄴ(관전▷관접)]

94) ᄀᆞᆺ치 : [같이, 如(부사) : ᄀᆞᆺᄎ(← ᄀᆞᇀ다 : 같다, 如, 형사)- + -이(부접)] ※ 'ᄀᆞᆺ치'는 'ᄀᆞ치'의 /ㅊ/을 'ㅅㅊ'으로 거듭 적은 형태이다.

95) 듯ᄂᆞ니 : 듯(← 듣다 : 듣다, 聞)- + -ᄂᆞ(현시)- + -ㄴ(관전) # 이(이, 者 : 의명) + -∅(←-이 : 주조) ※ '듯ᄂᆞ니'은 '듣ᄂᆞ니'의 /ㄷ/을 'ㅅ'으로 표기한 예이다.

96) 이상이 : [이상히(부사) : 이상(이상, 異常 : 명사) + -∅(←-ᄒᆞ- : 형접)- + -이(부접)]

97) 효순왕후긔셔 : 효순왕후(孝純王后) + -긔셔(-께서 : 주조, 높임) ※ '효순왕후(孝純王后)'는 조선 영조 임금의 첫째 아들인 진종(眞宗)의 비(妃)이다.(1715년~1751년)

98) 노리기 : 노리개, 珩.

99) 치와 : 치[채우다 : ᄎᆞ(차다, 착용하다, 着)- + -ㅣ(←-이- : 사접)- + -오(사접)-]- + -아(연어)

1) 겨오시더니 : 겨오시(← 겨시다 : 계시다, 보용, 완료 지속, 공손)- + -더(회상)- + -니(연어, 설명 계속) ※ '겨오시-'는 [겨(있다, 보용)- + -오(공손)- + -시(주높)-]로 분석된다.

2) ᄎᆞ거늘 : ᄎᆞ(← ᄎᆞ다 : 차다, 착용, 着)- + -옷(←-앗- : 완료)- + -거늘(-거늘 : 연어, 상황)

3) 어이 : 어찌, 何(부사)

4) ᄎᆞᄂᆞ니 : ᄎᆞ(차다, 착용, 着)- + -ᄂᆞ(현시)- + -니(의종, 반말) 〈나손본〉에는 '안이 찬 연고을'로 표현되었다.

5) 쥬시던 : 쥬(← 주다 : 주다, 授)- + -시(주높)- + -더(회상)- + -ㄴ(관전)

6) 니가 : 니(← 이 : 이, 人, 의명) + -가(주조)

7) 겨오시기 : 겨오시(← 겨시다 : '겨시다'의 공손 표현)- + -기(명전)

8) ᄎᆞ노라 : ᄎᆞ(차다, 착용하다, 着)- + ㅅ(←-앗- : 완료)- + -노라(평종, 현시, 1인칭)

9) 임신 : 임신년(壬申年). 여기서는 영조 28년(1752년)이다. 이 해 3월 4일에 혜경궁 홍씨의 장남인 의소 세손((懿昭世孫, 1750~1753)이 죽었다.

10) 잇ᄂᆞᆫ디라 : 잇(있다, 有)- + -ᄂᆞ(현시)- + -ㄴ디라(-ㄴ지라 : 연어, 이유) ※ '-ㄴ디라'는 앞 절의 상황이 뒤 절의 상황에 대하여 이유나 원인이 됨을 나타내는 연결 어미이다.

11) 날을 : 나(나, 我 : 인대, 1인칭) + -ㄹ을(←-를 : 목조) ※ '날을'은 '나를'을 오기한 형태이다.

12) 드리오고 : 드리오[드리우다, 흘리다, 落 : 들(← 듣다, ㄷ불 : 듣다, 떨어지다, 落)- + -이(사접)- + -오(사접)-]- + -고(연어, 계기)

13) 그 아히 : 그(그, 彼 : 관사, 지시, 정칭) # 아히(아이, 兒) ※ '그 아이'는 죽은 '의소 세손(懿昭世孫)'을

그리 주성턴고[16] 이상하냐[17] 임신 구월 되경[18] 썩 션비 드러오시니 저도 뫼시고 드러와 쥬샹[19] 탄싱 후 졔[20] 보고 이 아기시는[21] 둔둔하고[22] 슉셩하시니[23] 형님 마마[24] 걱졍 아니 시기겟다[25] 하니 좌우가 그 말을 올흐믈[26] 웃고 션비겨오셔는 아히 말 굿치 아니타고[27] 도로혀[28] 꾸둥하시니[29] 그 말이 올흐니 꾸짓디[30] 마오쇼셔[31] 하엿더니라 잇써[32] 궁듕의 복녹[33]이

이른다.

14) 뉴쳬하니 : 뉴쳬하[유쳬하다 : 뉴쳬(유쳬, 流涕) + −하(동접)−] + −니(연어, 설명 계속) ※ '뉴쳬(流涕)'는 눈물을 흘리는 것이다. '류쳬〉뉴쳬'의 변화는 'ㄹ' 두음 법칙이 적용된 결과이다.

15) 인시 : 인사(인사, 人事) + −ㅣ(←−이 : 주조)

16) 주성턴고 : 주성하[자성하다 : 주성(←슉셩 : 숙성, 夙成) + −하(←−ㅎ− : 형접)−] + −더(회상)− + −ㄴ고(−ㄴ가 : 의종, 설명) ※ '주성하다'의 의미와 형태를 알 수 없다. 문맥상 '슉셩(숙성, 夙成)하다'와 같은 의미로 보인다. 〈가람본〉에는 '조슉(조숙, 早熟)'으로, 〈나손본〉에는 '슉셩(숙성, 夙成)'으로 표기되었다. '자성(自成)'으로 볼 가능성도 있다.

17) 이상하냐 : 이상하[이상하다 : 이상(이상, 異常 : 명사) + −하(형접)−] + −냐(←−나 : 연어, 대조) ※ '이상하냐'의 형태가 문맥과 어울리지 않는데, 문맥상 '이상하나'의 오기로 보인다.

18) 되경 : 되경(← 대경 : 大慶). 큰 경사이다. ※ 이는 영조 28년(1776년, 임신년) 9월 22일에 창경궁 경춘전에서 정조(正祖)가 탄생한 경사를 가리킨다.

19) 쥬샹 : 주상(主上). 현재의 임금(정조)이다.

20) 졔 : 져(←저 : 자기, 己, 인대, 재귀칭) + −ㅣ(←−이 : 주조)

21) 아기시는 : 아기시[아기씨 : 아기(아기, 兒 : 명사) + −시(−씨 : 접미, 높임)] + −는(보조사, 주제)

22) 둔둔하고 : 둔둔하[단단하다, 堅 : 둔둔(단단히 : 부사) + −하(형접)−] + −고(연어, 나열)

23) 슉셩하시니 : 슉셩하[숙성하다 : 슉셩(숙성, 夙成 : 불어) + −하(형접)−] + −시(주높)− + −니(연어, 설명 계속, 이유) ※ '슉셩(夙成)'은 나이에 비하여 지각이나 발육이 빠른 것이다.

24) 마마 : 임금 및 그 가족과 관련된 명사 뒤에 붙어 '존대'의 뜻을 나타내는 말이다.

25) 시기겟다 : 시기(시키다, 使)− + −겟(미시)− + −다(평종)

26) 올흐믈 : 옳(옳다, 是)− + −음(명전) + −을(목조)

27) 아니타고 : 아니하[← 아니하다(아니하다, 非 : 보용, 부정) : 아니(아니, 非 : 부사, 부정) + −하(형접)−] + −∅(현시)− + −다(평종) + −고(부조, 인용) ※ 남의 말을 인용하는 부사격 조사인 '−고'가 처음으로 나타난다.

28) 도로혀 : [도리어, 猶(부사) : 돌(돌다, 回)− + −오(사접)− + −혀(강접)− + −∅(부접)]

29) 꾸둥하시니 : 꾸둥하[꾸중하다 : 꾸둥(꾸중 : 명사) + −하(동접)−] + −시(주높)− + −니(연어, 설명 계속)

30) 꾸짓디 : 꾸짓(← 꾸짖다 : 꾸짖다, 叱)− + −디(−지 : 연어, 부정) ※ '꾸짓디'는 종성 /ㄷ/을 'ㅅ'으로 표기한 형태이다.

31) 마오쇼셔 : 마(← 말다 : 말다, 勿, 보용, 부정)− + −오(공손)− + −쇼셔(−소서 : 명종, 아주 높임)

32) 잇써 : [이때(명사) : 이(이, 此 : 지대) + −ㅅ(사잇) + 써(때, 時)]

33) 복녹 : 복록(福祿). 타고난 복과 벼슬아치의 녹봉이라는 뜻으로, 복되고 영화로운 삶을 이른다. '복록→복녹'의 변동은 비음화의 예이다.

면면ᄒ시고[34] 집이 ᄯᅩ 흔번 셩ᄒ셔[35] 남민[36] 다 남만 못ᄒ지 아니ᄒ니
궁인들이 날을 우러러 치하[37] 아니 ᄒᄂ니[38] 잇시리오[39]

　　자기(= 계매)가 나를 따라 곁을 떠나는 일이 없고, 경오년(庚午年)에 오세(五歲)이라 능히 선비(先妣)를 모시고 들어왔더니, "내가 해산(解産)했다." (하는) 말을 듣고, "나라가 기뻐하시고, 우리 아버님과 어머님이 다 좋아하시겠다." 하고 어른같이 말하니, 듣는 이가 이상하게 여기고, 효순왕후(孝純王后)께서 노리개 한 줄을 (계매에게) 채워 계시더니, 그 후(後)에 (계매가) 그 노리개를 아니 찼거늘, 내가 "어찌 (노리개를) 아니 차느냐?" 물으니, (계매가) "주시던 이(= 효순왕후)가 아니 계시오기에 못 찼다." 하고, 임신년(壬申年) 사월에 나라가 슬픔(의소세손의 요절)이 있는지라 가을에 들어와 나를 보고 눈물을 흘리고, 그 아이(= 의소세손)를 기르던 보모(保姆)의 손을 잡아 유체(流涕)하니, 그때는 (제매가) 칠세(七歲)이라 어찌 인사(人事)가 그리 자성하던가 이상하나, 임신년 구월 (주상이 탄생하는) 대경(大慶) 때에 선비(先妣)가 (대궐에) 들어오시니 자기(= 계매)도 (선비를) 모시고 들어와, 주상(主上)이 탄생(誕生)한 후(後)에 자기가 (주상을) 보고, "이 아기씨는 단단하고 숙성(夙成)하시니 형님 마마에게 걱정을 아니 시키겠다." 하니, 좌우(左右)가 그 말이 옳은 것을 웃고, 선비께오서는 아이의 말 같지 아니하다고 도리어 꾸중하시니, (내가) "그 말이 옳으니 꾸짖지 마오소서." 하였더니라. 이때에 궁중(宮中)에 복록(福祿)이 면면(綿綿)하시고 집이 또 한번 성(盛)하시어, 남매(男妹)가 다 남만 못하지 아니하니 궁인들이 나를 우러러 치하(致賀)를 아니 하는 이가 있으리오?

---

34) 면면ᄒ시고 : 면면ᄒ[면면하다 : 면면(면면, 綿綿 : 불어) + -ᄒ(동접)-]- + -시(주높)- + -고(연어, 나열) ※ '면면(綿綿)'은 끊어지지 않고 죽 잇달아 있는 것이다.

35) 셩ᄒ셔 : 셩ᄒ[성하다 : 셩(성, 盛 : 불어) + -ᄒ(형접)-]- + -시(주높)- + -어(연어)

36) 남민 : 남민(남매, 男妹) + -∅(←-이 : 주조)

37) 치하 : 치하(致賀). 남이 한 일에 대하여 고마움이나 칭찬의 뜻을 표시하는 것이다. 주로 윗사람이 아랫사람에게 한다.

38) ᄒᄂ니 : ᄒ(하다, 爲)- + -ᄂ(현시)- + -ㄴ(관전) # 이(이, 人 : 의명)- + -∅(주조)

39) 잇시리오 : 잇시(← 이시다 : 있다, 有)- + -리(미시)- + -오(의종, 설명)

3. 독립신문

〈독립신문〉은 서재필(徐載弼)이 갑신정변(1884년) 후 미국으로 망명했다가 귀국한 뒤에, 정부로부터 자금을 받아서 1896년 4월 7일에 창간한 신문이다. 창간하던 해에는 가로 22cm, 세로 33cm의 크기로 4면 가운데 3면은 한글 전용으로 〈독립신문〉을 편집하고, 마지막 1면은 영문판인 〈The Independent〉로 편집하였다. 창간 이듬해인 1897년 1월 5일자부터는 국문판과 영문판을 분리하여 발행하였다. 그러나 〈독립신문〉은 외세의 영향 하에 있었던 정부 관료와 개화 사상에 반감을 가졌던 수구파의 미움을 사게 되었는데, 그 결과로 정부가 〈독립신문〉을 인수하여 1899년 12월 4일자로 폐간하였다.

〈독립신문〉은 19세기 말 한국 사회의 발전과 민중의 계몽을 위하여 매우 큰 역할을 수행한 기념비적인 신문으로 평가받고 있다. 그리고 현대 국어로 넘어가는 개화기 국어의 모습을 잘 반영하고 있다는 점에서도 큰 의의가 있다. 특히 불완전하기는 하지만 한글 표기에서 최초로 띄어쓰기를 시도한 점은 높이 평가할 수 있다.

〈독립신문〉에 나타난 국어사적인 특징을 다음과 같이 정리할 수 있다.

첫째, 된소리를 표기하는 데에는 'ㅂ'계 합용 병서는 잘 쓰이지 않았으며, 주로 'ㅅ'계 합용 병서가 쓰였다. 그리고 'ㄲ, ㄸ, ㅃ, ㅆ, ㅉ' 각자 병서 글자가 쓰였다.

  (1) ㄱ. 'ㅂ'계 합용 병서 : 뻐드면, 건강으로써

　　 ㄴ. 'ㅅ'계 합용 병서 : 까닭에, 싱각홀까, 씃치기, 폐하씌, 쏘, 쪽, 쩨여, 흔쪽

　　 ㄷ. 각자 병서 : 까닭이라, 떡국, 뻬기도, 써야, 언짠흔

둘째, 종성의 /ㄷ/을 'ㅅ'으로 표기한 예가 많이 나타난다.

  (2) 듣고→듯고, 믿노라→밋노라, 듣기에→듯기에, 곧→곳, 믿고→밋고

셋째, 앞 음절의 종성 /ㄹ/과 뒤 음절의 초성 /ㄹ/이 이어서 발음될 때에, 'ㄹㄹ'을 'ㄹ ㄴ'으로 표기한 예가 대단히 많이 발견된다.

  (3) 들로→들노, 달리→달니, 몰라셔→몰나셔, 불란셔→불난셔, 달라고→달나고, 갈린 → 갈닌

넷째, 전통적인 이어적기 뿐만 아니라 끊어적기와 거듭적기의 예가 많이 보인다. 특히 용언이 활용할 때에도 끊어적기가 많이 쓰인 것이 특징이다.

(4) ㄱ. 끊어적기 : 분국이, 소문을, 일을, 일년에, 일년간으로 ; 젹어, 알어셔, 알아보기, 먹은, 붓잡아 ; 죽음을, 붉히

　　ㄴ. 거듭적기 : 쓰는고로 → 쓴는고로, 쓰시니 → 쯧시니, 쓰슨 → 쯧슨

다섯째, 최초로 띄어쓰기를 시도하였는데, 이는 1933년에 재정된 〈한글 맞춤법 통일 안〉에서 띄어쓰기를 규정한 것보다 35년 정도나 앞선다.

(5) 독닙신문이 본국과 외국 ㅅ졍을 자셰이 긔록홀터이요

여섯째, 거센소리의 음소를 예사소리와 /ㅎ/으로 '재음소화(在音素化)'하여 표기한 예가 나타난다.

(6) 노픈 → 놉흔, 아픠 → 압희

일곱째, /·/의 소리가 이미 없어졌지만 보수적인 표기법 때문에 '·'가 그대로 쓰인 경우가 많으며, 이에 따라서 '·'와 'ㅏ'가 혼기된 경우가 있다.

(7) 아래〉아릭, 뒤졉ㅎ자〉뒤졉ㅎ즈, 보내는듸〉보닉는딕

여덟째, 종성이 /ㅎ/으로 끝나는 체언의 /ㅎ/이 탈락한 예가 대단히 많이 보인다.

(8) ㄱ. 사름들흔고로〉사름드린고로

　　ㄴ. 사름들히〉사름들이

아홉째, 구개음화와 원순 모음화가 활발히 일어났으며, 비음화의 예가 일부 발견된다. 다만 'ㄹ' 두음 법칙과 'ㄴ' 두음 법칙, 모음 동화의 예는 드물게 발견된다.

(9) ㄱ. 구개음화 : 뎡부〉졍부, 인턴항〉인쳔항, 엇디〉엇지, 한심티〉한심치, 맛당티〉맛당치

　　ㄴ. 원순 모음화 : 더브러〉더부러, -브터〉-부터, 드믈미라〉드물미라, 브터는지〉부터는지

　　ㄷ. 비음화 : 독립신문〉독닙신문, 명령〉명녕, 실례〉실녜

　　ㄹ. 'ㄹ' 두음 법칙: 론셜〉논셜, 령〉녕, 로인〉노인

　　ㅁ. 'ㄴ' 두음 법칙 : 닐그니〉일그니, 니르도록〉이르도록, 닉지〉익지

ㅂ. 모음 동화('ㅣ' 모음 역행 동화) : 펴일터이요>폐일터이요, ᄂ리다>닐리다

열째, '-이다'와 '아니다'의 어간 뒤에 실현되는 연결 어미 '-고'나 의문형 어미 '-고/-가' 등에서 /ㄱ/이 탈락된 뒤에, '-오' 등이 선행 모음인 /ㅣ/에 동화된 형태가 나타난다.

(10) 터이<u>요</u>, 글이<u>요</u>, 아니ᄒ리<u>요</u>, 법이<u>요</u>

열한째, 명사형 전성 어미의 형태가 '-옴'에서 '-(으)ㅁ'으로 바뀐 예가 많이 나타난다.

(11) 보기 쉽도록 ᄒ<u>ㅁ</u>이라, 알어 보게 ᄒ<u>ㅁ</u>이라, 드물<u>ㅁ</u>이라, 병신이 됨<u>ㅁ</u>이라

열두째, 평서문의 문장을 명사형 전성 어미인 '-ㅁ'으로써 끝맺는 예가 광고 부분과 사설의 첫 부분에서 더러 나타난다. 이렇게 종결 어미 대신에 명사형 전성 어미인 '-ㅁ'을 실현하여 문장을 끝맺음으로써, 문장을 간결하게 끝맺는 효과가 나타난다.

(12) ㄱ. 이 신문샹 ᄆ일 <u>그록홈</u>(그록ᄒ + -오- + -ㅁ)
    ㄴ. 속히 셩명을 보내기 <u>브라옴</u>
    ㄷ. 내기도 홀 <u>터이옴</u>
    ㄹ. 한문으로ᄒ 편지는 당초에 샹관 <u>아니홈</u>
    ㅁ. 빅쟝에 여든쟝만 <u>세음홈</u>
    ㅂ. 젼 국인민을 위ᄒ여 무슴 일이든지 ᄃ련ᄒ여 <u>주랴홈</u>

열셋째, 명사형 전성 어미로서 '-기'의 쓰임이 활발하였다.

(13) ㄱ. 모도 언문 으로 쓰<u>기</u>는
    ㄴ. 빅호<u>기</u>가 수혼이
    ㄷ. 알어 보<u>기</u>가 쉬혼터이라
    ㄹ. 싸홈되<u>기</u>가 쉽다더라
    ㅁ. 우리가 듯<u>기</u>에

열넷째, 인칭법, 대상법의 문법 범주가 완전히 소멸하였다. 다만, 평서형으로 종결 어미로 쓰인 용언에서 인칭법의 흔적이 보인다.

(14) ᄒ<u>노</u>라, 브라<u>노</u>라, 아<u>노</u>라

열다섯째, 선어말 어미 '-엇-/-어시-, -앗-/-아시-, -엿-/-여시-' 등이 쓰여서, '완료'의 동작상을 나타내는 선어말 어미로 쓰였다.

(15) ㄱ. 먹는듸 : 넘-+-엇-+-ᄂᆞ-+-ㄴ듸
　　 ㄴ. 꾸지져든이 : 꾸짖-+-엇-+-더-+-니
　　 ㄷ. 갓다더라 : 가-+-앗-+-다#(ᄒᆞ)-+-더-+-라
　　 ㄹ. 힛든이 : ᄒᆞ+-엿-+-더-+-니

열여섯째, 동사가 서술어로 쓰일 때에 실현되는 과거 시제의 형태소 '-∅-'는 거의 실현되지 않았고, '-엇-/-어시-, -앗-/-아시-, -엿-/-여시-'의 완료상을 나타내는 선어말 어미로 대체되었다. 다만 극히 일부의 예에서 과거 시제 표현의 선어말 어미인 '-∅-'가 실현되었다.

(16) 츌발ᄒᆞ다, 반포ᄒᆞ다

열일곱째, 현재 시제의 선어말 어미가 '-ㄴ-'과 '-는-'의 형태로 실현된 예가 대단히 많이 쓰였다.

(17) ㄱ. 보호ᄒᆞ다, 조퇴ᄒᆞ다니, 간다고
　　 ㄴ. 쫏는다든지, 짓는다든지, 먹는다더라

열여덟째, 미래 시제의 선어말 어미의 형태로 '-겟-'이 많이 쓰였다.

(18) 몰오겟더라, 다스리겟다, 말ᄒᆞ겟노라, 살겟고, ᄒᆞ겟다

열아홉째, 중세 국어에 쓰였던 객체 높임법의 선어말 어미인 '-오-'가 그 기능을 상실하여 공손 표현의 선어말 어미로 바뀌었다.

(19) ㄱ. 기록홈 : 기록ᄒᆞ+-오-+-ㅁ
　　 ㄴ. 보라옴 : 보라-+-오-+-ㅁ
　　 ㄷ. 샹관아니홈 : 아니ᄒᆞ-+-오-+-ㅁ
　　 ㄹ. 세음홈 : ᄒᆞ-+-오-+-ㅁ
　　 ㅁ. 주랴홈 : ᄒᆞ-+-오-+-ㅁ

스물째, '-옵ᄂᆞ이다'와 '-옵닉다'의 형태가 쓰였는데, 이는 '-옵(공손)-+-ᄂᆞ(현시)-+

-이(상높, 아주 높임)- + -다(평종)'으로 분석된다. 이 형태는 20세기 초부터는 아주 높임의 등분의 평서형 종결 어미인 '-ㅂ니다/-습니다'로 변한다.

(20) ㄱ. 알외옵ᄂ이다, ᄒ옵ᄂ이다, 기다리옵ᄂ이다
    ㄴ. 알외옵ᄂ이다

스물한째, 모음으로 끝나는 체언 뒤에서 주격나 보격 조사의 형태로 '-가'가 아주 활발하게 쓰였다.

(21) 우리가, 얼마가, 보기가, 쳐치가, 화가, 앙화가, 맛길 슈가

스물두째, 인용을 나타나는 부사격 조사로서 '-고'의 예가 많이 나타난다.

(22) ㄱ. ᄌ하하여 달나고
    ㄴ. 드러오라고 ᄒ민
    ㄷ. 오원봉이라고 ᄒ 이가
    ㄹ. 되라고 ᄒ기로

뎨일권 독닙신문 뎨일호

조선 셔울 건양[1] 원년 ᄉ월 초칠일 금요일

광고

> 독닙신문이 본국과 외국 ᄉ졍을 자셰이 긔록ᄒ올터이요[2] 졍부속콰[3] 민간
> 소문을 다보고 ᄒ올터이라[4] 졍치샹일과[5] 농ᄉ 쟝ᄉ 의슐샹 일을 얼만콤식[6]
> 이신문샹[7] 미일 긔록홈[8] 갑슨 일년에 일원삼십젼 ᄒ 들에 십이젼 ᄒ쟝에
> 동젼 ᄒ푼 독닙신문 분국이 제물포 원산 부산 파주 숑도 평양 슈원
> 강화 등지에 잇더라[9]

제일 권 독립신문 제일호

조선 서울 건양 원년 사월 초칠일 금요일

광고

---

1) 건양 : 건양(建陽). 조선 고종 때인 1896년에 제정한 조선(朝鮮)의 연호(年號)이다.

2) 긔록ᄒ올터이요 : 긔록ᄒ[기록하다 : 긔록(기록, 記錄 : 명사) + -ᄒ(동접)-]- + -ㄹ(관전) # 터(터, 것 : 의명) + -이(서조)- + -요(←-오←-고 : 연어, 나열) ※ 연결 어미 '-고'에서 /ㄱ/이 탈락한 '-오' 가 선행하는 /ㅣ/에 동화되어서 '-요'로 바뀌었다.

3) 졍부속콰 : 졍부(정부, 政府) # 속ᄒ(←속 : 속, 안, 內) + -과(접조)

4) 다보고 ᄒ올터이라 : 다(다 : 다, 悉 : 부사) # 보고ᄒ[보고하다 : 보고(보고, 報告 : 명사) + -ᄒ(동접)-]- + -ㄹ(관전) # 터(터, 것 : 의명) + -이(서조)- + -Ø(현시)- + -라(←-다 : 평종)

5) 졍치샹일과 : 졍치샹[정치상 : 졍치(정치, 政治) + -샹(-상, 上 : 접미)] # 일(일, 事) + -과(접조)

6) 얼만콤식 : 얼(←얼마 : 명사) + -만콤(←-만큼 : 부조, 흡사) + -식(-씩 : 보조사, 접미, 각자) ※『고등학교 문법』에서는 '-식(-씩)'을 접미사로 처리하고 있으나, 보조사적인 성격이 짙다.

7) 신문샹 : 신문(신문, 新聞) # 샹(상, 上)

8) 긔록홈 : 긔록ᄒ[기록하다 : 긔록(기록, 記錄 : 명사) + -ᄒ(동접)-]- + -오(공손)- + -ㅁ(명전▷평종) ※ '-ㅁ'은 원래 명사형 어미인데 여기서는 평서형 종결 어미로 기능했다. 이 시기에는 명사형 전성 어미가 '-(으)ㅁ'으로 바뀌었는데, 여기서 평서형으로 쓰일 때에는 공손 표현의 선어말 어미 인 '-오-'를 실현하여 '-옴'의 형태로 평서문을 끝맺었다.

9) 잇더라 : 잇(있다, 在)- + -더(회상)- + -라(←-다 : 평종)

독립신문이 본국과 외국 사정을 자세히 기록할 터이요, 정부 속(안)과 민간(의) 소문을 다 보고할 터이다. 정치상의 일과 농사, 장사, 의술상의 일을 얼마만큼씩 이 신문 상(에) 매일 기록하옴. 값은 일 년에 일 원 삼십 전, 한 달에 십이 전, 한 장에 동전 한 푼. 독립신문 분국(分局)이 '제물포, 원산, 부산, 파주, 송도, 평양, 수원 강화' 등지에 있더라.

신문을 둘노졍ᄒᆞ든지[10] 일년간으로 졍ᄒᆞ여 사보고스분이ᄂᆞᆫ[11] 졍동[12] 독닙
신문샤로 와셔 돈을 미리 내고 셩명과 집이 어듸라고[13] 젹어 노코 가면
ᄒᆞ로걸어[14] 신문을 보내줄터이니[15] 신문 보고 스분이ᄂᆞᆫ[16] 속히 셩명을
보내기 ᄇᆞ라옴[17]

신문을 달(月)로 정하든지 일 년간으로 정하여 사 보고 싶은 이는, 정동(貞洞) 독립신문 사로 와서 돈을 미리 내고 성명과 집이 어디라고 적어 놓고 가면, 하루 걸러 신문을 보내 줄 것이니, 신문을 보고 싶은 이는 속히 성명을 보내기 바라옴.

무론[18] 누구든지[19] 무러볼 말이 잇든지[20] 셰샹사름의게[21] ᄒᆞ고스분말잇스
면[22] 이신문샤로[23] 간단ᄒᆞ게 귀졀[24] ᄶᅦ여셔[25] 편지ᄒᆞ면 듸답ᄒᆞᆯ만ᄒᆞᆫ말이든지[26]

---

10) 둘노졍ᄒᆞ든지 : 둘(달, 月) + -노(← -로 : 부조, 방편) # 졍ᄒᆞ[졍하다 : 졍(졍, 定 : 불어) + -ᄒᆞ(동
   졉)-] + -든지(연어, 선택) ※ '둘노'는 '둘로'의 'ㄹㄹ'을 'ㄹㄴ'으로 표기한 형태이다.

11) 사보고스분이ᄂᆞᆫ : 사(사다, 買)- + -아(연어) # 보(보다 : 보용, 시도)- + -고(연어) # 스부(← 시프다
   : 싶다, 보용, 희망)- + -Ø(현시)- + -ㄴ(관전) # 이(사람, 者 : 의명) + -ᄂᆞᆫ(보조사, 주제)

12) 졍동 : 정동(貞洞). 서울특별시 중구에 있는 마을 이름이다.

13) 어듸라고 : 어듸(어디, 何 : 지대, 미지칭) + -Ø(← -이- : 서조)- + -Ø(현시)- + -라(← -다 : 평종)
   + -고(부조, 인용) ※ '인용'을 나타내는 부사격 조사인 '-고'가 쓰인 것이 주목할 만하다.

14) ᄒᆞ로걸어 : ᄒᆞ로(하루, 一日) # 걸(← 걸ㄹ- ← 거르다 : 거르다, 缺)- + -어(연어)

15) 보내줄터이니 : 보내(보내다, 送)- + -어(연어) # 주(주다 : 보용, 봉사)- + -ㄹ(관전) # 터(터, 것, 者
   : 의명) + -이(서조)- + -니(연어, 설명 계속)

16) 스분이ᄂᆞᆫ : 스부(← 시프다 : 싶다, 보용, 희망)- + -Ø(현시)- + -ㄴ(관전) # 이(이, 者 : 의명) + -ᄂᆞᆫ
   (보조사, 주제)

17) ᄇᆞ라옴 : ᄇᆞ라(바라다, 望)- + -오(공손) + -ㅁ(명전▷평종)

18) 무론 : 무론(無論, 毋論). 물론(勿論), 말할 것도 없이(부사)

19) 누구든지 : 누구(누구, 誰 : 인대, 미지칭) + -든지(보조사, 선택)

20) 잇든지 : 잇(있다, 有)- + -든지(연어, 선택)

21) 셰샹사름의게 : 셰샹(세상, 世上) # 사름(사람, 人) + -의게(-에게 : 부조, 상대)

22) ᄒᆞ고스분말잇스면 : ᄒᆞ(하다, 謂)- + -고(연어) # 스부(← 시프다 : 싶다, 보용, 희망)- + -Ø(현시)-

신문에 낼만흔[27] 말이면 딕답홀터이요[28] 내기도 홀터이옴 한문으로흔[29] 편지는 당초에[30] 샹관아니홈[31]

무론(毋論) 누구든지 물어볼 말이 있든지 세상 사람에게 하고 싶은 말이 있으면, 이 신문사로 간단하게 구절(句節)을 떼어서 편지하면, 대답할 만한 말이든지 신문에 낼 만한 말이면 대답할 것이요, (신문에) 내기도 할 터이옴. 한문(漢文)으로 한 편지는 당초에 상관 아니 하옴.

경향간에[32] 무론 누구든지 길거리에셔 쟝스흐는이[33] 이신문을 가져다가[34] 노코 팔고져 흐거든 여긔와셔[35] 신문을 가져다가 팔면 열쟝에 여듧쟝만 세음흐고[36] 빅쟝에 여든쟝만 세음홈

경향(京鄕) 간에 물론(하고) 누구든지 길거리에서 장사하는 이가 이 신문을 가져다가

+ -ㄴ(관전) # 말(말, 言) # 잇ᄉ(← 있다 : 있다, 有)- + -ᄋ면(연어, 조건) ※ '잇다'의 형태가 '있다' 로 바뀐 예이다.

23) 이신문샤로 : 이(이, 此 : 관사, 지시, 정칭) # 신문샤(신문사, 新聞社) + -로(부조, 방향)

24) 귀절 : 구절(句節)

25) 쎄여셔 : 쎼(떼다, 離)- + -여셔(←-어셔 : 연어)

26) 딕답홀만흔말이든지 : 딕답ᄒ[대답하다 : 딕답(대답, 對答) + -ᄒ(동접)-]- + -ㄹ(관전) # 만(의명, 흡사) # ᄒ(하다 : 보형)- + -Ø(현시)- + -ㄴ(관전) # 말(말, 言) + -이(서조)- + -든지(연어, 선택)

27) 낼만흔 : 내[내다 : 나(나다, 出)- + -ㅣ(←-이- : 사접)-]- + -ㄹ(관전) # 만(의명, 흡사) # ᄒ(하다 : 보형)- + -Ø(현시)- + -ㄴ(관전)

28) 딕답홀터이요 : 딕답ᄒ[대답하다 : 딕답(대답, 對答) + -ᄒ(동접)-]- + -ㄹ(관전) # 터(터, 것, 者 : 의 명) + -이(서조)- + -요(←-오←-고 : 연어)

29) 한문으로흔 : 한문(한문, 漢文) + -으로(부조, 방편) # ᄒ(하다, 爲, 製)- + -Ø(과시)- + -ㄴ(관전)

30) 당초에 : 당초(당초, 일이 생기기 시작한 처음, 當初) + -에(부조, 위치)

31) 샹관아니홈 : 상관(상관, 相關) # 아니(부사, 부정) # ᄒ(하다, 爲)- + -오(공손)- + -ㅁ(명전▷평종) ※ '샹관아니홈'은 '다루지 아니한다'의 뜻으로 쓰였다.

32) 경향간에 : 경향(경향, 京鄕) # 간(간, 間 : 의명) + -에(부조, 위치) ※ '경향'은 서울과 지방이다.

33) 쟝스흐는이 : 쟝스ᄒ[장사하다 : 쟝스(장사 : 명사)- + -ᄒ(동접)-]- + -ᄂ(현시)- + -ㄴ(관전) # 이 (이, 者 : 의명) + -Ø(←-이 : 주조)

34) 가져다가 : 가지(가지다, 持)- + -어(연어) + -다가(보조사, 동작의 유지, 강조)

35) 여긔와셔 : 여긔(여기, 此 : 지대, 정칭) # 오(오다, 來)- + -아셔(-아셔 : 연어)

36) 세음흐고 : 세음ᄒ[셈하다 : 세(세다, 算)- + -음(←-ㅁ : 명접) + -ᄒ(동접)-]- + -고(연어, 나열) ※ '세음흐고'는 '셈흐고'의 오기이다.

놓고 팔고자 하거든, 여기 와서 신문을 가져다가 팔면 열 장에 여덟 장만 셈하고 백 장에 여든 장만 셈하옴.

논설

우리가 독닙신문을 오늘 처음으로 츌판ᄒᆞᆫᄃᆡ[37] 조선속에 잇ᄂᆞᆫ ᄂᆡ외국[38] 인민의게 우리 쥬의[39]를 미리 말ᄉᆞᆷᄒᆞ여 아시게 ᄒᆞ노라[40]

우리가 독립신문을 오늘 처음으로 출판하는데, 조선 속(안)에 있는 내외국 인민에게 우리 주의를 미리 말씀하여 아시게 하노라.

우리는 첫ᄌᆡ[41] 편벽[42] 되지 아니ᄒᆞᆫ고로[43] 무슴당애도[44] 상관이 업고 샹하귀천을 달니ᄃᆡ졉아니ᄒᆞ고[45] 모도죠션[46] 사름으로만 알고 죠션만 위ᄒᆞ며 공평이[47] 인민의게 말 ᄒᆞᆯ터인ᄃᆡ[48] 우리가 셔울 빅셩만 위ᄒᆞᆯ게[49] 아니라

---

37) 츌판ᄒᆞᆫᄃᆡ : 츌판ᄒᆞ[츌판하다 : 츌판(출판, 出版 : 명사) + -ᄒᆞ(동접)-]- + -ᄂᆞ(현시)- + -ᆫᄃᆡ(-ㄴ 데 : 연어, 설명 계속)

38) ᄂᆡ외국 : ᄂᆡ외국(내외국, 內外國). 내국와 외국이다.

39) 쥬의 : 주의(主義)

40) ᄒᆞ노라 : ᄒᆞ(하다, 爲)- + -노라(평종, 현시, 1인칭)

41) 첫ᄌᆡ : [첫째(수사, 서수) : 첫(관사, 서수) + -ᄌᆡ(-째 : 접미, 서수)]

42) 편벽 : 편벽(偏僻). 생각 따위가 한쪽으로 치우쳐 있는 것이다.

43) 아니ᄒᆞᆫ고로 : 아니ᄒᆞ[아니하다, 不(보용, 부정) : 아니(아니, 不 : 부사, 부정) + -ᄒᆞ(형접)-]- + -Ø (현시)- + -ᆫ(관전) # 고로(까닭으로, 故로 : 의명) ※ '고로'는 [고(고, 故 :) + -로(부조▷부접)]의 방식으로 형성된 의존 명사이다.

44) 무슴당애도 : 무슴(무슨, 何 : 관사, 지시, 미지칭) # 당(당, 黨) + -애(-에 : 부조, 위치) + -도(보조사, 강조)

45) 달니ᄃᆡ졉아니ᄒᆞ고 : 달니[← 달리(부사) : 달ᄅ(← 다ᄅᆞ다 : 다르다, 異, 형사)- + -이(부접)] # ᄃᆡ졉 (대접, 待接) # 아니(아니, 不 : 부사, 부정) # ᄒᆞ(하다, 爲)- + -고(연어, 나열) ※ '달니'는 '달리'의 'ㄹㄹ'을 'ㄹㄴ'으로 표기한 형태이다.

46) 모도죠션 : 모도[모두, 皆(부사) : 몯(모이다, 會 : 자동)- + -오(부접)] # 죠션(조선, 朝鮮 : 나라 이름)

47) 위ᄒᆞ며공평이 : 위ᄒᆞ[위하다, 爲 : 위(위, 爲 : 불어) + -ᄒᆞ(동접)-]- + -며(연어, 나열) # 공평이[공평 히(부사) : 공평(공평, 公平 : 명사) + -Ø(←-ᄒᆞ- : 형접)- + -이(부접)]

48) ᄒᆞᆯ터인ᄃᆡ : ᄒᆞ(ᄒᆞ다, 爲)- + -ㄹ(관전) # 터(터, 것, 者 : 의명) + -이(서조)- + -ㄴᄃᆡ(-ㄴ데 : 연어, 설 명 계속)

49) 위ᄒᆞᆯ게 : 위ᄒᆞ(위하다, 爲)- + -ㄹ(관전) # 거(← 것 : 것, 의명) + -ㅣ(←-이 : 주조)

죠션 젼국인민을 위ᄒ여 무슴일이든지[50] 디언ᄒ여[51] 주랴홈[52] 정부에셔 ᄒ시ᄂ일을 빅셩의게 젼ᄒ터이요[53] 빅셩의 졍셰을 졍부에 젼ᄒ터이니 만일 빅셩이 졍부일을 자셰이알고 졍부에셔 빅셩에[54] 일을 자셰이 아시면 피ᄎ에 유익ᄒ 일만히[55] 잇슬터이요[56] 불평ᄒ ᄆ음과 의심ᄒᄂ 싱각이 업셔질 터이옴

우리는 첫째 편벽(偏僻)되지 아니한 고로, 무슨 당(黨)에도 상관이 없고 상하귀천(上下貴賤)을 달리 대접 아니 하고, 모두 조선 사람으로만 알고 조선만 위하며 공평히 인민(人民)에게 말 할 터인데, 우리가 서울의 백성만 위할 게 아니라 조선의 전국 인민을 위하여 무슨 일이든지 대언(代言)하여 주려 하옴. 정부에서 하시는 일을 백성에게 전할 터이요, 백성의 정세(情勢)를 정부에 전할 터이니, 만일 백성이 정부 일을 자세히 알고 정부에서 백성의 일을 자세히 아시면, 피차(彼此)에 유익한 일이 많이 있을 터이요, 불평한 마음과 의심하는 생각이 없어질 터임.

우리가 이신문 츌판 ᄒ기ᄂ 취리ᄒ랴ᄂ게[57] 아닌고로[58] 갑슬 헐허도록[59]

---

50) 무슴일이든지 : 무슴(무슨, 何 : 관사, 지시, 미지칭) # 일(일, 事) + -이든지(보조사, 선택 나열)

51) 디언ᄒ여 : 디언ᄒ[대언하다 : 디언(대언, 代言 : 명사) + -ᄒ(동접)-] + -여(←-어 : 연어) ※ '디언(代言)'은 남을 대신하여 말하는 것이다.

52) 주랴홈 : 주(주다 : 보용, 봉사)- + -랴(-려 : 연어, 의도) # ᄒ(하다 : 보용)- + -오(공손) + -ㅁ(명전 ▷평종)

53) 젼ᄒ터이요 : 젼ᄒ[전하다 : 젼(전, 傳 : 불어) + -ᄒ(동접)-] + -ㄹ(관전) # 터(터, 것, 者 : 의명) + -이(서조)- + -요(←-오←-고 : 연어, 나열)

54) 빅셩에 : 빅셩(백성, 百姓) + -에(←-의 : 관조) ※ '-에'는 관형격 조사 '-의'인데, 이 시기에 관형격 조사인 '-의'의 발음이 단모음인 /ㅔ/로 바뀌었음을 알 수 있다.

55) 일만히 : 일(일, 事) # 만히[많이(부사) : 많(많다, 多 : 형사)- + -이(부접)]

56) 잇슬터이요 : 잇스(← 있다 : 있다, 有)- + -을(관전) # 터(터, 것 : 의명) + -이(서조)- + -요(←-오 ←-고 : 연어, 나열)

57) 취리ᄒ랴ᄂ게 : 취리ᄒ[취리하다 : 취리(취리, 取利 : 명사) + -ᄒ(동접)-] + -랴(-려 : 연어) # Ø(← ᄒ(하다, 爲)- + -ᄂ(현시)- + -ㄴ(관전) # 거(← 것 : 것, 者, 의명) + -ㅣ(←-이 : 주조) ※ '취리ᄒ랴ᄂ게'는 '취리ᄒ랴 ᄂ 것이'에서 보조 용언의 어간인 'ᄒ-'가 탈락한 형태이다.

58) 아닌고로 : 아니(아니다, 非 : 형사, 부정)- + -Ø(현시)- + -ㄴ(관전) # 고로(까닭으로, 때문에 : 의명) ※ '고로'는 [고(고, 故 : 명사) + -로(부조▷부접)]으로 분석되는 파생 명사이다.

59) 헐허도록 : 헐허[← 헐하다(헗다, 값이 싸다, 低價) : 헐(헐, 歇 : 불어) + -ᄒ(형접)-] + -도록(연어, 도달)

ᄒ엿고 모도 언문 으로 쓰기ᄂᆞᆫ 남녀 샹하귀쳔이모도 보게홈이요 ᄯ또 귀졀을[60] ᄶ예여[61] 쓰기ᄂᆞᆫ 알어[62] 보기 쉽도록 홈이라 우리ᄂᆞᆫ 바른 ᄃᆡ로만[63] 신문[64]을 ᄒᆞᆯ터인고로[65] 졍부 관원이라도 잘못ᄒᆞᄂᆞᆫ이 잇스면[66] 우리가 말ᄒᆞᆯ 터이요 탐관오리 들을[67] 알면 셰샹에 그사름의 ᄒᆡᆼ젹을 폐일터이요[68] ᄉᆞᄉᆞ빅 셩이라도[69] 무법ᄒᆞᆫ일ᄒᆞᄂᆞᆫ 사름은 우리가 차저[70] 신문에 셜명ᄒᆞᆯ터이옴 우리 ᄂᆞᆫ 죠션 대군쥬폐하와[71] 됴션졍부와 죠션인민을 위ᄒᆞᄂᆞᆫ 사름드린고로[72] 편당잇ᄂᆞᆫ[73] 의논이든지 ᄒᆞᆫ쪽만[74] 싱각코[75] ᄒᆞᄂᆞᆫ 말은 우리 신문샹에 업실터 이옴[76] ᄯ또 ᄒᆞᆫ쪽에 영문으로 긔록ᄒᆞ기ᄂᆞᆫ 외국인민이 죠션 ᄉᆞ졍[77]을 자셰이몰

---

60) 귀졀을 : 귀졀(구절, 句節) + -을(목조)

61) ᄶ예여 : ᄶ예(떼다, 離)- + -여(←-어 : 연어)

62) 알어 : 알(알다, 知)- + -어(←-아 : 연어)

63) ᄃᆡ로만 : ᄃᆡ(데, 處 : 의명) + -로(부조, 방편) + -만(보조사, 한정)

64) 신문 : 신문(訊問). 알고 있는 사실을 캐어묻는 것이다.

65) ᄒᆞᆯ터인고로 : ᄒᆞ(하다, 爲)- + -ㄹ(관전) # 터(터, 것, 者 : 의명) + -이(서조)- + -∅(현시)- + -ㄴ(관전) # 고로(까닭으로, 故로 : 의명)

66) 잇스면 : 잇ㅅ(← 있다 : 있다, 有)- + -으면(연어, 조건)

67) 탐관오리 들을 : [탐관오리들 : 탐관오리(탐관오리, 貪官汚吏) + -들(복접)] + -을(목조)

68) 폐일터이요 : 폐이[펴게 하다 : 펴(펴다, 伸)- + -ㅣ(←-이- : 사접)- + -이(사접)-] + -ㄹ(관전) # 터(터, 것 : 의명) + -이(서조)- + -요(←-오←-고 : 연어, 나열) ※ '폐이-'는 '펴이-'에서 모음 동화(움라우트 현상)가 일어난 형태이다.

69) ᄉᆞᄉᆞ빅셩이라도 : ᄉᆞᄉᆞ(사사, 私事) # 빅셩(백성, 百姓) + -이라도(보조사, 양보) ※ 'ᄉᆞᄉᆞ 빅셩'은 '사사로운 백성'이다.

70) 차저 : 찾(찾다, 索)- + -어(←-아 : 연어)

71) 대군쥬폐하와 : 대군쥬(대군주, 大君主) # 폐하(폐하, 陛下) + -와(접조) ※ 여기서 '대군쥬'는 고종 (高宗) 임금을 가리킨다.

72) 사름드린고로 : 사름들[사람들 : 사름(사람, 人) + -들(복접)] + -이(서조)- + -∅(현시)- + -ㄴ(관전) # 고로(까닭으로, 故로 : 의명)

73) 편당잇ᄂᆞᆫ : 편당(편당, 偏黨) # 잇(← 있다 : 있다, 有)- + -ᄂᆞ(현시)- + -ㄴ(관전) ※ '편당(偏黨)'은 한 당파에 치우치는 것이다.

74) ᄒᆞᆫ쪽만 : ᄒᆞᆫ(한 : 관사) # 쪽(쪽, 偏) + -만(보조사, 한정)

75) 싱각코 : 싱각ᄒᆞ[← 싱각ᄒᆞ다(생각하다, 思) : 싱각(생각, 思 : 명사) + -ᄒᆞ(←-ᄒᆞ- : 동접)-] + -고(연어, 나열]

76) 업실터이옴 : 없(없다, 無)- + -일(←-을 : 관전) # 터(터, 것 : 의명) + -이(서조)- + -오(공손)- + -ㅁ(명전▷평종) ※ '업실터이옴'은 '업슬터이옴'의 오기이다.

77) ᄉᆞ졍 : 사정(事情)

은즉[78] 혹 편벽 된 말만 듯고[79] 죠선을 잘못 싱각홀까[80] 보아 실상[81] 스졍을 알게ᄒ고져ᄒ여[82] 영문으로 조곰 긔록홈

우리가 이 신문을 출판하기는 취리(取利)하려는 게 아닌 고로 값을 헐(歇)하도록 하였고, 모두 언문으로 쓰기는 남녀 상하귀천(上下貴賤)이 모두 보게 하옴이요, 또 구절(句節)을 떼어 쓰기는 알아보기 쉽도록 함이다. 우리는 바른 대로만 신문(訊問)을 할 터인 고로 정부 관원이라도 잘못하는 이가 있으면 우리가 말할 터이요, 탐관오리(貪官汚吏)들을 알면 세상에 그 사람의 행적(行績)을 펴게 할 터이요, 사사(私私)로운 백성이라도 무법(無法)한 일을 하는 사람은 우리가 찾아 신문에 설명할 터이옴. 우리는 조선 대군주 폐하와 조선 정부와 조선 인민을 위한 사람들인 고로, 편당(偏黨)이 있는 의논이든지 한 쪽만 생각하고 하는 말은 우리 신문 상(上)에 없을 터이옴. 또 한쪽에 영문(英文)으로 기록하는 것은 외국 인민이 조선 사정을 자세히 모르는즉, 혹 편벽(偏僻)된 말만 듣고 조선을 잘못 생각할까 보아서, 실상(實相) 사정을 알게 하고자 하여 영문(英文)으로 조금 기록하옴.

그리ᄒ즉 이신문은 쪽[83] 죠션만 위홈을 가히 알터이요 이신문을 인연ᄒ여 늬외 남녀 샹하 귀쳔이 모도 죠션일을 서로알터이옴[84] 우리가 쏘 외국 사졍도 죠션 인민을 위ᄒ여 간간이 긔록홀터이니 그걸 인연ᄒ여 외국은 가지 못ᄒ드릭도[85] 죠션인민이 외국 사졍도 알터이옴 오날은 처음인 고로 대강 우리 쥬의만 셰상에 고ᄒ고 우리신문을 보면 죠션인민

---

78) 자셰이몰은즉 : 자셰이[자셰히(부사) : 자셰(자세, 仔細 : 불어) + -Ø(←-ᄒ- : 형접)- + -이(부접)] # 몰(← 모른다 : 모르다, 不知)- + -은즉(연어, 이유, 근거)

79) 듯고 : 듯(← 듣다 : 듣다, 聞)- + -고(연어, 계기) ※ '듯고'는 '듣고'의 종성 /ㄷ/을 'ㅅ'으로 표기한 형태이다.

80) 싱각홀까 : 싱각ᄒ[생각하다 : 싱각(생각 : 명사) + -ᄒ(동접)-]- + -ㄹ까(-ㄹ까 : 의종, 판정, 미시)

81) 실샹 : 실상(實狀)

82) 알게ᄒ고져ᄒ여 : 알(알다, 知)- + -게(연어, 사동) # ᄒ(하다, 爲)- + -고져(-고자 : 연어, 의도) # ᄒ(하다, 爲)- + -여(←-어 : 연어)

83) 쪽 : 똑, 꼭, 반드시, 必(부사)

84) 서로알터이옴 : 서로(서로, 相 : 부사) # 알(알다, 知)- + -ㄹ(관전) # 터(터, 것 : 의명) + -이(서조)- + -오(공손)- + -ㅁ(명전▷평종)

85) 못ᄒ드릭도 : 못ᄒ[못하다(보용, 부정) : 못(못, 不能 : 부사, 부정) + -ᄒ(동접)-]- + -드(←-더- : 회상)- + -릭도(←-라도 ←-아도 : 연어, 양보)

이 소견과 지혜가 진보홈을 밋노라[86] 논셜긋치기젼에[87] 우리가 대균쥬 폐하씌[88] 송덕ᄒ고 만셰을 부르ᄂᆞ이다[89]

그리한즉 이 신문은 꼭 조선(朝鮮)만 위함을 가(可)히 알 터이요, 이 신문을 인연(因緣)하여 내외 남녀 상하귀천이 모두 조선 일을 서로 알 터이옴. 우리가 또 외국 사정도 조선 인민을 위하여 간간이 기록할 터이니, 그것을 인연하여 외국은 가지 못하더라도 조선 인민이 외국 사정도 알 터옴. 오늘은 처음인 고로 대강 우리의 주의(主義)만 세상에 고하고, 우리 신문을 보면 조선 인민이 소견(所見)과 지혜가 진보함을 믿는다. 논설 그치기 전에 우리가 대군주 폐하께 송덕(頌德)하고 만세를 부릅니다.

우리신문이 한문은 아니쓰고 다만 국문로로만[90] 쓰ᄂᆞᆫ거슨 샹하귀쳔이 다보게 홈이라 쏘 국문을 이러케 귀졀을 쎄여[91] 쓴즉[92] 아모라도[93] 이신문 보기가 쉽고 신문속에 잇ᄂᆞᆫ말을 자셰이 알어 보게 홈이라 각국에셔ᄂᆞᆫ 사ᄅᆞᆷ들이 남녀 무론ᄒ고 본국 국문을 몬져 비화[94] 능통ᄒᆞᆫ 후에야 외국 글을 비오ᄂᆞᆫ 법인ᄃᆡ[95] 죠션셔ᄂᆞᆫ[96] 죠션 국문은 아니 비오드리도[97] 한문만 공부 ᄒᆞᄂᆞᆫ 까ᄃᆰ에[98] 국문을 잘아ᄂᆞᆫ 사ᄅᆞᆷ이 드물미라[99]

---

86) 밋노라 : 밋(← 믿다 : 믿다, 信)- + -노라(평종, 현시, 1인칭) ※ '밋노라'는 '믿노라'의 종성 /ㄷ/을 'ㅅ'으로 표기한 형태이다.

87) 논셜긋치기젼에 : 논셜(논설, 論說) # 긋치(← 그치다 : 그치다, 止)- + -기(명전) # 젼(전, 前) + -에(부조) ※ '론셜〉논셜'의 변화는 'ㄹ' 두음 법칙이 적용된 결과이며, '긋치기'는 '끄치기'의 /ㅊ/을 'ㅅㅊ'으로 거듭 적은 형태이다.

88) 폐하씌 : 폐하(폐하, 陛下) + -씌(-께 : 부조, 상대, 높임)

89) 부르ᄂᆞ이다 : 부르(부르다, 唱)- + -ᄂᆞ(현시)- + -이(상높, 아주 높임)- + -다(평종)

90) 국문로로만 : 국문(국문, 國文) + -로로(← -으로 : 부조, 방편) + -만(보조사, 한정) ※ '-로로'는 '-으로'를 오기한 형태이다.

91) 쎄여 : 쎄(떼다, 離)- + -여(← -어 : 연어)

92) 쓴즉 : 쓰(쓰다, 書)- + -ㄴ즉(연어, 이유, 근거)

93) 아모라도 : 아모(아무, 某 : 인대, 부정칭) + -라도(보조사, 양보)

94) 비화 : 비호(배우다, 學)- + -아(연어)

95) 법인ᄃᆡ : 법(법, 法) + -이(서조)- + -ㄴᄃᆡ(-ㄴ데 : 연어, 설명 계속)

96) 죠션셔ᄂᆞᆫ : 죠션(조선, 朝鮮) + -셔(← -서 : 보조사, 강조) + -ᄂᆞᆫ(보조사, 주제)

97) 비오드리도 : 비오(← 비호다 : 배우다, 學)- + -드(← -더- : 회상)- + -리도(← -라도 ← -아도 : 연어, 양보) ※ '비호다〉비오다〉배우다'의 형태 변화의 과정을 보인다.

우리 신문이 한문을 아니 쓰고 다만 국문으로만 쓰는 것은 상하(上下) 귀천(貴賤)이 다 보게 함이다. 또 국문을 이렇게 구절(句節)을 떼어 쓴즉, 아무라도 이 신문 보기가 쉽고 신문 속에 있는 말을 자세히 알아보게 함이다. 각국에서는 사람들이 남녀 물론하고 본국 국문을 먼저 배워 능통한 후에야 외국 글을 배우는 법인데, 조선서는 조선 국문은 아니 배우더라도 한문만 공부하는 까닭에 국문을 잘 아는 사람이 드문 것이다.

조션 국문ㅎ고[1] 한문ㅎ고 비교ㅎ여 보면 조선국문이 한문 보다[2] 얼마가[3] 나흔거시[4] 무어신고ㅎ니[5] 첫지는[6] 비호기가 쉬혼이[7] 됴흔 글이요 둘지는 이글이 조션글이니 조션 인민 들이 알어셔 빅스[8]을 한문되신[9] 국문으로 써야 샹하 귀천이 모도보고[10] 알어 보기가 쉬흘터이라[11] 한문만 늘써[12] 버릇ㅎ고 국문은 폐흔 까닭에 국문만 쓴 글을 조선 인민이 도로혀[13] 잘 아러보지못ㅎ고 한문을 잘알아보니 그게 엇지[14] 한심치[15] 아니ㅎ리요[16]

---

98) 까닭에 : 까닭(까닭, 由)＋-에(부조, 위치, 이유)

99) 드물미라 : 드물(드물다, 稀)-＋-ㅁ(명전)＋-이(서조)-＋-∅(현시)-＋-라(←-다 : 평종)

1) 국문ㅎ고 : 국문(국문, 國文)＋-ㅎ고(-하고 : 접조)

2) 한문 보다 : 한문(한문, 漢文)＋-보다(부조, 비교)

3) 얼마가 : 얼마(얼마, 幾何 : 명사)＋-가(주조)

4) 나흔거시 : 낳(←낫다, ㅅ불 : 낫다, 優)-＋-∅(현시)-＋-은(관전) # 것(것 : 의명)＋-이(주조) ※ '나흔 거시'는 '나은것이'을 오기한 형태이다.

5) 무어신고ㅎ니 : 무엇(무엇, 何 : 지대, 미지칭)＋-이(서조)-＋-∅(현시)-＋-ㄴ고(-ㄴ가 : 의종, 설명) # ㅎ(하다, 爲)-＋-니(연어, 설명 계속)

6) 첫지는 : 첫지[첫째(수사, 서수) : 첫(첫, 第一)＋-지(-째 : 접미, 서수)]＋-는(보조사, 주제)

7) 쉬혼이 : 쉬ㅎ(←쉬우- : 쉽다, ㅂ불, 易)-＋-은이(←-으니 : 연어) ※ '쉬혼이'는 '쉬우니'를 오기한 형태이다.(과잉 분철)

8) 빅스을 : 빅스(백사, 여러 가지 일, 百事)＋-을(←-를 : 목조)

9) 한문되신 : 한문(한문, 漢文) # 되신(대신, 代身 : 명사)

10) 모도보고 : 모도[모두, 皆(부사) : 몯(모이다, 集 : 자동)-＋-오(부접)] # 보(보다, 見)-＋-고(연어, 계기)

11) 쉬흘터이라 : 쉬ㅎ(←쉬우- : 쉽다, ㅂ불, 易)-＋-을(관전) # 터(터, 것 : 의명)＋-이(서조)-＋-∅(현시)-＋-라(←-다 : 평종) ※ '쉬흘터이라'는 '쉬울터이라'의 오기이다.

12) 늘써 : 늘(늘, 항상, 常 : 부사) # 쓰(쓰다, 用)-＋-어(연어)

13) 도로혀 : [도리어, 오히려, 猶(부사) : 돌(돌다, 回 : 자동)-＋-오(사접)-＋-혀(강접)-＋-∅(부접)]

14) 엇지 : 어찌, 何(부사, 지시, 미지칭)

15) 한심치 : 한심ㅎ[← 한심ㅎ다(한심하다) : 한심(한심, 寒心 : 불어)＋-ㅎ(←-ㅎ- : 형접)-]＋-지(연어, 부정) ※ '한심티〉한심치'는 /ㅌ/이 /ㅊ/으로 구개음화한 예이다.

조선 국문하고 한문하고 비교하여 보면, 조선 국문이 한문보다 얼마가 나은 것이 무엇인고 하니, 첫째는 배우기가 쉬우니 좋은 글이요, 둘째는 이 글이 조선 글이니, 조선 인민들이 알아서 백사(百事)를 한문 대신 국문으로 써야, 상하 귀천(貴賤)이 모두 보고 알아보기가 쉬울 터이다. 한문만 늘 써 버릇하고 국문은 폐(廢)한 까닭에, 국문만 쓴 글을 조선 인민이 도리어 잘 알아보지 못하고 한문을 잘 알아보니, 그게 어찌 한심치 아니하리요?

또 국문을 알아보기가 어려운건[17] 다름이 아니라 첫지는 말마딀을[18] 쎄이지[19] 아니ᄒ고 그져 줄줄ᄂᆞ려[20] 쓰는 까닭에 글ᄌᆞ가 우희[21] 부터는지[22] 아릭 부터는지 몰나셔[23] 멧번 일거 본후에야 글ᄌᆞ가 어딕부터는지 비로소[24] 알고 일그니 국문으로 쓴편지 ᄒᆞᆫ쟝을 보자ᄒᆞ면[25] 한문으로 쓴것보다 더듸[26] 보고 ᄯᅩ 그나마 국문을 자조아니[27] 쓴는고로[28] 셔툴어셔[29] 잘못봄이라 그런고로[30] 정부에셔[31] ᄂᆞ리는 명녕과 국가 문젹[32]을 한문으로만 쓴즉 한문못ᄒᆞ는

---

16) 아니ᄒ리요 : 아니ᄒᆞ[아니하다(보용, 부정) : 아니(아니, 不 : 부사, 부정) + -ᄒᆞ(형접)-]- + -리(미시, 추정)- + -요(←-오 : 의종, 하오체)

17) 어려운건 : 어려우(← 어렵다, ㅂ불 : 어렵다, 難)- + -ㄴ(←-은 : 관전) # 거(← 것 : 것, 者) + -ㄴ(← -은 : 보조사, 주제)

18) 말마딀을 : 말마딀[어절, 語節 : 말(말, 言) + 마딀(마디, 節)] + -을(←-를 : 목조)

19) 쎄이지 : 쎄이(← 쎄다 : 떼다, 離)- + -지(연어, 부정) ※ '쎄이지'는 '쎄지'를 오기한 형태이다.

20) 줄줄ᄂᆞ려 : 줄줄(줄줄 : 부사) # ᄂᆞ리(내리다, 降)- + -어(연어) ※ 'ᄂᆞ리다〉ᄂᆞ리다'은 모음 동화가 적용된 예이다.

21) 우희 : 우ᄒ(위, 上) + -의(-에 : 부조, 위치)

22) 부터는지 : 붙(붙다, 附)- + -어(←-엇- : 완료, 과시)- + -ᄂᆞ(현시)- + -ㄴ지(-ㄴ지 : 의종) ※ '부터는지'는 '부텃는지'를 오기한 형태이다. 그리고 '브터는지〉부터는지'는 /ㅡ/가 /ㅜ/로 원순 모음화한 예이다.

23) 몰나셔 : 몰ㄴ(← 몰ㄹ- ← 모르다 : 모르다, 不知)- + -아셔(-아서 : 연어) ※ '몰나셔'는 '몰라셔'의 'ㄹㄹ'을 'ㄹㄴ'으로 표기한 형태이다.

24) 비로소 : [비로소, 始(부사) : 비롯(비롯하다, 始 : 동사)- + -오(부접)]

25) 보자ᄒᆞ면 : 보(보다, 見)- + -자(청종) # ᄒᆞ(하다, 爲)- + -면(연어, 조건)

26) 더듸 : 더듸[더디다, 더디게, 遲(부사) : 더듸(더디다, 遲)- + -Ø(부접)]

27) 자조아니 : 자조[자주(부사) : 잦(잦다, 頻 : 자동)- + -오(부접)] # 아니(아니, 不 : 부사, 부정)

28) 쓴는고로 : 쓰(쓰다)- + -ㄴᄂᆞ(←-ᄂᆞ- : 현시)- + -ㄴ(관전) # 고로(까닭으로, 故로 : 의명) ※ '쓴는고로'는 '쓰는고로'의 종성 /ㄴ/을 'ㄴㄴ'으로 거듭 적은 예이다.

29) 셔툴어셔 : 셔툴(← 셔투르다 : 서투르다, 未熟)- + -어셔(-어서 : 연어)

30) 그런고로 : 그런[그런고로, 그러므로(부사, 접속) : 그러(그러 : 불어)- + -Ø(←-ᄒᆞ- : 형접)- + -ㄴ

> 인민은 나모[33] 말만 듯고 무슴 명녕인줄[34] 알고 이편이[35] 친이[36] 그글을
> 못 보니 그사름은 무단이[37] 병신이 됨이라

또 국문을 알아보기가 어려운 건 다름이 아니라, 첫째는 말마디를 떼지 아니하고 그저 줄줄 내려 쓰는 까닭에, 글자가 위에 붙었는지 아래 붙었는지 몰라서, 몇 번 읽어 본 후에야 글자가 어디 붙었는지 비로소 알고 읽으니, 국문으로 쓴 편지 한 장을 보자 하면, 한문으로 쓴 것보다 더디 보고, 또 그나마 국문을 자주 아니 쓰는 고로, 서툴러서 잘못 봄이다. 그런고로 정부에서 내리는 명령과 국가 문적(文籍)을 한문으로만 쓴즉, 한문 못 하는 인민은 남의 말만 듣고 무슨 명령인 줄 알고, 이편이 친(親)히 그 글을 못 보니, 그 사람은 무단(無斷)히 병신이 됨이다.

> 한문 못 흔다고 그 사름이 무식흔사름이 아니라 국문만 잘흐고 다른
> 물정과[38] 학문이잇스면[39] 그사름은 한문만흐고 다른 물정과 학문이 업는
> 사름 보다 유식흐고 놉흔[40] 사름이 되는 법이라 죠션부인네도[41] 국문을
> 잘흐고 각식[42] 물정과 학문을 비화 소견이 놉고 힝실[43]이 정직흐면 무론[44]

(관전▷관접) + 고로(까닭으로, 故로 : 의명)]

31) 정부에서 : 정부(정부, 政府) + -에셔(-에서 : 주조) ※ '-에셔'는 원래 부사격 조사이나, 단체 무정 명사 뒤에 실현되어서 주격 조사로 쓰였다.

32) 문적 : 문적(文籍). 책.

33) 나모 : 남(남, 他人) + -오(←-의 : 관조) ※ '나모'는 '나믜'를 오기한 형태이다.

34) 명녕인줄 : 명녕(← 명령 : 명령, 命令) + -이(서조)- + -ㄴ(관전) # 줄(줄 : 의명) ※ '명령 → 명녕'의 변동은 비음화의 예이다.

35) 이편이 : 이편[이편, 此便(인대 : 이(이, 此 : 관사, 지시, 정칭) + 편(편, 便 : 의명)] + -이(주조)

36) 친이 : [친히, 親(부사) : 친(친, 親 : 불어) + -∅(←-ㅎ- : 형접)- + -이(부접)]

37) 무단이 : [무단히, 아무 사유가 없이(부사) : 무단(무단, 無斷) + -∅(←-ㅎ- : 형접)- + -이(부접)]

38) 물정과 : 물정(물정, 物情) + -과(접조)

39) 잇스면 : 잇스(← 있다 : 있다, 有)- + -으면(연어, 조건)

40) 놉흔 : 놉ㅎ(← 높다 : 높다, 高)- + -은(관전) ※ '놉흔'은 '노픈'의 /ㅍ/을 /ㅂ/과 /ㅎ/으로 재음소화 하여 표기한 형태이다.

41) 죠션부인네도 : 죠션(조선, 朝鮮) # 부인네[부인네 : 부인(부인, 婦人) + -네(-네 : 접미)] + -도(보조 사, 마찬가지, 강조) ※ '-네'는 '같은 부류나 처지의 사람'이라는 뜻을 더하는 접미사이다. 중세 국어와 근대 초기 국어에서 쓰인 복수 접미사인 '-내'가 변한 형태이다.

42) 각식 : 각색(各色), 각종.

43) 힝실 : 행실(行實)

빈부 귀쳔 간에 그부인이 한문은 잘ᄒ고도 다른것 몰으는[45] 귀죡 남ᄌ
보다 놉혼 사름이 되는 법이라 우리 신문은 빈부귀쳔을 다름업시 이신문
을 보고 외국 물졍과 ᄂᆡ지[46] ᄉ졍을 알게 ᄒ랴는[47] 쯧시니[48] 남녀 노소
샹하 귀쳔 간에 우리 신문을 ᄒ로[49] 걸너[50] 몃둘간[51] 보면 새지각과[52]
새학문이 싱길걸[53] 미리 아노라[54]

한문 못 한다고 그 사람이 무식한 사람이 아니라, 국문만 잘하고 다른 물정(物情)과
학문이 있으면, 그 사람은 한문만 하고 다른 물정과 학문이 없는 사람보다 유식하고
높은 사람이 되는 법이다. 조선 부인네도 국문을 잘하고 각색(各色) 물정과 학문을 배워
소견(所見)이 높고 행실이 정직하면, 물론 빈부(貧富) 귀천(貴賤) 간에 그 부인이 한문은
잘하고도 다른 것 모르는 귀족 남자보다 높은 사람이 되는 법이다. 우리 신문은 빈부
귀천에 다름없이 이 신문을 보고 외국 물정과 내지(內地) 사정을 알게 하려는 뜻이니,
남녀 노소 상하 귀천 간에 우리 신문을 하루 걸러 몇 달간 보면, 새 지각(知覺)과 새
학문이 생길 것을 미리 안다.

---

44) 무론 : 물론(勿論). 말할것도 없이(부사)

45) 몰으는 : 몰으(← 모르다 : 모르다, 不知)- + -ᄂᆞ(현시)- + -ㄴ(관전)

46) ᄂᆡ지 : 내지(內地). 한 나라의 영토 안이다.

47) ᄒ랴는 : ᄒ(하다, 爲)- + -랴(-려 : 연어, 의도) # Ø(← ᄒ다 : 하다, 보용, 의도)- + -ᄂᆞ(현시)- +
    -ㄴ(관전) ※ 'ᄒ랴는'은 'ᄒ랴 ᄒ는'이 축약된 형태이다.

48) 쯧시니 : 쯧ㅅ(← 쯧 : 뜻, 意) + -이(서조)- + -니(연어, 이유) ※ '쯧시니'는 '쓰시니'의 /ㅅ/을 'ㅅㅅ'
    으로 거듭 적은 형태이다. 현대어의 '뜻(意)'은 '뜯〉쯛〉쯧〉뜻'으로 형태가 바뀌었다.

49) ᄒ로 : 하루, 一日.

50) 걸너 : 걸ㄴ(← 걸르- ← 거르다 : 거르다, 缺)- + -어(연어) ※ '걸너'는 '걸러'의 'ㄹㄹ'을 'ㄹㄴ'으로
    표기한 형태이다.

51) 몃둘간 : 몃(← 몇 : 관사) # 둘간[달간 : 둘(달, 月) + -간(-간, 間 : 접미)] ※ '몃'은 '몇'의 종성 /ㄷ/
    을 'ㅅ'으로 표기한 형태이다.

52) 새지각과 : 새(새, 新 : 관사) # 지각(지각, 지식, 知覺) + -과(접조)

53) 싱길걸 : 싱기(생기다, 生)- + -ㄹ(관전) # 거(← 것 : 것, 의명) + -ㄹ(← -를 : 목조)

54) 아노라 : 아(← 알다 : 알다, 知)- + -노라(평종, 현시, 화자) ※ '-노라'는 '-ᄂᆞ(현시)- + -오(화자)-
    + -라(← -다 : 평종)'이 축약된 형태이다.

참고 문헌

강규선(1992), 「17세기 국어의 경어법 연구」, 『인문과학논집』 11, 청주대학교.

고명균(1992), 「번역박통사와 박통사언해에 대하여—문장의 종결어미를 중심으로」, 『한국어
　　　문학연구』 4집, 한국외국어대학교 한국어문학연구회.

고영근(2010), 『제3판 표준 중세 국어 문법론』, 집문당.

교육인적자원부(2010), 『고등학교 교사용 지도서 문법』, (주)교학사.

교육인적자원부(2010), 『고등학교 문법』, (주)교학사.

국립국어연구원(1997), 『국어의 시대별 변천 연구—근대국어』 2.

국립국어원, 『표준 국어 대사전』, 인터넷판.

권영환(1992), 「우리말 도움풀이씨 연구」, 부산대학교 석사학위 논문.

권인영(1991), 「18세기 국어의 형태 통어적 연구」, 연세대학교 박사학위 논문.

기주연(1994), 『근대국어 조어론 연구(1)』, 태학사.

김문웅(1987), 「근대국어 문법형태의 변천—노걸대언해와 중간노걸대언해의 비교를 통하여」,
　　　『한국어학과 알타이어학』, 효성여자대학교출판부.

김영욱(1995), 『문법형태의 역사적 연구』, 박이정.

김완진(1975), 「번역박통사와 박통사언해의 비교연구」, 『동양학』 5집, 단국대학교 동양학연
　　　구소.

김완진(1976), 『노걸대의 언해에 대한 비교연구』, 한국연구원.

김정수(1979), 「17세기 초기 국어의 때매김법과 강조·영탄법을 나타내는 안맺음씨끝에 대한
　　　연구」, 『언어학』 4.

김정수(1984), 『17세기 한국말의 높임법과 그 15세기로부터의 변천』, 정음사.

김정수(1985), 「17세기 한국말의 느낌법과 그 15세기로부터의 변천」, 『한국학논집』 8, 한양
　　　대학교.

김정시(1994), 「17세기 국어 종결어미 연구」, 『우리말의 연구』, 우골탑.

김창섭(1997), 「합성법의 변화」, 『국어사 연구』(국어사연구회 편), 태학사.

김철남(1992), 「근대국어 이름씨 파생접미법 연구」, 동아대학교 석사학위 논문.

김충회(1990), 「겸양법」, 『국어연구 어디까지 왔나』, 동아출판사.

김형수(1967), 「주격 '이'의 어원에 대하여」, 『어문학』 17.

김형철(1984), 「19세기 말엽의 국어에 대하여—독립신문을 중심으로」, 『어문논집』 1집.

나진석(1971), 『우리말 때매김 연구』, 과학사.

나찬연(2011), 『수정판 옛글 읽기』, 월인.

나찬연(2013), 『제2판 훈민정음의 이해』, 월인.

나찬연(2017), 『제5판 현대 국어 문법의 이해』, 월인.

나찬연(2018), 『제2판 학교 문법의 이해』 2, 경진출판.

나찬연(2020), 『국어 교사를 위한 고등학교 문법』, 경진출판.

나찬연(2020), 『중세 국어의 이해』, 경진출판.

나찬연(2020), 『중세 국어의 강독』, 경진출판.

나찬연(2020), 『근대 국어 강독』, 경진출판.

남광우(1957), 「주격조사 '가'에 대하여」, 『문경』 4, 중앙대학교.

남광우(1971), 『근세어 연구』, 아세아연구 41.

남광우(2009), 『교학 고어 사전』, 교학사.

류성기(1984), 「18세기 국어의 피동문과 사동문에 대한 연구」, 한국정신문화연구원 부속대학교 석사학위 논문.

류성기(1988), 「19세기 국어의 피동문과 사동문에 관한 연구」, 『새국어교육』 43·44, 한국국어교육학회.

류성기(1992), 「17C 국어 사동문 연구」, 이규창박사 정년기념 국어국문학논문집

류성기(1997), 「국어의 시대별 변천 연구 2—근대국어」, 『근대 국어 형태』, 국립국어연구원.

명지연(1995), 「18세기 국어의 파생어형성에 대한 연구—명사파생과 형용사파생을 중심으로」, 『성심어문논집』 17.

민병도(1949), 『의유당집』(조선역사여류문집), 을유문화사.

박노준(1990), 『고려가요의 연구』, 새문사.

박양규(1991), 「국어 경어법의 변천」, 『새국어생활』 1~3.

박영준(1994), 『명령문의 국어사적 연구』, 국학자료원.

박종은(1984), 「18세기 전반기의 안맺음씨끝 연구—오륜전비언해(오륜전비언해)를 중심으로」, 한양대학교 석사학위 논문.

박진완(1998), 「17세기 국어의 의문형 종결어미 연구—역학서 자과를 중심으로」, 고려대학교 석사학위 논문.

박진호(1994), 「중세국어 피동적 -어 잇- 구문」, 『주시경학보』(주시경연구소) 13, 탑출판사.

박태영(1993), 「사동사 사동법의 변화와 사동사 소멸」, 『국어학』 22.

백두현(1997), 「17세기 초의 한글 편지에 나타난 생활상 자료, 책, 교육—경북 현풍의 진주

하씨묘에서 출토된 곽씨언간을 대상으로」, 『문헌과 해석』 1, 태학사.

서재극(1969), 「주격 '가'의 생성기반에 대한 연구」, 『신태식박사송수기념논총』.

성기철(1990), 「공손법」, 『국어연구 어디까지 왔나』, 동아출판사.

안주호(1991), 「후기 근대 국어의 인용문 연구」, 『자하어문논집』 8, 문학과지성사.

염광호(1998), 『종결어미의 통시적 연구』, 박이정.

오승세(1984), 「18세기 국어의 종지법 어미 연구」, 한양대학교 석사학위 논문.

유경종(1995), 「근대국어 피동과 사동 표현의 연구」, 한양대학교 박사학위 논문.

유성기(1984), 「18세기 국어의 피동문과 사동문에 대한 연구」, 한국정신문화연구원 석사학위 논문.

육진경(1990), 「19세기 후기 국어의 형태론적 연구—예수성교 전서를 중심으로」, 건국대학교 석사학위 논문.

이용(1992), 「18세기 국어의 시상에 관한 연구」, 서울시립대학교 석사학위 논문.

이경우(1990), 「최근세 국어에 나타난 경어법 연구」, 이화여자대학교 박사학위 논문.

이기갑(1987), 「미정의 씨끝 '-으리-'와 '-겠-'의 역사적 교체」, 『말』 12, 연세대학교 한국어학당.

이기문(1979), 「19세기 말엽의 국어에 대하여」.

이기문(1998), 『국어사개설—신정판』, 태학사.

이병기(1948), 『의유당일기』, 백양당.

이병기·김동욱(1961), 『한중록—閑中漫錄』(한국 고전 문학 대계 14).

이숭녕(1972), 「17세기 초기 국어의 형태론적 고찰」, 『동양학』 2.

이승욱(1971), 「18세기 국어의 형태론적 특징—노걸대류의 국어 관계 자료를 중심으로 하여」, 『동양학』 1.

이영경(1992), 「17세기 국어의 종결어미에 대한 연구」, 서울대학교 석사학위 논문.

이진환(1984), 「18세기 국어의 조어법 연구」, 단국대학교 석사학위 논문.

이태영(1985), 「주격조사 {가}의 변화기에 대하여」, 『국어문학』 25, 전북대학교.

이태영(1991), 「근대국어 -끠셔, -겨셔의 변천과정 재론」, 『주시경학보』 8.

이현규(1978), 「국어 물음법의 변천」, 『한글』 162호.

이현희(1982), 「국어 종결어미의 발달에 대한 관견」, 『국어학』 11, 국어학회.

이현희(1982), 「국어의 의문법에 대한 통시적 연구」, 『국어연구』 52.

이현희(1993), 「19세기 국어의 문법사적 고찰, 근대이행기의 사회와 사상」, 『서울대 한국문화연구소 제5회 학술토론회』.

장경희(1977), 「17세기 국어의 종결어미 연구」, 『논문집』 16집, 서울대학교 사범대학.

장경희(1993), 「노걸대·박통사의 언해본」, 『국어사 자료와 국어학의 연구』(안병희 선생 회갑
　　　기념 논총), 문학과지성사.

전광현(1967), 「17세기국어의 연구」, 『국어연구』 19.

전광현(1978), 「17세기 국어의 접미파생어에 대하여」, 『동양학』 18.

전광현(1978), 「18세기 전기 국어의 일고찰」, 『어학』 5, 전북대학교.

전광현(1988), 「근대국어연구의 현황과 과제」, 『제21회 동양학학술회의강연초』, 단국대학교
　　　동양학연구소.

정광(1992), 「근대국어 연구에 대한 반성과 새로운 연구방법의 모색」, 『어문논집』 31, 고려대
　　　학교.

정길남(1992), 「19세기 성서의 우리말 연구」, 서광학술자료사.

정호성(1988), 「17세기 국어의 파생접미사에 대한 연구」, 성균관대학교 석사학위 논문.

조일규(1997), 『파생법의 변천』 1, 박이정.

주경미(1990), 「근대국어의 선어말어미에 대한 연구—18세기 국어를 중심으로」, 단국대학교
　　　석사학위 논문.

최기호(1978), 「17세기 국어의 마침법(종지법) 연구」, 『논문집』 2, 목원대학교.

최기호(1981), 「청자존대법 체계의 변천양상」, 『자하어문논집』 1, 상명여자대학교.

최동주(1994), 「선어말 {-더-}의 통시적 변화」, 『주시경학보』 14.

한동완(1986), 「과거시제 '었'의 통시론적 고찰」, 『국어학』 15.

허웅(1967), 「서기 18세기 후반기의 국어사에 관한 약간의 자료에 대하여」, 『아세아학보』
　　　3집, 영남대학교.

현종애(1991), 「근대국어 명령형 어미 연구」, 서강대학교 석사학위 논문.

홍윤표(1975), 「주격어미 가에 대하여」, 『국어학』 3, 국어학회.

홍윤표(1976), 「19세기 국어의 격현상」, 『국어국문학』 72·73.

홍윤표(1981), 「근대국어의 처소표시와 방향표시의 격」, 『동양학』 11, 단국대학교.

홍종선(1987), 「국어 시제의 발달」, 『어문논집』 27, 고려대학교.

황문환(1996), 「16·17세기 언간의 상대경어법 연구」, 한국정신문화연구원 박사학위 논문.

황병순(1980), 「국어 부정법의 통시적 고찰」, 『어문학』 40, 한국어문학회.

지은이 **나찬연**은 1960년 부산에서 태어났다. 부산대학교 국어국문학과를 나오고(1986), 같은 학교 대학원에서 문학 석사(1993)와 문학 박사(1997) 학위를 받았다. 지금은 경성대학교 국어국문학과에서 교수로 재직하고 있으면서 국어학과 국어교육 분야의 강의를 하고 있다.

주요 논저

우리말 이음에서의 삭제와 생략 연구(1993), 우리말 의미중복 표현의 통어·의미 연구(1997), 우리말 잉여 표현 연구(2004), 옛글 읽기(2011), 벼리 한국어 회화 초급 1, 2(2011), 벼리 한국어 읽기 초급 1, 2(2011), 제2판 언어·국어·문화(2013), 제2판 훈민정음의 이해(2013), 근대 국어 문법의 이해-강독편(2013), 표준 발음법의 이해(2013), 제5판 현대 국어 문법의 이해(2017), 쉽게 읽는 월인석보 서, 1, 2, 4, 7, 8, 9(2017~2020), 쉽게 읽는 석보상절 3, 6, 9, 11, 13, 19(2017~2019), 제2판 학교 문법의 이해 1, 2(2018), 한국 시사 읽기(2019), 한국 문화 읽기(2019), 국어 어문 규정의 이해(2019), 현대 국어 의미론의 이해(2019), 제2판 벼리 국어 어문 규범(2020), 국어 교사를 위한 고등학교 문법(2020), 중세 국어의 이해(2020), 중세 국어 강독(2020), 중세 국어 입문-이론과 강독(2020), 근대 국어 입문-이론과 강독(2020), 근대 국어 강독(2020)

＊전자메일: ncy@ks.ac.kr
＊전화번호: 051-663-4212

＊ '학교문법교실(http://scammar.com)'의 자료실에서는 학교 문법과 관련된 각종 자료를 제공합니다. 그리고 학교문법교실의 '문답방'을 통하여 독자들의 질문에 대하여 지은이가 직접 피드백을 합니다.

근대 국어 입문
– 이론과 강독 –

©나찬연, 2020

1판 1쇄 인쇄__2020년 05월 25일
1판 1쇄 발행__2020년 06월 05일

지은이__나찬연
펴낸이__양정섭

펴낸곳__경진출판
　　　　등록__제2010-000004호
　　　　이메일__mykyungjin@daum.net
　　　　사업장주소__서울특별시 금천구 시흥대로 57길(시흥동) 영광빌딩 203호
　　　　전화__070-7550-7776 　**팩스**__02-806-7282

값 13,000원
ISBN 978-89-5996-739-1 93710